Nathan Milstein / Solomon Volkov
»Lassen Sie ihn doch Geige lernen«

Nathan Milstein
Solomon Volkov

»Lassen Sie ihn doch Geige lernen«

Erinnerungen

Aus dem Amerikanischen von
Ulrike und Klaus Stadler

Mit 36 Photos auf Tafeln

Piper
München Zürich

Die Originalausgabe erschien 1990 unter dem Titel »From Russia
to the West. The Musical Memoirs and Reminiscences of Nathan
Milstein« (aus dem Russischen übersetzt von Antonina W. Bouis)
im Verlag Henry Holt and Company, New York.

ISBN 3-492-03446-2
© 1990 by Nathan Milstein and Solomon Volkov
Deutsche Ausgabe:
© R. Piper GmbH & Co. KG, München 1993
Gesetzt aus der Palatino-Antiqua
Satz: Uwe Steffen, München
Druck und Bindung: Kösel, Kempten
Printed in Germany

Inhalt

Vorwort
zur deutschen Ausgabe

Viel ist in der Welt passiert, und vieles hat sich verändert, seit dieses Buch geschrieben und die Erstausgabe in den Vereinigten Staaten veröffentlicht wurde. Und leider – ich muß es so sagen – haben sich die meisten Dinge nicht zum Guten hin entwickelt.

Das traurigste Ereignis für mich ganz persönlich ist der Tod meines lieben Freundes Vladimir Horowitz. Noch nie hat mich der Verlust eines Freundes so sehr getroffen. Dies war eben nicht nur eine Freundschaft. Wolodja war für mich wie ein Bruder – und das ist etwas ganz anderes. Hinzu kommt, daß wir durch Zufälle des Lebens zu Brüdern wurden und daß unsere »Brüderschaft« durch viele dramatische Ereignisse noch intensiver wurde. Zuallererst war da seine wunderbare Begabung. Ich würde sogar soweit gehen, ihn als das kreative Genie auf dem Klavier zu bezeichnen. Dann die Tatsache, daß ich zum Tee kam und drei Jahre im Hause Horowitz blieb. Es war dies die erste richtige Trennung von meiner Familie, ein entscheidender Augenblick in meinem Leben. So also wurde Horowitz mein Bruder. Dann kamen die Revolution und die Zeit, in der wir als »Kinder der sowjetischen Revolution« zusammen auf Konzertreise gingen. Und schließlich natürlich der gemeinsam gefaßte Entschluß, in den Westen zu gehen, und die lebenslange enge Beziehung zwischen uns. Ich vermisse Wolodja sehr.

Die größte Veränderung im Bereich der Politik hat es in Rußland gegeben. Obwohl ich davon überzeugt bin, daß dies grundsätzlich eine gute Sache ist, bin ich doch auch sehr in

Sorge darüber, wohin die Dinge sich entwickeln werden. Die Situation ist so undurchsichtig und kompliziert, die Veränderungen sind derartig einschneidend, und dann gibt es jetzt dort so viele verschiedene Staaten. Sollten die Dinge sich zum Schlechteren hin entwickeln, so befürchte ich erhebliche Konsequenzen, keineswegs nur für Rußland, sondern auch für Europa, ja sogar für die ganze Welt.

Ich habe es nicht bedauert, daß Gorbatschow gehen mußte. Es ist ja auch kein Geheimnis, daß ich die Sowjets nie mochte. Ich habe Rußland keinesfalls nur verlassen, weil ich konzertieren wollte, mir paßte ganz einfach nicht, was die Sowjets dort in Gang setzten. Da waren Menschen mit einer inhumanen, ja terroristischen Gesinnung am Werk. Ich weiß noch, wieviel Gerede es darüber gab, daß die Revolution am Ende quasi ins Paradies führen würde. Nichts dergleichen geschah. Die Revolution und was darüber geredet wurde – das waren völlig verschiedene Dinge. Die Politiker okkupierten die Macht – und für die Menschen blieb am Ende überhaupt kein Mitspracherecht. Ich habe erlebt, wie das passiert ist. Schließlich war ich ja dabei.

Es liegt mir fern, eine Prognose zu wagen. Das ist immer heikel, ja gefährlich. Ich will auch niemand anklagen. Doch ich fürchte, daß sich in Rußland eine ähnliche Katastrophe wie in Jugoslawien ereignen könnte – eine Katastrophe von gigantischem Ausmaß.

Ein anderes wichtiges Ereignis ist die Wiedervereinigung Deutschlands. Das ist im Prinzip eine gute Sache, und das Konzept ist vernünftig. Noch ist allerdings nicht sicher, ob es in der Praxis gut funktionieren wird – auf kürzere Sicht. Meiner Ansicht nach stecken darin durchaus Gefahren, nicht nur für Deutschland, auch für die Europäische Gemeinschaft und für Osteuropa. Wir müssen Geduld haben, das Beste hoffen und für eine bessere Zukunft arbeiten. Und es wird viel und ernsthafte Arbeit nötig sein.

Die einschneidendste Veränderung in meinem eigenen Leben ist die Tatsache, daß ich nicht mehr konzertieren kann. Dazu kam es ganz plötzlich. Ich war in New York. Dort trug sich ein Unfall zu, der dazu führte, daß ich meine linke Hand nicht mehr zum Geigespielen benutzen konnte. Vielleicht war es ja ganz gut, daß es so passierte. Damals spielte ich noch immer ziemlich gut. Ich hätte es nur schwer ertragen, zu erleben, wie mein Spiel langsam, aber sicher schlechter wird. Nun vertreibe ich mir die Zeit damit, Bearbeitungen für die Geige zu schreiben – für die Geige, die immer noch meine große Liebe ist. An Meisterwerke wage ich mich natürlich nicht. Aber es gibt ja genügend kleinere Klavierstücke, die eher gewinnen, wenn man eine Geigenstimme hinzufügt. Man muß allerdings wirklich gute Arbeit leisten. Ich putze die Stücke sozusagen heraus – so nenne ich das gern. Es macht mir großen Spaß.

Zusammen mit Christopher Nupen habe ich außerdem einen Film gemacht. Das war eine interessante und lohnende Erfahrung für mich. Nie zuvor habe ich an einem solchen Film mitgewirkt. Für mich war es spannend zu erleben, daß ein Film doch eine ganz andere Sache ist als eine Plattenaufnahme. Ein Film ist ein sehr viel persönlicheres Vermächtnis als eine Platte – außerdem sieht die Geige so wunderbar aus. Ich hoffe sehr, daß die Leute den Film mögen werden.

Meine Familie ist nun die schönste und wichtigste Sache in meinem Leben. Zu meinen Enkelkindern habe ich eine höchst anregende Beziehung. Sie sind sehr intelligent, und ich lerne viel von ihnen. Der kleine Junge redet so vernünftig daher wie ein intelligenter Erwachsener. Eher sogar wie ein weiser Erwachsener. Weisheit stelle ich eindeutig über Intelligenz. Intelligenz ohne Weisheit ist nicht unbedenklich. Ich habe schließlich sogar gelernt, daß man als Musiker erst weise werden muß, um wirklich gute Musik machen zu können. Einige meiner Interpretationen waren von solcher Weisheit geprägt – und dafür bin ich einfach dankbar.

London, den 9. Oktober 1992 *Nathan Milstein*

1.
Kindheit in Odessa

Geboren wurde ich in Odessa, einer wunderschönen und heiteren Stadt am Schwarzen Meer im Süden des russischen Reiches. Als Kind war ich ein ziemlicher Teufel. Meistens lief ich hinaus auf die Straße, schrie herum und raufte mit anderen Kindern, um mich dann rasch dadurch in Sicherheit zu bringen, daß ich nach Hause rannte. Das war natürlich weder besonders mutig noch sehr risikoreich; meine Mutter machte sich trotzdem Sorgen um mich.

Frau Roisman, eine Nachbarin, gab ihr deshalb folgenden Rat: »Sie müssen Nathan beschäftigen! Lassen Sie ihm doch Musikunterricht geben.« Ganz uneigennützig gab Frau Roisman diesen Rat jedoch nicht. Auf ihren Sohn hatte ich es nämlich besonders abgesehen. Mein liebster Zeitvertreib war es, mich von hinten an ihn heranzupirschen, ihm auf den Kopf zu schlagen und dann wegzulaufen. Immerhin konnten meine Schläge ihn nicht davon abhalten, ein hervorragender Geiger zu werden. Viele Jahre später besuchte ich in New York eine Reihe von Konzerten des berühmten Budapester Streichquartetts, dessen Primarius Josef Roisman war. Obwohl er ein Freund aus Kindertagen war, bat ich ihn nicht um Freikarten. Ich erstand die Karten zum regulären Preis – und genoß die Haydn-Quartette. Jedesmal, wenn Roisman mich sah, zog er den Kopf ein – natürlich nur zum Spaß.

Meine ältere Schwester Sara spielte Klavier. Das war vermutlich der Grund dafür, daß meine Eltern beschlossen, aus mir einen Geiger zu machen. Eines schönen Tages (es muß 1911 gewesen sein, denn ich war sieben Jahre alt) verkündete Mama:

»Heute gehen wir ins Konzert. Das Wunderkind Jascha Heifetz spielt.«

Ich hatte überhaupt keine Lust, scheute aber die Auseinandersetzung. Schließlich wollte ich nicht in die Ecke gestellt werden. (Damit bestraften meine Eltern mich üblicherweise: Sie schlugen mich nicht, sondern schickten mich in die Zimmerecke. In diesem Fall hätte ich wohl stundenlang dort stehen müssen. Meine Eltern hätten das Haus verlassen, und irgendwann hätte mir dann mein jüngster Bruder Miron etwas zu essen in die Ecke gebracht.)

Das Konzert mit Jascha Heifetz fand im Freien statt, in der alten türkischen Festung. Ich erinnere mich gut an die reich verzierten maurischen Bögen und an die Schießscharten für die Kanonen. Es war Sommer und sehr heiß. Das Publikum saß an Tischen, man aß und trank. Auf den Tischen standen Lampen. Unmengen von Fliegen schwirrten herum und kämpften um einen Platz auf den Lampen. Ein faszinierender Anblick. Es waren so viele Fliegen, daß sie Lärm machten, auch wenn sie nicht summten.

Der kleine Heifetz betrat das Podium. Ich glaube, er spielte Konzerte von Mendelssohn und Paganini. Beschwören könnte ich es jedoch nicht. Tatsächlich erinnere ich mich nicht daran, wie Jascha spielte. Und ich will im nachhinein auch nicht so tun, als würde ich mich daran erinnern. Um ehrlich zu sein: die Fliegen interessierten mich weitaus mehr als das Konzert. Aber ich weiß noch genau, wie Jascha aussah. Wie ein richtiger Engel! Ein blondgelockter Knabe in einem Matrosenanzug mit kurzen Hosen und Kniestrümpfen. Er war wunderschön. Nie werde ich verstehen, wie aus diesem Cherub ein wenig gutaussehender Mann werden konnte.

Am nachhaltigsten blieb mir im Gedächtnis, was passierte, nachdem Jascha zu spielen aufgehört hatte. Sofort war er von imposanten russischen Polizisten umringt. Zuerst dachte ich, sie würden ihn verhaften. In Wahrheit jedoch sollten die Polizisten ihn vor seinen begeisterten Fans schützen. Odessa ist eine Stadt mit südländischem Charakter. Das Publikum reagiert bei solchen Anlässen höchst temperamentvoll und drückt seine Begeisterung auf rauhe, aber herzliche Weise aus. (Man kennt das von Mittelmeerländern wie Spanien und Italien, wo auch heutzutage die Polizei bei Konzerten im Saal, manchmal sogar auf dem Podium sitzt.)

Wie das gesamte Publikum waren auch Mama und Papa vom Spiel des kleinen Jascha entzückt. Bei mir hinterließ es, wie schon gesagt, keinen nachhaltigen Eindruck. Ich ging nach dem Konzert nach Hause und schlief ausgezeichnet. Natürlich konnte ich nicht wissen, daß an diesem Abend mein Schicksal besiegelt wurde und ich selbst Geiger werden sollte.

Wir waren eine große Familie – sieben Geschwister, zwei Mädchen und fünf Jungen. Die ersten sechs Kinder wurden jeweils im Abstand von zwei Jahren geboren: Sara, David, Lazar, Nathan, Nahum und Miron. Meine zweite Schwester Dorotea kam fünf Jahre nach Miron auf die Welt.

Ich wurde am letzten Tag des Jahres 1903 geboren. Als mein beinahe gleichaltriger Freund, der Pianist Vladimir (Wolodja) Horowitz, und ich 22 Jahre später Rußland in Richtung Westen verlassen wollten, mußten wir uns ein Jahr jünger machen. Sonst hätten wir die Ausreiseerlaubnis nicht bekommen, da unser Jahrgang gerade zum Militär eingezogen wurde. Dies erklärt, warum in vielen Büchern für Horowitz und mich 1904 als Geburtsjahr angegeben wird, obwohl es falsch ist.

Mein Vater hieß Miron, meine Mutter Marija. Wir nannten sie natürlich Mama und Papa. Unsere Mutter liebten wir alle sehr. Immer wenn sie mit Vater stritt, ergriffen wir ihre Partei. In ihrer Familie hatten alle schwarze Haare, während in Vaters Familie blonde Haare mit rötlichem Schimmer verbreitet waren. Viel mehr weiß ich über die Familien meiner Eltern nicht zu sagen.

In Odessa hatten wir zunächst eine mittelgroße Wohnung in einem großen Haus gemietet – Owschinikowskiallee 12. Später zogen wir in die Tiraspolskajastraße – nicht weit vom Hotel »Passage«. Papa war Bevollmächtigter der großen Importfirma Gourland & Co. Er kaufte Anzugstoffe aus Schottland (Glasgow und Edinburgh) und aus Polen (Lodz und Tschenstochau). Ich erinnere mich, wie die Stoffe auf großen Lastwagen in unseren Hof gebracht wurden. Die Ballen wurden in die Keller geschleppt, die dann mit eisernen Riegeln verschlossen wurden.

Unsere Familie zählte zu den assimilierten Juden. Wir sprachen daheim Russisch, weshalb ich nie Jiddisch geschweige denn Hebräisch gelernt habe. In unserer Gegend lebten nur wenige Juden. Unter den etwa 50 Familien in unserem Haus waren nur einige jüdisch.

Einer unserer Mitbewohner war der später berühmt gewordene revisionistische Zionist Vladimir Jabotinsky, ein noch junger Mann, der allerdings schon damals sehr bedeutend aussah. Wegen seiner teuren goldumrandeten Brille hielten viele ihn für einen Arzt. Immer wenn Jabotinsky im Hof erschien, unterbrachen wir Kinder unser Spiel und sangen »Vieraug, Vieraug«. Jabotinsky ärgerte sich darüber sehr und versuchte – vergeblich – uns zu fangen. Uns konnte niemand fangen.

Papa ging nicht in die Synagoge, und er erlaubte auch mir nicht hinzugehen. Er befürchtete, ich könnte fromm werden. Ich jedoch mochte die Synagoge von Odessa – der Chor war hervorragend, der Kantor gut, und ein sehr fleißiger Musiker (den ich später in Wien wiedertraf) spielte das Harmonium.

Papa ging auch nicht in die russisch-orthodoxe Kirche. Er war Tolstoianer, also Anhänger der ethischen Lehre des Schriftstellers Lew Tolstoi. Ich hielt es so lange für gut und ehrenwert, ein Tolstoianer zu sein, bis eines Tages die Polizei zu uns kam. Da erfuhr ich, daß das zaristische Regime die Tolstoianer verfolgte, weil es sie für Dissidenten, ja sogar für Revolutionäre hielt. Wegen seiner »häretischen« Ansichten hatte die orthodoxe Kirche Tolstoi exkommuniziert. In ganz Rußland pflegten die Popen ihn im orthodoxen Gottesdienst anzuprangern.

Weihnachten feierten wir nach Art der Orthodoxen: Wir stellten einen Weihnachtsbaum auf und schmückten ihn. Sobald der Baum zu nadeln begann und die Nadeln die Wohnung verschmutzten, wurden sie zusammengekehrt. Dann kam der

Baum weg. Uns Kindern gefiel Weihnachten, obwohl wir nur kleine Geschenke bekamen: mal lange Strümpfe, mal Bilderbücher.

Die schändlichen Pogrome, die damals das südliche Rußland überzogen, gingen an uns vorüber. Die benachbarten jüdischen Bezirke an der Moldawanka waren hingegen davon betroffen. An unsere Fenster wurde trotzdem ein Kreuz geklebt. Die Hausbesitzerin hatte den Hausverwalter angewiesen, dies zu tun. Falls die »schwarzen Hundertschaften« – so wurden die Rowdys genannt – kämen, sollten sie glauben, daß in diesem Haus gute orthodoxe Christen lebten.

Auch Mama ging weder in die Kirche noch in die Synagoge. Aber sie betete nach jüdischer Tradition – einmal in der Woche, immer freitags, daheim. Sie bedeckte dann ihr Haupt mit einem schwarzen Schleier, der exotisch und erotisch zugleich wirkte. Mir gefiel dieses Ritual. Ich mochte es auch, daß bei dieser Gelegenheit Süßigkeiten und Früchte auf den Tisch kamen: Schokolade und Orangen. Jede Orange war in Viertel geteilt.

Orangen waren in Odessa eine Besonderheit. Sie kamen aus der Türkei, und ich fand, daß sie herrlich schmeckten. Heute kann ich so viele Orangen essen, wie ich will, aber sie scheinen sauer zu schmecken.

Mama betete schweigend, während wir anderen am Tisch saßen und sie beobachteten. Es war ein feierlicher Augenblick, aber wir waren dabei fröhlich und glücklich. Manchmal versäumte Papa Mamas Zeremonie ganz bewußt. Er pflegte zu sagen:»Zeremonien sind Unsinn und ohne Bedeutung. Was zählt, ist, was man empfindet.«

Offensichtlich führten Mama und Papa eine harmonische Ehe: Sie hätten sonst wohl kaum sieben Kinder in die Welt gesetzt. Allerdings war Mama auch eindeutig das Oberhaupt der Familie. Frauen eignen sich dafür besser als Männer, weil sie viele Entscheidungen instinktiv treffen. Das ist eine wirkliche Begabung – wie die für Musik.

Mama war wunderschön. Sie sah wie eine jüdische Sophia Loren aus. Was wir an ihr gar nicht mochten, war, daß sie uns immer dazu zwang, uns Hände, Ohren und den Hals zu waschen. Sie war einfach eine starke Persönlichkeit.

Ich ging nicht zur Schule. Trotzdem war meine Ausbildung besser als die meiner Altersgenossen, die täglich ins Gymnasium gingen. Zunächst hatten wir eine Erzieherin, später einen Hauslehrer. Die Erzieherin war ein Fräulein Kisser. Sie brachte uns Französisch und Deutsch bei. Als ich viele Jahre später in der Schweiz ein Konzert mit dem Dirigenten Ernest Ansermet gab, kam danach eine Dame zu mir und fragte:»Erkennen Sie mich wieder?« (Wie alle reisenden Musiker pflegte ich nie zuzugeben, jemand nicht zu kennen. Vielmehr log ich immer in höflicher Form, etwa so:»Irgendwie kommen Sie mir bekannt vor, aber ich bin nicht ganz sicher...«) Sie erzählte nun, sie sei in Odessa meine Erzieherin gewesen. Erst jetzt konnte ich verstehen, warum Franzosen und Deutsche solche Probleme mit meiner Aussprache hatten: Beide Sprachen hatte mir eine Schweizerin beigebracht.

Mein Bruder David ging auf eine ausgezeichnete Handelsschule. Er trug eine hübsche Schuluniform, weshalb ich ihn beneidete. David war ein eleganter und umgänglicher Mensch. Häufig ging er auf die Rollschuhbahn und flirtete dort mit hübschen Mädchen, was mich eifersüchtig werden ließ.

Eigentlich hatte ich überhaupt keine Lust dazu, Geige zu lernen. Meine Mutter nahm mir die Entscheidung ab. Daß sie es ernst meinte, merkte ich spätestens, als sie mir eine kleine Geige in die Hand drückte und einen Lehrer engagierte. Es war ein Student des Konservatoriums von Odessa.

Als dieser Student in unserer Wohnung erschien, war meine Schwester Sara, die Pianistin, von ihm sehr beeindruckt. In kürzester Zeit befreundeten sich die beiden und musizierten fortwährend miteinander. Ich hingegen mochte meinen Lehrer überhaupt nicht. Vermutlich war er kein guter Musiker. Was ich allerdings wirklich an ihm haßte, war seine Angewohnheit, mir auf den Kopf zu schlagen, wenn ich einen Fehler machte – obwohl ich mir doch so viel Mühe gab.

Ich nahm mir deshalb vor, ihn loszuwerden. Jedesmal, wenn er mich schlug, schrie ich besonders laut. Ich wußte nämlich, daß Mama die Mißhandlung eines Kindes nicht hinnehmen würde. Meine Aktion war sehr erfolgreich: Der Student wurde entlassen.

Nach erneuter Beratung mit Frau Roisman wurde ich schließlich dem berühmten Professor Stoljarski vorgestellt, der eine Musikschule in Odessa betrieb. Wir fuhren in seine Wohnung an der Preobraschenskistraße. Da der Professor wußte, daß mein Vater in der Lage war, den Geigenunterricht zu bezahlen, war er äußerst freundlich zu uns. »Der Junge hat so wunderbare Hände, so erstaunliche Finger. Wie geschaffen für die Geige.« Das war natürlich völliger Quatsch. Aber Stoljarski wollte ganz einfach vermeiden, einen potentiellen Schüler wieder zu verlieren.

In Odessa gab es auch andere gute Geigenlehrer – zum Beispiel den Tschechen František Stupka oder Max Fiedelman –, Stoljarski jedoch war ein Mythos, er hatte einen unglaublichen Ruf, der bis heute lebendig geblieben ist. Immer wieder werde ich über Stoljarski ausgefragt. Meine Antwort lautet immer, daß seine Bedeutung überbewertet wurde und daß dies das Ergebnis erfolgreicher Öffentlichkeitsarbeit war. Ob ich als Junge so kritisch über Stoljarski dachte, weiß ich nicht mehr. Eines jedoch weiß ich ganz sicher: Er flößte mir keine Ehrfurcht ein.

Ich fand Stoljarski komisch. Er war klein, hatte blondes, allmählich grau werdendes Haar und sah aus wie ein typischer Lehrer. Egal, wann ich kam – immer aß er etwas. Dazu benutzte er nur seine beiden Vorderzähne – wie ein Hase. Damals dachte ich, er tue das mit Absicht, um uns Kinder zum Lachen zu bringen. Schließlich wurde mir klar, daß der Professor fast keine Zähne mehr hatte.

Der Unterricht fand in Stoljarskis Wohnung statt. Jeden Tag kamen zehn bis fünfzehn Kinder zu ihm. Der Professor hatte vier Zimmer zur Verfügung, und aus jedem ertönte Musik – Gequietsche und Lärm.

Häufig ließ Stoljarski uns Schüler zusammenkommen, und wir musizierten miteinander. Ich erinnere mich daran, daß wir Tschaikowskis *Sérénade mélancolique* spielten. Einige Cellisten vom Konservatorium kamen dazu, und alle zusammen erzeugten wir einen unglaublich schönen Klang. Stoljarski suchte für seine Schüler Stücke aus, die gemeinsam gespielt werden konnten. Er tat dies nicht nur, um die Schülerhorde besser unter Kontrolle halten zu können, sondern auch, weil es für uns gut war. Durch das Zusammenspiel lernten wir voneinander. Wir pflegten dabei herumzuschauen, wer gerade was machte und wer besser war.

Stoljarski war mit Sicherheit kein besonders tiefgründiger Musiker, aber mit der Violine kannte er sich aus. Allerdings erinnere ich mich nicht daran, daß er sich je mit der Erarbeitung technischer Grundlagen aufhielt. Alle mußten wir Übungsstücke von Ševčík und Schradieck spielen, außerdem Kreutzer-Etüden.

Ich mochte die Geige noch immer nicht; überhaupt konnte ich mir nicht recht vorstellen, daß ein normales Kind Freude daran finden könne, auf einem Instrument zu üben – außer, es war etwas verrückt. Ich jedenfalls war ein völlig normales Kind.

Damals wollte ich am liebsten Fußball spielen. Da Mama es mir aber nicht erlaubte, mußte ich statt dessen zu Stoljarski gehen. In seiner Schule war es schon lustig: Wir Kinder schrien herum, spielten und kämpften miteinander und sprangen herum wie die Verrückten.

Stoljarski wohnte in einem Haus mit einer steilen Marmortreppe. Einmal ging ich zusammen mit einem Schüler aus meiner Klasse von der Stunde weg. Es war Edgar Ortenberg, der später Mitglied des Budapester Streichquartetts wurde. Stoljarski hatte uns für gute Leistungen mit Karten für eine Vorstellung der *Pagliacci* in der Oper von Odessa belohnt. Über diese Auszeichnung war Ortenberg so glücklich, daß er auf der Treppe übermütig herumsprang und dabei gegen meine Schulter stieß. Ich purzelte die Treppe hinunter und schlug mir dabei die linke Schläfe blutig. Das Blut lief mir nur so über das Gesicht. Trotzdem lächelte ich. Dr. Auslender nähte die klaffende Wunde.

Pagliacci sah ich in einer späteren Vorstellung, mit Caruso.

Er war klein und dick und sang so laut, daß man darüber fast taub werden konnte.

Damals, um die Jahrhundertwende, war Odessa ein ziemlich bedeutendes kulturelles Zentrum. Natürlich war es nicht mit Moskau oder Sankt Petersburg zu vergleichen, aber die Odessaer liebten Musik über alle Maßen. Deshalb hatten wir auch ein prächtiges Opernhaus. Das ansehnliche Gebäude mit seinen kleinen rosa und grünen Säulen war für seine herrliche Akustik weltberühmt.

Man sagte, daß unser Opernhaus der Wiener Staatsoper ähnlich sehe; als ich dann selbst einmal in Wien war, konnte ich feststellen, daß es eigentlich eine Kopie des Burgtheaters war. Egal wie: die Architekten des Opernhauses waren jedenfalls Österreicher gewesen.

In Odessa waren italienische Komponisten am populärsten (Rossini, Verdi, Puccini), außerdem französische (Bizet, Massenet). Unter den eher zeitgenössischen Werken erinnere ich mich an eine interessante Aufführung von Wolf-Ferraris *Schmuck der Madonna*. Battistini und Titta Ruffo traten in Odessa auf, Caruso gastierte regelmäßig.

Meine Altersgenossen gingen alle ins Kino. Eines der Theater in Odessa wurde »Ostrowskis Illusion« genannt. Das war ein durchaus passender Name, denn Illusion war es ja, was sie einem dort verkauften. Ich ging selten ins Kino. Dafür nahm meine Mutter mich oft mit in Konzerte.

Noch vor dem Ersten Weltkrieg hatte ich bereits Jan Kubelík, Bronisław Huberman und Jaroslav Kocian gehört. Kocian war ein exzellenter tschechischer Geiger, der übrigens einige Jahre in Odessa lebte. Beinahe jedes Jahr kam Eugène Ysaye.

Ich erinnere mich, daß Ysaye in einem riesigen Eisstadion spielte, in dem 4000 Leute Platz finden konnten. Trotzdem waren seine Konzerte ausverkauft. Wir Buben schafften es mit folgendem Trick, in Ysayes Konzerte hineinzukommen: Einige von uns inszenierten einen Streit, um die Polizei abzulenken. Währenddessen schlüpften die übrigen ohne Eintrittskarte durch die Sperre.

Nachdem er sein Programm beendet hatte, kam Ysaye ohne

seine Geige auf die Bühne. Er trug einen offenen Pelzmantel und sah damit aus wie ein großer Bär. Dann zog er eine Taschenuhr heraus und legte seinen Kopf auf die gefalteten Hände. Damit wollte er deutlich machen, daß es schon spät sei und Zeit für ihn, schlafen zu gehen. Vermutlich landete er statt dessen in einem Odessaer Nachtklub.

Natürlich waren Ysaye und Kubelík bedeutende Interpreten. Mich allerdings interessierten sie nicht besonders. Odessas Musikfans jedoch waren völlig verrückt nach jeder gastierenden Berühmtheit. Der dunkelhäutige und gutaussehende Kubelík brachte das Publikum, vor allem dessen weiblichen Teil, zum Rasen, während er ein teuflisch schweres Stück nach dem anderen spielte. Die hiesigen Damen warfen sogar Diamantringe auf die Bühne – das habe ich selbst gesehen. Sofort danach wurde der Vorhang zugezogen... vermutlich sammelte ein Bediensteter die Ringe ein. Dann öffnete sich der Vorhang erneut, und Kubelík spielte weiter, als sei nichts gewesen.

In Odessa gab es einige gute Sprechtheater. Unter den bekannten und gefeierten Schauspielern waren Jelena Polewizkaja und Stepan Kusnezow. Kusnezow brillierte als Chlestakow in Gogols *Revisor* und in dem sehr populären Schwank *Charleys Tante*. Bis heute ist mir in Erinnerung, wie er Maxim Gorkis *Schlange und Falke* las. »Wer geboren ist zu kriechen, kann nicht fliegen!« deklamierte Kusnezow pathetisch. Untermalt wurde das Ganze von Borodins Musik. Dies war die heute vergessene Kunst der »Melodeklamation« in all ihrer Herrlichkeit. Man kann das ruhig russischen Kitsch nennen. Das stört mich überhaupt nicht – ich habe es geliebt. Denn es ist ja wahr: »Wer geboren ist zu kriechen, kann nicht fliegen!« Da gab es andere wundervolle Zeilen, zum Beispiel darüber, daß es sich lohne, sein Leben dafür einzusetzen, die Freude des Fliegens wenigstens einmal erleben zu können. Auch das stimmt. Ist man einmal geflogen, dann ist das schon genug, und man fühlt sich als Genius. Danach ist alles egal...

Odessa war eine kosmopolitische Stadt. Entworfen und erbaut hatten sie Franzosen. Der berühmteste unter den Stadtplanern war der Herzog von Richelieu (nicht zu verwechseln mit dem Kardinal). Dankbare Bewohner errichteten ihm ein Denkmal. In Odessa gab es einen Boulevard de France und einen Boulevard de Paris, eine Straße und eine höhere Schule waren nach Richelieu benannt. Neben ausgedehnten italienischen und griechischen Wohnbezirken gab es viele Häuser wohlhabender Franzosen.

Reiche Italiener und Griechen – etwa Herr Anatra, einer der ersten Hersteller von Flugzeugen, und Herr Duwarschobulu, ein Export-Import-Kaufmann vor allem für Schokolade und türkischen Honig – spendeten Geld für das städtische Opernhaus, dessen Intendant damals Herr Nikitin war. Aus diesem Grund wurden dort natürlich in der Hauptsache Werke italienischer Komponisten gegeben – neben denen französischer Komponisten, versteht sich.

Es ist übrigens ganz aufschlußreich, sich daran zu erinnern, daß im vorrevolutionären Rußland gerade ausländische Firmen viele ausgezeichnete Waren produzierten. Die Franzosen zum Beispiel verkauften Sioux-Schokolade, die Lieblingsschokolade der Zarentöchter. Daß dies so war, erfuhr ich 1916, als ich in Petersburg in einem Konzert mitwirkte, das vom russischen Roten Kreuz organisiert worden war. Eine der Großfürstinnen schenkte mir Sioux-Schokolade – mein Gott, schmeckte die herrlich!

Die Parfums, die man damals in Rußland kaufen konnte, waren ausgezeichnet – zum Beispiel Raleigh oder Brocard. Sie waren ebenso gut wie die französischen Parfums. Traditionellerweise denken die Russen, daß ausländische Produkte von besserer Qualität seien als heimische. Als ich jedoch 1926 nach Frankreich kam, sprach man dort mit Hochachtung von den russischen Parfums und Eaus de Cologne.

Ohne Frage gab es in Rußland zum Beispiel auch hochqualifizierte Ingenieure und Techniker, die in Europa hohes Ansehen genossen. So wurden die berühmten Schiffe »Normandie« und »Ile de France« nach Plänen gebaut, die von russischen Emigranten stammten.

Den Hafen von Odessa liefen viele ausländische Schiffe an. Eines Tages beobachtete ich am Strand eine Horde Kinder. Was war geschehen? Sie umringten, wie sich bald herausstellte, einen schwarzen Matrosen, der von einem amerikanischen Schiff stammte. Der schwarze Mann schien sehr vergnügt zu sein. Er trug bunte Kleider, zum Beispiel ein rotes Unterhemd und grüne Strümpfe. Andauernd lachte er und hüpfte dabei hin und her. Für die Kinder war das ein unglaubliches Erlebnis. Nie zuvor hatten wir einen Neger gesehen; wir glaubten, daß Neger überhaupt nur in Afrika leben. Und nun sahen wir einen Neger aus Amerika.

Mein großer Bruder David und ich fuhren jeden Sommer an die Kochubejewbucht. Dort pflegten wir mehrere Tage in einer gemieteten Datscha zu wohnen. Die Datscha war nicht besonders schön. Außerdem hatten wir Angst vor den großen Ratten. Zum Sonnenbaden gingen wir an den Österreicherstrand. David schwamm gern, ich jedoch überhaupt nicht. Ich habe nie schwimmen gelernt. Wir gingen auch zum Segeln – aber nur so lange, bis wir einmal in einem Sturm fast ertrunken wären. Ich erinnere mich daran, daß das Boot sich so stark neigte, daß unser Segel beinahe Wasser »geschöpft« hätte. Ich hatte entsetzliche Angst. Danach bekam mich niemand jemals wieder in ein Segelboot.

Oft lief ich von daheim fort, um im Stadtpark Fußball zu spielen. Damals waren in Odessa alle verrückt nach Fußball; ausländische Mannschaften kamen aus der Türkei und aus Griechenland zu uns. Ich war ein guter Angriffsspieler und durfte sogar Mittelstürmer sein. Dabei rannte ich so lange herum, bis ich völlig außer Atem war. So kamen meine Eltern dahinter, daß ich Fußball spielte, statt Geige zu üben... und ich wurde regelmäßig dafür bestraft: Ich mußte mich in die Ecke stellen.

Noch etwas gab es damals, nach dem alle verrückt waren: das Fliegen. Einer der populärsten Einwohner Odessas zu dieser Zeit war sowohl Fußballer als auch Flieger: Sergei Utotschkin. Und ich, der kleine Milstein, konnte damit angeben, daß ich auf einer Geige spielte, die von Utotschkins Bruder gebaut worden war. Die Geige war ein Alptraum. Den Lack konnte man mit dem Fingernagel wegkratzen. Wenn man wollte, konnte man mit dem Nagel auch eine tiefe Furche in das Holz graben. Unser Haus hatte sich inzwischen zunehmend mit Musik gefüllt. Miron, mein jüngster Bruder, hatte angefangen, Cello zu spielen. Ich war sein Lehrer! Irgendwie hatte ich gelernt, das Cello zu meistern. Miron wurde schließlich ein ausgezeichneter Cellist; er war dann Solocellist an der Oper von Odessa. Und ich spiele bis heute Cello.

Nach und nach begann ich mich ernsthaft für die Geige zu interessieren. Ich mochte es nicht, daß die anderen Kinder besser spielten als ich. Deshalb gab ich mir erheblich mehr Mühe mit der Geige. Das fiel mir leicht, denn ich war ein heller Kopf und lernte schnell. Diese Fähigkeit habe ich bis heute.

Eines Tages – es war 1915 – rief Professor Stoljarski bei uns zu Hause an. Ich ging ans Telephon. Um bei dem altmodischen Telephon den Hörer abnehmen zu können, mußte ich auf einen Stuhl steigen; ich fiel herunter und hätte mir fast noch mal den Kopf blutig geschlagen. Mitten in dem Gepolter hörte ich die Stimme meines Lehrers:»Spielst du das Glasunow-Konzert?«

Ich log:»Nein!«

Tatsächlich spielte ich es natürlich. Ich mochte es sogar – es war schwer und reizvoll zugleich, und ich lernte, wie schon gesagt, damals sehr schnell; eins, zwei, drei... und ich hatte das Stück in den Fingern. Das erzählte ich Stoljarski jedoch nicht, denn er pflegte an mir herumzunörgeln:»Warum spielst du, was dir gefällt, und nicht, was wichtig für dich ist?« Deshalb sagte ich ihm über das Glasunow-Konzert nicht die Wahrheit. Ich fürchtete, er würde mich anschreien. Aber er glaubte mir so und so nicht und sagte:»Gut. Hol deine Mutter ans Telephon.«

Stoljarski erklärte meiner Mutter, daß man in Odessa ein Jubiläumskonzert aus Anlaß von Glasunows 50. Geburtstag plane. Alexandr Konstantinowitsch Glasunow selbst werde aus Petersburg kommen, um das Konzert zu dirigieren. Ursprünglich hätte die berühmte Pianistin Geschelin-Tschernetkaja (die Frau von Dr. Auslender, der meine Schläfenwunde genäht hatte) Glasunows Klavierkonzert spielen sollen – ihr

Paradestück. Aber sie sei krank geworden, und deshalb seien die Organisatoren auf der Suche nach Ersatz.

Das Violinkonzert von Glasunow ist ein lebhaftes, attraktives Stück, brillant orchestriert (nur das Rondo ist ein bißchen zu gewichtig). Bei der Probe spielte ich eine Passage aus dem Anfang des Stücks so, wie ich es für richtig hielt. Ganz offensichtlich war ich ein dreister Knabe – die Anwesenheit des Komponisten brachte mich überhaupt nicht aus der Ruhe. Glasunow schaute durch seinen Zwicker zu mir herunter und murmelte:»Gefällt dir nicht, wie ich es geschrieben habe?« Darauf spielte ich es so, wie er es geschrieben hatte, worauf Glasunow sich nach der Probe zu mir wandte und sagte:»Spiel es so, wie du willst.« Er hatte wohl gemerkt, daß meine Version besser war als seine.

Offensichtlich war Glasunow ein weiser und friedfertiger Mann. Er hatte überhaupt keine Bedenken, daß seine Autorität dadurch untergraben werden könnte. Leider dirigierte er auf gleichgültige und laienhafte Weise. Dies tat jedoch dem Erfolg des Abends überhaupt keinen Abbruch: In Odessa hatte Glasunow als großer Komponist und als Direktor des Petersburger Konservatoriums einen legendären Ruf. Man war sehr neugierig darauf, ihn in natura zu erleben, und fühlte sich dadurch geschmeichelt. Ich war stolz darauf, mit dem Meister gemeinsam auftreten zu dürfen.

In Stoljarskis Schule waren die Vorspiele, die einmal pro Halbjahr stattfanden, besonders wichtige Ereignisse. Die Schüler versuchten, sich dabei gegenseitig zu übertrumpfen. Ich mußte gute Fortschritte gemacht haben, denn eines Tages – es war 1916 – verkündete Stoljarski, er werde mich Leopold Semjonowitsch Auer vorführen, dem berühmten Professor vom Petersburger Konservatorium.

»Auer, Auer« – das war für alle Buben in Stoljarskis Schule fast wie ein Gebet. Er war unser Gott. Und nun gab er ein Konzert in Odessa. Die griechische Pianistin Irina Eneri begleitete ihn. In meiner Erinnerung spielte sie wundervoll. Auer hingegen – er spielte im Sitzen – geigte jämmerlich. (Ich weiß nicht, warum er im Sitzen spielte; er war damals etwa 70, also noch nicht so alt.) Das Programm umfaßte Beethovens *Frühlings-sonate* und eine Violinsonate des Petersburger Komponisten Leonid Nikolajew. (Wolodja Horowitz und ich spielten dieses Stück später auch. Der Anfang ist gut und recht gesanglich; danach aber ist Nikolajew nichts mehr eingefallen, und das Stück wird arg langweilig. Den Komponisten trafen wir später in Petrograd. Nikolajew – ein unglaublich feiner, beinahe verweichlichter Herr – war ein wohlangesehener Pianist und Professor am Konservatorium. Petersburgs beste Pianisten studierten bei ihm: Marija Judina, Wladimir Sofronizki und der junge Dmitri Schostakowitsch.)

Stoljarski erzählte mir, er habe mit Auer gesprochen; der Professor aus Petersburg hatte sich bereit erklärt, mich nach seinem zweiten Konzert anzuhören. Mama und ich fuhren zum Hotel »Londonskaja«, einem großartigen Gebäude, in dem Auer wohnte. Wir mußten lange warten, bis wir schließlich in seine Suite gebeten wurden.

Auer machte auf mich einen höchst eleganten Eindruck. Er trug sehr schöne weiche Pantoffeln. Er fragte mich: »Was spielst du denn schon, mein Junge? Spielst du Bach?« Ich antwortete, daß ich die Partita d-Moll für Violine solo spiele. Das war alles, was wir damals in Odessa von Bach kannten. Natürlich wußten wir von der Existenz der berühmten Chaconne, aber niemand wagte, sie zu spielen, weil sie so anspruchsvoll und so schwer zu bewältigen war.

Ich begann mit dem Presto der Partita. Offensichtlich hatte ich es viel zu schnell angegangen, denn Auer fing an, mit den Fingern zu schnippen, um mich zu bremsen. Deshalb konnte ich nicht so rasch spielen, wie ich wollte. Das paßte mir gar nicht: Wenn man schon dem berühmten Auer vorspielte, so sollte man ihm alles vorführen, was man konnte!

Auer muß mich anscheinend doch gemocht haben, denn er schenkte mir, als ich zu Ende gespielt hatte, zwei goldene Fünfrubelstücke. Das war ein Haufen Geld! (In Petersburg lernte ich später, daß es eine hohe Auszeichnung war, von Auer überhaupt Geld zu bekommen; des Professors Knauserigkeit war legendär.)

Mama und ich wechselten die Goldmünzen in Silbergeld. Ganz stolz kam ich heim, die Hosentaschen schwer gefüllt mit Silbermünzen. Um noch größeren Eindruck zu machen, klimperte ich mit meiner Beute.

2.

Petersburg

Nach einer längeren Diskussion in der Familie wurde beschlossen, daß ich nach Petersburg gehen solle, um mit Auer zu arbeiten. Ich reiste mit Mama. Zunächst wohnten wir im Haus der Abelsons in der Mochowajastraße 28. Die drei Brüder Abelson waren wohlhabende Finanzmakler. Einer von ihnen war sogar Vorsitzender des Börsenausschusses. Seine Frau stammte aus Odessa, sie war die Schwester des Ingenieurs Wurdgaft, eines Freundes meines Vaters.

Wir verbrachten einige Monate bei den Abelsons. Einer der Brüder hatte einen Sohn, den ich gerne hänselte. Er hatte Angst vor mir. Ich versuchte ihm zwar klarzumachen, daß ich nur Spaß machte, er jedoch jammerte nur: »Ich mag aber keine Späße!«

Die Abelsons lebten auf großem Fuß. Regelmäßig gaben sie Bälle und Empfänge; ihre Gäste waren meist hohe Tiere – wie etwa der Innenminister Protopopow und Purischkewitsch, ein Deputierter der Duma, des russischen Parlaments. Die Gäste sangen, schrien herum und warfen ihre Gläser an die Decke. Mama und ich konnten dann kaum schlafen. Ich traf alle drei Abelsons nach Jahren in Paris wieder. Auch dort waren sie sehr wohlhabend, aber nicht mehr so wie in Petersburg.

In ihrem Haus in Petersburg lernte ich den jungen Sergei Prokofjew kennen, den Pianisten und Komponisten der Avantgarde. Vor allem wegen seiner ungewöhnlichen Lippen machte er einen befremdenden, ja sogar furchterregenden Eindruck auf mich. Seine Lippen waren geschwollen, fast zum Platzen mit Blut gefüllt, mit Schaum in den Mundwinkeln. Immer wenn Prokofjew ein spitzes Besteckteil in die Hand nahm, wurde ich unruhig. Was würde passieren, wenn er sich damit aus Versehen in die Lippen stäche? Sicher würde das Blut nur so herausspritzen! Prokofjew war reizbar, schwerfällig und häßlich. Er hatte die für Blonde typischen farblosen Augen. Seine Energie allerdings glich seine Schwerfälligkeit aus. Es war ganz offensichtlich, daß er ein junges Genie war. Der Altersunterschied hinderte uns daran, damals Freunde zu werden.

Vor dem Zweiten Weltkrieg trafen wir uns in den USA, in Hollywood, wieder. Wir wohnten im selben Hotel. Prokofjew plante damals bereits seine endgültige Rückkehr in die Sowjetunion. Er verhandelte in Hollywood über eine Filmmusik, meines Wissens aber ohne Erfolg. Zwei Wochen lang saßen wir jeden Tag beim Frühstück zusammen – immer eineinhalb bis zwei Stunden, in denen wir über Gott und die Welt sprachen.

Gierig verputzte Prokofjew seine Eier mit Speck. Er aß sehr unachtsam, Fett tropfte ihm vom Kinn. Dabei war er so sehr in das Gespräch vertieft, daß er das überhaupt nicht merkte.

So gut organisiert und gewissenhaft Prokofjew war, wenn es um Musik und Geschäfte ging, so sorglos und schlampig ging er mit alltäglichen Dingen um. Was immer er anpackte, es wurde zum totalen Durcheinander.

Ich liebe Prokofjews Musik. Trotzdem bin ich davon überzeugt, daß er seine besten Werke in jungen Jahren geschrieben hat: die *Symphonie classique*, das erste Violinkonzert, die ersten Klavierkonzerte und Klaviersonaten. Nach seiner Rückkehr in die Sowjetunion hat er überhaupt nichts Bedeutendes mehr geschrieben. Natürlich kann ich nicht mit Sicherheit sagen, daß diese schöpferische Tragödie ausschließlich durch Stalins repressives Regime verursacht worden ist. Möglicherweise hätte seine Schaffenskraft in jedem Fall nachgelassen, also auch dann, wenn er im Westen geblieben wäre. Immerhin glaube ich doch, daß die widrigen politischen Umstände sein unglaubliches Talent erstickt haben.

Von Politik verstand Prokofjew nicht viel. Die politischen Skrupel, die etwa George Balanchine hatte, gingen ihm völlig ab. Balanchine war sehr früh klar geworden, daß er in einem totalitären Regime nicht arbeiten könne. Deshalb war er in den Westen gegangen. Prokofjew machte sich, wenn ich an unsere Gespräche in Hollywood denke, über solche Dinge nicht allzu viele Gedanken. Dafür mußte er teuer bezahlen.

Meine erste Stunde bei Professor Auer am Petersburger Konservatorium war durch ein besonderes Vorkommnis gekennzeichnet. Auer gab zweimal in der Woche Unterricht: mittwochs und samstags. Mama und ich gingen an einem Mittwoch zu ihm. Ich spielte das Konzert von Ernst. Im Unterrichtsraum waren viele seiner anderen Schüler versammelt; das gehörte zu Auers Methode. Ich erinnere mich an Miron Poljakin und Toscha Seidel. Als ich das Stück beendet hatte, wandte sich Auer an die anderen und fragte: »Na, wie gefällt euch die Schwarzmeertechnik?« Das war ein hübscher Ausdruck: »Schwarzmeertechnik«.

Und welch ein Zufall: Ein Reporter der populären Petersburger Zeitung *Birschewje wedomosti* (das war das damalige russische Pendant zum *Wall Street Journal*) lief gerade im Konservatorium auf der Suche nach einer guten Story herum. Offensichtlich erzählten ihm Auers Schüler ein paar Geschichten. Der Reporter eilte in seine Redaktion.

Nichts ahnend kehrten meine Mutter und ich aus dem Konservatorium in das Haus der Abelsons zurück und gingen zu Bett. Wie gewöhnlich veranstalteten die Abelsons einen großen Ball. Es war vier Uhr am Morgen, als Frau Abelson uns überraschend weckte. In der *Birschewje wedomosti* war ein großer Artikel über mich.

Wie nicht anders zu erwarten, hatte der Reporter sich eine schöne Geschichte ausgedacht. Der Artikel beschrieb Mama und mich als »Flüchtlinge aus Odessa«. (Natürlich waren wir keineswegs Flüchtlinge, aber das machte die Geschichte farbiger und spannender.) Darüber hinaus schrieb der Reporter, der berühmte Professor Auer sei vor lauter Begeisterung über mein Spiel beinahe in Ohnmacht gefallen. Angeblich habe er danach geäußert, nach Milstein könne und wolle er an diesem Tag niemand mehr hören.

Selbstverständlich war Auer nicht in Ohnmacht gefallen. Es stimmte zwar, daß nach mir niemand mehr gespielt hatte. Aber nur, weil es schon spät war – sieben Uhr – und der Professor es eilig hatte, zum Abendessen nach Hause zu kommen.

Der Artikel in der *Birschewje wedomosti* löste unerwünschte Aufregung aus. Kurz danach erhielt Mama die Nachricht, daß der Direktor des Konservatoriums, Alexandr Glasunow persönlich, uns zu sehen wünsche. Wir erschienen in seinem Büro, und Glasunow begann weit auszuholen. Er zählte all die großen Musiker auf, die am Petersburger Konservatorium unterrichtet hatten und derzeit unterrichteten. Er sprach davon, daß das Konservatorium eine Institution mit berühmten und vornehmen Traditionen sei und daß solche Traditionen zu respektieren seien.

Der schwerfällige und träge Glasunow sprach langsam und mit sanfter Stimme, und doch konnte Mama nicht begreifen, worauf er hinauswollte. Schließlich kam Glasunow auf den Artikel in der *Birschewje wedomosti* zu sprechen. Nun wurde klar, daß er Mama verdächtigte, die Story lanciert zu haben. Glasunow versuchte deutlich zu machen, daß ein derartiges Verhalten ungehörig sei und nicht zu akzeptieren. Mama hatte natürlich mit diesem unseligen Artikel überhaupt nichts zu tun.

So eindeutig unangenehm Glasunow das Gespräch von Beginn an war – als er merkte, daß er eine ehrenwerte Frau ungerechterweise einer Sache beschuldigt hatte, geriet er völlig außer Fassung. Um aus dieser verzwickten Lage herauszukommen und das Unrecht wiedergutzumachen (Mama war sichtlich gekränkt!), bot er an, mich in die Oper *Boris Godunow* ins kaiserliche Mariinski-Theater mitzunehmen. Der legendäre Bassist Fjodor Schaljapin sollte die Rolle des Zaren Boris singen, und Glasunow war der Dirigent.

Schaljapin als Boris zu hören! Welch unglaublich großzügiges Angebot, besonders, da es sich um eine geschlossene Veranstaltung handelte. Zar Nikolaus II. und das diplomatische Korps sollten der Vorstellung beiwohnen. Es gab keine Karten mehr, aber Glasunow versprach, mich im Orchestergraben unterzubringen.

Dieser Abend sollte zu den denkwürdigsten Ereignissen in meinem Leben gehören. Zunächst konnte ich den Bühneneingang nicht finden; er befand sich seitlich vom Haupteingang. Ich fürchtete schon, zu spät zu kommen. Als ich dann endlich in den Orchestergraben geführt wurde, auf meinem Platz saß und die Vorstellung beginnen sollte, stellte sich heraus, daß alle noch auf den Zaren warteten. Nikolaus, der aus seinem Hauptquartier in der Stadt Mogilew kam – der Erste Weltkrieg befand sich auf seinem Höhepunkt –, verspätete sich um eine dreiviertel Stunde. Die Vorstellung begann schließlich eineinhalb Stunden später, um halb elf, weshalb ich genügend Zeit hatte, mich umzusehen.

Gutaussehende Offiziere und wunderschön gekleidete Damen – oh, was für Hüte, Juwelen und lange Handschuhe! – saßen in den Logen. Sogar die Diplomaten aus den unbedeutendsten Ländern sahen aus wie Könige! Natürlich meinte ich, daß unser Zar, wenn er erscheinen würde, noch phantastischer gekleidet sein und weitaus eindrucksvoller aussehen müßte. Als Nikolaus dann erschien (ich saß genau gegenüber der kaiserlichen Loge, auf der linken Seite), sah ich einen kleinen, bescheiden gekleideten Mann, schmucklos, ohne Tressen oder Orden. Nur das Sankt-Georgs-Kreuz glänzte auf seiner Brust.

Das Orchester begann, die Nationalhymnen zu spielen – zunächst die russische, dann die unserer Verbündeten. Alle erhoben sich. Der Zar stand da und zwirbelte in Gedanken versunken seinen rötlichen Schnurrbart. Ich verschlang ihn förmlich mit den Augen.

Dann endlich begann die Oper. Ich sah *Boris Godunow* zum erstenmal. Ich war verblüfft von Schaljapins Gesang. Was mich allerdings noch mehr verblüffte... er fiel plötzlich auf die Knie! Er war keineswegs gestolpert, im Gegenteil, es war eine übertrieben theatralische Geste: Schaljapin, der Zar auf der Bühne, lag auf den Knien vor dem wirklichen Zaren. Das Publikum rang vor Spannung nach Luft, es gab ein Gemurmel. Von Beginn an waren alle schon wie elektrisiert; Schaljapins unerwartete Geste steigerte die Spannung noch. Doch Schaljapin spielte weiter, als sei nichts geschehen. Dann wurde immer offensichtlicher, daß er mit Glasunows Interpretation nicht einverstanden war; der phlegmatische Komponist bremste als Dirigent den temperamentvollen Sänger. Schließlich wurde es Schaljapin zu dumm, er trat an die Rampe, beugte sich nach vorn und rief Glasunow mit seiner herrlich tiefen Stimme dröhnend zu:»Sascha, mach schneller!«

Nachdem ich den *Boris* mit Schaljapin gesehen hatte, hatte ich zehn Tage lang eine Art Schüttelfrost. Man dachte, ich müßte mir eine schlimme Erkältung geholt haben, und maß deshalb immer wieder meine Temperatur – aber ich hatte kein Fieber. Vielmehr zitterte ich vor Aufregung; ich hatte eine Überdosis an allerhöchster Kunst zu mir genommen.

Als Student des Konservatoriums war ich berechtigt, in der Hauptstadt zu leben – die Quotenregelung, die für Juden galt, wurde auf mich nicht angewandt. Und weil ich noch minderjährig war, durfte Mama mit mir in Petersburg bleiben. Sie machte sich trotzdem Sorgen und fürchtete, daß die Polizei kommen und nach unseren Papieren fragen würde und daß es Schwierigkeiten geben könne. Deshalb wandte sich Mama an Professor Auer und bat ihn um Hilfe.

Auer sprach mit Glasunow, der uns daraufhin erneut bat, in sein Büro zu kommen. Er war äußerst liebenswürdig. Zunächst bot er mir aus einer wunderschönen Schachtel Süßigkeiten an. Danach bat er in unserem Beisein seine Sekretärin, den Fürsten Wolkonski anzurufen, einen der Stellvertreter des Innenministers.»Hören Sie, bei mir ist ein sehr talentierter Junge, ein Schüler von Auer. Ich hatte Ihnen schon von ihm erzählt – ja, richtig, Milstein, mit seiner Mutter. Bitte sorgen Sie dafür, daß man ihm keine Schwierigkeiten macht.«

Sofort wurde alles geregelt. Als wir in unserer Kutsche (wir nahmen immer eine Kutsche) zu Hause eintrafen, warteten der Polizeichef und ein Polizist in weißen Handschuhen auf uns! Mama erschrak sehr, als sie die beiden sah. Der Polizist jedoch hatte keineswegs die Absicht, uns festzunehmen. Im Gegenteil – er salutierte feierlich vor Mama. Glasunows Anruf bei Prinz Wolkonski hatte gewirkt.

Wir lebten in Petersburg in einem riesigen Haus an der Gorochowajastraße. Um sieben, also sehr früh, standen wir auf. Dann gab es Frühstück: Brot und Butter, dazu Tee. Nach dem Vorbild der wohlhabenden Abelsons hatten wir auch Käse zum Frühstück. Anschließend schickte Mama mich in den Kolonialwarenladen. Danach nahm ich üblicherweise meine Noten und übte Geige.

Währenddessen pflegte Mama zu nähen, zu sticken oder lange Briefe nach Odessa an die Familie zu schreiben. Darin gab sie genaue Anweisungen für alle Eventualitäten: Ein Bein des Sofas war gebrochen, man solle behutsam damit umgehen; dieser Stuhl sei hierhin, ein anderer dorthin zu stellen. Um so etwas kümmerte sie sich! Und an all diesen Vormittagen übte ich, vermutlich vier oder fünf Stunden.

Endlich rief Mama mich: »Komm zum Essen.« Manchmal gab es Steak zum Mittagessen. An anderen Tagen ging ich ins Konservatorium und dann dort in die Kantine, wo das Porträt von Glasunow hing. Dort gab es ausgezeichnete Borschtschsuppe und Bitki (das sind kleine Fleischbällchen in Sauerrahmsauce) mit Kascha. Diese Gerichte mag ich heute noch sehr gern.

Beinahe jeden Tag nahm Mama mich mit in die berühmte Bäckerei Filippow. Das war ein fast magischer Ort. Exquisit gekleidete Damen und Herren – die Spitzen der Gesellschaft – fuhren in ihren Kutschen vor. Der Grund für ihr Kommen war, daß es dort die besten Piroggen der Welt gab. Die riesigen Verkäufer bei Filippow trugen weiße Schürzen und Manschetten. Sie benutzten spezielle Gabeln, um das dampfende Gebäck, das mit Fleisch und anderen Dingen gefüllt war, aufnehmen zu können. Dann wickelten sie die Piroggen in ein gewachstes Papier, damit die zarten Hände der Damen nicht mit dem Fett in Berührung kamen. In Petersburg war Filippow eine Institution. Betrat man den Laden, so umgab einen eine Atmosphäre unglaublichen Reichtums und Wohlstands, obwohl man doch schon an der nächsten Ecke auf Bettler stoßen konnte. Niemals wieder habe ich irgendwo anders solche Piroggen gegessen. Ich bestelle Piroggen, wann immer ich in der westlichen Welt ein russisches Restaurant besuche, aber sie schmekken eben anders. Es geht mir mit ihnen wie mit der Erinnerung an Gerichte, die Mama gekocht hat, als ich klein war – der Geschmack und das Aroma lassen sich nicht wiederholen.

Oft gingen Mama und ich in einem kleinen Park spazieren, der nicht weit von unserem Haus lag. Ich trug dann einen Matrosenmantel, der mit Biberpelz gefüttert war und einen Kragen aus Biberpelz hatte, außerdem eine Ledermütze, die meinen Nacken und meine Ohren schützte. Wenn es schneite, nahmen die Birken im Park verschiedene Farbschattierungen an – gelb, rosa oder grün.

Und der Schnee schimmerte wie Perlen: in rötlichem Weiß, in hellem Blau und Grün. Solche Dinge fielen mir auf, weil ich schon damals an Malerei interessiert war und gern in die berühmte Eremitage ging. Ich habe niemals Malunterricht gehabt. Nach meiner Rückkehr nach Odessa begann ich jedoch ganz ohne Anleitung zu zeichnen. Es gab in unserer Wohnung ein großes weißes Zimmer, in dem zwei schwarze Flügel standen. Es waren ein Becker und ein Schröder, die in Rußland als die besten Flügel galten. An den Wänden hingen Lithographien, Porträts von Bach, Mozart und Schubert. Ich begann sie abzuzeichnen. Bach und Mozart in ihren Perücken fielen mir leicht. Viel schwieriger war es schon, Schubert so hinzubekommen, daß Original und Kopie einander ziemlich glichen. Ich weiß noch, wie sehr ich mich damit abplagte, die Schatten von Schuberts Brille richtig zu zeichnen.

Professionell zu zeichnen habe ich nie gelernt. Trotzdem glaube ich, daß ich ein ganz gutes zeichnerisches Talent habe. Das ist auch der Grund dafür, daß ich Aquarelle male. Wie in allen anderen künstlerischen Bereichen braucht man auch hier ein gewisses Maß an Selbstbewußtsein. Wenn man viel in Aquarelltechnik malt, gewöhnt man sich daran und kommt sozusagen in den Rhythmus hinein. Läßt man es dann eine Zeitlang bleiben, so ist der Neuanfang schwer. Viele meiner Freunde besitzen übrigens Landschaften, die ich gemalt habe – echte Milsteins.

Das Metropolitan Museum of Art in New York veranstaltete einmal eine Wohltätigkeitsausstellung mit Bildern von Musikern. Meines Wissens beteiligten sich unter anderen Schönberg, Lotte Lehmann und Gershwin daran. Ich gab ein Aquarell in die Ausstellung, das Petersburg im Mai, wenn der Schnee schmilzt, darstellte – und die weißen Birken, an die ich mich aus meiner Kindheit erinnere. Das Bild brachte 500 Dollar ein.

Mein liebster Zeitvertreib in Petersburg war eine Schlittenfahrt auf dem Newskiprospekt. Die Hufe der Pferde klapperten auf dem hölzernen Straßenbelag. Nie werde ich den Anblick vergessen: die elegante lange Straße, prächtige Gebäude, Paläste und Kirchen, in der Ferne die goldene Nadel der Admiralität. Die Schaufenster waren voll mit modischer Kleidung, Pelzen und gleichsam flämischen Stilleben aus frischen Früchten und Gemüsen. Besonders glanzvoll gestaltet erschienen die Schaufenster des Jelissejew-Kaufhauses und der Passage. Eine Menschenmenge wogte hin und her – die Herren in Zylindern, die Damen mit kleinen Schleiern. Das war der Newskiprospekt, wie ihn Gogol besungen hat – die Hauptstraße des russischen Reiches, für mich die Hauptstraße der Welt.

Die bärtigen Kutscher, die über uns auf ihren Kutschböcken thronten, waren imposante Gestalten. In den langen Mänteln mit dem gesteppten Futter wirkten sie wie Monumente. Mich beeindruckten die pompösen Kutscher so sehr, daß ich eigens Ausflüge unternahm, um sie zu beobachten, wenn sie in den Schenken am Staro-Newski ihren Tee tranken. Sie verbrachten damit Stunde um Stunde und leerten, den Tee aus Untertassen schlürfend, Samowar um Samowar. In den Schenken herrschte eine so dampfige Atmosphäre, daß der Dampf, immer wenn die Tür aufging, mit einem Geräusch entwich, das dem Warnsignal einer vorbeirasenden Lokomotive glich.

In meiner Petersburger Zeit begann ich zu lesen – Gogol, Puschkin, die Fabeln von Krylow, die Erzählungen von Tschechow. Wie alle Jungen fesselten auch mich die billigen Kriminalserien. Für nur wenige Kopeken konnte man ein herrliches Buch erwerben, in dem die Abenteuer der berühmten Detektive Nick Carter und Nat Pinkerton nacherzählt wurden. Gierig verschlang ich außerdem Sienkiewiczs Roman *Quo vadis?*.

(Später erst begann ich Lew Tolstoi zu schätzen: Seine Texte waren fesselnd, von epischer Breite und sehr ausgeschmückt. Dostojewski allerdings gab mir nie etwas, obwohl er im Westen so populär ist. Ich bevorzugte Leonid Andrejew, eine Art russischer Oscar Wilde.)

Irgendwie lag ein Zauber über Petersburg. Leningradtouristen lassen sich selbst heute noch vom Zauber der Stadt einfangen. Dabei allerdings fasziniert sie sicher nicht die sowjetische Architektur. Vielmehr sind es die Paläste aus der Zarenzeit, die ihnen gefallen. Die Sowjets haben in Leningrad überhaupt nichts Herausragendes gebaut – mit Ausnahme vielleicht der U-Bahn. Mir jedenfalls steht das vorrevolutionäre Petersburg deutlich vor Augen: die goldene Nadel der Admiralität, das Mariinski- und das Alexandrinski-Theater, die Isaaks-Kathedrale. (Die Kasan-Kathedrale mochte ich nicht so gern – sie ist eine mißlungene Imitation von Sankt Peter in Rom.)

Und dann erst das wunderbare Michailowski-Theater! Ich habe in meinem Londoner Haus einen alten französischen Stich, der den Platz vor dem Michailowski-Theater zeigt (dort spielte man übrigens vor der Revolution Stücke in französischer Sprache): Winter, Lagerfeuer im Schnee und Menschen, die sich an ihnen wärmen – eine Szene, typisch für Petersburg.

Und dann dieser besondere Geruch Petersburgs! Die Luft! Woher rührte dieser besondere Zauber? Lag es daran, daß die Stadt auf dem Wasser gebaut ist? Auch Stockholm ist zum Beispiel eine vom Wasser geprägte Stadt, aber ihr fehlt dieser Charme. Das gilt auch für Mexiko City, die Stadt, die wie Petersburg in einem Sumpf errichtet wurde. (Dort spielte ich einmal in einem Theater. Als ich zehn Jahre später wieder hinkam, mußte ich zu meiner Garderobe wie in einen Keller hinabsteigen: Ein Teil des Theaters war inzwischen in den weichen Boden eingesunken, auf dem es erbaut worden war.) Kein Zweifel: Auf der ganzen Welt gibt es keine zweite Stadt wie Petersburg...

In der Petersburger Zeit wurde meine Beziehung zu meiner Mutter besonders eng. Ich fand es herrlich, mit ihr allein zu sein. War irgendeine andere Person anwesend, so hatte ich immer das Gefühl, diese würde mir von dem besonderen Erlebnis, mit Mama allein zu sein, etwas wegnehmen. Manchmal war es in Petersburg so kalt, daß ich nicht einschlafen konnte. Mama hatte vorgeschlagen, ich solle zu ihr ins Bett kommen, wenn mir kalt sei. Das tat ich also. Anfangs fand ich das eigenartig, doch mehr und mehr gewöhnte ich mich daran, weil es so warm und gemütlich war – und schließlich wollte ich ja nicht allein und einsam sein.

Oft sprachen wir über die Zukunft, und Mama pflegte mir zu erklären, daß ein Künstler so lauter wie nur möglich zu sein habe. Es sei das wichtigste, in dem, was man tue, höchste Qualität anzustreben und dabei nicht darüber nachzudenken, was man dafür bekäme.

In Odessa wurde ich häufig gebeten, bei einem Konzert mitzuwirken (ein Auer-Schüler – das verhieß »Qualität«). Mama allerdings riet mir, nicht aufzutreten, wenn das Umfeld nicht stimmte. Dieser Rat meiner Mutter erzog mich in gewisser Weise zu einer kompromißlosen Einstellung. Selbst meine Frau war später – im weiteren Verlauf meiner Karriere – durchaus nicht immer mit den Folgen solcher mütterlichen Indoktrination einverstanden. Deren Wirkung übrigens spüre ich bis heute.

Wahrscheinlich hing dieser Einfluß meiner Mutter auch damit zusammen, daß sie selbst von wunderbarer Lauterkeit und eine mitreißende Persönlichkeit war. Als ich 1925 Rußland verließ, tat ich dies zu meinem größten Bedauern, ohne meine Mutter noch einmal gesehen zu haben. Das kann ich nie vergessen. Es blieb keine Zeit mehr, noch nach Odessa zu fahren, wo Mama damals lebte, weil ich bestimmte künstlerische Verpflichtungen nicht absagen konnte.

Als ich nach Petersburg kam, befreite Auer mich von der sonst obligatorischen Teilnahme am Unterricht in den allgemeinen Fächern. Er befreite mich außerdem vom Orchesterspiel, worüber Mama sehr glücklich war, bedeutete dies doch, daß ich auf eine Solistenkarriere vorbereitet wurde. Ich mußte nur an Kammermusikensembles teilnehmen.

Ein gutaussehender Student namens Petrowski kam zu uns nach Hause, um meine Kenntnisse in Mathematik, Literatur und Geographie zu fördern. Man erwartete von mir, daß ich am Konservatorium jedes Trimester in diesen Fächern Prüfungen ablegte. Ich war ein guter Schüler, weshalb mir auch die Enttäuschung deutlich im Gedächtnis geblieben ist, die ich erlebte, als ich einmal zu den Prüfungen erschien und Lawrow, der grauhaarige Inspektor des Konservatoriums, mir verkündete:»Komm nächstes Trimester wieder!«Ich hatte so hart gearbeitet – und doch umsonst.

Als ich noch bei Stoljarski Unterricht hatte, war es mein größtes Vergnügen und mein Ziel gewesen, so schnell wie möglich zu spielen. Erst seit ich mit Auer arbeitete, begann ich die Geige wirklich zu lieben. Das war ein entscheidender Wendepunkt. Auer galt als bedeutender Lehrer, und das schmeichelte natürlich meiner Eitelkeit. Stoljarski kommentierte das Geigenspiel seiner Schüler praktisch nie, weshalb sie ihre Stücke einfach durchspielten. Eine Geige nahm Stoljarski nie in die Hand. Auer hingegen unterbrach seine Schüler – vor allem die guten wie Heifetz, Poljakin und mich – ziemlich häufig, obwohl er selbst fast nie etwas auf der Geige demonstrierte. (Wenn Auer doch einmal eine Passage vorspielte, dann war es nicht sehr eindrucksvoll. Der Professor, der einst wundervoll gegeigt hatte, hatte nämlich seinen Zenit längst überschritten.)

Folgende Geschichte erzählte man sich über Auer: Er spielte einmal eine Sonate mit Anton Rubinstein, der sehr extrovertiert und temperamentvoll war. Auer hingegen hatte kein sehr ausgeprägtes Temperament und auch keinen großen Ton; er wandte sich deshalb an Rubinstein:»Anton Grigorjewitsch, du spielst so laut, daß ich mich nicht hören kann.« Worauf Rubinstein zurückgab:»Sei bloß froh!«

Im allgemeinen, so glaube ich, wird die Rolle des Lehrers bei der Entwicklung einer künstlerischen Begabung überbewertet. Eine Begabung entwickelt sich von allein, auf ganz natürlichem Weg. Schritt für Schritt entfaltet sich das Verständnis für die Grenzen des Ausdrucks. Dabei spielt das Temperament eine große Rolle. Geht es mit einem durch, findet also keine Analyse und Kontrolle mehr statt, dann werden Technik, Dynamik und Interpretation übertrieben, sie bleiben unreif.

Einmal, so erinnere ich mich, fragte ich Auer:»Wie soll ich die Stücke erarbeiten?« Auer gab zur Antwort:»Mit deinem Kopf, nicht mit deinen Händen!« Damals hielt ich diese Antwort für unsinnig. Natürlich verstand ich im Lauf der Zeit, was Auer gemeint hatte: Verlaß dich weniger auf deine Finger als auf deinen Kopf; denk über die Konzeption eines Werks nach und darüber, wie man sich ihm nähern kann; verbeiß dich nicht wie ein Narr endlos in die virtuosen Stellen eines Stücks. Eigentlich klingt das ziemlich einfach und auch naheliegend, doch die rechte Einsicht in solch eine Binsenweisheit kommt erst mit zunehmendem Alter.

Auer bezog sich gern auf die großen Geiger der Vergangenheit. Insbesondere erzählte er uns davon, welch wunderbare Erscheinung Henryk Wieniawski gewesen war. Einmal spielte eine junge Finnin das Brahms-Konzert in Auers Klasse, und sie spielte sehr unsauber. Auer unterbrach sie:»Was ist mit Ihrer Intonation los?« Die junge Dame begann sich damit zu rechtfertigen, daß sie zu dicke Finger habe. Er tippte sich an die Stirn und sagte:»Hier im Kopf sind Sie zu dick. Wieniawskis Finger waren so dick wie eine Faust, aber das hinderte ihn nicht, sauber zu spielen!«

Die Schüler saßen im Klassenzimmer alle nebeneinander entlang einer Wand – wie Araber vor einem Tanz. Erschien der Professor, sprangen alle Schüler auf. Sie hofften, er würde sie wahrnehmen und sie herausrufen, damit sie ihm vorspielen dürften. Einen der Schüler, er war dunkelhäutig, nannten wir den »schwarzen Beethoven«, weil er dem Komponisten ziemlich ähnlich sah (allerdings war er sehr groß). Einmal, so erinnere ich mich, sprang dieser auf, als Auer erschien. Der Professor herrschte ihn an: »Was hast du hier zu suchen?«

»Ich bin Ihr Schüler!«

Es stellte sich heraus, daß er vor drei Jahren zum letztenmal Auer etwas vorgespielt hatte.

Eigenartigerweise spielten wir in Auers Klasse niemals Stücke von Bach. Bach war damals in Rußland überhaupt nicht populär. In Odessa hatten wir bei Stoljarski das Allegro assai aus der Sonate Nr. 3 für Violine solo einstudiert. Wir spielten es alle zusammen – Josef Roisman, Mischa Fainget (der »Miniatur-Kreisler«), David Oistrach, Edgar Ortenberg und ich. Das war so etwas wie eine musikalische Kolchose, trotzdem aber auf hohem Niveau. Das Allegro muß man eigentlich in einem gemäßigten Tempo spielen. Wir kleinen Russen aber spielten es ohne Schwierigkeiten in einem rasenden Tempo, wie ein Perpetuum mobile. Und da wir es alle zusammen spielten, mußte Stoljarski nicht mit jedem von uns einzeln arbeiten.

Bei Auer spielte ich die Fuge aus der ersten Sonate für Violine solo von Bach, und ich spielte sie ebenfalls sehr schnell. Auer verlangte, ich solle das Thema besonders hervorheben. Inzwischen halte ich diese Forderung für falsch: Schließlich handelt es sich ja nur um das Thema, nur um das Material. So kann man keine Bach-Fuge gestalten. Damals aber hatte davon niemand eine Ahnung.

Auer hatte kein Interesse daran, Stücke von Bach zu hören. Dazu fiel ihm nichts ein, und so sagte er auch wirklich nichts dazu. Stücke wie Dvořáks *Humoreske* oder wie die *Méditation* aus Massenets *Thaïs* waren natürlich etwas ganz anderes. Bei diesen Werken machte es Auer große Freude, uns alles zu erklären, was er darüber wußte. Freilich: man kann Dvořák nicht mit Bach in einen Topf werfen. Trotzdem ist die *Humoreske* ein blendendes, sehr gut komponiertes Stück. Und Massenets Werk ist meiner Meinung nach ein Meisterstück, ein echter Glücksfall.

Zu Bach fühlte ich mich instinktiv, aus meinem Innersten heraus, hingezogen. Von seiner Musik wollte ich soviel wie möglich kennenlernen. Ich versuchte sogar, mich mit der Geige durch das *Wohltemperierte Klavier* durchzuarbeiten. Bemerkenswerterweise war einer der Wege, auf denen ich Zugang zu Bach fand, mein Interesse an Max Regers polyphoner Musik. Nachdem ich Reger kennengelernt hatte – er war eine Zeitlang in der Musikszene der russischen Avantgarde sehr beliebt –, konnte ich Bachs Werke sehr viel besser verstehen. So etwas gibt es ja manchmal. Moderne Musik kann einem die Augen für die alten Meister öffnen.

Bachs Sonaten und Partiten für Violine solo bieten dem Interpreten die Möglichkeit, sich besonders wirkungsvoll in Szene zu setzen. Lange Zeit war das keinesfalls selbstverständlich. Ich denke an eine Begebenheit in New York, die einige Zeit zurückliegt. Drei große Dirigenten waren bei uns zum Mittagessen zu Gast: Dimitri Mitropoulos, George Szell und Charles Münch.

Nach dem Essen fragte Münch:»Wissen Sie noch, Milstein, wann wir uns zum erstenmal getroffen haben?«

»War das nicht 1934 in Athen?«

»Nein, schon viel früher! Ich war Konzertmeister des Gewandhausorchesters in Leipzig, als Sie das Tschaikowski-Konzert unter Bruno Walter spielten. Als Zugabe spielten Sie dann Bachs g-Moll-Sonate, wissen Sie noch? Und das wurde zum absoluten Höhepunkt des Abends! Die Zeitungen schrieben: ›Milstein spielte den Tschaikowski sehr gut, den weitaus größeren Erfolg aber hatte er mit Bach.‹«

Das stimmte, und es war durch einen Zufall passiert. Als ich das Tschaikowski-Konzert beendet hatte, schlug Bruno Walter vor:»Warum spielen Sie nicht etwas von Bach als Zugabe?« Bekanntlich sind Dirigenten immer eifersüchtig auf die Erfolge der Solisten. Walter hatte vermutet, ich würde das Adagio spielen und damit das Publikum in Schlaf versetzen.

Und ich begann wirklich mit dem Adagio aus der Sonate g-Moll. Dann spielte ich die Fuge. Ich konnte einfach nicht aufhören. In der Siciliana dachte ich plötzlich: Was um Himmels willen tue ich eigentlich? Aber es führte kein Weg zurück, und ich spielte die ganze Sonate. (Neben allem anderen war ich inspiriert von der Atmosphäre des Gewandhaus-Saales. Er hatte ja eine besondere Bedeutung für das Schicksal der Bachschen Musik: In diesem Saal hatte Mendelssohn viele Werke Bachs für das Publikum wieder zum Leben erweckt.)

Mein Lieblingsstück ist Bachs Chaconne. Obwohl ich sie in meiner Jugend schon bewunderte, stand sie damals für mich noch nicht an erster Stelle. Seit einigen Jahren erfüllt sie mich ganz, wenn ich sie spiele. Ich bin so sehr eins mit ihr, daß ich manchmal sogar auf dem Podium Fingersätze improvisiere.

Zu Auers Schülern zählten zu verschiedenen Zeiten Jascha Heifetz, Mischa Elman, Efrem Zimbalist, Miron Poljakin, Toscha Seidel und Cecilia Hansen. Und unter uns gesagt: Auer mochte Poljakin lieber als Heifetz. Dennoch war es Heifetz, der weltberühmt wurde. Keinesfalls bedeutet dies, daß der alte Professor taub und blind war, es heißt nur, daß er Poljakins nervöse, impressionistische Art des Spiels der großen Geste, mit der Heifetz geigte, vorzog.

Zu meiner Zeit kam Heifetz nur selten zu Auer in die Klasse. Er konzertierte bereits und war sogar schon im Ausland aufgetreten, nämlich in Skandinavien. Einige Male war ich allerdings dabei, als er Unterricht hatte: Er und Auer arbeiteten vor allem an kleinen Stücken, einmal auch an Elgars Konzert, das damals noch relativ neu war; Kreisler hatte es erst 1910 uraufgeführt.

Ich war einmal Zeuge der folgenden Szene: Jascha kam in den Raum, wo Auer gerade unterrichtete. Sein Vater begleitete ihn und trug wie üblich Jaschas Geige. In dem Zimmer gab es einen riesigen Spiegel, und Auer konnte, obwohl er mit dem Rücken zur Tür saß, sehen, daß die beiden hereingekommen waren. Er setzte seine Arbeit fort, als seien sie nicht anwesend, und bewahrte so seine professorale Würde.

Die beiden Heifetz warteten eine Zeitlang an der Tür darauf, daß Auer sie begrüßte und sie aufforderte, Platz zu nehmen. Auer seinerseits fuhr fort, sie zu ignorieren. Endlich warteten die beiden nicht länger auf seinen Gruß und setzten sich leise hin. Ich an ihrer Stelle wäre gegangen!

Ich denke daran, wie anmutig Miron Poljakin im Unterricht das *Valse-Scherzo* von Tschaikowski spielte. Er war ein hinreißender Geiger, aber er war nicht sehr beständig. Ein Künstler sollte im Idealfall immer über einem bestimmten Niveau spielen.

Unter Auers Studenten waren keinesfalls alle außergewöhnlich begabt. Viele waren aus Prestigegründen zu ihm gegangen, um später leichter eine Stelle in einem Orchester zu bekommen. Sie verdienten nebenbei Geld, indem sie in Kinos zwischen den Vorstellungen Musik machten. Oft geriet Auer über solche Schüler in Rage, sein Zorn allerdings legte sich, sobald er eine unserer Klavierbegleiterinnen erblickte, eine blonde Skandinavierin mit üppigen Kurven. Wenn sie am Klavier saß, beugte er sich häufig über die Tasten, um einen besseren Blick in ihren Ausschnitt zu haben.

Wenn Auer sich ärgerte, konnte er ausgesprochen unangenehm werden. Einmal spielte ich das Beethoven-Konzert im Unterricht. Aus irgendeinem Grund war Auer nicht mit mir zufrieden. Er schrie herum und pochte mit seinem Finger so hart auf meinen Kopf, daß ich dachte, er würde ein Loch schlagen.

Ein anderes Mal geriet er in Raserei, als Jascha Heifetz den Zephir von Jenö Hubay spielte. Wir alle merkten, daß Auer auf einen Kampf aus war. Auch Heifetz konnte das spüren. Er versuchte deshalb, die Katastrophe zu vermeiden – aber umsonst. Im Unterrichtsraum standen zwei Flügel. Plötzlich schlug Auer mit seinen Fäusten auf beide Klaviaturen. Er war ganz rot angelaufen und schrie wie ein Verrückter. Ich weiß noch, daß ich völlig überrascht war: Warum machte er so eine Szene? Heute verstehe ich seine Taktik sehr viel besser. Ein Lehrer muß unberechenbar und jederzeit zu einem überraschenden Ausbruch fähig sein. Dann bemüht sich der Schüler noch mehr darum, eine derartige Szene und die darauf folgende Bestrafung zu vermeiden. Letztlich verbessert dieser Überlebensinstinkt die Qualität des Spiels.

Ich spielte Auer sehr häufig vor, beinahe in jeder Stunde. Deshalb forderte Auer mich manchmal auf, mich wieder hinzusetzen, wenn ich mit den anderen aufgesprungen war, sobald er erschien.

Jedesmal, wenn Auer nicht zum Unterricht ins Konservatorium kommen konnte, weil er krank war, bestellte er mich zu sich nach Hause zum Unterricht. Der Professor wohnte am Angliiskiprospekt 28 unweit des Theaterplatzes, an dem das Konservatorium lag. Zu Hause bei ihm mußte ich oft sehr lange warten, bis er Zeit für mich hatte. Einmal, so erinnere ich mich, aß Auer Fisch. Ich wartete geduldig fast eine Stunde, während er sich sehr systematisch mit dem Fisch beschäftigte und jede Gräte ableckte.

Ich war ein fleißiger Schüler, und Auer wußte es zu schätzen, daß ich hart arbeitete und Ratschläge annahm. Ich habe schon erzählt, wie er mir zwei goldene Fünfrubelstücke gab, nachdem er in Odessa mein Spiel gehört hatte. In Petersburg schenkte er mir einen Bogen! (Später erfuhr ich, daß es ein sehr billiger Bogen war. Trotzdem: für den notorischen Geizhals Auer war das eine erstaunliche Geste.)

Wenn ich an diese Zeit zurückdenke, so will ich nochmals unterstreichen, daß ich in Petersburg die Geige wirklich zu lieben begann. Ich ging sehr gern in das Konservatorium, und ich mochte die Wettkampfatmosphäre in Auers Klasse – da waren begabte Kinder, die Geige spielten, eines besser als das andere. Und das regte mich dazu an, noch härter zu arbeiten.

Das Konservatorium und Petersburg sind in meiner Erinnerung unauslöschlich miteinander verwoben. Das ist sicher auch der Grund dafür, daß ich die Zeit, die ich in dieser zauberhaften Stadt verbrachte, für die beste Zeit meines Lebens halte. Wenn ich vom Konservatorium nach Hause zurückgekehrt war und ins Bett ging (Mama und ich gingen am Abend gegen acht oder neun Uhr zu Bett), dachte ich mit Freude zurück an den Unterricht bei Auer, die Unterhaltungen im Konservatorium und den ganzen wundervollen Tag. Und der nächste Tag versprach doch, mindestens genauso herrlich zu werden.

3.

Die Revolution und der Beginn
meiner Laufbahn

In diesen Tagen war das Leben in Petersburg irgendwie seltsam, phantastisch und beinahe unwirklich. Es ereigneten sich
schreckliche Dinge, mit verhängnisvollen Folgen für die Zukunft des russischen Reiches, ja der ganzen Welt. Ich war zwölf
Jahre alt, lebte mitten in Petersburg und konnte diesen Ereignissen schwerlich aus dem Weg gehen.

Einmal, nämlich im Dezember 1916, verließ ich unser Haus
an der Gorochowajastraße, um einen Spaziergang an die Moika
zu machen. Prachtvolle Paläste des russischen Adels säumten
das Flußufer. Vor einem der Paläste – er gehörte dem Fürsten
Felix Jussupow – hatte sich eine Menschenmenge versammelt.
Die Leute waren sehr erregt, sie redeten hinter vorgehaltener
Hand und sahen sich dabei andauernd um. Offensichtlich hatten sie Angst vor den Polizisten, von denen sich viele in der
Menge aufhielten.

Als ich näher kam, vernahm ich Worte wie »Rasputin«,
»Mord«, »geschieht ihm recht, dem Bastard«. Einige Leute
beugten sich über die Brüstung und blickten hinunter auf den
zugefrorenen Fluß.

Das Wasser unter uns war nicht völlig mit Eis bedeckt. Ich
erblickte eine offene Stelle und darin einige rötliche Strudel.
Die Leute waren sicher, daß dies das Blut des berüchtigten
»verrückten Mönchs« war, der aus Sibirien in die Hauptstadt
gekommen war und die Zarin in seinen Bann geschlagen hatte.

Viele Menschen in Petersburg hielten Rasputin damals für
den Urheber all des Unglücks, das über Rußland gekommen
war. Er wurde vom Volk genauso gehaßt wie vom Adel. Die

Zarin jedoch hielt unerschütterlich an Rasputin fest. Sie nannte ihn den »heiligen Vater«: Auf geheimnisvolle Weise konnte er bei ihrem Sohn, dem Zarewitsch Alexei, der an der Bluterkrankheit litt, das Bluten stillen.

Fürst Jussupow lockte ihn – zusammen mit dem Großfürsten Dmitri, dem Duma-Abgeordneten Purischkewitsch (der häufiger Gast der Abelsons war) und anderen Verschwörern – in sein Haus an der Moika. Er vergiftete ihn, erschoß ihn anschließend und warf schließlich die Leiche in den Fluß. (Deshalb ist es durchaus möglich, daß ich sein Blut gesehen habe.) Jahre später wurde klar, daß dieser Mord der Anfang vom Ende des russischen Reiches war.

In ganz Petersburg herrschte Unruhe. Eines Wintertages im Jahr 1916 schickte mich Mama zum Kaufmann. Am Heumarkt versperrte eine riesige Menschenmenge den Weg, weshalb ich neugierig stehenblieb. Was dann passierte, werde ich nie vergessen.

Überall standen Polizisten. Auf den Dächern waren Maschinengewehre in Stellung gebracht worden. Berittene Kosaken hielten sich bereit. Jeder wartete darauf, daß etwas passierte. Plötzlich erreichte ein Zug von Frauen den Platz. Sie waren ärmlich gekleidet, die meisten in Schwarz, und trugen ein weißes Tuch mit sich, auf dem von Hand in großen Buchstaben BROT geschrieben war.

In diesen Tagen war das Brot äußerst knapp. Manchmal mußte man die Nacht hindurch Schlange stehen, nur um sich um sechs Uhr morgens, wenn die Bäckereien aufmachten, sagen zu lassen: »Es gibt nichts mehr.« Und wenn es überhaupt Brot gab, dann schmeckte es scheußlich. Es war nicht richtig schwarz, wie das gute russische Brot zu sein hatte, sondern von schwärzlich-gelber Farbe, manchmal sogar mit einem hellblauen Schimmer. Es ohne Axt zu teilen war nicht möglich. Immerhin konnte man es über das Knie brechen.

Der Zug der Frauen bewegte sich in völliger Ruhe, sogar schweigend. Niemand sang oder schrie. Plötzlich begann die Polizei zu schießen, ohne daß irgendeine Art von Provokation erfolgt war, und das ohne jede Warnung! Es war grauenhaft.

Die Kosaken jedoch, diese gnadenlosen Garden des Zaren – bis heute wird ihnen von vielen vorgeworfen, Greuel gegen Zivilisten begangen zu haben –, reagierten auf völlig überraschende Weise.

Ich sah, wie einer der Kosaken seinen Säbel zog, sich leicht nach vorn beugte und einem Polizisten, der gerade schoß, den Kopf abschlug. Ein einziger Hieb – und der Kopf flog herunter! Das war zuviel für mich. Entsetzt rannte ich nach Hause.

So begann die Revolution, die schließlich den russischen Zaren stürzte. Der Unterricht am Konservatorium wurde nun häufig gestört. Einmal, als ich gerade Auer vorspielte, kam einer der Hausmeister des Konservatoriums, ein Veteran mit vielen Orden, in den Raum gestürzt. »Professor, die Feinde sind da! Sie haben die Polizei angezündet!«

Er berichtete, daß die Kasan-Polizeiwache brenne. An Unterricht war nicht mehr zu denken! Alle liefen wir hinaus, um das Feuer zu sehen. Ich erinnere mich, daß es sehr windig war. Asche und Papierfetzen flogen herum. Das war alles, was von den Polizeiakten übriggeblieben war.

Auer verließ Petersburg im Frühjahr 1917, nach der Februarrevolution, die der Herrschaft von Zar Nikolaus II. ein Ende gesetzt hatte. Alle nahmen an, daß der alte Professor Rußland für immer den Rücken kehren würde. (So kam es dann auch: Auer ging nach New York, wo er 1930 im Alter von 85 Jahren starb.) Ohne Auer hielt mich nichts mehr in Petersburg. Mama entschied, daß wir nach Odessa zurückkehren würden.

Deshalb erlebte ich nichts von der sogenannten Oktoberrevolution, mit der Lenin und die Bolschewisten die Macht übernahmen. Mir kamen Gerüchte zu Ohren von Hungersnöten, Exekutionen und anderen schrecklichen Dingen, die sich in Petersburg ereigneten. Diese Nachrichten gingen weit über das hinaus, was sich ereignet hatte, als ich noch selbst in Petersburg war. Die Februarrevolution, die ich mit eigenen Augen erlebt hatte, war irgendwie gar keine richtige Revolution gewesen. Zu Beginn noch war Michail, der Bruder von Nikolaus II. (zu dessen Gunsten der Zar abgedankt hatte), mit glücklichem Gesicht über den Newskiprospekt spaziert. Er trug eine rote Schärpe – offensichtlich sympathisierte er mit der Revolution. Damals war Lenin noch nicht aus dem Exil nach Petersburg zurückgekehrt. Bevor ich Petersburg verließ, zeigte man mir den luxuriösen Palast der Ballerina Kschessinskaja, der früheren Mätresse des Zaren. Dort residierte nun der Petersburger Rat der Bolschewisten.

Der Name Lenin bedeutete mir damals noch überhaupt nichts. Bis heute geht mir durch den Kopf, als wie nutzlos sich die provisorische Regierung, die nach dem Sturz des Zaren die Macht übernommen hatte, schließlich erwies. Weder gab sie den Bauern das Land, noch erreichte sie Frieden für die Soldaten, die des sinnlosen Krieges mit Deutschland müde waren. Diese Regierung übergab ganz einfach die Macht an Lenin.

Wir kehrten also nach Odessa zurück. Anfangs war das Leben dort bequem und angenehm. Ich war jung, unbeschwert und freute mich über alles: über die Tatsache, daß ich Schüler des berühmten Auer gewesen war; darüber, daß der Professor, der mein Leben so bestimmt hatte, nicht mehr da und ich nun mein eigener Herr war; darüber, daß ich zum erstenmal etwas eigenes Geld in der Tasche hatte. Das Petersburger Konservatorium erstattete nämlich das Geld, das mein Vater für meine Ausbildung bezahlt hatte, zurück, und meine Mutter gab dieses Geld an mich weiter.

Mit diesem Geld machte ich eine großartige Anschaffung, die erste in meinem Leben. In Odessa gab es ein sehr elegantes Juweliergeschäft, Barschanski. Es mußte schließen und machte deshalb einen Totalausverkauf: Zum halben Preis erwarb ich eine goldene Taschenuhr von Longines, ganz neu, sehr flach und elegant. Diese Uhr leistete mir über viele Jahre gute Dienste. (Später, als ich im Westen war, legte ich sie in einen Safe. Vor kurzem erst holte ich meine goldene Uhr wieder aus dem Safe und brachte sie zu einem Juwelier in Lausanne, um sie zu verkaufen. Der Händler reagierte ganz aufgeregt: »Longines-Uhren wie diese werden nicht mehr hergestellt. Das ist eine historische Rarität!« Natürlich behielt ich die Uhr.)

Zu Anfang wurde die bolschewistische Machtergreifung in Petersburg und Moskau bei uns in Odessa kaum zur Kenntnis genommen. Eine lebendige und bunte Menschenmenge flanierte an sonnigen Tagen in den Straßen. An den Masten der Schiffe im Hafen wehten die Flaggen vieler Nationen. Aber dieses unbekümmerte Leben sollte nicht mehr lange andauern. Da Odessa als Hafen eine so große Bedeutung zukam, begann das Ringen um die Stadt bald, nachdem der eigentliche Bürgerkrieg in Rußland ausgebrochen war.

Die Herrschaft über die Stadt wechselte sehr oft. Zuerst lag sie in den Händen der »weißen« Freiwilligenarmee General Denikins, dann übernahmen die Bolschewisten die Macht, danach der ukrainische Nationalist Petljura. Ausländische Soldaten kamen und gingen: Deutsche, Franzosen, polnische Legionäre. Jede Armee installierte und stützte ihre Marionette. Zum Beispiel setzten die Deutschen den Hetman Skoropadski ein.

All dies beobachtete ich als Außenstehender – wie in einem Theater. Vor allem gefielen mir all die neuen Militäruniformen, die sich gleichsam über Nacht in Odessa breitmachten: Die Roten hatten spitze Helme, die einen an slawische Volksmärchen denken ließen; die Polen trugen rechtwinklige rote Konföderiertenkappen; die Anhänger Petljuras trugen ukrainische Schupani, sie zwirbelten ihre langen Schnurrbärte und ließen ihre Oselezki herumfliegen, lange Pferdeschwänze auf den sonst völlig kahlgeschorenen Köpfen – genau wie die Punker, die heute die Londoner Oxford Street bevölkern. All diese malerischen Krieger verschwanden ebenso schnell wieder aus der Stadt, wie sie gekommen waren.

Einige Szenen waren eine reine Farce. Zum Beispiel erinnere ich mich an eine Abteilung Rumänen. Sie waren im Triumphzug durch die Stadt marschiert, um den Weißen zu helfen. Dann hatten sie ein Gefecht mit den Bolschewiken – etwa 25 Kilometer außerhalb Odessas. In die Schlacht waren sie in schnittiger Montur gezogen... und kehrten sehr bald zurück, geschlagen, verwundet – und all ihre Pracht war dahin. Krieg ist eben doch mehr als nur eine Parade. Mehr und mehr jedoch verwandelte sich die Farce in eine Tragödie. Das Regime wech-

49

selte beinahe jede Woche. Von Zeit zu Zeit fuhren Gruppen betrunkener Anarchisten – angeführt von Nestor Machno – auf Maschinengewehrlafetten in die Stadt. Odessa wurde außerdem von allen möglichen Banditen attackiert, die keiner Ideologie anhingen. Diese gefährlichen Banden – sie wurden »Grüne« genannt – durchstreiften die Stadt und machten Raub und Mord zur Regel. Es wurde kolportiert, daß die Banditen, um Zeit zu sparen, ihrem Opfer einfach die Finger abhackten, wenn sie es auf einen Ring abgesehen hatten. Es war sehr riskant, überhaupt auf die Straße zu gehen. Wenn der Abend kam, war die Stadt wie ausgestorben.

Wir lebten in einer großen Wohnung – sie hatte fünf Schlafzimmer – im dritten Stock eines großen Wohnblocks an der Preobraschenskistraße. Nach Einbruch der Dunkelheit schlossen sich alle Bewohner in ihren Wohnungen ein, sie hatten schreckliche Angst. Eines Nachts hörte man draußen ein gräßliches Gebrüll. Es war eine Horde Betrunkener in Uniformen der Roten Armee. Ich glaube nicht, daß sie wirklich Rotarmisten waren. Als die Roten sich nämlich aus der Stadt zurückzogen, mußten sie große Teile ihrer Ausrüstung preisgeben. Die Banditen schnappten sich diese, denn es war ja viel einfacher, in Uniformen auf Raubzug zu gehen: Zivilisten fürchten sich vor jeder Art von Armee.

Diese betrunkenen Banditen in Uniform verlangten also, daß alle Mieter ihre Wohnungen verlassen sollten. Wer konnte schon ahnen, was dieser Befehl zu bedeuten hatte? Mein Vater war vor Angst wie gelähmt und beinahe bereit, dem Befehl zu folgen. Wie ein Blitz durchzuckte es mich. Ich rannte in die Küche, packte ein großes Küchenmesser, stellte mich meinem Vater in den Weg und schrie ihn an: »Wenn du hinuntergehst, bringe ich dich um!«

Das war verrückt – wie die Reaktion einer hysterischen Frau. Nur irgendwie hatte ich das Gefühl, daß die Räuber in keinem Fall in offiziellem Auftrag kamen. Mein Gefühlsausbruch wirkte. Papa – wie aus Trance erwachend – blieb stehen. Wir gingen nicht hinunter, begaben uns also nicht in die Gewalt der betrunkenen Banditen. Vermutlich rettete dies uns das Leben, denn offensichtlich ging niemand hinunter, weshalb die Banditen es schließlich leid wurden, länger zu warten. Sie schrien noch ein bißchen herum und zogen dann ab.

Nach diesem Ereignis beschlossen die Bewohner unseres Hauses, daß wir uns gegen Plünderer schützen müßten. Der gewählte »Kommissar« des Gebäudes, Dr. Scherman, besorgte einige japanische Gewehre, die damals auf dem Schwarzmarkt zu bekommen waren. (Wahrscheinlich waren sie vom »weißen« Admiral Koltschak zurückgelassen worden, der von den Japanern unterstützt worden war.) Die Gewehre wurden auf fünf oder sechs Männer im Haus verteilt, die in Schichten die Nachtwache übernahmen. Ich wurde in diese Selbstverteidigungseinheit aufgenommen, was mich mit Stolz erfüllte.

Hinter den gußeisernen Toren saßen wir also auf der Lauer und warteten darauf, daß sich verdächtige Gruppen zeigten. Dr. Schermans Anweisung lautete: »Wenn ihr Banditen seht, schießt!« Damit lag er richtig, denn diese Taktik funktionierte jedesmal. Die Räuber hörten die Schüsse und kamen nicht näher heran.

Ich schoß ein einziges Mal, und dabei überraschte mich der harte Rückstoß des Gewehrs gegen meine rechte Schulter. Er war so stark, daß er beinahe meine Schulter ausgekugelt hätte. Das paßte mir überhaupt nicht, und ich gab unserem gestrengen »Kommissar« das Gewehr zurück. So wurde ich nie ein großartiger Soldat.

Unsere finanzielle Situation hatte sich in der Zwischenzeit verschlechtert. Vor der Revolution hatte Papa die Stoffe, die er im Ausland erstanden hatte, früher oder später an die großen Kaufhäuser – Wikula Morosow oder Ptaschnikow – verkaufen können. Mit dem Ausbruch des Ersten Weltkriegs ging es mit dem Erfolg der Kaufhäuser bergab – zusammen mit dem Markt für feines Tuch. Deshalb blieb Papa auf einem Stapel unbezahlter Rechnungen und unverkaufter Ware sitzen.

Ich erzählte schon, daß Papas Stoffballen in den Kellern unseres Hofes gelagert wurden. Nach der Revolution, als die Menschen realisierten, daß weder Recht noch Ordnung herrschten, und die Plünderungen begannen, wurde unsere unverkaufte Ware entdeckt und von marodierenden Seeleuten, Soldaten und ihren betrunkenen Freundinnen gestohlen. Dagegen waren wir machtlos – es war ja nicht Zweck unserer Selbstverteidigungsgruppe, Soldaten und Matrosen aufzuhalten. Deshalb waren all unsere Waren bald verschwunden. Anfangs gelang es Papa, der noch immer auf Geschäftsreise ins Ausland fuhr, kleine Schmuckstücke mitzubringen. Dafür gab es auch im nachrevolutionären Odessa noch Bedarf. Denn das Papiergeld war wertlos – jedes Regime druckte sein eigenes Geld. Odessa floß sozusagen über von den Kerenki (benannt nach Kerenski) der provisorischen Regierung, den ukrainischen Lopatki und den »Glocken« Denikins (dort war die riesige alte Zarenglocke aufgedruckt, die im Kreml ausgestellt ist). Die Menschen bevorzugten deshalb »greifbare« Werte.

Bald allerdings versiegte auch diese Erwerbsquelle. Wir waren bankrott und hatten kaum noch etwas zu beißen. Unsere Nahrung bestand hauptsächlich aus Mais: Maissuppe, Maisklöße (Frikadellen) und Mais als Nachspeise. Wir aßen jeden Tag Mamaljuga, also Maisbrei, oder Maisbrot. (Das vergißt meine Frau heute manchmal. Sie sagt zu mir: »Nimm etwas Mamaljuga, es schmeckt doch so gut!« Verständlicherweise vertrage ich nicht einmal den Anblick von Maisbrei.)

In Odessa hatte ich inzwischen einen Namen: Immerhin war ich als Schüler von Auer beinahe ein Star. Deshalb kamen andauernd Vertreter der verschiedensten Organisationen und Komitees und baten mich, auf ihren Versammlungen zu spielen. Mama paßte das überhaupt nicht. Sie wollte, daß ich übte und mich nicht in derartigen Auftritten verzettelte. Natürlich hatte sie recht. Schließlich forderte sie mich sogar auf: »Geh doch fußballspielen.« Damit wollte sie mich davon abhalten, noch mehr Leute zu treffen, die Konzerte organisierten.

Aber das Leben wurde immer härter. In Odessa gab es praktisch nichts mehr zu essen. Zuerst starben die Tiere – die Kadaver von Hunden und Pferden lagen auf den Straßen –, dann die Menschen. Wir mußten langsam ans Überleben denken.

Ich spielte in Odessa zwei Konzerte mit sehr großem Erfolg. Damals gab es keinen anderen Geigensolisten in Odessa, weshalb meine Auftritte zur Sensation wurden. Eines Tages kam Stefan Kaz zu mir, ein früherer Medizinstudent der Noworossiisk-Universität. Er hatte irgendeinen führenden Posten bei den Roten und vertrat eine Organisation, die sich »Ubekotschernas« nannte – sie hatte etwas zu tun mit der Schwarzmeerflotte und der Flotte des Asowschen Meeres.

Kaz schlug mir vor, für die Matrosen zu spielen. Als Gegenleistung sollte ich Essensrationen der Marine bekommen: zweimal am Tag Fleisch und andere gute Sachen. Dies war ein großzügiges Angebot, und – was noch wichtiger war – es kam zur rechten Zeit. Ich weiß nicht, was ohne Kaz aus uns geworden wäre.

Beim ersten Auftritt spielte ich in einem Palast, der vor der Revolution den Fürsten Woronzow-Daschkow gehört hatte. Jetzt war er voll von Matrosen, Soldaten und deren Freundinnen. Die Matrosen – sie waren damals die militärische Elite – benahmen sich zu Anfang noch anständig. Dann jedoch begannen sie, die Plätze zu tauschen, und schließlich spazierten sie im Saal herum. Die Soldaten aßen andauernd und mit unglaublicher Virtuosität Sonnenblumenkerne. Aus dem linken Mundwinkel spuckten sie in einem langen, feuchten Strahl die Schalen aus. Die Schalen bedeckten den Marmorfußboden mit einer schmierigen Schicht. (Viele Jahre später beobachtete ich in Wyoming Cowboys, die Tabak auf diese Weise kauten.) Die Soldaten küßten ihre Mädchen andauernd sehr geräuschvoll auf die Wangen; alle flirteten heftig. Wenn die Mädchen sich losreißen wollten, rutschten sie auf den Schalen aus.

In diesem ersten Konzert spielte ich die *Internationale* auf der Geige. Es klang ziemlich dünn, weshalb keiner richtig zuhörte. Niemand fand es nötig, aufzustehen. Ich machte Kaz folgenden Vorschlag: »Es wäre viel besser, wenn wir zu mehreren wären. Dann würde es weitaus eindrucksvoller klingen, die Leute würden sich erheben. Das Ganze würde Sie nicht wesentlich mehr kosten.« Das Wichtigste war doch, zusätzliche Rationen zu bekommen. Ich wollte meinen Musikerfreunden helfen.

Kaz akzeptierte meinen Vorschlag und ließ mich ein Streichquartett zusammenstellen; nun spielten wir die *Internationale* zu viert, in meiner Bearbeitung mit einem komplizierten Kontrapunkt. So klang sie viel besser. Das Publikum erhob sich zur Hymne der Revolution.

Die Zeiten waren so unsicher, daß man darüber leicht ein nervöses Leiden bekommen konnte. Einmal spielten wir in der Wohnung eines Apothekers. Ihm gehörte ein großer Laden, an den ich mich gut erinnere: Im Schaufenster standen geheimnisvolle Gefäße mit gelber und grüner Flüssigkeit. Während unseres Spiels, mitten im langsamen Satz von Beethovens G-Dur-Quartett, durchzuckte ein mächtiger Blitz den Raum. Wir waren ganz benommen und hörten auf zu spielen. Nach 15 langen Sekunden folgte ein ohrenbetäubender Knall. Das war der bolschewistische Kreuzer »Sinop«, der 20 Kilometer entfernt im Hafen lag und das Hauptquartier der »Weißen Armee« beschoß (und, wie wir später erfuhren, dabei sehr genau gezielt hatte). Nach einigen Sekunden des Schocks musizierten wir weiter. Aber derartige Augenblicke vergißt man nie mehr.

Einer meiner Freunde in Odessa war Oskar von Riesemann, ein großer, kräftiger, rotblonder Mann mit einem kleinen Schnurrbart – heute würde ich ihn mit dem Schnurrbart Hitlers vergleichen. Riesemann, der Frauen gegenüber gleichgültig war, war ein russifizierter Deutscher, der von baltischen Baronen abstammte. Er hatte bei Hugo Riemann studiert, wußte sehr viel über Musik, vor allem über die russische, und war vor der Revolution ein wichtiger Kritiker in Moskau gewesen.

Riesemann und ich machten in Odessa häufig zusammen Musik, wobei der Baron Klavier spielte. Es war für mich sehr interessant, seine Geschichten über russische Komponisten – Mussorgski, Tanejew, Katuar – zu hören. Riesemann machte mich auch mit dem Werk Max Regers vertraut, den er sehr verehrte. Unter der Herrschaft der Bolschewiken lebte Riesemann im verborgenen, er versuchte, möglichst nicht aufzufallen. Für den Adel waren die Zeiten gefährlich. Riesemann lebte zurückgezogen in einem Palast, der den Fürsten Woronzow-Daschkow gehört hatte. Ich erinnere mich an einen Abend, an dem ich noch spät bei Riesemann war. Wir lauschten auf das Geräusch laufender Motoren, das aus der Ferne kam; der gewöhnlich sehr fröhliche Riesemann war ganz blaß. Man erzählte sich damals, daß die Tscheka, die kommunistische Geheimpolizei, das Geräusch von Lastwagenmotoren dazu benutzte, um den Lärm von Schüssen sowie die Schreie von Gefangenen und Geiseln zu übertönen.

Als der »weiße« General Denikin Odessa eroberte, war Riesemann in die Beschaffung von Nahrungsmitteln für Denikins Freiwilligenarmee verwickelt. Das war, wie ich vermute, ein sehr einträgliches Geschäft. Aber die »Weißen« konnten sich nicht lange in Odessa halten. Mehr als 100 000 »weiße« Soldaten verließen im Januar 1920 Odessa auf ausländischen Schiffen. Riesemann floh mit ihnen – auf einem amerikanischen Kreuzer.

Der Baron zog schließlich in die Schweiz, wo er einige Bücher über russische Musik veröffentlichte und, was besonders wichtig war, Rachmaninow beim Schreiben seiner Erinnerungen half. In der Schweiz trafen wir uns wieder, und unsere Freundschaft blieb bis zu Riesemanns plötzlichem Tod 1934 erhalten.

Ich versuchte fortwährend, meinen musikalischen Horizont zu erweitern. In Odessa gab es zwei gute Orchester: das Opernorchester und die Philharmonie. Der philharmonische Konzertmeister war Naum Blinder, der Lehrer von Isaac Stern. Blinder war ein erstklassiger Geiger mit einer richtig europäischen Ausbildung. Er hatte bei Adolph Brodsky in Manchester studiert, demselben Brodsky, dem das Violinkonzert von Tschaikowski gewidmet ist. Ich hörte, wie Blinder das erste Violinkonzert von Prokofjew spielte. Es klang alles sehr schön und solide, aber vielleicht doch etwas zu massiv. Das Duftige und Poetische der Musik fehlte.

Ich ging gern in die Proben des philharmonischen Orchesters, um seine Interpretationen neuer Musik zu hören. Der Dirigent war Lew Schteinberg. Ich denke immer daran, wie er

55

mit der linken Hand seinen rutschenden Zwicker festhielt, während er dirigierte.

Einmal saß ich in einer Probe, in der Konzertmeister Blinder fehlte. Wir erfuhren, daß er erkrankt war und nicht zur abendlichen Aufführung würde kommen können. Man probte *Ein Heldenleben* von Richard Strauss, ein Werk, das ich sehr gern hatte. Es gibt darin ein wichtiges Violinsolo. Der Manager der Odessaer Philharmoniker (er war der Mann der Pianistin Ania Dorfmann, die später an der Juilliard School unterrichtete) bat mich, für Blinder einzuspringen; ohne zu zögern, willigte ich ein. Und so spielte ich mit nur einer Probe *Ein Heldenleben* im Konzert. Das Publikum schrie »Bravo!« – und ich war sehr zufrieden.

Stefan Kaz war jetzt mein Manager. Angeregt durch meine ersten Erfolge als Solist begann er, in Odessa und in umliegenden Orten wie Balta, wo deutsche Siedler lebten, Konzerte zu organisieren. Seine Aktivität als Manager sah wie folgt aus: Ein oder zwei Tage vor dem Konzert fuhr er in die vorgesehene Stadt, machte einen Saal (es konnte ein Klub oder ein Kino sein) ausfindig und kam zurück, um mich zu holen. Und das waren unsere Bedingungen: Die halben Einnahmen bekam ich, den Rest er. Davon mußte er die Saalmiete bezahlen.

Meine Klavierbegleiterin war meine Schwester Sara. Zunächst waren unsere Einnahmen gleich Null – die Eintrittskarten waren anfangs sehr billig, 25 Kopeken –, aber nach und nach kam das Publikum aus Odessa regelmäßig zu unseren Konzerten, und so begann Geld in die Kasse zu fließen.

Kaz schlug vor, daß wir nach Charkow gehen sollten, damals ein wichtiges kulturelles Zentrum. Dort gab es eine Junge Philharmonie, deren Direktor Starosselski war, der Sohn des Süßigkeitenfabrikanten. Charkow hatte ein wunderbares Publikum – viele junge Leute, die Musik liebten. Wir übernachteten bei den Starosselskis, und nachts herrschte in unserem Zimmer ein herrlicher, unvergeßlicher Geruch – das kam davon, daß die Süßigkeiten in der Wohnung hergestellt wurden!

Eines Nachts wurde diese Idylle durch heftiges Schluchzen gestört: Stefan Kaz weinte. Es stellte sich heraus, daß er bankrott und nicht mehr in der Lage war, seine Ausgaben zu bestreiten. Am Morgen beschimpfte Starosselski mich:»Warum beuten Sie Ihren Impresario aus?« Ich versuchte, ihm zu erklären, daß ich Kaz keinesfalls ausbeute, sondern nur meine 50 Prozent nähme, wie das unser Vertrag vorsah. Die Geschichte endete damit, daß Kaz Reisegeld bekam und nach Odessa zurückkehrte. Die Junge Philharmonie arrangierte für mich weitere zwölf Konzerte in der öffentlichen Bibliothek von Charkow.

In Charkow hörte ich zum erstenmal von dem Pianisten Vladimir Horowitz. Sein Onkel, Alexandr Joachimowitsch Gorowiz, hatte bei Skrjabin und später bei Tanejew studiert und sich dann in Charkow niedergelassen. Dort war er zu einer zentralen Figur des Musiklebens geworden. Er war wohl Direktor der dortigen Musikschule und schrieb Konzertkritiken für die Charkower Zeitung. Von Vladimir Horowitz wurde erzählt, er sei so temperamentvoll, daß er »Klaviere zertrümmere«, wenn er spielte. Diese Charakterisierung machte mich neugierig, weshalb ich ihn unbedingt kennenlernen wollte. Aber die Gelegenheit dazu sollte sich nicht so schnell ergeben.

Nach meinen Konzerten in Charkow wurde ein Mann namens Sinowjew mein neuer Impresario. Er organisierte ein reisendes Ensemble mit mir, dem Pianisten Simon Barere, dem Bassisten Platon Zessewitsch und der Sopranistin Olga Karassulowa. (Die Karassulowa kannte ich bereits. 1916 spielte ich – auf Bitten Auers – in Petersburg bei einem Wohltätigkeitskonzert für das Rote Kreuz. Das Konzert fand in dem herrlichen Saal mit den weißen Säulen, dem Saal der Adelsversammlung, statt. Die Töchter des Zaren waren anwesend. Das Konzert begann sehr spät, nach zehn Uhr, und ich war gewohnt, um acht zu Bett zu gehen. Deshalb schlief ich nach meinem Auftritt friedlich an dem weichen Busen von Olga Karassulowa ein. Sie trat in diesem Konzert ebenfalls auf.)

Unsere Truppe bekam zwei Schlafwagen, in denen wir kreuz und quer durch die Ukraine reisten. Die übrigen Mitglieder verdienten nicht nur mit den Konzerten Geld, sie verkauften auch Salz, das damals kaum zu bekommen war, oder tauschten es gegen ebenso schwer zu bekommende Kartoffeln. Ich beteiligte mich nicht an dem Salzhandel, was eine nachteilige Wirkung auf meine finanzielle Situation und auf meine Versorgungslage hatte.

Nach einem Konzert in Kiew, bei dem Simon Barere mich begleitet hatte, sprach mich der Leiter des dortigen »Politproswet« an (diese Organisation überwachte die politische und kulturelle Propaganda unter der Sowjetbevölkerung). Er hieß Wilenski und hatte eine unglaubliche Ähnlichkeit mit dem französischen Maler Delacroix. Offensichtlich hatte ich beim Publikum einen guten Eindruck hinterlassen: Wilenski sagte, er wolle mich für zwei weitere Konzerte in Kiew gewinnen.

Ich muß zugeben, daß ich dies zunächst für die übliche Schmeichelei hielt. Doch bald darauf bekam ich einen Brief von Wilenski, der die genauen Termine für die beiden Konzerte enthielt und mir viel Geld anbot. Mein Begleiter sollte der Pianist Sergei Tarnowski aus Kiew sein.

Von Tarnowski hatte ich viel Gutes gehört: Er war ein hervorragender Musiker und hatte das Petersburger Konservatorium mit der höchsten Auszeichnung absolviert, dem Rubinstein-Preis. Der Preis selbst war ein Flügel, den ich in Tarnowskis Haus gesehen hatte. Er war aus wunderbarem Mahagoni gemacht und trug eine besondere Plakette mit Buchstaben aus Gold. Ich wußte außerdem, daß Tarnowski am Kiewer Konservatorium unterrichtete. Aber natürlich hatte ich keine Ahnung, daß sich unter Tarnowskis Schülern einmal ein junger Pianist namens Vladimir Horowitz befunden hatte.

4.
»Kinder der sowjetischen Revolution«: Mit Horowitz unterwegs in Rußland

Im Winter 1921 gab ich zwei Violinabende mit Sergei Tarnowski als meinem Begleiter. Nach dem ersten Konzert kam ein unerwarteter Gast ins Künstlerzimmer: der siebzehnjährige Vladimir Horowitz. Von Anfang an rief ich Horowitz bei seinem Spitznamen »Wolodja«. Seine ältere Schwester Regina begleitete ihn und lud Tarnowski und mich in ihr Haus ein. »Kommen Sie doch zu uns zum Tee«, sagte sie. Ich folgte dieser Einladung.

Im Hause Horowitz waren noch andere Musiker versammelt. Zum Beispiel war da der damalige Lehrer von Horowitz, Felix Michailowitsch Blumenfeld, der berühmte Komponist und Pianist aus Petersburg, der nach Kiew umgezogen war. Ebenso Heinrich Neuhaus, ein gutaussehender blonder Mann mit einem interessanten Gesicht, ein glänzender Pianist (sein Chopin war phantastisch) und ein Verwandter Arthur Rubinsteins.

Wir saßen um den Tisch und tranken Tee. Anschließend unterhielt sich Tarnowski, der der Älteste von uns war, mit Blumenfeld, Neuhaus und den Eltern Horowitz. Wir jungen Leute gingen in Reginas Zimmer.

Regina war wunderschön, aber das interessierte mich damals noch nicht. (Selbst eine hervorragende Pianistin, heiratete Regina später Jewsei Liberman. Er wurde einer der führenden Volkswirtschaftler der Sowjetunion und war einer von Chruschtschows Beratern. Liberman war es auch, der für Chruschtschow ein wirtschaftliches Reformprogramm entwickelte. Dieses Programm blieb in der Schublade bis in die

Zeit von Michail Gorbatschow, der es nun als »Perestroika« einzuführen versucht.)

Regina Horowitz war Schülerin von Professor Puchalski und als Pianistin vermutlich schon weiter als Wolodja. Sie spielte allerdings das Standardrepertoire wie die Balladen und Mazurken von Chopin. Wenn Wolodja sich ans Klavier setzte, spielte er Dinge, die völlig aus dem Rahmen fielen: seine eigene Bearbeitung der Schmiedeszene aus Wagners *Siegfried* oder Improvisationen über Themen aus *Tristan und Isolde* oder schwere Brocken aus Rimski-Korsakows Oper *Der goldene Hahn*. Solche Dinge spielten Pianisten in Konzerten niemals! Ich war hingerissen. Das war ein musikalischer Wirbelsturm.

Ich spielte ebenfalls. Zwischen Wolodja und mir ereignete sich augenblicklich so etwas wie eine chemische Reaktion. Wir vergaßen völlig, daß ich zurück ins Hotel mußte, und über kurz oder lang fragte Regina, ob ich zum Abendessen bleiben könne. Natürlich konnte ich!

Nach dem Essen blieb ich über Nacht, obwohl die Wohnung der Familie Horowitz nicht sehr geräumig war. Früher hatten sie in einer sehr großen Wohnung gelebt, doch nach der Revolution waren sie gezwungen, in eine kleinere an der Bolschaja-Schitomirskaja-Straße umzuziehen.

Nach meinem zweiten Konzert in Kiew wurde beschlossen, daß ich bei der Familie Horowitz bleiben solle. Man könnte fast sagen, ich kam zum Tee und blieb drei Jahre.

Vater Horowitz, ein Elektroingenieur, mußte oft geschäftlich nach Deutschland reisen. Mutter Horowitz war eine gute Musikerin, sie förderte die Begabung ihres Sohnes sehr. Die Revolution hatte sie so verschreckt, daß sie ihre Wohnung kaum jemals verließ. Einmal allerdings überredeten Wolodja und ich sie dazu, mit uns ins Kino zu gehen, um den berühmten Schauspieler Iwan Mosschuchin zu sehen. Aus diesem Ausflug wurde ein ungewöhnliches Erlebnis.

Madame Horowitz begann mit ihren Vorbereitungen schon am Morgen. Das polnische Zimmermädchen half ihr, sich anzukleiden. Wolodja und sogar ich unterstützten sie dabei, ihr Korsett zuzumachen. Das war keine einfache Aufgabe. Jeder von uns packte eine der Schnüre und zog daran. Dabei lehnten wir uns gegen ihren Rücken. Sie schüttete mehrere Flaschen des Coty-Parfüms »L'Origan« über ihren Körper, zog – es war Juni! – ein schwarzes Seidenkleid an, das der Mode von 1900 entsprach, legte ein großzügiges Make-up in gelben und grünen Schattierungen auf und krönte das Ganze durch einen purpurfarbenen Hut mit Schleier.

Wir traten hinaus auf die Bolschaja-Schitomirskaja. Die Sonne war glühend heiß. Alle starrten uns an. Wir beschlossen, die Straßenbahn zwischen den Haltestellen zu stoppen, denn bis zur nächsten Haltestelle hätten wir es nicht geschafft. Quietschend kam die Straßenbahn beim Anblick von Madame Horowitz zum Stehen, und mit einer unglaublichen Anstrengung schoben wir sie in den Wagen.

Völlig verblüfft starrten die Arbeiter, die im Wagen saßen, sie an. Doch russische Arbeiter sind bescheiden und höflich. Sofort boten sie Madame Horowitz einen Sitzplatz an. Sie betrachtete die Männer von oben bis unten durch ihr Lorgnon, wobei ihr Blick auf den schmutzigen Schuhen haften blieb. Und dann sagte sie so laut, daß alle es hören mußten: »Und so etwas regiert uns jetzt?«

Der Film mit dem berühmten Schauspieler beeindruckte Madame Horowitz nur wenig. Sie kehrte nach Hause zurück, um niemals wieder auszugehen. Und wirklich, was kann denn auch besser sein als die eigenen vier Wände, an die man gewöhnt ist? Ein bißchen fürchteten wir, daß einer der Straßenbahnpassagiere die konterrevolutionäre Äußerung von Madame Horowitz anzeigen würde. Doch glücklicherweise tat dies niemand.

Wolodja und ich gaben zunächst ein gemeinsames Konzert in Kiew. Dann begannen wir, in der Ukraine umherzureisen, wobei wir den geographischen Radius unserer Auftritte zunehmend erweiterten. Wir fuhren nach Poltawa, Gomel, Charkow, Jekaterinodar, Simferopol und Sewastopol. Wir waren in Taganrog, Noworossisk und Nachitschewan. Wir traten im Kaukasus auf, in Batumi, Tiflis und Baku. Es gab interessante Reisen nach Saratow und in die Tatarische Republik.

Die Konzerte machten uns Spaß. Unsere Eindrücke von den Reisen waren beinahe durchgehend erfreulich. Es gab damals nur wenige reisende Musiker, und die Zuhörer waren allein schon davon beeindruckt, daß ich ein Schüler des großen Auer war. (Blumenfeld, der Lehrer von Horowitz, war weniger berühmt.) Die Leute sehnten sich nach Musik. Selbst wenn wir uns verspäteten, warteten sie geduldig. Ich erinnere mich daran, daß wir in Rostow einmal mit großer Verspätung eintrafen. Als wir auf das Podium kamen, applaudierte das Publikum begeistert, statt uns auszubuhen. (Viele Jahre danach verspätete ich mich bei einem Violinabend im spanischen Murcía. Als ich endlich auftrat, waren die Leute wütend: Sie schrien und pfiffen. Anders als in Amerika ist Pfeifen in Spanien keinesfalls ein Zeichen von Begeisterung. Ich begann um Mitternacht zu spielen und hörte gegen drei Uhr morgens auf. Niemand verließ, glaube ich, den Saal. Die Leute applaudierten sogar noch zum Abschied.)

Horowitz und ich spielten Violinsonaten von Franck, Grieg und Saint-Saëns. Die d-Moll-Sonate von Saint-Saëns wird heutzutage in Konzerten kaum noch gespielt, obwohl sie ein sehr beeindruckendes und lebendiges Werk ist. Beethoven kam in unseren Programmen nicht vor, da wir sein Werk nicht für wirklich interessante Musik hielten. Brahms spielte damals in Rußland überhaupt niemand.

Wir traten in Seidenhemden mit Jabots, in schwarzen weiten Hosen und Lackschuhen auf. In Kiew fanden wir einen Schneider, Mr. Cooper, der immer noch einen Vorrat an guten Stoffen hatte. Er schneiderte unsere Kleidung, und wir sahen darin gut aus. Natürlich war das provinzieller Chic. Man konnte Mr. Cooper nicht mit Londons Schneidern auf eine Stufe stellen. Aber im Rußland dieser Jahre hoben wir uns vom Durchschnitt ab.

Wir erfanden alle möglichen irreführenden Tricks. Zum Beispiel denke ich an unseren Auftritt in Jekaterinoslaw. Der dortige englische Klub veranstaltete Sommerkonzerte. Wir spielten im Freien. In Jekaterinoslaw ist das Wetter sehr wechselhaft: Es gibt oft Stürme, und böige Winde können schnell aufkommen.

Deshalb hatten Wolodja und ich folgende Idee. Normalerweise spielten wir ohne Noten, hier aber würden wir Notenständer benutzen. Vermutlich würde Wind aufkommen und die Blätter wegblasen. Wir würden weiterspielen, als ob alles in Ordnung wäre. Unser Plan war erfolgreich – das Publikum tobte zum Schluß.

Zu unserer Verteidigung muß ich sagen, daß sogar ganz große Musiker sich dazu hergeben, Tricks zu verwenden, um das Publikum zu beeindrucken. Das klassische Beispiel ist Paganini, der die *Mosè*-Fantasie (nach einem Thema aus Rossinis Oper) so komponierte, daß sie auf nur einer Saite zu spielen ist. Er begann auf einer Geige mit vier intakten Saiten zu spielen. Unbemerkt vom Publikum pflegte er mit einem Fingernagel seiner linken Hand eine Saite nach der anderen zu zerreißen. Damals waren die Saiten aus Darm und rissen deshalb leicht. Am Ende triumphierte Paganini, weil er die Komposition auf einer einzigen Saite spielte. Unser kleiner Einfall hatte sicher nicht Paganinis Niveau, aber Wolodja und ich hatten unser Ziel erreicht – das ehrfurchtsvolle Staunen des Publikums.

Besonders populär wurden wir, als der Volkskommissar für das Erziehungswesen (eigentlich war er der Kulturzar des Landes), Anatoli Lunatscharski, über uns einen hymnischen Artikel in der Regierungszeitung *Iswestija* veröffentlichte. Er trug die Überschrift »Kinder der sowjetischen Revolution«, obwohl Wolodja und ich natürlich überhaupt nicht durch die sowjetische Revolution »erzogen« worden waren. Der Artikel hatte durchschlagenden Erfolg. Er wurde von Lokalblättern im ganzen Land nachgedruckt. Wir waren eine Sensation.

Als Folge davon ertränkte uns das »Politproswet« buchstäblich in Konzerteinladungen. Die Bedingungen waren exzellent: Wir mußten weder die Kosten für die Saalmiete noch die für die Konzertorganisation und die Werbung tragen. Das »Politproswet« sorgte für unser Publikum, und wir erhielten alle Einnahmen.

Sorglos reisten wir durch ganz Rußland. Unsere gemeinsamen Konzerte liefen so ab: Zunächst spielte ich, dann Horowitz, und schließlich musizierten wir gemeinsam eine Sonate. Deshalb kann ich mich damit brüsten, Horowitz als Begleiter gehabt zu haben. Schließlich wurde uns klar, daß wir mehr verdienen würden, wenn wir getrennt aufträten, da Lunatscharskis Werbetrommel uns volle Säle garantierte.

An ein gemeinsames Konzert muß ich oft denken. Es fand in Nachitschewan statt, einer kleinen Stadt im Süden Rußlands. Warum fuhren wir dorthin? Wir hatten unendlich viel Zeit, nichts trieb uns irgendwo anders hin. Ganz allgemein war es in diesen Tagen ziemlich unsinnig, sich zu beeilen, selbst wenn man es gewollt hätte. Es dauerte zum Beispiel elf Tage, um mit dem Zug von Kiew nach Rostow zu fahren – das waren nicht mehr als 1000 Kilometer! Der Zug hielt beinahe jede halbe Stunde: Entweder fehlte das Heizmaterial, oder es gab Probleme auf der Strecke oder eine Verkehrsstockung...

Wir wurden von dem Musiker Arseni Awraamow, einer schillernden Figur, nach Nachitschewan eingeladen. Er war groß und blond und kleidete sich extravagant mit einer römischen Toga. Noch ausgefallener jedoch waren seine Ideen. Awraamow glaubte, daß man den Leuten nur die notwendige Erziehung bieten müsse, und binnen kürzester Zeit würden proletarische Wissenschaft und Kultur in schönster Blüte stehen. Bald danach würde es tausende proletarischer Einsteins und hunderttausende proletarischer Shakespeares geben.

Damit dieses leuchtende Ziel so bald wie möglich erreicht werde, hielt Awraamow Vorträge vor Arbeitern. Er bat uns, seinen Vortrag über Bach mit Musik zu veranschaulichen. »Warum ausgerechnet Bach?« fragten wir ihn. »Die Leute brauchen das Herausragendste und das Beste«, antwortete der kommunistische Schwärmer.

Der Vortrag fand vor Arbeitern einer Patronenfabrik statt. Mehrere tausend Menschen waren in einer großen Baracke zusammengepfercht. Die Luft war stickig und schlecht. Man konnte eine ganze Menge Obdachloser unter den Zuhörern entdecken. Damals war jede russische Stadt voll von ihnen – sie waren sozusagen das Strandgut des Ersten Weltkriegs und des Bürgerkriegs.

Die Obdachlosen verkauften Zigaretten und Zeitungen in den Straßen, sie putzten Schuhe, bettelten und stahlen. Sie fürchteten niemanden und nichts. Ich kann mir immer noch nicht erklären, wie Awraamow sie in den Vortrag gelockt hatte. Eine Erklärung dafür könnte sein, daß die Veranstaltung kostenlos war und daß die Burschen hofften, dabei irgendwie ihren Spaß zu haben. Und zudem würden sie sich in der Zwischenzeit im Gewimmel »bedienen« können.

Zu Beginn sprach Awraamow etwa 45 Minuten über die Fuge im Werk Bachs. Überraschenderweise hörten die Leute ziemlich geduldig zu. Vermutlich erwarteten sie, daß der eigentliche Spaß noch kommen werde. Man kann geduldig sein, wenn man auf ein Vergnügen wartet. Awraamow bekam sogar Beifall, als er endete.

Nun war ich an der Reihe; ich spielte Bachs Chaconne für Violine solo. Kaum hatte ich begonnen, spürte ich, daß sich im Publikum etwas zusammenbraute. Und wirklich: Bevor ich noch die ersten zwölf Takte gespielt hatte, begannen die Kerle zu brüllen: »Sperrt ihn ein!« Das war damals ein verbreiteter Ausruf, um jemand niederzumachen. Hier sollte es »Verschwinde vom Podium!« bedeuten.

Hätte es die Obdachlosen nicht gegeben, so hätten die Arbeiter das Konzert vermutlich in Ruhe zu Ende gehen lassen. So aber übernahmen sie den Ruf »Sperrt ihn ein!«.

Ich unterbrach mein Spiel, und Awraamow kam auf das Podium: »Genossen, hier spielen berühmte Künstler für euch, Musiker, die Kommissar Lunatscharski ›Kinder der sowjetischen Revolution‹ genannt hat. Sie spielen die schönste Musik überhaupt. Also seid so gut, und laßt uns ihnen aufmerksam lauschen.«

Der Lärm ebbte ab. Es gab sogar vereinzelt Beifall. Von neuem begann ich mit der Chaconne. Aber schon nach acht Takten hörte ich: »Sperrt ihn ein!« Ich brach erneut ab. Und Awraamow wandte sich nochmals an die Menge: »Genossen! Endlich haben auch Arbeiter die Möglichkeit, Musik zu hören, die bisher nur der reichen Bourgeoisie vorbehalten war. Wenn aber unter euch unsensible Elemente sind, denen das Bewußtsein dafür fehlt und die diese einmalige Gelegenheit nicht nutzen wollen, so sollten wir sie gehen lassen!«

Das Publikum reagierte begeistert und applaudierte. Aber niemand ging. Kaum hatte ich die Chaconne begonnen, hörte ich wieder das bekannte »Sperrt ihn ein!«.

Ganz verzweifelt schrie Awraamow die Menge an: »Warum verschwindet ihr nicht? Warum stört ihr die, die die Musik des großen Bach hören wollen?«

Die Antwort war ein einstimmiges Gebrüll: »Wir können nicht raus, die Türen sind verschlossen!«

Also wurden die Türen geöffnet, und die Menge strömte aus der Baracke. Passenderweise verließen die Obdachlosen als erste den Raum. Von den Tausenden von Arbeitern waren etwa 50 geblieben, ein beinahe rührender Anblick in der riesigen leeren Halle. Es war demütigend. Bedrückt dachte ich, ich hätte doch lieber etwas Schnelles spielen sollen.

Horowitz spielte die C-Dur-Toccata von Bach/Busoni mit einigem Erfolg, es war schließlich ein lautes Stück. Awraamow war entsetzt über den Verlauf des Abends: Das Proletariat verstand Bach einfach nicht! Ich glaube allerdings, daß damals nicht einmal die Bourgeoisie Bach sehr zu schätzen wußte. Sogar die »besseren« Leute bevorzugten Sarasate. Das war doch eine eindrucksvolle Musik; dagegen hatte Bach keinerlei Chance.

Der Vater von Horowitz, der in einer staatlichen Organisation arbeitete, reiste dienstlich oft nach Moskau. Einmal kam er mit der Nachricht zurück, er habe für uns ein Konzert mit dem berühmten Persimfans-Orchester vereinbart.

Es lohnt sich, ein Wort über diese interessante Vereinigung zu verlieren. Ihr Name war ein Akronym für Erstes Symphonisches Ensemble. Es war das erste Symphonieorchester in voller Besetzung, das ohne Dirigenten spielte. Gegründet hatte es

Lew Zeitlin, ein Professor des Moskauer Konservatoriums und zugleich ein wunderbarer Geiger (ein weiterer Auer-Schüler).

In den ersten Jahren nach der Revolution war Zeitlin Mitglied des Lenin-Quartetts, dessen Cellist unser späterer Freund Gregor Piatigorsky war. Später holte Zeitlin die besten Moskauer Musiker zusammen und konfrontierte sie mit folgender vielversprechender Idee: Da wir in neuen gesellschaftlichen Verhältnissen leben, im Zeitalter des Kollektivismus, gibt es für ein Orchester überhaupt keinen Grund mehr, sich einem diktatorischen Dirigenten unterzuordnen. Laßt uns als Kollektiv Musik machen, alle Entscheidungen in gemeinsamer Übereinstimmung treffen und so neue Wege in der Kunst beschreiten.

Ich glaube, daß sich Zeitlin (der lange Jahre Konzertmeister in Sergei Kussewizkis Moskauer Orchester gewesen war) ganz einfach darüber im klaren war, daß gute Musiker leicht ohne Dirigenten zurechtkommen können. Deshalb hatte er sich dazu entschlossen, selbst künstlerischer Leiter der Vereinigung zu werden.

Und so lief es dann auch: Bei den Proben von Persimfans gab Zeitlin, der Konzertmeister geworden war, den anderen Mitgliedern Anweisungen; er legte das Tempo fest und zeigte ihnen die Phrasierungen. Allerdings gab es auch angeregte Diskussionen und einen lebhaften Meinungsaustausch. Beides wäre unter einem Dirigenten nicht möglich gewesen.

Die Mitglieder von Persimfans probten sehr viel – die Geiger gesondert, die Cellisten gesondert und so weiter. Dann kamen sie alle zusammen, und der Drill ging weiter. Im Konzert bildeten die Musiker einen Halbkreis, um sich besser sehen zu können, wobei die Geigengruppe mit dem Rücken zum Publikum plaziert war. Zeitlin gab die Einsätze durch Mimik, nicht mit der Hand, weshalb das Publikum sie nicht wahrnehmen konnte. Persimfans bot immer wieder perfekte Aufführungen, glänzendes Ensemblespiel und bemerkenswerte Solistenleistungen im Orchester.

Niemals werde ich den »goldenen« Klang von Michail Tabakow, dem ersten Trompeter von Persimfans, vergessen. Er war klein und pummlig, und wenn er spielte, plusterte er sich auf und wurde rot im Gesicht. Der Klang seiner Trompete jedoch strahlte und leuchtete und war zugleich zart. Die übrigen Persimfans-Musiker waren ebensolche Meister ihres Fachs. Ich denke zurück an Beethovens Neunte in ihrer Wiedergabe. Nur wenige Tage später wiederholte Oskar Fried, ein ausgezeichneter deutscher Dirigent, der in Moskau konzertierte, diese Symphonie mit denselben Musikern. Mit Dirigent war es um keinen Deut besser!

Anfangs kamen die Leute, um Persimfans als eine wirkliche Neuheit zu hören. Danach gewöhnte man sich an das Orchester, und es war viele Jahre lang unglaublich populär und gab Tausende von Konzerten. Erst in den frühen Dreißigern löste sich Persimfans auf. Das war die Zeit, als Horowitz und ich uns im Westen zu etablieren begannen. Offensichtlich brauchten die Musikliebhaber immer noch einen Hexenmeister auf dem Podium, einen, der sozusagen etwas aus dem Nichts schuf – ein besonderes Symbol für Qualität. Überall in Europa betraten große und kleine Diktatoren die Bühne. Kollektivismus – ob in den Künsten oder in der Politik – war eindeutig aus der Mode gekommen.

Ich glaube, daß der übliche Dirigent vor dem Orchester vor allem ein Tribut ist, der einer relativ jungen Tradition gezollt wird. Um Musik in einer Aufführung neu zu erschaffen, muß man physischen Kontakt mit ihr haben, so wie dies ein Interpret mit seinem Instrument hat. Dem Dirigenten fehlt dieser körperliche Kontakt – und das merkt man.

Ich wage einen riskanten Vergleich. Wenn ein gutaussehender Mann und eine wunderschöne Frau miteinander ins Bett gehen, um sich zu lieben, brauchen sie keinen Souffleur, der ihnen sagt, was sie tun sollen. Unglücklicherweise spielen Dirigenten zu oft die Rolle eines derartigen Inspirators. Gute Orchestermusiker brauchen keine Oberaufsicht, schlechte Musiker werden nicht gut spielen, ganz gleich, wer dirigiert.

Immer mehr Instrumentalisten versuchen sich heutzutage als Dirigenten. Fragt man einen solchen frischgebackenen Dirigenten, warum er seinen Beruf gewechselt habe, wird man wahrscheinlich zu hören bekommen:»Oh, das Orchesterrepertoire ist so viel tiefgründiger und interessanter.« Was für ein Blödsinn! Was um alles in der Welt kann tiefgründiger sein als eine Bach-Sonate für Violine solo oder ein Streichquartett von Schubert?

Ich muß oft an Persimfans denken. Es war ein aufsehenerregendes Experiment. Und es ist wirklich schade, daß es nicht weiterverfolgt wurde. Natürlich muß ein Orchester, das ohne Dirigenten spielt, mehr üben. Denn die Musiker müssen sich daran gewöhnen, einen »Dialog« auch dann zu führen, wenn sie spielen – in der Art, wie dies Kammermusiker tun. Außerdem sollte es selbstverständlich einen Konzertmeister geben, der die Rolle eines künstlerischen Leiters übernimmt.

In unserer Zeit würde diese Art zu arbeiten wohl unwirtschaftlich sein. Aber prinzipiell ist sie möglich, und es gereicht Persimfans zur Ehre, bewiesen zu haben, daß so gearbeitet werden kann.

Als Wolodja Horowitz und ich nach Moskau kamen, wohnten wir zunächst in einem Hotel. Dann zogen wir in ein Zimmer um, das Vater Horowitz gemietet hatte. Damals lebten die Menschen in sehr beengten Verhältnissen. Manchmal kam es vor, daß fünf oder sechs die Nacht in diesem einen Zimmer verbrachten. Ich erinnere mich etwa an Heinrich Neuhaus mit seiner Frau Sinaida, einer dunkelhäutigen Schönheit. Sie verließ Neuhaus später und heiratete den Dichter Boris Pasternak.

Das Programm für unser Konzert mit Persimfans sah wie folgt aus: Ich spielte das Glasunow-Konzert, Wolodja das dritte Klavierkonzert von Rachmaninow. Wir probten nur zweimal, und das reichte völlig. Mir fiel es leichter, das Glasunow-Konzert mit Persimfans zu spielen als seinerzeit in Odessa unter der Stabführung des Komponisten.

An diesem Abend saßen Otto Klemperer und Glasunow selbst im Publikum. Wir feierten einen großen Erfolg. Glasunow kam auf das Podium, um sich zu verbeugen, und fragte mich:»Können Sie etwas aus *Raimonda* spielen?« Er wollte, daß ich noch ein Stück von ihm als Zugabe spielte. Ich erinnerte ihn daran, daß ich seine *Meditation* im Repertoire hatte, ein wunderbares Stück, bei dem er mich einmal begleitet hatte. Man rollte einen Flügel auf die Bühne. Glasunow fragte mich:»In welcher Tonart steht es?« Ich traute meinen Ohren nicht. Der Komponist wußte die Tonart seines eigenen Stückes nicht.»D-Dur«, brachte ich heiser hervor, als mir klar wurde, daß Glasunow völlig betrunken war.

Er konnte sich kaum auf den Beinen halten und ließ sich schwer auf den Klavierhocker fallen. Wir begannen... und hörten sofort wieder auf. In seinem Zustand konnte er nicht weiterspielen. Ganz verlegen verließ Glasunow das Podium. Das Publikum jedoch hörte nicht auf, dem alten Komponisten begeistert zu applaudieren. So sehr schätzte man ihn.

Horowitz und ich waren gerade in Moskau, als Lenin die NÖP (die Neue Ökonomische Politik) einführte. Ich wurde gebeten, auf einer Versammlung zu spielen, auf der Lenin sprechen sollte. Es war eine sehr wichtige Rede. Lenin mußte seinen verwirrten Kampfgenossen erklären, was es mit der NÖP auf sich hatte.

Durch den allgemeinen Zusammenbruch und die Hungersnot zu einem Rückzieher gezwungen, entschied sich Lenin dafür, Privatunternehmen wieder zuzulassen. Darüber jubelten russische Unternehmer, während die Bürokraten in Panik gerieten. Das war auch für Lenin ein risikoreiches Vorhaben. In seiner Rede fragte er:»Werden wir es schaffen, einen Kapitalismus zu etablieren, der sich dem Staat unterordnet?« (Heute stellt Michail Gorbatschow ziemlich genau die gleiche Frage.)

Ich erinnere mich, daß Lenin von der Rednertribüne aus eine weitere Maxime verkündete:»Wir haben die Revolution nicht für die Partei, sondern für das Volk gemacht.« Wenn er sprach, warf er seinen Kopf und damit seinen berühmten kleinen Bart ruckartig nach oben. Er glich einem aufgeregten Vogel. Seine Rede hinterließ keinen allzu begeisternden Eindruck. Als er nach seinem Appell den Darbietungen lauschte, wirkte Lenin müde. Kurz darauf verließ er die Versammlung. Dies war einer seiner letzten öffentlichen Auftritte.

Kaum war die NÖP eingeführt, tauchte wunderbarerweise in Moskau Nahrung im Überfluß auf. Da Horowitz und ich Geld hatten, konnten wir es uns leisten, in das berühmte Café an der Stoleschnikowallee zu gehen, in dem sich die Elite der Hauptstadt zu treffen pflegte. Wir aßen unglaublich köstliches Gebäck und herrliche Schlagsahne dazu. Um uns herum saßen wunderschöne Frauen und mit Pelzen bekleidete reiche Herren. Das Leben war wunderbar.

Horowitz und ich wurden in die besten Häuser Moskaus eingeladen. Wir trafen den Maler Leonid Pasternak und seinen Sohn Boris, den Dichter. Die Gemälde von Vater Pasternak mochte ich nicht besonders. Ich hatte das Gefühl, so könnte ich auch malen, obwohl ich damit vermutlich unrecht hatte. Im Pasternakschen Haus verkehrten die »Superstars« von Moskau, wie etwa Konstantin Stanislawski, einer der Gründer des Moskauer Künstlertheaters.

Uns lud Pasternak zu den weniger exklusiven Festen ein – wir standen sozusagen auf der B-Liste. Aber auch diese Feste waren schon aufregend genug. Man stelle sich den exotisch gutaussehenden jungen Boris Pasternak vor – inspiriert, wie von einem anderen Stern, mit glühenden Augen –, wie er seine eigenen Kompositionen spielt! Boris hatte sich zu dieser Zeit noch nicht endgültig entschieden, ob er Komponist oder Dichter werden solle, und er schrieb Musik, die sehr stark von Skrjabin beeinflußt war.

Die mächtige Direktorin des Bolschoi-Theaters, Jelena Malinowskaja – sie bewohnte ein ganzes Stockwerk in einem luxuriösen Stadthaus –, lud uns zu musikalischen Soireen ein. (Die Gebrüder Adelgeim, berühmte Schauspieler des Mali-Theaters, lebten in einem anderen Stockwerk desselben Hauses.) Der Liebhaber der Malinowskaja, der Cellist Wiktor Kubazki, war 15 Jahre jünger als sie. Man hätte ihn für gutaussehend halten können – er sah aus wie ein blonder Skandinavier –, mir erschien sein Gesicht jedoch unangenehm (heute würde ich sagen, er entsprach der Vorstellung von einem Nazi-Offizier).

Kubazki war Cellist im berühmten Stradivarius-Quartett.

Die übrigen Mitglieder waren die beiden Geiger Karpilowski und Pakelman sowie der Bratscher Bakaleinikow. Sie alle spielten Stradivari-Instrumente aus der Staatlichen Sammlung. Diese wurde von Kubazki geleitet, der sehr einflußreich war. Horowitz und ich spielten häufig auf Versammlungen, bei denen das Stradivarius-Quartett ebenfalls auftrat. Alle Mitglieder waren gute Musiker, obwohl sie vielleicht nicht unbedingt außergewöhnliche technische Fähigkeiten besaßen. Der Primarius des Quartetts, Daniil Karpilowski, war Auer-Schüler wie ich. Er hatte zu denen gehört, die zwar in die Klasse gekommen waren, aber praktisch niemals gespielt hatten. Normalerweise beachtete Auer diese Schüler nicht. Selbst ihre Namen kannte er nicht! Karpilowski allerdings beachtete er durchaus – weil er schon so lange ein nichtspielender Schüler war.

Das begabteste Mitglied des Quartetts war der Bratscher Wladimir Bakaleinikow. Er produzierte einen wunderbaren großen Ton. Später emigrierte er in die Vereinigten Staaten. Er war Fritz Reiners Assistent beim Chicago Symphony Orchestra und arbeitete danach mit dem Pittsburgh Symphony Orchestra. Bakaleinikow war der Lehrer des jungen Lorin Maazel, der seine Karriere als Geiger begonnen hatte.

Selbst nach vielen Jahren in Amerika sprach Wladimir, ein richtiger Moskowiter von seiner Mentalität her, immer noch Englisch mit schwerfälligem russischen Akzent: »Doan't do dat.« Ich vermute, daß er diesen Akzent bewußt beibehielt, da die Amerikaner so etwas besonders gern hören.

Konstantin, Wladimirs jüngerer Bruder, ging ebenfalls nach Amerika. Er ließ sich in Hollywood nieder. Dort wurde er ein bedeutender Filmkomponist und schrieb die Musik zu Filmen wie *Notorious* und *Trauer muß Elektra tragen*.

Damals fanden in Moskau unzählige Versammlungen statt. Führende Politiker hielten Reden, und die verschiedensten Resolutionen und Proklamationen wurden verabschiedet. Im allgemeinen aber erleben die Leute lieber Unterhaltung als Politik – das galt selbst für das revolutionäre Moskau. Deshalb kündigten die Veranstalter solcher Versammlungen immer auch einen »künstlerischen Teil« an: Auftritte von populären Instrumentalisten, Sängern oder Tänzern.

Zwei ganz große Sänger traten oft mit uns bei Veranstaltungen auf: die Sopranistin Antonina Neschdanowa und der Tenor Leonid Sobinow. Unvorstellbar, wie sie sangen! Neschdanowas Interpretation der Arie der Elsa aus *Lohengrin* war ein Juwel. Wenn Sobinow Tschaikowskis Lied *Inmitten des Balles* sang, hatte man das Gefühl, daß er zu einem sprach, nicht etwas vortrug. Und wie er die Arie des Lenski aus *Eugen Onegin* sang: herzzerreißend! In dieser Rolle fragte Sobinow wirklich mit Trauer und Schmerz: »Wohin seid ihr entschwunden, o Jugendzeit, o Liebesglück?« Andere Tenöre, wie etwa Iwan Koslowski, der in der Sowjetunion sehr populär war, schrien diese Worte hinaus, ohne ihnen eine Bedeutung zu geben.

Sobinow hatte eine Narbe auf seiner Wange, sie sah aus wie ein preußischer Schmiß. Ich glaube auch, daß er Kokain nahm. Er war ein ausgesprochener Gegner der Sowjets. Einmal, daran erinnere ich mich, hielt er am Bolschoi-Theater eine ziemlich wagemutige Rede, in der er künstlerische Freiheit forderte. Wir erwarteten, daß man ihn verhaften würde. Sobinow jedoch war zu populär, weshalb ihn die Machthaber in Ruhe ließen. Damals waren die Zeiten noch vergleichsweise friedlich.

Unter den übrigen Stars, die mit uns vor einem Publikum aus Soldaten und Matrosen auftraten, war die Primaballerina Jekaterina Gelzer. Sie gestaltete Fokins berühmten *Sterbenden Schwan*, wozu ich die Geige spielte. Sie hatte schreckliches Lampenfieber, denn immerhin näherte sie sich den Fünfzig, einem beachtlichen Alter für Tänzerinnen. Der Teil der Bühne, auf dem sie »starb«, war immer ganz naß von Schweiß und aufgelöstem Make-up.

Zu unseren wichtigsten Auftritten in Moskau zählte ein Konzert im Jahr 1923, bei dem Horowitz und ich die russischen Erstaufführungen von Karol Szymanowskis Violinkonzert Nr. 1 und Sergei Prokofjews Violinkonzert Nr. 1 spielten. Horowitz gab in beiden Konzerten eine Klavierfassung der Orchesterpartitur. (Ich finde, daß man kein Orchester braucht, wenn ein wirklich großer Pianist wie Horowitz mit einem spielt!)

Unsere Aufführung des Prokofjew-Konzerts fand nur wenige Tage nach der Uraufführung in Paris statt. Die gesamte künstlerische Elite Moskaus kam zum Konzert, das unter der Schirmherrschaft von »Meschdunarodnaja Kniga«, einer internationalen Verrechnungsstelle, veranstaltet wurde. Der Komponist Nikolai Mjaskowski war unter den prominenten Gästen. Er berichtete Prokofjew, wie ich später erfuhr, in seinen Briefen nach Paris im Detail von diesem Ereignis. Damals lebte Prokofjew in Paris. Mjaskowski erzählte seinem Komponistenkollegen, daß dessen Popularität als Folge der Moskauer Aufführung »fast ins Anstößige gestiegen ist. Sie haben sogar Moskaus Idole, Rachmaninow und Medtner, in den Schatten gestellt!«

Prokofjews Erstes ist in der Tat eines der besten Violinkonzerte der Moderne. Es ist ein geniales Stück und vielleicht überhaupt Prokofjews bestes Werk. Manchmal glaube ich, daß es eine Art Selbstporträt ist. In seiner Neuartigkeit und Originalität kann man es auf eine Stufe mit den Konzerten Mozarts stellen.

Das Prokofjew-Konzert spielte ich später viele Male. Ich machte sogar zwei Plattenaufnahmen, eine mit Vladimir Golschmann und eine weitere mit Carlo Maria Giulini. Einmal – es war bei einer Aufführung des Konzerts in New York – entglitt mir plötzlich im zweiten Satz der Bogen (den ich nie sehr fest in der Hand habe). Es gelang mir, ihn noch in der Luft zu packen und weiterzuspielen. Das Orchester hatte das Gefühl, dies sei ein Trick gewesen. Wie schade, daß man so etwas nicht lernen kann, auch wenn man es 50 Jahre hindurch übt. Solche aufregenden Geschichten gehören allerdings zum Leben jedes konzertierenden Geigers.

Das zweite Violinkonzert von Prokofjew ist gleichfalls ein exzellentes Stück, mit einem originellen zweiten Satz. Allerdings zeugt es eher von guter handwerklicher Arbeit als von Inspiration. Auch dieses Werk habe ich auf Platte eingespielt. Ich finde, daß der junge Prokofjew ein Genie war, daß von dieser Genialität in seinen späteren Jahren jedoch manches verlorenging. Es gibt Leute, die sagen, daß Prokofjews Fähigkeiten nachließen, weil er durch die Emigration entwurzelt wurde. Allerdings erlebte er nach seiner Rückkehr in die Sowjetunion keinen entsprechenden Aufschwung. Das läßt vermuten, daß die Sache mit den Wurzeln doch nicht so einfach ist.

Von Karol Szymanowski habe ich viele Violinwerke gespielt, unter anderem seine *Mythen* und *Notturno und Tarantella*. Als ich ihn traf, mochte ich ihn sehr. Er war ein begabter und ernsthafter Musiker, sehr elegant, ein typischer polnischer Gentleman.

Bei der Moskauer Erstaufführung des Szymanowski-Konzerts war Horowitz ganz in seinem Element. Für die Pikkoloflöte gibt es in dieser Partitur sehr schwierige virtuose Passagen. Horowitz spielte sie sehr laut und mit unglaublicher Brillanz. Mich konnte man kaum hören, wobei es durchaus möglich ist, daß dies niemand wirklich störte.

Wie zu erwarten, spielte Horowitz als Begleiter mit außerordentlichem Brio, allerdings, Gott sei's geklagt, manchmal zu laut. Das gleiche konnte man natürlich über Arthur Rubinstein sagen: In Sonaten und Klaviertrios übertönte er jeden, selbst Jascha Heifetz. Sogar Rachmaninow war bei seinen Plattenaufnahmen mit Fritz Kreisler zu laut.

Ich meine, daß zwei Stars, wenn sie miteinander musizieren, nicht darüber streiten sollten, wer zu dominieren habe. Vielmehr sollten sie sich daran halten, was der Komponist vorgeschrieben hat. Beethoven zum Beispiel weist deutlich darauf hin, daß seine Sonaten für Klavier und obligate Violine (»per il Piano-forte ed un Violino obligato«) geschrieben sind und nicht für Violine und Klavier. Nur die *Kreutzer-Sonate* ist ein richtig virtuoses Werk für die Geige. Es ist also nur konsequent, wenn bei den Beethoven-Sonaten die dominierende Rolle dem Pianisten zukommt. Im übrigen bin ich davon überzeugt, daß das Klavier sich grundsätzlich mit der Geige nicht sonderlich gut verträgt. Schließlich ist das Klavier eine Art Schlaginstrument – im übertragenen Sinn. Deshalb klingen auch die besten Kompositionen für Violine und Klavier manchmal irgendwie unnatürlich. Nehmen wir die berühmte Franck-Sonate; im zweiten Satz hat das Klavier so viele Noten zu spielen, daß es die Geige beinahe »umbringt«. Versucht nun der Pianist, an diesen Stellen gedämpft zu spielen, geht die notwendige Ausdruckskraft verloren. Das gleiche passiert in den Violinsonaten von Brahms. Eigentlich kann man nur von ihren langsamen Sätzen sagen, daß sie eher für die Geige als für das Klavier geschrieben sind.

Es kann doch zu einigen Problemen führen, wenn das Klavier Eingang in die Kammermusik findet. Zur Verdeutlichung reicht es völlig, zwei Quintette von Schubert zu vergleichen: das in C-Dur mit zwei Celli und das *Forellenquintett* mit Klavier. Das Streichquintett ist wie göttlicher Gesang, die Pizzikati klingen wie ein Bittgebet. Im Klavierquintett hört man fortwährend ein schlagzeugähnliches fremdartiges Element – das Klavier.

Verständlicherweise spielt der Klavierbegleiter, oder besser der Klavierpartner, deshalb eine sehr entscheidende Rolle im künstlerischen Leben eines Geigers. So gesehen hatte ich großes Glück, zunächst Artur Balsam und später Georges Pludermacher als Begleiter zu haben – beides exzellente, feine Musiker, mit denen ich viele Jahre konzertierte und Platten einspielte. Sie und meine übrigen Begleiter waren zudem interessante und angenehme Menschen. Für künstlerische Zusammenarbeit ist dies ausgesprochen wichtig, vor allem dann, wenn man auf Konzertreise ist.

An den Begleiter Horowitz mußte ich mich in gewisser Weise anpassen. Er konnte es nicht vertragen, irgendwie im Schatten zu stehen! Auf unseren Konzertreisen durch Rußland spielten wir Sarasates *Konzert-Fantasie über »Carmen«* sehr häufig. Horowitz beklagte sich darüber, daß Sarasate – als Geiger – einen virtuosen Geigenpart geschrieben und dem Klavier nur eine bescheidene Rolle zugedacht hat. Natürlich konnte Wolodja dies nicht akzeptieren, weshalb er seine eigene Begleitung dazu zu improvisieren begann. Diese Improvisationen mündeten nach und nach in seine eigene *Carmen-Fantasie*. Später nahm er sie auf Platte auf, sogar dreimal, wenn ich mich richtig erinnere, und jedesmal in einer anderen Fassung.

5.

Unsere Abenteuer in Petersburg und Moskau

Unsere Auftritte in Petersburg im Jahr 1923 waren der Höhepunkt meiner Konzertreisen mit Horowitz durch Rußland. Sie waren außerordentlich erfolgreich. Damals kamen wir gerade zur richtigen Zeit: Der Bürgerkrieg war vorbei, die Neue Ökonomische Politik auf ihrem Höhepunkt, und die Petersburger Öffentlichkeit lechzte nach Musik. Viele etablierte Musiker hatten Rußland verlassen, und die Ausländer, die gastierten, konnte man an den Fingern einer Hand abzählen. Darüber hinaus möchte jede Öffentlichkeit gern »neue Talente« entdecken. Als Horowitz und ich vor das Petersburger Publikum traten, gerieten die Leute außer Rand und Band. Wir konnten auftreten, sooft und wann immer wir wollten – immer waren wir ausverkauft. Wir konnten die anspruchsvollste Musik spielen – vom Barock bis zu zeitgenössischen Komponisten wie Medtner, Prokofjew und Szymanowski –, dies hatte keinerlei negative Wirkung auf den Kartenverkauf. Man begrüßte und behandelte uns so, wie man heutzutage mit Rockstars umgeht.

Massen von jungen Zuhörern strömten in jedes Konzert. Sie schleppten – und das mitten im Winter – riesige Blumensträuße mit sich. Nach den Konzerten versuchten Studenten in unsere Garderobe zu gelangen, um uns Fragen zu stellen oder um ein Autogramm zu bekommen. Führende Musiker aus Petersburg – so der Dirigent Emil Cooper, der bemerkenswerte Wagner-Sänger Iwan Jerschow oder der hochgeachtete Musikwissenschaftler Alexander Ossowski – besuchten uns im Künstlerzimmer.

Die damals einflußreichsten Musikkritiker Rußlands, Boris Assafjew (er schrieb unter dem Pseudonym Igor Glebow) und Wjatscheslaw Karatygin, besuchten jedes Konzert. Keiner von beiden war irgendwie überschwenglich – sie agierten vielmehr bescheiden und redeten zurückhaltend (Karatygin zupfte dabei seinen ungepflegten Bart). Aber jedes Wort von ihnen fand große Beachtung und Respekt.

Assafjew und Karatygin schrieben mit großer Begeisterung über unsere Konzerte. Assafjew, der in seinem Ausdruck der temperamentvollere war, verstieg sich zu folgender Formulierung: »Horowitz und Milstein hörten den Tritt unserer militärischen Verbände. Ihre Kunst birst gleichsam von unwiderstehlicher Energie und unbezwinglicher Überzeugungskraft!«

Die Petersburger Konzerte waren wie folgt organisiert: Zunächst gab Horowitz Klavierabende, dann spielte ich meine Soloprogramme. Schließlich traten wir gemeinsam auf – mit Sonaten und den neuen Konzerten von Prokofjew und Szymanowski. Am Ende stand – angekündigt als eine Art spektakulärer Koda – das Symphoniekonzert mit Glasunow als Dirigenten und uns als Solisten.

Erst kürzlich las ich wieder einmal voller Neugier Karatygins Zeitungsartikel über unseren Petersburger Winterzyklus. Es gefiel ihm, wie wir die Franck-Sonate spielten, während er unsere Interpretation der Beethoven-Sonaten »erheblich blasser« fand. Das war nicht verwunderlich, hatte er doch selbst nicht die höchste Meinung von diesen Werken: Als Modernist fand er sie »zu anspruchslos, zu naiv«.

Immerhin zeigte sich Karatygin »ungeheuer beeindruckt« von meinem Abend vor dem »Kreis der Freunde der Kammermusik«. Das wiederum war verständlich: Denn ich spielte Bach, Händel, Corelli und Tartini. Damals wurde derartige Musik nur ganz selten aufgeführt. Karatygin, der etwas von einem Snob an sich hatte, freute sich immer, wenn er sich mit etwas »Neuem« auseinandersetzen konnte.

Er mochte zudem die Atmosphäre des kleinen Saals, in dem die Konzerte des »Kreises der Freunde der Kammermusik« stattfanden. Das war der frühere Salon der Klavierfabrik Schröder, an der Ecke Newskiprospekt und Sadowajastraße. Meist setzte sich das Publikum aus lauter Kennern zusammen. Karatygin pflegte in einer Ecke zu sitzen, er trug einen Mantel und einen Schal um den Hals. Dort war er in seinem Element. Unsere Petersburger Erstaufführung der Violinkonzerte von Prokofjew und Szymanowski gefiel Karatygin noch besser. Warum auch nicht! Schließlich war es de facto er, der den jungen Prokofjew »entdeckt« hatte (Prokofjew dankte es ihm sein Leben lang). Viele damalige Musiker – Glasunow eingeschlossen – standen in heftiger Opposition zu Prokofjew. Deshalb ist es besonders reizvoll, eine Kritik der Petersburger Erstaufführung zu zitieren. Sie stammt von Karatygin, diesem frühen Bewunderer Prokofjews:

»Prokofjew bleibt sich treu. Sein grotesker Stil, reich an gebrochenen Linien und harten Kanten, ist so erfüllt von zuckender Vitalität, so reich an wechselndem Spiel der Farben, so stark in den Konturen, daß es ganz unmöglich ist, seiner Musik unbeteiligt zu lauschen. Man kann sich entweder schrecklich darüber aufregen, was viele selbst jetzt noch tun, oder der Musik mit angehaltenem Atem lauschen und eintauchen in diese Welt aus phantastischen Klangbildern, die Prokofjew aus seinem Füllhorn schüttet. Besonders entzückend ist das Scherzo, ein zauberhaftes Kaleidoskop ungewöhnlicher Kombinationen, ein blendendes Feuerwerk aus Melodien und Harmonien, jede noch paradoxer als die vorhergehende. Und dennoch sind sie, bei aller Fremdartigkeit, ungewöhnlich genau und überzeugend komponiert.«

Die Petersburger Musikkritiker der zwanziger Jahre waren wirklich hochgebildete Köpfe. Sie waren gar nicht fähig, eine indifferente Kritik zu verfassen. Gefiel ihnen, was sie zu hören bekamen, so schrieben sie gleichsam ein Gedicht darüber, nicht einen trockenen, ausgewogenen Bericht.

Begeistert war Karatygin auch von den Werken Szymanowskis, die Wolodja und ich an diesem Abend spielten: dem Violinkonzert, den *Mythen* und *Notturno und Tarantella*. An dieser Stelle will ich unbescheiden sein und Karatygins Schlußfolgerung zitieren: »Die Perfektion der Darbietung dieses höchst anspruchsvollen Programms durch Horowitz und Milstein ist über jedes Lob erhaben.«

Trotzdem meine ich, daß der denkwürdigste Abend unseres Petersburger Konzertzyklus im Winter 1923 das Symphoniekonzert in der Philharmonie war.

Pawel Kogan, unser damaliger Impresario, hatte Glasunow als Dirigenten gewinnen können. Das Dirigieren war für den verehrungswürdigen Komponisten ein besonders willkommener Zeitvertreib. Stand er dem Lob für seine Kompositionen relativ gleichgültig gegenüber, so konnte er sich unbändig darüber freuen, wenn jemand auf seine Erfolge als Dirigent anspielte. Aus diesem Grund fiel es Kogan überhaupt nicht schwer, Glasunow zu dem Auftritt mit uns zu überreden. Das Programm des Abends lautete: zu Beginn Glasunows *Ouverture solennelle*, dann sein Violinkonzert mit mir als Solisten; nach der Pause spielte Horowitz das Klavierkonzert Es-Dur von Liszt und das Dritte von Rachmaninow. Glasunow dirigierte das gesamte Programm.

Das Orchester war erstklassig. Ein Traum der Saal: der frühere Saal der Adelsversammlung mit den eindrucksvollen weißen Säulen. In diesem Saal hatten Franz Liszt und Anton Rubinstein die Damen Petersburgs aus dem Häuschen gebracht, Berlioz und Wagner hatten hier ihre Werke dirigiert.

Es war also ein geschichtsträchtiger Konzertsaal. Für uns war es eine Ehre, dort auftreten zu können. Selbst Größen wie Rachmaninow und Schaljapin hatten Lampenfieber gehabt, als sie die Bühne dieses Saals betraten. Und wir waren keine Ausnahme.

Die Karten waren im Handumdrehen ausverkauft. Später schrieb Karatygin, daß der Saal so überfüllt gewesen sei wie sonst nur bei »Superstars« wie Arthur Nikisch, Hofmann oder Busoni. Allerdings bemerkte er, daß wir im Tempo nicht immer mit dem Dirigenten übereinstimmten. Wie hätte es auch anders sein können. Glasunow dirigierte wie immer sehr phlegmatisch und kümmerte sich überhaupt nicht um unsere Temperamente. Ich versuchte, ihm nachzugeben. Horowitz hingegen hatte dafür nicht die nötige Geduld. Er war dauernd voraus. Trotzdem feierten wir einen enormen Erfolg. Ich spielte Glasunows *Meditation* als Zugabe, wobei mich der Komponist am Klavier begleitete. Assafjew schrieb über das Konzert:»Ein außergewöhnliches, unvergeßliches Konzert, das denen, die das Glück hatten, dabei sein zu können, lange in Erinnerung bleiben wird.«

Assafjew schenkte nach dem Konzert Horowitz und mir je eines seiner Bücher. Ich bekam sein kleines Werk über Dante mit folgender Widmung:»Dem außerordentlichen Talent Nathan Milstein vom Autor, der gelernt hat, ihn aufrichtig zu verehren.«

Auf dem Buchumschlag war Dantes charakteristisches Profil mit der Adlernase zu sehen. Beinahe zehn Jahre später, als ich in Rom auftrat, veranstaltete man nach dem Konzert ein Bankett. Ich vernahm, wie mein Manager jemandem zurief:»Francesco! Kommen Sie hierher. Ich möchte Sie mit Signor Milstein bekanntmachen.« Ich blickte mich um und sah Dante auf mich zukommen. Das gleiche klare Profil, der gleiche stolze Blick. Und dann stellte sich der Mann vor:»Francesco Alighieri; freut mich, Sie kennenzulernen.« Unglaublich, diese starken Gene!

An das Petersburger Konzert mit Glasunow muß ich auch deshalb immer wieder denken, weil der alte Komponist mich nach dem Konzert hinter der Bühne einem jungen Mann vorstellte, den ich heute als eine russische Ausgabe von Rudolf Serkin beschreiben würde. Er wirkte ernst, hatte seine dünnen Lippen fest zusammengepreßt und trug eine große altmodische Brille auf einer langen, dünnen Nase und buschiges Haar auf seinem Hinterkopf. Langsam, wie gewöhnlich, sagte Glasunow beinahe flüsternd:»Ich möchte Ihnen einen sehr begabten Pianisten vorstellen, Mitja Schostakowitsch.« Er führte den siebzehnjährigen Dmitri Schostakowitsch als Pianisten ein, nicht als Komponisten! Kein Wunder, denn es sollten noch beinahe drei Jahre bis zur Uraufführung seiner ersten Symphonie vergehen, die Schostakowitsch weltberühmt werden ließ.

Wir luden Glasunow ein, nach dem Konzert mit uns im Hotel »Europa« zu speisen. Dort logierten wir. Es war die beste Adresse in der Stadt, gleich gegenüber der Philharmonie. Der schwergewichtige Glasunow mußte also nur die Straße überqueren.

Das »Europa« war ein luxuriöses Hotel ganz im Stil des alten Regimes. Es hatte sogar ein Dachrestaurant, in dem ein ausgezeichneter Geiger das, wie ich finde, beste Stück von Sibelius spielte, die *Valse triste*. (Viel später erst erfuhr ich, daß mein Freund Balanchine zu dieser Musik eines seiner ersten Ballette choreographiert hatte.)

Die Besucher dieses Restaurants waren reich und sehr anmaßend. Das waren die Männer der NÖP, die damaligen Neureichen. Der respektlose Horowitz probierte einmal eine Art von kulinarischem Experiment an ihnen aus. Auf den Tischen standen Gläser mit Senf. Horowitz hatte immer Vaseline bei sich. Schnell und sehr geschickt verteilte er seine Vaseline in die Senfgläser.

Zu dieser Zeit war das Restaurant noch leer. Es füllte sich nun zunehmend mit Gästen, die begannen, ihre Mahlzeit mit Senf à la Horowitz zu würzen. Mit großer Spannung beobachteten wir die NÖP-Leute. Es war schon sehr aufregend: Was würde passieren? Zu unserem Leidwesen passierte überhaupt nichts, solange wir anwesend waren. Vielleicht spürten die Gäste erst etwas, als sie nach Hause kamen.

Ein anderes gastronomisches Experiment des jungen Horowitz endete weniger glücklich. Das passierte in Kiew. Wir machten einen Spaziergang in Swjatoschino, einem Erholungsgebiet außerhalb der Stadt. Wolodja verkündete plötzlich, er sei ein absoluter Fachmann für Pilze. Er sammelte einen Riesenhaufen Pilze und bestand darauf, als wir wieder in der Stadt waren, daß sie zum Mittagessen zubereitet wurden. Wir wurden alle krank davon.

Zu unserem Diner im »Europa« mit Glasunow kam auch Pawel Kogan. Man servierte das Essen in unserem Zimmer. Das war eine geräumige Suite mit drei Zimmern, weichen Sesseln und schweren Samtvorhängen an den Fenstern und Türen.

Zu Beginn saß Glasunow einfach etwas verlegen herum. Dann ereignete sich ein komischer Zwischenfall. Offensichtlich mußte Glasunow auf die Toilette; er machte sich auf die Suche danach, ohne ein Wort zu sagen. Irgendwie verlief er sich und landete auf dem Flur, wo er ahnungslos eine private Tür öffnete.

Wir hörten, wie eine Frau aufschrie. Glasunow war in das Zimmer unserer Nachbarin eingedrungen. Das war eine blonde norwegische Diva von unglaublicher Schönheit, die wie wir in Petersburg gastierte. Die wundervolle Sängerin war nur spärlich bekleidet. Sprachlos vor Verlegenheit kam Glasunow zurück in unser Zimmer.

An diesem Abend beteiligte Glasunow sich zunächst nur sehr wenig an der Unterhaltung. Nach einigen Gläsern Wein allerdings wurde er lebhafter. Das Konzert hatte ihn sehr befriedigt (sicher auch deshalb, weil er das gesamte Honorar kassiert hatte; Wolodja und ich hatten auf unsere Gage verzichtet). Im Gegenzug lobte ich sein Violinkonzert – und das war ehrlich gemeint, denn ich mochte es sehr gern. Auch andere Werke von ihm gefielen mir – zum Beispiel seine Symphonien, und dabei besonders die Fünfte, das Ballett *Raimonda* oder seine Streichquartette (obwohl ich Borodins Quartette besser fand).

Den Menschen Glasunow schätzte ich wirklich. Er sprach zurückhaltend über seine Musik, sagte dazu nur sehr wenig, während er an diesem Abend viel von Tschaikowski erzählte, der sein Freund gewesen war.

Glasunow erinnerte uns daran, daß Tschaikowski vor 30 Jahren in eben dem Saal, in dem wir gerade musiziert hatten, die Uraufführung seiner sechsten Symphonie, der *Pathétique*, dirigiert hatte. Deren tragischer Schluß beeindruckte das Publikum damals derartig, daß, als Tschaikowski den Stab sinken ließ, niemand applaudierte. Es herrschte totale Stille im Saal, nur gelegentlich war ein Schluchzen zu hören.

Ähnlich wie Glasunow hatten viele, die an diesem denkwürdigen Abend anwesend waren, eine seltsame Vorahnung. Tschaikowski verharrte mit dem Rücken zum Publikum, den Kopf gesenkt, wie in Trance. Schließlich raffte er sich auf und begann dem Orchester zu danken. Erst in diesem Moment brauste der Beifall, sozusagen wie eine Explosion, auf. Nur wenige Tage später war Tschaikowski tot.

Nachdem er seine Erzählung beendet hatte, versank Glasunow in tiefes Nachdenken. Und wir schwiegen ebenfalls. Es gab keinen Wein mehr. Als Glasunow sich verabschiedete, dämmerte bereits der Morgen.

Ich habe als Andenken an unser gemeinsames Konzert eine Photographie, die Glasunow und mich zeigt, wobei ich ein Buch in der Hand habe. Ich weiß nicht, was für ein Buch das war. Vermutlich hatte der Photograph es mir in die Hand gedrückt, damit ich bedeutender aussähe.

Ähnlich wie Petersburg, aber doch auf andere Weise war Moskau in den zwanziger Jahren ein exotischer Ort. Horowitz und ich lebten dort wie wohlhabende Ausländer. Wir spazierten in teuren importierten Anzügen herum und trugen sogar Gamaschen, ein sicheres Zeichen dafür, daß wir zur Elite zählten. Außerdem waren wir Stammgäste in Moskaus besten Restaurants.

Natürlich servierten die sowjetischen Restaurants in dieser Zeit ihren Gästen kaum jemals das, was sie bestellt hatten. In einem Restaurant am Arbat, in dem wir geschmortes Fleisch bestellt hatten, brachte man uns, wie ich mich erinnere, eine schreckliche schwarze Masse, die aussah wie ein Wollknäuel. Obwohl wir jung waren und tierischen Hunger hatten, konnten wir uns doch nicht dazu durchringen, dies zu verzehren. Wir gingen in ein anderes Restaurant und bekamen die Speisekarte. Was auch immer wir bestellen wollten, immer lautete die stereotype Antwort: »Oh, das ist leider aus.« An diesem Tag blieben wir hungrig.

Doch lebt der Mensch ja nicht vom Brot allein. Ein Theaterbesuch konnte in diesen Tagen in Moskau ein willkommener Ersatz für ein Mittagessen sein. Wolodja und ich waren begeisterte Theaterliebhaber, weshalb wir alles dafür taten, keine einzige interessante Aufführung zu versäumen. Und im

Moskau der zwanziger Jahre gab es eine Menge zu sehen. Manchmal hatte ich den Eindruck, daß die Leute dort überhaupt nur für das Theater lebten. Absoluter Herrscher war das Moskauer Künstlertheater. Es war noch vor der Revolution von Stanislawski und Nemirowitsch-Dantschenko gegründet worden. Nach der Revolution hatten sich drei seiner Abteilungen von ihm abgespalten, die dann eine unabhängige Existenz führten.

Karpilowski, der Primarius des Stradivarius-Quartetts, machte Wolodja und mich mit Grigori Chmara bekannt, einem Schauspieler des Künstlertheaters. Seine schauspielerischen Fähigkeiten beeindruckten mich nicht, obwohl er in Moskau populär war. Wichtig für uns war, daß er uns Karten für die erlesensten Inszenierungen besorgte.

Es gab Theater, die mehr auf der traditionellen Linie lagen, wie das Moskauer Künstlertheater und das Maly-Theater, und daneben die mutigen Avantgardekompanien von Tairow, Mejerchold, Wachtangow und Fjodor Komissarschewski. Allerdings verschwammen die Konturen zwischen traditionellen und Avantgardetheatern öfter, weil die Zeitläufte selbst so unruhig und experimentierfreudig waren.

Jewgeni Wachtangow beispielsweise, ein Schüler Stanislawskis, war ein Idol des traditionellen Theaters. Seine eigenen Produktionen hingegen waren sehr gewagt. Oder denken wir an den hochangesehenen Nemirowitsch-Dantschenko. Er organisierte experimentelles Musiktheater, in dem er Opernproduktionen präsentierte, die einen durch ihre Respektlosigkeit ganz durcheinander brachten.

Wolodja und ich schauten uns alles an. Wir gingen etwa ins Künstlertheater, um Tschechows Stücke zu genießen. Das Theater, ein blaßgraues Gebäude mit wunderbaren Drehtüren aus Milchglas, lag an der Kamergerskiallee.

Das Publikum betrat den eher kleinen Zuschauerraum ehrfurchtsvoll, in einer besonderen Art des Schweigens. Am Ende des Stückes durfte nicht applaudiert werden, und die Schauspieler kamen auch nicht vor den Vorhang, um sich zu verbeugen. Das hatte Stanislawski sich ausgedacht; er wollte die

Aufführung von allen Äußerlichkeiten reinigen. Schauspieler und Publikum sollten sich völlig auf das Stück konzentrieren können und dabei keinen Gedanken an so etwas wie Erfolg verschwenden. In jenen Jahren erschien einem ein derartiges Ideal nicht einmal wirklichkeitsfremd zu sein.

Die Leute kamen ins Künstlertheater, um sich an das Rußland zu erinnern, das für immer dahin war – sie kamen, um im *Kirschgarten* zu seufzen oder bei den *Drei Schwestern* zu weinen. Große Schauspieler, die das ganze Land liebte, spielten an diesem Haus: Katschalow, Moskwin, Leonidow. Von ihnen hatten Wolodja und ich bisher nur gehört; nun konnten wir sie lebendig erleben. Und man stelle sich vor: Knipper-Tschechowa selbst trat manchmal in den Stücken ihres verstorbenen Mannes auf.

Noch stärker in der Tradition verwurzelt war das Maly-Theater, das von Fürst Sumbatow-Juschin geleitet wurde. (Alle nannten ihn weiterhin Fürst, obwohl das Sowjetregime die Adelstitel rigoros abgeschafft hatte.) Das Maly war sehr leicht zu finden, es lag rechts neben dem berühmten Bolschoi. Das Maly hatte seine eigenen glorreichen Schauspieler – Ostuschew, Jablotschkina, Prow Sadowski. Aus irgendeinem Grund ist mir die Schauspielerin Wera Schuchmina besonders in Erinnerung geblieben. Hauptrollen spielte sie nicht – meist stand sie als Magd oder Amme auf der Bühne –, aber sie hatte so viel Charme, daß es eine Freude war, ihr zuzusehen.

Meine Favoritin war Jelena Gogolewa – sie war vermutlich auch der Grund dafür, daß ich so oft ins Maly ging. Oh, welch eine Schönheit! Sie war grandios, sehr talentiert und hatte eine wunderbare Stimme – tief, leise und trotzdem mit viel Resonanz.

Mit die berühmteste Rolle der Gogolewa war die Sofija in Alexandr Gribojedows Klassiker *Verstand schafft Leiden*. Ich weiß noch, daß ich schrecklich enttäuscht war, als ich eine Karte für diese sehr gefragte Inszenierung ergattert hatte und dann erfahren mußte, daß die Gogolewa erkrankt sei und durch eine Einspringerin ersetzt werden müsse. Immerhin gelang es mir, sie in anderen Stücken zu sehen, etwa in Alexandr Ostrowskis

Der Wald und *Die arme Braut*, außerdem in einigen zeitgenössischen Stücken.

Ich verliebte mich hoffnungslos in die Gogolewa und begann sogar, ihre Photos zu sammeln. Als ich jedoch Gelegenheit bekam, sie kennenzulernen, verdarb ich alles.

Damals gab ich ein Konzert in der öffentlichen Bibliothek von Charkow. Das Maly-Theater mit der Gogolewa gab dort ebenfalls gerade Vorstellungen. Ein Musikliebhaber aus Charkow, der Zahnarzt Schepschelewitsch (er trug immer einen schwarzen Mantel mit einem Kragen aus Biberfell und war so glatt rasiert, daß man den Eindruck hatte, es wüchse kein einziges Haar auf seinem Gesicht), kündigte an, er werde mir zu Ehren einen Empfang geben. Unter den Gästen würden sich auch einige Schauspieler aus Moskau befinden, darunter die Gogolewa. Ich spielte Bachs g-Moll-Sonate für Violine solo und erinnere mich daran, daß ich die Gogolewa im Publikum sitzen sah, in der Mitte des Saales. In diesem Moment hörte ich nicht mehr darauf, was ich spielte. Meine Finger bewegten sich von allein.

Nach dem Konzert ging ich zu Schepschelewitschs Empfang. Ich war entsetzlich aufgeregt: Wie würde wohl mein Zusammentreffen mit der Gogolewa ablaufen? Als sie dann erschien, bemerkte ich, daß sie aus der Nähe noch sehr viel schöner war. Man wies ihr einen Ehrenplatz zu, und ich saß neben ihr. Das Essen war ziemlich extravagant: große Karaffen mit Wodka und eine Zusammenstellung ausgesuchter Weintrauben, die man in Rußland »Damenfinger« nannte; sie waren besonders lang und süß.

So saß ich also neben der Gogolewa und wußte nicht, wie ich eine Unterhaltung beginnen sollte. Da fiel mir plötzlich ein, daß man mir beigebracht hatte, am besten solle man die Unterhaltung mit einer Dame mit einem Kompliment anfangen. Doch hier hatte ich es mit einer wunderbaren Schauspielerin zu tun, die sich wahrscheinlich über mich amüsieren würde, wenn ich sagen würde, daß sie herrliches Haar und hübsche Schuhe habe.

Mein umherirrender Blick verharrte auf einer Karaffe mit

Wodka. Mir fiel eine andere Lebensregel ein: Wenn man sich entspannen will, nimmt man am besten einen kleinen Drink zu sich. Ich langte nach dem Wodka, goß mir einen Schluck ein, dann noch einen. Die beiden Gläser halfen jedoch überhaupt nicht. Ich hörte auf, die Gläser zu zählen, da mein Mut noch immer nicht ausreichte.

Am nächsten Morgen erwachte ich und fand mich immer noch in Schepschelewitschs Haus, in einem der oberen Räume. Ich lag völlig angekleidet im Bett. Mein Schädel wollte zerspringen, mein Mund war trocken und ich verzweifelt. Ob das das beschämende Ende meiner unvollendeten Affäre mit der Gogolewa war?

Ich verließ Charkow, um nach Rostow zum nächsten Konzert zu fahren. Dort stieg ich im größten Hotel am Platz ab, dem »Ersten Haus der Sowjets«. Von meinem Zimmer aus vernahm ich eine volltönende Stimme: »Und wer sind die Richter?« (Ein berühmter Satz aus Tschazkis Monolog aus *Verstand schafft Leiden*.) Ich sah aus dem Fenster und erblickte den Mann der Gogolewa. Er war auch Mitglied des Maly und übte auf dem nächsten Balkon. Er hieß Wsewolod Axjonow – ein großer, gutaussehender blonder Mann. Also war das Maly-Theater jetzt auch in Rostow! Ich war entsetzt. Wie sollte ich der Gogolewa unter die Augen treten? Wie zu erwarten, lief ich ihr noch am selben Abend in die Arme. Rostow ist eine Kleinstadt.

Dieses Mal hatte ich keine Probleme, die Unterhaltung zu beginnen. Ich entschuldigte mich für mein unmögliches Benehmen auf dem Empfang in Charkow. Und die Gogolewa gestand mir, daß sie sich an diesem Abend auch unbehaglich gefühlt habe. Sie habe nicht gewußt, wie sie sich mit mir habe unterhalten sollen. »Sie hatten den Bach so herrlich gespielt! Ich wollte nicht den Eindruck einer Dilettantin machen.«

Über dieses Geständnis war ich sehr glücklich: Die Gogolewa mochte also mein Geigenspiel. In Rostow trennten sich unsere Wege... In Amerika erzählte ich sehr viel später einem russischen Freund, wie sehr ich in die Gogolewa verknallt gewesen sei. Er mußte lachen. »Damit warst du nicht allein. Ganz Moskau war doch in sie verliebt.«

Erst kürzlich bekam ich die Erinnerungen der »Verdienten Künstlerin des sowjetischen Volkes« Jelena Gogolewa in die Hand. Sie sind in Moskau erschienen. Im Vorwort des Buches wird sie zu den größten sowjetischen Schauspielerinnen gerechnet. Ein Photo zeigt eine altgewordene Frau mit dem Orden »Held der sozialistischen Arbeit« auf der Brust. Zu meinem großen Bedauern konnte ich in ihr nicht mehr die Schönheit erkennen, die ich einst so geliebt hatte.

In Moskaus Erstem Studiotheater erlebten Horowitz und ich Johan Bergers *Flut*. Es war ein denkwürdiges Stück über eine Gruppe von Menschen, die zufällig in einer eleganten Bar versammelt sind. Durch einen Dammbruch werden sie plötzlich von der Außenwelt abgeschnitten. (Als ich viele Jahre danach den Film *Der versteinerte Wald* mit Humphrey Bogart und Bette Davis sah, fielen mir die *Flut* und die vergleichbare Situation wieder ein.)

Die Rolle eines bankrotten Börsenmaklers mit Namen Fraser wurde von dem bedeutenden Schauspieler Michail Tschechow gespielt, einem Neffen meines Lieblingsdramatikers Anton Tschechow. Müssen Schauspieler Juden darstellen, so tun sie dies oft in vulgärer und grober Weise, mit übertriebenem Akzent. Michail Tschechow spielte seinen Part mit einem unaufhörlichen nervösen Zucken, das jedoch sehr subtil wirkte. Seine innere Unruhe ließ ihn ständig sein Glas von einem Platz zum anderen rücken und sein Taschentuch von einer Hosentasche in die andere stecken.

Ganz Moskau lief ins Theater, um »Tschechow zu sehen«. Seine Premieren wurden gewöhnlich zu öffentlichen Ereignissen. Niemals werde ich vergessen, wie er in Strindbergs Tragödie *Erich XIV.* auftrat. Tschechow spielte, in Brokatgewändern, den verrückten König: dünne Arme und Beine, von Schmerz erfüllte Augen in einem in die Länge gezogenen Gesicht mit überraschtem Ausdruck, dazu eine gekrümmte »napoleonische« Nase. Seine Maske in dieser Rolle war ungewöhnlich – mit einer großen gezackten linken Augenbraue.

Tschechow erlebte ich auch in einer Stanislawski-Inszenierung von Gogols *Revisor*, in der er den Chlestakow darstellte. Er glänzte in der Rolle des jungen Petersburger Beamten (»ohne einen Zaren im Kopf«), trunken von seinen eigenen Lügen und der neugewonnenen Macht. Er schien geradezu über die Bühne zu fliegen, dabei brummelte und sang er mit seiner leicht heiseren Stimme.

Einige Male sah ich Tschechow in einer Moskauer Inszenierung von *Hamlet*. Das Bühnenbild glich einer gotischen Kathedrale, mit einer Art gestutzter Pyramide in der Mitte. Er trug einen engen schwarzen Lederanzug, wie Superman, dazu flachsblondes, ungleichmäßig auf die Schultern hängendes Haar, und stand in einem Lichtbogen, die Arme zum Himmel erhoben. Es war eine Art mystisches Spektakel mit einer infernalischen Musik.

Einmal traten Horowitz und ich gemeinsam mit Tschechow zum Abschluß einer Versammlung auf. Horowitz brillierte mit Liszts *Funérailles*, während ich mich blamierte. Ich begann Bachs Chaconne zu spielen und blieb mittendrin stecken. Zu meinem Glück bemerkte es niemand, weil ich schnell in ein anderes Bach-Stück für Violine solo, sein E-Dur-Präludium, wechselte.

Nach diesem Debakel lauschte ich voller Ehrfurcht, wie Michail Tschechow Leskows Geschichte *Vom scheelen Linkshänder aus Tula* las. Das ist eine Satire auf einen russischen Schmied, der einem stählernen Floh Hufeisen anpaßt und diesen dann dem Zaren überreicht. Während ich Tschechow zuhörte, wußte ich nicht, ob ich lachen oder weinen sollte. Sein Schmied, »Lefty« genannt, wurde unversehens zu einem Symbol des glänzend begabten russischen Volkes, das von den Machthabern brutal unterdrückt wird. Während er las, machte Tschechow minimale, kaum wahrnehmbare Gesten. Jede deutete einen Wechsel des Schauplatzes oder der Charaktere an. Und all das stand uns wie durch einen Zauber fast realistisch vor Augen. Es war einfach großartig!

Traurigerweise erging es Tschechow wie Lefty, seinem Helden: Er konnte sich mit den neuen Machthabern nicht arrangieren. Die Zensur verbot seinen *Hamlet* – wegen»Mystizismus«–, und man versuchte ihn dazu zu zwingen, in den neuen sowjetischen Stücken aufzutreten, Stücken, die er völlig ablehnte. Deshalb verließ Tschechow Rußland. Er starb in Amerika. Leider habe ich ihn im Westen nie mehr getroffen – jedenfalls nicht persönlich. Immerhin begegnete ich ihm, wenn auch viel später, auf der Leinwand. Ich hatte erfahren, daß Tschechow nach Hollywood gegangen war. Dort arbeitete er – als Lehrer – mit vielen berühmten amerikanischen Schauspielern – etwa mit Gary Cooper, Anthony Quinn oder Yul Brynner. Er trat auch selbst in Filmen auf.

Einmal ging ich ins Kino, um einen neuen Hitchcock-Film zu sehen. Das war *Spellbound*, in dem Ingrid Bergman und Gregory Peck in einer ziemlich unwahrscheinlichen Story agierten. Peck mußte einen Mann mit Gedächtnisschwund darstellen. Kopfschüttelnd beobachtete ich die Bergman, wie sie vergeblich eine Ärztin zu spielen versuchte. Die ganze Zeit über machte sie den Eindruck einer dummen Gouvernante. Um etwas realistischer zu wirken, setzte sie dauernd ihre Brille auf und ab. Als ob eine Brille ein Zeichen von Intelligenz sei.

Allzu häufig treibt Hollywood selbst große Schauspieler dazu, Rollen zu spielen, auf die man sie festgelegt hat. (Der große deutsche Schauspieler Albert Bassermann spielte über Jahre hinweg immer den gleichen Typ in Hollywoodfilmen: den weisen Mann, dem nie ein Fehler unterläuft.) Eine derartige Klischeerolle hatte Michail Tschechow in *Spellbound* zu spielen: einen emigrierten Professor, zu dem Ingrid Bergman hilfesuchend kommt.

Als ich *Spellbound* sah, war mir nicht klar, daß Tschechow unter den Mitwirkenden war. Ähnlich wie die Bergman wirkte Peck in seiner Rolle wenig überzeugend, und die ganze Handlung blieb ziemlich leblos, bis ein exzentrischer, bärtiger alter Herr mit einem lustigen Akzent auf der Leinwand erschien. Die Nebenrolle des Professors wurde für mich zum Zentrum des Films.

Als im Abspann die Rollen und ihre Darsteller genannt wurden, interessierte mich eigentlich nur, wer dieser wunderbare

Schauspieler gewesen war. Es war Michail Tschechow! Fraser, Erich, Chlestakow, Hamlet! Und auch jetzt, sogar unter dem Einfluß der Rollenfixierungen durch Hollywood, hatte sein Spiel sich nicht den Klischees und der Studioroutine unterworfen. Er war sozusagen nicht im Einheitsbrei untergegangen.

Zu den herausragenden Avantgarderegisseuren zählte im Moskau der zwanziger Jahre Alexandr Tairow. An seinem Kammertheater konnte man sowohl Lecocqs vergnügte Operette *Giroflé-Girofla* als auch Scribes große Tragödie *Adrienne Lecouvreur* erleben. Tairows Produktionen mochte ich nicht besonders, ich fand sie maniert und dekadent. Nachhaltig beeindruckt war ich allerdings von Alissa Koonen in der Rolle der Adrienne Lecouvreur.

Auch ein anderes Idol des »linken« Theaters, Wsewolod Mejerchold, ließ mich eher kalt. Zum Beispiel fand ich Crommelyncks Farce *Der Hahnrei* in Mejercholds Theater eher primitiv.

Mit Abstand am besten gefielen mir die Produktionen von Jewgeni Wachtangow. Im Ersten Studio des Künstlertheaters brachte er *Die Flut* und *Erich XIV.* mit Michail Tschechow heraus. Von seiner Interpretation des *Wunders des heiligen Antonius* im Dritten Studio war ich ganz hingerissen. In diesem Stück von Maeterlinck stirbt die reiche alte Mademoiselle Hortense. Ihre glücklichen Verwandten treffen sich, um das Erbe aufzuteilen. Plötzlich erscheint der heilige Antonius, läßt ein Wunder geschehen, und die tote Frau wird wieder lebendig.

Juri Sawadski, ein Schauspieler mit viel Temperament, spielte den Antonius. Nie vergesse ich, wie er gebieterisch ausrief: »Stehen Sie auf, Mademoiselle Hortense!« Die Spannung im Publikum war so groß, daß man das Aufatmen hören konnte, als die alte Frau sich aus ihrem Bett erhob.

Eine andere Inszenierung von Wachtangow beeindruckte mich sehr: *Prinzessin Turandot* nach der Geschichte von Carlo Gozzi (Musikliebhaber kennen die Handlung aus der Oper von Puccini). Wachtangows bestens trainierte Schauspieler bewegten sich mit großer Leichtigkeit und Hurtigkeit über die Bühne. Dabei wirbelten helle Stoffbahnen umher, die im Rhythmus einer immer schneller werdenden Musik in die Luft flogen. Unvergeßliches Theater!

An eine Szene aus dem Stück erinnere ich mich bis heute. In dem Moment, in dem der Prinz (gespielt von dem gutaussehenden Sawadski) Turandots (die wunderschöne Zezilija Mansurowa) Rätsel löst, geraten die Mädchen aus Turandots Hofstaat in unvorstellbare Erregung. Obwohl ihre Gesichter durch seidene Tücher verdeckt sind, können wir doch sehen, wie leidenschaftlich sie miteinander sprechen. Die Tücher sind nämlich in heftige Bewegung geraten, weil die Mädchen so aufgeregt atmen. Und das alles passiert im Gleichklang mit der Musik!

Mein Freund Wolodja Bakaleinikow war Dirigent in Nemirowitsch-Dantschenkos Musiktheater-Studio. Nemirowitsch, der ein bedeutender und hochangesehener Regisseur war – seine Spezialität war Tschechow –, fand plötzlich Gefallen an Opernexperimenten. Von *Carmen* etwa schuf er eine völlig neue Version, die er *Carmencita und der Soldat* nannte. Die Episoden aus Bizets Oper wurden umgestellt, das Volk wurde durch einen unbeweglichen Chor ersetzt. Die Rolle der Micaela schaffte Nemirowitsch-Dantschenko ab. Ihre Arie im dritten Akt wurde von einer Stimme aus dem Chor gesungen, die Josés Erinnerung an seine Mutter verkörpern sollte.

Die Inszenierung von Nemirowitsch war weitaus gewagter als spätere Experimente etwa von Regisseuren wie Franco Zeffirelli oder Peter Brook. Aber man akzeptierte sie bedingungslos, weil sie Bizets Musik nicht zuwiderlief.

Nemirowitsch verstand viel von Musik, er beriet sich allerdings auch mit Otto Klemperer, der damals in Moskau dirigierte. Den spektakulären Auftritt des Toreros in *Carmencita und der Soldat* hatte sich Klemperer ausgedacht: Der Darsteller sprang von irgendwoher auf einen Tisch herunter und sang sein berühmtes Couplet.

Auf der Grundlage der *Lysistrata* von Aristophanes entwarf Nemirowitsch ein weiteres Musikspektakel. Niemals werde ich die eleganten schlanken Säulen vor blauem Himmel vergessen, ein Bühnenbild, das der sehr begabte Issaak Rabinowitsch entworfen hatte. Die gesamte Konstruktion drehte sich im Kreis, was heutzutage fast alltäglich ist, damals jedoch irgendwie neu und gewagt war. Nemirowitsch packte das bewegliche Bühnenbild voll mit Darstellern, die kämpften, sich balgten und herumsprangen. Es war ein Feuerwerk an Bewegung! Die unglaublich schöne Olga Baklanowa spielte sowohl Carmen als auch Lysistrata. Später ging sie nach Hollywood, wo sie einige erfolgreiche Filme drehte und zugleich heftig mit meinem Freund Konstantin Bakaleinikow flirtete.

Für mich verkörperte die Blüte der Moskauer Theater in den Zwanzigern all die Frische und die unendlichen Begabungen der russischen Kultur und des russischen Volkes. Manchmal höre ich heute, das sei ein Ergebnis der Revolution gewesen. Das glaube ich nicht. All die großen Regisseure und Schauspieler, von denen ich erzählt habe, waren eigentlich schon vor der Revolution berühmt. Eher läßt sich sagen, daß die sowjetischen Machthaber sie für ihre Zwecke benutzten und dafür eine Zeitlang deren mutige Theaterexperimente duldeten. Danach wurden die Daumenschrauben angezogen, und die ganze Entwicklung fand ihr Ende. Viele Theaterleute emigrierten. Diejenigen, die blieben, durchlebten schwierige Zeiten. In den späten Dreißigern wurden mit ein oder zwei Ausnahmen all die Theater, von denen ich gesprochen habe, geschlossen. Damals lebte ich schon im Westen und erfuhr aus den Zeitungen von diesen Theater-»Massakern«. Das Herz tat mir weh, wenn ich an das große russische Theater und die russische Kultur dachte.

6.
Horowitz und ich gehen
in den Westen

Auf einem Fest, das die Direktorin des Bolschoi-Theaters, Jelena Malinowskaja, gab, traf ich Michail Tuchatschewski, den höchsten Offizier der Sowjetunion. Schon damals war er Legende. Er war noch Offizier unter dem Zaren gewesen und dann mit verblüffender Geschwindigkeit in der Roten Armee aufgestiegen. Tuchatschewski sah gut aus, er wirkte elegant und selbstsicher. (Was wurde später aus den sowjetischen Militärs? Sie waren klein, dick und häßlich.)

Tuchatschewski war ein leidenschaftlicher Musikliebhaber, der selbst Geige spielte. Darüber hinaus war sein eigentliches Hobby der Geigenbau. Im Westen erfuhr ich später aus der Presse (es war eine Titelstory), daß Stalin Tuchatschewski und andere hohe Militärs habe verhaften lassen. Die Anklage warf ihnen Spionage für Deutschland und eine bonapartistische Verschwörung vor.

Im allgemeinen hielt man diese Vorwürfe für erfunden. Mir scheint jedoch, daß Stalin durchaus Gründe für seinen Verdacht haben konnte. Marschall Tuchatschewski war – man konnte das allen seinen Worten und Gesten entnehmen – sehr ehrgeizig, und er war mit den führenden deutschen Generälen befreundet, besonders mit Kurt von Schleicher. Es hätte durchaus einen Plan geben können, Stalin und Hitler gleichzeitig durch je einen Militärputsch abzusetzen. Im Anschluß daran hätten sich Tuchatschewski und Schleicher politisch miteinander verständigen können. Und die Weltgeschichte wäre völlig anders verlaufen...

Leider wurden Schleicher und Tuchatschewski durch ihre

mißtrauischen »Führer« umgebracht. Ich glaube, daß Tuchatschewski während des Zweiten Weltkriegs durchaus die Möglichkeit zu einem erfolgreichen Umsturzversuch gehabt hätte, wäre er Oberbefehlshaber der Truppen gewesen, wie es dann Marschall Schukow war. Schukow hatte die Gelegenheit, und er war auch populär genug, doch ihm fehlten der Ehrgeiz und die Genialität Tuchatschewskis, den ja deutsche und französische Historiker als einen der größten Militärstrategen unserer Zeit beschrieben haben.

Zusammen mit Tuchatschewski wurde 1936 auch der Kommandeur Jeronim Uborewitsch hingerichtet. Ich hatte Uborowitsch 1925 getroffen. Damals hatte man mich gebeten, bei einem Galakonzert aufzutreten, das aus Anlaß des Lehrgangsabschlusses der Moskauer Militärakademie veranstaltet wurde. (Die Akademie gibt es immer noch, sie ist jetzt nach Michail Frunse benannt.)

Bei dieser Gelegenheit sah ich den Volkskommissar für Verteidigung, Leo Trotzki, zum erstenmal. Er hielt eine Ansprache für die Abschlußklasse. Trotzki hatte ein interessantes, intelligentes Gesicht, und er sprach sehr gut, viel besser als Lenin. Über ein Detail mußte ich allerdings lachen: Trotzkis Adamsapfel und sein kleiner Bart bewegten sich im Gleichklang mit seinen Worten. Ich mußte einfach lachen, obwohl es sicher nicht sinnvoll war, über Trotzki zu lachen.

Glücklicherweise schien meine respektlose Reaktion auf Trotzkis Rede mir nicht zu schaden. Man stellte mich Uborowitsch vor, der damals Trotzkis Stellvertreter war. Er unterhielt sich sehr liebenswürdig mit mir. Uborewitsch sah ebenfalls sehr gut aus – ein blonder Riese, der in seinem Rote-ArmeeHelm ein bißchen wie ein Recke aus einem russischen Märchen wirkte, wie ein Bogatyr, oder wie der mittelalterliche Prinz Oleg, den Puschkin durch seine Versdichtung unsterblich gemacht hat.

Daß ich Uborewitsch kannte und daß er mir gewogen war, sollte für mein Leben und für das von Wolodja Horowitz noch eine wichtige Rolle spielen. Uborewitsch versorgte uns mit einem Dokument des mächtigen Revolutionären Militärischen

Rats. Es besagte:»Der Revolutionäre Militärische Rat hat keine
Einwände gegen eine Auslandsreise der Genossen Milstein
und Horowitz zum Zwecke ihrer künstlerischen Weiterbildung und der kulturellen Propaganda.«
Wir hatten Uborewitsch gar nicht um ein derartiges Dokument gebeten! Damals hatten wir überhaupt nicht vor, in den
Westen zu gehen. Das Leben in Rußland war viel zu schön:
Überall trug man uns auf Händen, wir schwammen im Geld
und konnten uns Schlagsahne und feines Gebäck in den Cafés
an der Stoleschnikowallee leisten.

Mit einem solchen Papier in Händen wäre es allerdings eine
Sünde gewesen, die Chance für eine Reise nach Europa nicht
zu nutzen. Uborewitsch sagte:»Fahrt! Zeigt denen, wie wichtig
uns die Künste sind!« Also begannen Horowitz und ich, unsere
Sachen für eine Reise in den Westen zu packen.

Man sagte uns, daß wir, um einen Reisepaß zu bekommen,
eine Gebühr zu bezahlen hätten und daß wir außerdem eine
Bestätigung unserer politischen Verläßlichkeit benötigten.
Nun, die Frage unserer politischen Verläßlichkeit war leicht zu
lösen – waren wir nicht»Kinder der Sowjetischen Revolution«?
Hatte nicht Lunatscharski selbst, der Volkskommissar für Er-
ziehung, unsere Loyalität in einem Artikel gelobt, der in ganz
Sowjetrußland nachgedruckt worden war?

So blieb die Sache mit den Gebühren. Auch hier jedoch war
das Schicksal uns geneigt. Als ich in Odessa und Horowitz in
Kiew zu den zuständigen Stellen gingen, suchte man in den
Unterlagen und teilte uns dann mit, wir seien darin nicht zu
finden. Das bedeutete, daß wir keinerlei Gebühren zahlen
mußten. Unserer Reise stand nichts mehr im Weg.

Horowitz reiste zuerst Richtung Deutschland. Ich mußte
noch eine Bestätigung beibringen, daß ich dem Staat kein Geld
schulde. Danach verließ ich Moskau mit dem Ziel Berlin. Ich
fuhr über Riga (damals die Hauptstadt des unabhängigen Lett-
land). Diesen Tag werde ich mein Leben lang nicht vergessen:
Es war der 25. Dezember 1925. Ich reiste in einem luxuriösen
Schlafwagen, in dem ich der einzige Fahrgast war.

Meine Stimmung war glänzend. In den Taschen meines einzigen Anzugs trug ich eine beachtliche Geldsumme mit mir. In Dollars! (Damals konnte man noch russisches Münzgeld auf der Staatsbank in Dollar umtauschen.) Außerdem hatte ich alle möglichen Kleinigkeiten in Gold gekauft, die ich in meinen Taschen versteckt hatte. Diese Gegenstände verhinderten, daß ich in der Nacht gut schlief, denn sie drückten mich, als ich mich hin und her warf. Es gelang mir nicht, eine bequeme Lage zu finden.

Um fünf Uhr morgens traf ich in Riga ein. An der deutschen Grenze sah der Schaffner in mein Abteil und sagte:»Belegte Brötchen!« Diese rätselhafte Ankündigung erregte meine Phantasie. Was konnte das sein? Etwas zu essen, aber was?

Sofort machte ich mich auf den Weg in den Speisewagen, der an der Grenze angehängt worden war. Das sollte meine erste Berührung mit westlichem Lebensstil sein. Ich erinnere mich daran, daß ich, als ich das Restaurant betrat, dachte: Großer Gott! So viele verschiedene Speisen!

In Berlin angekommen, nahm ich ein Taxi und fuhr zum Hotel Fürstenhof. Alexandr Merowitsch, der Horowitz und mich im Westen managen wollte, hatte dort für mich ein Zimmer reserviert. In diesen Tagen war Berlin ein wichtiges Ziel für russische Emigranten. Im Großraum Berlin lebten mindestens 100000 Russen, die meisten von ihnen waren frühere »Kopfarbeiter«, Offiziere, Studenten und Geschäftsleute.

Berlin war ja nicht so weit weg von Rußland. Viele Emigranten hofften darauf, bald in ihre Heimat zurückkehren zu können. Für die nächste Zukunft konnten sie in Berlin Arbeit finden. Außerdem behandelten die Deutschen Russen recht anständig.

In diesen Inflationsjahren war die Deutsche Mark wertlos. Wir Emigranten, die wir noch etwas Geld hatten, brachten es in Dollars mit und machten die Erfahrung, daß wir mit den Dollars in Deutschland weit mehr kaufen konnten als etwa in Frankreich oder Italien.

Berlin war ein saubere und ruhige Stadt, die Läden waren voll mit Waren, die Menschen anständig gekleidet, sogar gut. Es war wirklich eine europäische Hauptstadt. Was mir jedoch den stärksten Eindruck hinterließ, das war der Überfluß an Lebensmitteln.

Der Geiger Karpilowski (mit dessen Stradivarius-Quartett ich bei Veranstaltungen in Moskau aufgetreten war) war schon vor mir in Berlin eingetroffen und hatte dort das Guarneri-Quartett ins Leben gerufen. So trafen wir uns also in Berlin wieder. Jetzt lud mich Karpilowski, gleichsam schon ein »echter« Berliner, zu einem Konzert in der Berliner Philharmonie ein.

Wilhelm Furtwängler dirigierte Beethovens *Coriolan-Ouvertüre*, Paul Hindemith (ein ausgezeichneter Bratscher) interpretierte sein Bratschenkonzert, und Sergei Prokofjew, den ich aus Petersburg kannte, spielte sein Klavierkonzert Nr. 3. Man stelle sich vor: drei derartige Namen in einem Konzert! Und das alles für ganze fünf Mark!

Ob Sie es glauben oder nicht – der Musik zuzuhören langweilte mich. Tatsächlich überredete ich Karpilowski, das Konzert vorzeitig zu verlassen – ich wollte im nächtlichen Berlin herumlaufen. Der Hauptanziehungspunkt lag direkt um die Ecke, »Pschorr's«, damals so etwas wie Berlins »Fast-food«-Kette. Und was die Deutschen dort genossen: Sie nahmen ein Brötchen, legten ein heißes Würstchen hinein und strichen Senf darauf. Dazu tranken sie Bier. Das war schick, ein großes Vergnügen, »la dolce vita«.

Horowitz war zusammen mit Merowitsch über Stettin nach Deutschland gereist und drei Monate vor mir eingetroffen. Er hatte schon zwei Konzerte gegeben, wobei keines ein wirklicher Erfolg gewesen war. Gerade rechtzeitig zu seinem dritten Konzert traf ich in Berlin ein. Bei diesem Konzert riß ihm eine Saite, was ihm in Rußland oft passiert war. Die Pause zog sich in die Länge, während man eilig versuchte, einen Klavierstimmer aufzutreiben. In diesem Moment erschien ich, direkt von der U-Bahn-Station »Zoologischer Garten«, die ganz in der Nähe des Konzertsaals lag.

Das Konzert war sehr gut besucht. Horowitz war in Hochform. Eine wirkliche Sensation war seine Interpretation von Chopins Mazurka cis-Moll (op. 30, Nr. 4), ein Stück, das Wolodja mit großem Erfolg auch schon in Petersburg gespielt hatte. (Ich riet Wolodja immer dazu, kurze Stücke zu spielen; das war seine eigentliche Stärke.) Der einflußreiche Kritiker Adolf Weißmann schrieb eine begeisterte Rezension, die viele Diskussionen auslöste. So begann die Karriere von Horowitz im Westen.

Meine ersten Berliner Konzerte fanden im Beethoven-Saal und im Blüthner-Saal statt. Sie blieben ohne Wirkung. Die Kritiker schrieben etwas von »wunderbarer Technik«, was mir jedoch nicht weiterhalf. Dann fuhr ich nach Hamburg, wo ich mit dem dortigen Orchester unter Eugen Papst auftrat. Auch das hatte keine besonderen Folgen.

Die russischen Emigranten lebten in Berlin in einer Art Schwebezustand. Die Intellektuellen – Journalisten, Schriftsteller, Künstler, Musiker – wollten die Verbindung zu ihrer Heimat nicht abreißen lassen. Aus Moskau vernahmen sie die Nachrichten über die NÖP, und ein Zeitlang sah es so aus, als sollte der richtige Kapitalismus wieder eingeführt werden.

Horowitz und ich fühlten uns nicht wie Vaterlandsverräter. Als wir eingeladen wurden, in der sowjetischen Botschaft in Berlin zu spielen (die diplomatischen Vertretungen der Sowjetunion im Ausland wurden damals »Polpredstwa« genannt), sagten wir bereitwillig zu.

Der sowjetische »Polpred« (also Botschafter) in England, Leonid Krassin, war in London gestorben. Er war ein berühmter Bolschewik, ein Freund Lenins und Maxim Gorkis gewesen. Sein Leichnam wurde für ein Staatsbegräbnis nach Moskau gebracht, mit einem Zwischenstopp in Berlin.

Die musikalische Ausgestaltung der Trauerfeier übernahmen Horowitz und ich. Mit trauervoller Miene spielte ich das Largo von Händel, während Horowitz eine brillante Wiedergabe von Liszts *Funérailles* darbot. Das hingerissene Publikum vergaß den dahingeschiedenen Bolschewiken völlig und rief »bravo«.

Wolodja und ich blieben nur eine relativ kurze Zeit in Berlin. Selbst vor dem Hintergrund des großen Erfolgs bei dem dritten Konzert von Horowitz hinterließen wir keinen bleibenden Eindruck in der deutschen Öffentlichkeit. Aus der Masse der gastierenden Musiker ragten wir kaum heraus. Unser Manager Merowitsch bestand darauf, daß wir nach Paris gehen sollten. Wir nahmen an, daß er schon wissen würde, wovon er redete. In der Tat, Paris klang sehr verführerisch. Mehr und mehr begannen russische Emigranten jetzt damit, nach Paris zu gehen. Das ehrliche und gewissenhafte Berlin verblaßte vor dem glanzvollen und elitären Paris. Schaljapin, Strawinsky, Balanchine und Prokofjew ließen sich in Paris nieder. Rachmaninows Familie lebte dort, und Rachmaninow kam häufig nach Paris, um Konzerte zu geben.

Die »Weisen« der Musikszene, die aus Rußland geflohen waren, konnte man in Paris treffen: Leonid Sabanejew, Boris de Schloezer, Pjotr Suwtschinski und Arthur Lourié. Jeder dieser hervorragenden Musikkritiker glorifizierte »sein« Idol. Sabanejew und Schloezer vergötterten Skrjabin, Suwtschinski und Lourié förderten Strawinsky. Ich schätzte Louriés Geschmack und sein musikalisches Urteil, war er doch selbst ein talentierter Komponist. Lourié lief in einem allzu langen Mantel herum, ganz offensichtlich war er ein Einwanderer. Viele russische Emigranten kauften sich zu lange Mäntel – für den Fall, daß es sehr kalt werden würde.

Sabanejew, den ich seinerzeit in Moskau getroffen hatte, sah auch nicht besonders glanzvoll aus: Er trug einen billigen Anzug und machte überhaupt einen mitleiderregenden Eindruck. Außerdem roch er sehr schlecht. Schwer zu glauben, daß dieser Mann in Rußland einer der einflußreichsten Kritiker gewesen war, einer, dessen Kritiken über das Schicksal vieler Musiker entschieden hatten.

Sabanejew schrieb brillant und scharf zugleich. Vor der Revolution hatte er jahraus, jahrein jedes neue Werk des jungen Prokofjew attackiert. Die Vorsehung bot Prokofjew einmal die Gelegenheit, sich dafür zu rächen. Der Dirigent Sergei Kussewizki hatte die eben fertiggestellte *Skythische Suite* auf das Programm eines Moskauer Konzerts gesetzt. Erst in letzter Minute ersetzte Kussewizki sie durch ein anderes Stück. Trotzdem veröffentlichte Sabanejew am nächsten Tag einen verletzenden

Verriß der *Skythischen Suite*. Er war nicht im Konzert gewesen und hatte deshalb die Programmänderung nicht mitbekommen. Es gab einen schrecklichen Skandal. Prokofjew weidete sich daran. In Paris traf er nun erneut auf Sabanejew. Hier jedoch konnte der Kritiker ihm nicht länger schaden: Prokofjews Ansehen stieg zu dieser Zeit, während Sabanejew all seinen Einfluß verloren hatte.

Fürst Alexis Zereteli, ein eindrucksvoller Mann mit einem Vollbart, wurde in Paris unser Agent. Er war der Manager der »Russischen Oper in Paris«, einer Institution, mit der sogar Schaljapin auftrat. Für seine Vorstellungen setzte Zereteli wunderschöne Damen ein – als Sängerinnen oder Tänzerinnen –, wobei er darauf hoffte, daß deren wohlhabende Liebhaber helfen würden, die Saison der Truppe zu finanzieren. Dennoch befand sich die »Russische Oper« ständig in finanziellen Schwierigkeiten. Der Fürst trug den Spitznamen »Zereteli-Progoreli« (ein Wortspiel mit dem russischen Wort für »bankrott«). Daß er Horowitz und mich unter seine Fittiche nahm, bedeutete für Fürst Zereteli allerdings keinerlei Risiko, denn uns zahlte er überhaupt nichts.

Da Horowitz und ich Rußland mit einer erklecklichen Summe Geldes verlassen hatten, waren wir jederzeit bereit, russischen Emigranten in Berlin und Paris mit Geld auszuhelfen. Man belagerte uns förmlich mit Bitten: Der eine hatte einen kranken Vater, ein anderer eine Tochter, die Geige spielen wollte, sich aber kein Instrument leisten konnte, ein dritter wollte die Sprache seines Gastlandes lernen.

Da wir in Rußland Geld mit leichter Hand verdient hatten, gaben wir es in Europa auch wieder mit leichter Hand aus. Wir investierten zum Beispiel in Diamanten... und wurden auf Schritt und Tritt betrogen. Als wir schließlich merkten, wie unser Geld dahinschmolz, gerieten wir, um ehrlich zu sein, in Panik.

Eines Tages teilte Fürst Zereteli mir mit, daß der berühmte spanische Impresario Ernesto de Quesada (der ein Büro in Paris hatte) sich für mich interessiere. Man bot mir einen Violinabend in Madrid an. Sollte dieser ein Erfolg werden, dann sollte ich weitere 15 Auftritte in Spanien bekommen. Im Anschluß daran war eine Tournee mit 35 Konzerten in Südamerika geplant. Quesada bot für jedes Konzert 500 Dollar, was damals viel Geld war.

Ich ging mit erheblichen Bedenken nach Madrid. Eine örtliche Musikgesellschaft förderte das Konzert. Der Saal war zwar nur halbvoll, das Publikum jedoch, meist Damen, machte einen kultivierten Eindruck. Allerdings applaudierten die Damen in ihren weißen Handschuhen nur sehr zurückhaltend. Natürlich – das war ja keine Bridgepartie, sondern irgendein Geiger, also keine besonders schicke Sache.

Der Beifall reichte gerade für eine Zugabe. Als ich hinausging, um eine weitere Zugabe zu spielen, sah ich, daß das Publikum den Saal schneller verließ, als es mir möglich war, aufs Podium zu gelangen. Drei Herren in der zweiten Reihe machten mich besonders nervös. Es schien, als wollten sie mich durch Winken aus dem Saal vertreiben. Ich spielte nochmals, und die Winkerei wurde noch heftiger. Sie gestikulierten so stark mit Armen und Beinen, daß sie beinahe in ihre Sitze zurückgefallen wären.

Verzweifelt fuhr ich zurück in mein Hotel. Ich war davon überzeugt, daß das Konzert ein totaler Mißerfolg gewesen sein mußte. Doch dann kam ganz plötzlich dieser Mann zu mir – ein Mitarbeiter des Impresarios Quesada. Er war sozusagen der letzte Strohhalm, an den ich mich klammerte. Als wir uns die Hand reichten, bemerkte ich, daß er nur noch zwei Finger hatte. Mich schauderte, doch ich dachte: Immerhin gibt er mir alles, was er hat.

Und dann bot dieser Mensch mir einen Vertrag mit Quesada an. Mein Konzert muß eine Sensation gewesen sein. Die Kritiken waren in der Tat ausgezeichnet. Doch warum hatte das Publikum den Saal so fluchtartig verlassen? Und warum hatten diese Herren in der zweiten Reihe versucht, mich durch ihre Gesten zu verscheuchen?

Viel später erst bekam ich Antworten auf diese Fragen. Nach

dem Spanischen Bürgerkrieg gab ich Konzerte in Mexiko, wo viele spanische Emigranten lebten. Einer von ihnen, ein Mr. Jiménez aus Málaga, besaß in Mexiko eine Metallfabrik. Er war sehr wohlhabend und veranstaltete häufig musikalische Soireen, zu denen er 30 bis 40 Leute einlud. Nachdem ich gespielt hatte, unterhielt ich mich mit den Gästen. Unter ihnen befand sich auch der berühmte Musikwissenschaftler Adolfo Salazar (der später an der Columbia University lehrte); er war ebenfalls aus Spanien emigriert. Man fragte mich, ob ich jemals in Spanien konzertiert habe. Damals hatte ich beinahe schon ganz Spanien gesehen, da ich in nicht weniger als 50 Städten gespielt hatte. Deshalb sagte ich zu Salazar, daß ich das Land vermutlich besser kenne als er. Dann erzählte ich im Detail die Geschichte meines Madrider Debüts und kam auch auf das eigenartige Benehmen der drei Herren im Publikum zu sprechen.

»Aber das waren doch wir«, rief Salazar und deutete auf die beiden Herren, die neben ihm standen. »Wir waren die drei Kritiker von *La Prensa*, *ABC* und *Nacional*. Vor Begeisterung waren wir ganz außer uns!«

Ich erwiderte: »Eigenartiges Benehmen für Leute, die begeistert sind... Ich war mir sicher, daß Sie empört seien.«

»Aber nein, keineswegs! Wir zeigten, daß wir äußerst entzückt waren.«

Salazar mußte die Wahrheit gesagt haben, denn seine Kritik war, wie die seiner beiden Kollegen, hervorragend gewesen.

Wie dem auch sei, als Folge meines Madrider Konzerts arrangierte Ernesto de Quesada, der auch Wanda Landowska betreute, für Wanda Landowska und mich gemeinsame Auftritte in Montevideo und Buenos Aires. Und das lief so ab: In Buenos Aires begann das Konzert um 16.30 Uhr. Es endete gegen 18.30 Uhr. Dann fuhren Wanda Landowska und ich ins Hotel zurück, packten und bestiegen ein ziemlich schmutziges, aber äußerst komfortables Schiff. Mir gefiel vor allem, daß die Mahlzeiten auf diesem Schiff – es gehörte einem polnischen Juden – reichlich waren. In diesen Tagen bedeutete mir das viel.

Das Schiff legte um 22.30 Uhr ab, am nächsten Morgen gegen 6.30 Uhr waren wir normalerweise in Montevideo. Man brachte uns in ein Hotel, und wir gaben das nächste Konzert am Nachmittag. Auf diese Weise gaben wir sechs Konzerte – und dabei pendelten wir jeden Tag zwischen zwei Ländern. Auf dem Programm standen Violinsonaten von Bach und Mozart – mit Cembalo.

Die große Musikerin Wanda Landowska war eine wenig attraktive Frau mit einer ziemlich langen Nase. Ihr liebster Zeitvertreib war es, alle möglichen Geschichten in einem besonderen Notizbuch aufzuschreiben – lustige, schreckliche und sadistische. Auf dem Schiff kam sie gern in meine Kabine und las mir bis drei Uhr morgens die Geschichten vor. Ich war jung und noch leicht zu beeindrucken. Nach diesen Lesestunden konnte ich nur schwer einschlafen.

Wanda Landowska und ich probten kaum. Sie spielte wunderbar, doch manchmal nicht allzu feinfühlig. Ihr bevorzugtes Samtkleid war ursprünglich burgunderrot gewesen, es hatte jedoch mit der Zeit einen grünlichgelben Ton angenommen. Am Ende der Schleppe war ein dunkler Fleck entstanden; man konnte daraus ersehen, daß die Leute immer wieder auf die Schleppe traten. Einmal trat ich selbst, als ich hinter Wanda Landowska aufs Podium kam, auf diese verfluchte Schleppe und wäre beinahe gestürzt. Bei anderer Gelegenheit sah ich mit eigenen Augen, wie eine kleine weiße Katze unter dem Saum dieser monströsen Robe hervorschlüpfte.

Als ich in Südamerika Konzerte gab, traf ich den großen deutschen Pianisten Wilhelm Backhaus. Das geschah anläßlich einer Benefizveranstaltung für den polnischen Geiger Bronislaw Gimpel. Dessen Manager war nach Europa abgehauen, hatte Gimpel sein Honorar nicht ausbezahlt und ihn mittellos zurückgelassen. Backhaus war damit einverstanden, mit mir gemeinsam aufzutreten, um Geld für Gimpel einzuspielen.

Ich wandte mich an den betuchten Besitzer eines örtlichen Radiogeschäftes – er war wie Gimpel polnischer Jude – und redete ihm eindringlich zu, Gimpel als Landsmann doch zu helfen. Er erwies sich als wirklicher Geschäftsmann. Als ich ihm vorschlug, für das Konzert einen Saal zu mieten, hielt er mir entgegen:»Wozu denn das? Wir werden das Konzert in meinem Haus veranstalten. Dazu laden wir etwa 50 Gäste ein. Jeder spendet 200 bis 300 Dollar, und damit bekommen wir problemlos 5000 bis 10000 Dollar für Gimpel zusammen.« So geschah es dann auch. Gimpel war in der Lage, nach Europa zurückzukehren. Später warf mir sein Bruder vor, ich hätte Gimpel durch diese Aktion aus dem Weg geräumt, damit er meinen Erfolg in Südamerika nicht gefährden könne. Wer auch immer es war, der gesagt hat, keine gute Tat bliebe unbestraft, er hatte recht.

Bei dem Benefizkonzert spielten Backhaus und ich Beethovens *Frühlingssonate* und Mozarts Sonate e-Moll. Wir wurden Freunde und redeten viel über Musik. Backhaus war keinesfalls nur ein herausragender Pianist (obwohl er für meinen Geschmack Beethoven manchmal zu»trocken« spielte), er war auch eine Art Philosoph – in der Musik wie im Leben. Backhaus dachte ohne Eile, er bewegte sich ohne Eile und scherte sich wenig um die Welt, die ihn umgab.

Auf einer meiner Reisen in Südamerika mußte ich mit dem Schiff fahren. Ich hatte Bedenken. Um mich zu beruhigen, sagte mein Agent:»Machen Sie sich keine Sorgen. Sogar Backhaus benutzt das Schiff.« Und tatsächlich: Als ich an Bord kam – das Schiff war ein verrotteter alter Kahn –, sah ich Backhaus in einem Liegestuhl ruhen, völlig mit einer Decke zugedeckt. In einer Hand hielt er ein Buch, die Brille war ihm von der Nase gerutscht. Vermutlich war er beim Lesen eingeschlafen. Genau in diesem Moment brach ein Wasserrohr, und das Deck wurde überflutet. Es entstand große Panik, ein Gezeter und ein Geschrei. Backhaus erwachte... und wandte sich in aller Ruhe wieder seinem Buch zu.

In Südamerika lebten viele Deutsche und Österreicher, die Musik liebten. Einige von ihnen müssen in Briefen nach Hause von meinen Violinabenden berichtet, außerdem vielleicht meine positiven südamerikanischen Kritiken mitgeschickt haben. Jedenfalls entschied sich mein Wiener Agent Paul Bechert dafür, ein Risiko einzugehen. Er arrangierte für mich zwei Konzerte in einem kleinen Saal in Wien.

Bechert war eine fesselnde Persönlichkeit, ein enger Freund des Schriftstellers und Essayisten Karl Kraus. (Später machte er uns miteinander bekannt.) Bechert und ich wurden ebenfalls gute Freunde, was zwischen Agent und Künstler ziemlich selten vorkommt. (Ich bin froh darüber, daß mein derzeitiger Agent Harold Shaw auch mein Freund ist.)

Unter europäischen Musikern war Bechert sehr beliebt, vermutlich deshalb, weil er als Wiener Korrespondent des *Boston Globe* über Konzerte, Ausstellungen und Theaterpremieren berichtete. Jeder Interpret wollte unbedingt in den USA auftreten. Es war eine Art Faustregel, daß man nur in Amerika wirklich Geld verdienen konnte. Alle schimpften sie auf Amerika, doch zugleich träumten sie alle von einer Gastspielreise durch die USA. Eine gute Bechert-Kritik im *Boston Globe* konnte dabei eine große Hilfe sein.

Für mein Debüt in Wien bereitete ich ein Programm vor, das man vermutlich damals als Zeichen eines eher mäßigen musikalischen Geschmacks ansah – und das sogar in einer kleinen Provinzstadt. Ich spielte das Glasunow-Konzert mit Klavierbegleitung statt eines eigentlich dafür erforderlichen Orchesters, einige Salonstücke, die ich ehedem gern gespielt hatte, und Tschaikowskis *Sérénade mélancolique*; das letzte Stück musizierte ich mit viel »Gefühl«, beinahe wehklagend.

Es waren nur wenige Leute da, worüber ich enttäuscht war; doch in der Pause kam ein strahlender Bechert ins Künstlerzimmer. Er meinte, das Publikum sei zwar klein, aber alle Leute, die da seien, zählten zur Wiener Elite. Zum Beispiel saßen Arnold Schönberg, Alban Berg und Karl Amadeus Hartmann, der damals auf dem Weg nach ganz oben war, im Publikum. Ganz besonders wichtig war, daß Julius Korngold gekommen war, der allmächtige Musikkritiker. In ihm sah man den Nachfolger des legendären Wiener Kritikers Eduard Hanslick, der seinerzeit sogar Tschaikowski in Stücke gerissen hatte.

Ich sagte zu Bechert: »All diese wichtigen Menschen werden vermutlich nun den Saal verlassen.«

Bechert, der sich darüber amüsierte, antwortete: »Im Gegenteil! Sie wollen die Zugaben hören.« Schönberg und Berg blieben, um typische Geigenzugaben hören zu können! Dies machte doch deutlich, wie völlig unberührt von jeglichem Snobismus diese Leute waren. Sie mochten eben jede Art von Musik. Können Sie sich vorstellen, daß zum Beispiel Pierre Boulez einem Geiger zuhört, der Tschaikowski und Glasunow spielt?

Ich weiß noch, welche Zugabe ich für meine intellektuelle Wiener Zuhörerschaft spielte: ein herrlich geschmackloses Arrangement des *Hummelflugs* von Rimski-Korsakow. Die Zuhörer waren ganz begeistert und klatschten wie verrückt. Korngold schrieb eine phantastische Kritik, und als deren Folge waren meine nächsten beiden Konzerte in Wien ausverkauft. Obwohl ich bisher schon mit guten Dirigenten (zum Beispiel Willem Mengelberg in Holland) aufgetreten war, begann man sich doch eigentlich erst nach Korngolds Kritik ernsthaft für mich zu interessieren. Ich wurde eingeladen, in Berlin mit Größen wie Furtwängler und Hans Knappertsbusch zu spielen, in Hamburg mit Carl Muck.

Muck war ein schlanker, majestätisch wirkender Mann, der eine auffallende Ähnlichkeit mit Wagner besaß. Man munkelte, er sei Wagners illegitimer Sohn. Ich hatte den Eindruck, daß er über diese Gerüchte durchaus stolz war. Immer war er elegant gekleidet – marineblauer Anzug, schwarze Krawatte und Schuhe aus feinem Leder. Warum auch nicht, wenn er doch Wagners Sohn war. Noblesse oblige!

Muck war ein alter Herr und offensichtlich etwas bequem. Als er beim dritten Satz des Tschaikowski-Konzerts angelangt war, stand er ganz vornübergebeugt da und bewegte seine Arme irgendwo unterhalb des Dirigentenpults. Anscheinend war es ihm zu anstrengend, seine Arme höher zu heben.

In den Proben hatten wir besonders am Übergang von der Kadenz zum Nachspiel im letzten Satz gearbeitet. Das ist eine diffizile Stelle, denn der Dirigent muß hier besonders gut aufpassen und den Einsatz des Orchesters präzise geben, da die Musiker ihn sonst leicht verpassen. Während des Konzerts bemerkte ich nun zu meinem Entsetzen, daß Muck nicht einmal seine Hand hob. Also mußte ich die Sache dadurch retten, daß ich meine Kadenz in übertrieben langsamem Tempo beendete. Selbstverständlich durfte ich gegenüber dem großen Carl Muck kein Wort über diese Angelegenheit verlieren. Zu mir war er sowieso ausnehmend freundlich. Er lud mich in sein Haus ein, wo er mir etwas zeigte, was sein ganzer Stolz war – eine vollständige Ausgabe der Werke Bachs. Ich erinnere mich, wie er darüber sinnierte, daß Bach, was die Harmonien angehe, der modernste Komponist überhaupt sei. (Muck war ein Freund von Wortspielen. Er konnte einen fragen: »Kennen Sie die Hitler-Variationen?« Und damit meinte er Regers *Variationen und Fuge über ein lustiges Thema von Johann Adam Hiller*.)

Muck hatte selbst mehr als genug politischen Ärger erlebt. Vor dem Ersten Weltkrieg war er zum Chefdirigenten des Boston Symphony Orchestra ernannt worden. Als der Krieg ausbrach, wurde er schändlicherweise mit der Begründung gefeuert, er sei ein deutscher Spion. Muck ein Spion! Kann man sich etwas Absurderes vorstellen?

In Wien traf ich Arnold Schönberg. Wir wurden gut miteinander bekannt, kurioserweise eher über die Malerei als über die Musik. Ich wurde Schönberg durch einen Herrn Wolf vorgestellt, einen Schneider, der eine Kette von Herrenbekleidungsgeschäften besaß.

Der Name Schönberg hatte für mich einen magischen Klang, obwohl mir seine Musik nicht wirklich zusagte. *Verklärte Nacht* klang wie süßlicher Wagner, und auch seine späteren Werke fand ich ähnlich ungenießbar. Allerdings: hielt ich Schönberg auch nicht für einen besonders guten Komponisten, so war er doch ganz sicher ein besonders wichtiger. (Von Prokofjew konnte man das Gegenteil behaupten.) Schönberg war, wie man zu sagen pflegt, eine Autorität in Sachen Musik. Trotzdem sprachen wir zunächst über Kunst. Er war ein interessanter Maler. Besonders bemerkenswert waren seine Porträts im Stil der Expressionisten.

In seinem Geschäft hatte der liebenswürdige Inhaber Wolf ein Hinterzimmer zu einem Atelier für dilettierende Maler wie Schönberg und mich umgestaltet. Dort trafen wir uns einige

Male. Schönberg fragte mich:»Was zeichnen Sie?« Ich antwortete:»Berge.« Die waren mein Lieblingsmotiv. Ich bin, was Malerei anbelangt, kein Profi. Außerdem neige ich dazu, sozusagen in Schüben zu arbeiten. Ganz spontan opfere ich sehr viel Zeit fürs Malen, steigere mich richtig hinein und arbeite dann mit großem Selbstvertrauen. Schönberg hingegen malte regelmäßig und hielt sich für einen professionellen Maler. Ich glaube sogar, daß er seine Gemälde für ebenso wichtig hielt wie seine musikalischen Kompositionen.

In dieser Zeit arbeitete Schönberg gerade an einem Porträt seiner Mutter: ein expressionistisches Gesicht mit der Art Augen, wie man sie auf Leinwänden von Soutine finden kann. Mit seinen Gemälden überzeugte Schönberg mich ebensowenig wie mit seiner Musik. Jedoch fand ich seine Einstellung zu verschiedensten Fragen der Musik aufschlußreich, besonders seine Haltung gegenüber dem Dirigieren.

Schönberg sprach mit großer Überzeugungskraft, wie ein Professor. Während er redete, schlürfte er schrecklichen Kaffee, und das meist in einem Café in der Nähe von Wolfs Geschäft. Er hatte ein eigenartig häßliches Gesicht, und in seinem Wesen fand sich auch nicht die Spur von etwas Künstlerischem. Dieser Mann hätte Arzt, Schneider oder Bankangestellter sein können. Das Wiener Café, in dem wir damals unsere Zeit verbrachten, ist jetzt verschwunden. An seinem Platz steht ein ziemlich unansehnliches sowjetisches Denkmal – eine Erinnerung an die Katastrophe, die Wien in der Mitte dieses Jahrhunderts erlebte.

Als wir schließlich endgültig in Europa blieben, hatten Horowitz und ich – das erwähnte ich schon – keineswegs die Absicht, unser Land zu »verraten«. Wir fühlten uns weiterhin als Bürger der Sowjetunion, die sich im Auftrag des »Revolutionären Militärischen Rats der Republik« auf einer Art Kulturreise durch den Westen befanden. Der erste Polpred der Sowjetunion in Frankreich, Christian Rakowski, lud uns in Paris regelmäßig zu sich nach Hause ein.

Rakowski war ein charmanter und gebildeter Mann. Er sprach Englisch und Französisch fehlerfrei. Gern nannte er sich

»Dr. Rakowski«. Er kleidete sich wie ein Dandy, war sehr beliebt bei Frauen und lebte in Paris eigentlich das schöne Leben eines »roten Kapitalisten«.

Gab er einen Empfang in der sowjetischen Botschaft – einem Stadtpalais in der Rue de Grenelle –, so lud Rakowski keineswegs französische Proletarier ein, sondern wohlhabende Bankiers, einflußreiche Politiker und die künstlerische Elite. Für mich gab es einen weiteren und besonderen Grund, warum ich Rakowski gern besuchte: Er hatte zwei hübsche Töchter, die einen großen Reiz auf mich ausübten (auf Horowitz allerdings nicht).

Rakowski pflegte lange, aromatische Zigaretten zu rauchen, die eigens für ihn in einer eleganten Verpackung aus der Ukraine geliefert wurden. Die Sorte war sogar nach Rakowski benannt! Die illustren Gäste des Polpred rauchten ebenfalls wie die Verrückten, so daß man bei seinen Einladungen die verräucherte Luft mit dem Messer schneiden konnte. Rakowski machte sich darüber mit den Worten lustig: »Die Kapitalisten versuchen, mich auszuräuchern.«

Horowitz und ich spielten in vielen Pariser Salons. Ich muß allerdings zugeben, daß der Salon der sowjetischen Botschaft der eleganteste und luxuriöseste in der französischen Hauptstadt war.

Rakowski war uns beiden sehr gewogen. Nachdem wir schon einige Jahre in Paris gelebt hatten, konfrontierten wir ihn mit dem Plan, in die Sowjetunion zurückkehren zu wollen. Rakowski war es, der uns dies ausredete. Er sagte: »Seien Sie doch nicht dumm! Sie haben für die Kapitalisten noch längst nicht genug Musik gemacht.« Also blieben wir.

Ich zweifle eigentlich nicht daran, daß Rakowski uns die Rückkehr in die Sowjetunion ausgeredet hat, weil er wußte, was dort vorging, und weil er Stalin ablehnte. Bald danach wurde er abberufen, dann aus der Kommunistischen Partei ausgeschlossen, verhaftet und in einem von Stalins Schauprozessen verurteilt. Und er wurde natürlich erschossen.

Erst kürzlich erfuhr ich, daß Rakowski in der Sowjetunion vollständig rehabilitiert worden ist – leider postum. Sein Name taucht wieder in den Enzyklopädien auf, Bilder und Biographien über ihn werden wieder veröffentlicht.

Der neue sowjetische Polpred in Frankreich wurde Walerijan Dowgalewski. Horowitz und ich fanden, daß er nicht annähernd so freundlich und so kultiviert wie Rakowski war. Damals jedoch begannen wir mit unseren Auftritten in Europa mehr und mehr Erfolg zu haben, weshalb wir immer weniger Zeit für gesellschaftliche Aktivitäten hatten.

Gerade in dieser Zeit wurde die sowjetische Botschaft in Paris in einen größeren Skandal verwickelt: Der General Alexandr Kutepow, einer der Anführer einer Organisation exilierter Militärs, verschwand am hellichten Tag. Die Pariser Zeitungen veröffentlichten jeden Tag neue Artikel über diesen Fall einer politischen Entführung. Die Spuren führten zur sowjetischen Botschaft. Wir gingen nun nicht mehr dort hin. Außerdem hörten wir ein für allemal damit auf, über eine Rückkehr in die Sowjetunion nachzudenken.

Horowitz und mir gefiel Paris immer besser. Wir fanden hier neue Freunde – einer der nettesten war der amerikanische Geiger Samuel Dushkin. Durch Dushkin lernten wir George Gershwin kennen. Dieser nahm uns mit zu sich und spielte uns mit großer Begeisterung einen Song von sich vor – mit dem Titel *Mischa, Jascha, Toscha, Sascha*. Das waren alles Vornamen berühmter Geiger: Mischa Elman, Jascha Heifetz, Toscha Seidel und Sascha Jacobsen.

Dieser amüsante und pfiffig gemachte Song – seine Musik imitiert eine Geige, die auf leeren Saiten gespielt wird – war noch nicht publiziert worden. Trotzdem war er unter professionellen Musikern, vor allem Geigern, schon populär. Man sang ihn auf jedem Fest, auf dem Musiker waren. (Ich erinnere mich daran, daß im Text auch unser Lehrer Leopold Auer vorkam, wobei Auer sich auf »sauer« reimte.)

Lachend erzählte uns Gershwin, daß er, als er ein Kind war und in New York in der Second Avenue wohnte, mit Klavierstunden angefangen habe, während man seinen jüngeren Bruder Arthur mit Geige beginnen ließ. Allerdings währte dies nicht lang. Arthur beklagte sich darüber, daß es unfair sei, daß

George im Sitzen spielen könne, während er, der arme Arthur, stehen müsse. Deshalb gab Arthur das Geigen wieder auf.

Als Wolodja und ich später im Hotel »Majestic« wohnten, hatte Gershwin das Zimmer über uns. An den großartigen Klängen der *Rhapsody in Blue* konnte ich erkennen, daß er im Zimmer war. Gershwin übte konzentriert und mit großer Ausdauer, wobei er ein und dieselbe Stelle immer wieder spielte. Erstaunlicherweise ging mir das überhaupt nicht auf die Nerven.

Ich glaube, daß Gershwin ein begabterer Komponist war als Aram Chatschaturjan, der auch dadurch berühmt wurde, daß er Volksmusik, wenngleich völlig anders geartete, in die moderne Musik einbrachte. Musik muß nicht notwendigerweise »rein« sein; wichtig ist vor allem ihre Qualität. Schwarze und Juden haben Einfluß auf das genommen, was wir jetzt die ursprünglich amerikanische Musik nennen. Und häufig haben sich diese Einflüsse so vermischt, daß man unmöglich sagen kann, um welchen Einfluß es sich gerade handelt. Zum Beispiel wird Ravels Sonate für Violine und Klavier die »Blues«-Sonate genannt. Ich höre aus ihr jedoch eher jüdische Elemente als den Blues heraus.

Der springende Punkt ist, daß Komponisten im 20. Jahrhundert damit begannen, exotisches musikalisches Material ernstzunehmen. Für Mozart ist ein türkischer Marsch nur ein Spaß. (Wanda Landowska spielte das »Alla turca« ganz wunderbar!) Ravel hingegen nahm die Elemente des Jazz wirklich ernst. Ich traf Ravel im Salon von Madame Dubost. Er pflegte abseits der übrigen Gäste zu sitzen und hatte sein Gesicht so in seinem Kragen versteckt, daß nur seine große Nase zu sehen war. Beinahe niemand sprach ihn an, so abweisend wirkte er. Es schien, als sei er den Buchseiten meines Lieblingsautors Anton Tschechow entstiegen. Ein typisch tschechowscher Charakter.

Ravels populärstes Werk ist leider der *Bolero* – mit dieser bedrückenden Melodie, die einen wie in einem Alptraum wer weiß wohin entführt. Als Toscanini einmal in Paris den *Bolero* probte, saß Ravel im Saal. Er fand, daß Toscanini ein zu rasches Tempo gewählt habe, wollte dies dem Dirigenten aber nicht selbst sagen. Also schickte er den Kritiker Gustave Samazeuilh als Boten. Dieser versuchte, Toscanini zu »bremsen«, und das nicht nur einmal, sondern dreimal. Schließlich explodierte der Dirigent und gab Samazeuilh zu verstehen, er solle sich zum Teufel scheren. Ravel verließ die Probe und kam nicht zum Konzert. In diesem Fall hatte, so meine ich, Toscanini recht. Wenn man den *Bolero* überhaupt ertragen kann, dann in einem raschen Tempo.

Damals, als wir als junge Leute in Paris lebten, waren beide Komponisten, Gershwin und Ravel, sehr in Mode. Beide haben ihren unvorstellbaren Ruf bis heute bewahrt, obwohl die Popularität von Komponisten normalerweise starkem Wandel unterliegt. Genauso ist es bei Interpreten – aus vielerlei Gründen, ihre Nationalität eingeschlossen.

Über einen langen Zeitraum hinweg waren etwa deutsche Dirigenten und Instrumentalisten sehr gefragt. Danach kamen die Russen. So ersetzte man, um ein Beispiel zu nennen, in Boston Carl Muck durch Sergei Kussewizki. Inzwischen sind nach meinem Eindruck die Asiaten an der Reihe. Jahrelang spielte das Boston Symphony Orchestra unter dem Japaner Seiji Ozawa, den viele für einen großen Dirigenten halten (was natürlich Ansichtssache ist).

Es ist kein Wunder, daß die Bedeutung der Asiaten in der Musik so schnell zugenommen hat: Immerhin steht dahinter eine tausendjährige Kultur. Die Russen haben keine derart alte kulturelle Tradition. Und es gibt noch einen anderen wichtigen Gesichtspunkt: das asiatische Erziehungssystem. Asiatische Studenten – und das gilt auch für meine Geigenschüler – machen in kürzester Zeit unglaubliche Fortschritte. (Nach meiner Beobachtung sind die Japaner noch etwas aufnahmebereiter als die Chinesen, aber da mag ich mich täuschen.) Immer wenn ich Leute sagen höre, daß die schnelle wirtschaftliche Entwicklung von Südkorea und Taiwan (von Japan ganz zu schweigen) sie überrasche, dann argumentiere ich gewöhnlich so: Die asiatischen Länder waren immer entwickelte Länder und hatten immer ein hohes Zivilisationsniveau. Jetzt befinden sie sich zudem noch auf der Technologieschiene nach amerikanischem

Vorbild und werden deshalb mit zunehmender Geschwindigkeit noch größere Erfolge erzielen, und zwar auf kulturellem und auf wirtschaftlichem Gebiet.

Paris kann man sich unmöglich ohne seine Salons vorstellen, in denen die Elite den jüngsten »Ismus« bejubelt, den neuen Ministerpräsidenten oder Präsidenten zerpflückt, die neuesten Moden oder philosophischen Konzepte diskutiert sowie auf Hochtouren tratscht und Leute ausrichtet. Die Salons wurden auch von den größten Snobs voller Wonne besucht. Für Horowitz und mich bedeuteten die Salons nicht nur Unterhaltung, sondern vor allem auch eine Art von Ausbildung. In jedem Salon waren begabte junge Musiker willkommene Gäste. Horowitz und ich wurden in die angesehensten gebeten. Im Haus von Elsa Maxwell, der Zeitungskolumnistin und Gastgeberin der sogenannten guten Gesellschaft, traf ich häufig Coco Chanel, die »Schiedsrichterin« der Pariser Gesellschaft in Sachen Kultur. Der Maler Pavel Tchelitchew machte mich bei Elsa Maxwell mit der Gräfin de Noailles bekannt.

Coco Chanel sprach in abgehackten Sätzen und bewegte sich hektisch. Sie war sehr abweisend, während Elsa Maxwell Charme und Freundlichkeit ausstrahlte. Sie machte Witze über sich selbst, meist über ihre Leibesfülle und ihr Aussehen. Elsa Maxwell war sehr gescheit, sie übertraf die anderen, die all die häßlichen Dinge irgendwie sagten, an Schlagfertigkeit.

Der Salon von Madame Dubost war ein weiterer Ort, an dem Horowitz und ich uns häufig einfanden. Immer mittwochs oder donnerstags (ich bin nicht mehr ganz sicher) lud sie wenigstens 200 Leute zu ihrem berühmten Treffen »Mme Dubost chez elle« ein. Viele der Gäste, die regelmäßig zu ihr kamen, sind inzwischen Legende: Strawinsky, Jean Cocteau, Arthur Honegger. Ich erinnere mich auch an die Maler Georges Braque und Maurice de Vlaminck. Vlaminck, dessen helle, farbenfrohe Landschaften ich liebte, war ein Riese mit einem wunderbaren Gesicht.

Picasso kam oft zu Madame Dubost. Er war damals schon eine Berühmtheit. Trotzdem konnte man seine Bilder noch für einige hundert Dollar erwerben. In meinem Beisein fragte eine junge Amerikanerin Picasso einmal:»Auf welche Weise können Sie ein Bild bewerten?« Picassos Antwort lautete:»Ich bewerte es nicht. Das erledigen die Zeit und die Geschichte. Zeitgenossen, mein Fräulein, irren sich oft.«

Und Picasso setzte hinzu:»Nehmen Sie etwa Corot. Er war berühmt durch seine Fontainebleau-Landschaften – kleine Dörfer, Frauen mit roten Kopftüchern. Es zeigte sich, daß diese leicht zu fälschen waren. Vermutlich hat Corot in seinem Leben einige hundert solcher Landschaften gemalt; allein in Amerika gibt es davon inzwischen mehr als 5 000.« (Wie wahr. Ich selbst war in Amerika in einem Haus zu Gast gewesen, dessen Besitzer fast 100 Landschaften von Corot gesammelt hatte.) Die Amerikanerin mußte Picasso recht geben:»Natürlich hat man bei uns alles gekauft, ohne zu wissen, welche Bilder echt und welche gefälscht waren.«

»Sehen Sie«, schloß Picasso,»jetzt haben Corots Landschaften ihren Wert verloren, niemand will sie mehr haben, während seine Porträts, die bis dahin niemand beachtet hatte, als unbezahlbar gelten.«

Picasso und sein Werk habe ich sehr bewundert. Zwar ließ mich der Kubismus als ganzes eher kalt – ich nahm ihn höchstens als eine Form zur Kenntnis, sich künstlerisch mitzuteilen –, doch Picasso bedeutete mehr als Kubismus, mehr als jeder andere »Ismus«. Selbst wenn mir ein bestimmtes Bild von Picasso nicht gefallen sollte, spüre ich darin trotzdem all das, was an Energie, Arbeit und Vorstudien hineingesteckt worden ist. Nichts in Picassos Werken ist »rational« oder berechnet; sie alle verbreiten Wärme und sind Musik.

Der Surrealismus, dem ich damals auch begegnete, ließ mich ebenfalls kalt. Ich fand, daß sein Illusionismus nur ein Trick sei, und hielt Salvador Dalí für einen begabten, aber unseriösen Maler. Später traf ich ihn und seine russische Frau Gala häufig bei gemeinsamen Freunden.

Dalí sprach sehr laut, in einem Französisch mit schrecklichem spanischen Akzent. Er pflegte mit seinen Armen herumzufuhrwerken, wild seine Augen zu rollen und fast schreiend zu sagen:»Ich habe einen Strand bei Valencia. Dort gehe ich hin, lege mich nieder und beschmiere mir das Gesicht mit Honig. Und dann fliegen alle Fliegen dieser Welt auf mich.« Diese Art von Prahlerei beeindruckte mich wenig. Ich dachte nur: Würde ein normaler Mensch jemals derartiges tun? Dalí, der ausschließlich mit sich selbst beschäftigt war, pflegte fortzufahren:»Außerdem mache ich folgendes: Ich werfe Steine in die Luft und warte darauf, daß sie mich treffen.«

Gala war ganz offensichtlich an dergleichen gewöhnt. Seine Tiraden hörte sie sich mit großer Ruhe an. Sie war absolut davon überzeugt, daß es ihre Aufgabe sei, die brillanten künstlerischen Ideen ihres Mannes – er war natürlich ein Genie – in klingende Münze umzusetzen. Gala Dalí und Vava Chagall waren gewitzte Geschäftsfrauen. In Rußland nannten wir solche Leute»eiserne Ladys«.

So köchelte ich ganz glücklich im künstlerischen Schmelztiegel von Paris vor mich hin. Mein Horizont wurde außerdem durch Reisen in andere europäische Länder erweitert. So etwas entwickelt sich nach und nach: Man trifft fähige, begabte Leute, »verschlingt« Kunst, liest neue und faszinierende Bücher zur Geschichte und Philosophie – und stellt plötzlich fest, daß sich der eigene Standpunkt beträchtlich verändert hat.

Ich wurde nicht nur ein anderer Mensch, sondern in derselben Zeit auch ein anderer Musiker, vor allem in meiner Einstellung zur Geige. In Rußland hatte ich noch nicht begriffen, was ein wirklich schöner Geigenton eigentlich bedeuten kann. Deshalb war es mir völlig egal gewesen, auf welchem Instrument ich spielte. Meine damalige Geige war vielleicht 20 Kopeken wert und mein Bogen, ein Geschenk von Professor Auer, sogar noch weniger.

Kubazki hatte mir in Moskau eine gute Guadagnini aus der staatlichen Sammlung zur Verfügung gestellt, doch dieses Instrument hatte ich zurückgelassen, als ich aus Rußland wegging. Ich erinnere mich daran, daß ich in Hamburg einmal zu einer Probe mit dem Dirigenten Eugen Papst ganz ohne Geige erschien. Irgend jemand lieh mir seine Geige, und am Abend spielte ich auf ihr. Wenn ich mir das heute vorstelle, kann ich es kaum noch glauben. Jeder junge Geiger möchte heutzutage für sein Debüt mindestens eine Stradivari haben. Damals jedoch machte ich mir über solche Dinge keine Gedanken.

Während meiner ersten Jahre im Westen spielte ich Instrumente, an die ich mehr zufällig geraten war. Dann erwarb ich 1929 eine Guarneri del Gesù. Das Instrument war nicht sehr gut – es hatte einen kräftigen und groben Ton und war, was noch schlimmer war, mit einem schrecklichen schokoladefarbenen Lack bedeckt. Danach bekam ich eine Stradivari von 1710 – an sich kein schlechtes Instrument, aber etwas rauh. Nach und nach begann ich, etwas mehr von Instrumenten und Bögen zu verstehen.

Für diesen Bereich meiner »Ausbildung« spielte Alfred Hill eine entscheidene Rolle. Er war einer der brillantesten Vertreter aus der Dynastie britischer Geigenhändler. Hill lud mich häufig in Londons beste Klubs ein, etwa in den »Savage Club«. Ich traf mich gern mit ihm, denn ich mochte seine Geschichten von bedeutenden Geigen und ihren Erbauern.

Ebenso gern ging ich in Hills Geschäft in der Bond Street, wo ich verschiedene Instrumente aus seiner Sammlung ausprobierte. So spielte ich etwa auf einer ganz erstaunlichen Stradivari, bekannt als »The Messiah« – ein unvergeßliches Erlebnis. Diese Geige wurde in England als Nationaleigentum betrachtet. Und tatsächlich war es ein Verstoß gegen das Gesetz, sie außer Landes zu bringen.

Stradivari hat natürlich seinen Instrumenten keine Namen gegeben. Die Namen – und der nächste war immer noch ausgefallener als sein Vorgänger – bekamen sie von den aufeinander folgenden Eigentümern. Und so kam »The Messiah« zu ihrem Namen: Der berühmte französische Geigenbauer Jean-Baptiste Vuillaume war hinter der Geige her, die sich damals in Italien befand. Einer aus der Familie Hill war ganz verrückt danach, wenigstens einen Blick auf das wunderbare Instrument werfen zu können. In einem Brief an Vuillaume flehte er voller Verzweiflung:»Wann jemals werde ich diese Geige in meinen Händen halten? Wann wird der Messias kommen?« So entstand der Name.

Heute spiele ich eine Geige, die ich 1945 bekommen habe. Es ist ebenfalls eine Stradivari, eines von den drei oder vier besten Exemplaren aus seiner»goldenen Periode«: gebaut 1716 wie»The Messiah«. Entsprechend der Tradition gab ich ihr einen neuen Namen,»Maria Teresa«, zu Ehren meiner Tochter Maria und meiner Frau Thérèse.

Alfred Hill war ein ausgezeichneter Fachmann, außerdem ein Ehrenmann. Diese Eigenschaften findet man heute unter Geigenhändlern nur noch selten. Ihre Professionalität befindet sich – von wenigen Ausnahmen abgesehen – auf dem absteigenden Ast. In mindestens der Hälfte der Fälle machen sie Fehler. Das ist einfach nicht zu akzeptieren.

Selbstverständlich haben Bau und Begutachtung einer Geige mehr mit Kunst als mit Wissenschaft zu tun. Dabei hängt sehr viel von der Persönlichkeit und vom Kunstverständnis des Geigenbauers und -händlers ab. Trotzdem gibt es feste Größen, auf die man sich bei einer Begutachtung stützen kann: das Holz, der Lack, die Gestaltung des Instruments.

Auch hier kann es allerdings Varianten geben. Nehmen Sie etwa die Stradivari von Henri Temianka: Sie wurde aus schlechtem, astreichem Holz gebaut, und trotzdem klang das Instrument ganz herrlich. Es ist natürlich schön, wenn eine Geige eine wunderbare Lackierung hat. Aber selbst das ist nicht unbedingt eine Voraussetzung für ein qualitätvolles Instrument.

Es gibt gar nicht so viele gute Violinen – und damit meine ich die original italienischen Instrumente – und eher noch weniger, die ihre ursprüngliche Lackierung noch tragen. Der Lack verschwindet meist zuerst. Einer meiner koreanischen Studenten zeigte mir einmal sein Instrument – ebenfalls eine Stradivari, im selben Jahr wie meine Geige gebaut. Der ursprüngliche Lack war von einem gräßlichen weißlichen Lack überdeckt. Offensichtlich hatte irgendein kleinkarierter Mensch beschlossen, daß die Geige mit einem neuen Lack besser aussehen würde. Oder man hatte den ursprünglichen Lack schützen wollen – ich weiß es nicht. Wie dem auch sei: die Geige war ruiniert. Eine zusätzliche unnötige Lackschicht erstickt die Geige sozusagen. Dadurch erleidet der Klang Schaden. An der Stelle, an der sich das Kolophonium vom Bogen sammelt, hatte meine Stradivari eine kleine Stelle mit anderem, neuem Lack. Fernando Sacconi, ein ausgezeichneter Fachmann, plagte sich mehr als drei Monate damit herum, diesen Lack zu entfernen. Er benutzte dafür eine ganz besondere Methode, für die er auch ein Pulver verwendete, das aus Kautschuk hergestellt war. Es war eine äußerst mühsame Arbeit, für die die Hände eines Juweliers nötig waren. Bei der erwähnten Stradivari meines koreanischen Schülers würde es Jahre sorgfältigster Arbeit bedeutet haben, hätte man den ursprünglichen Lack wiederherstellen wollen. Und selbst dann hätte man keine Garantie dafür, daß sich bei dieser Prozedur der verbliebene Originallack nicht auch ablösen würde. Dies auch deshalb, weil es inzwischen praktisch keine Fachleute wie Sacconi mehr gibt.

Heute sage ich meinen Schülern immer, daß ein guter Bogen beinahe so wichtig ist wie eine gute Geige. Nicht jeder kann sich jedoch einen Qualitätsbogen leisten: Derzeit kann ein hervorragender Bogen über 50000 Dollar kosten.

Ich selbst habe einige ausgezeichnete Bögen. Wenn ich auf Konzertreise bin, habe ich sie immer in meinem Geigenkasten. Natürlich muß man gut auf sie aufpassen – besonders während der Orchesterproben. Einmal, als ich in meine Garderobe zurückkam und in meinen Geigenkasten sah, waren nur noch drei Bögen statt der ursprünglichen vier darin. Es gibt nur eine Möglichkeit, sich vor solchen unerfreulichen Erlebnissen zu schützen: Schließen Sie die Tür ab, wenn Sie die Garderobe verlassen!

Als ich mich im Westen niederließ, begann ich damit, Bearbeitungen für die Violine zu schreiben. Schon seinerzeit in

Rußland hatte ich gemerkt, daß das Komponieren mir Spaß machte. Eine jüdische Kulturorganisation in Moskau (damals gab es so etwas in Sowjetrußland noch) bat mich, bei einem ihrer Konzerte ein jüdisches Stück zu spielen. Man versprach, mir dafür ein Extrahonorar von 30 Zehnrubelgoldstücken zu zahlen. Das war damals ein enormes Honorar.

Ich hatte kein einziges jüdisches Stück im Repertoire, wollte aber auch die 30 Goldstücke nicht verlieren. Also teilte ich den Leuten mit, ich würde eine Fantasie für Solovioline über jüdische Themen spielen. Und dann improvisierte ich auf dem Podium. Was hätte ich auch sonst tun sollen?

Jüdische Musik enthält charakteristische Motive, die ziemlich leicht zu imitieren sind. Meine Fantasie war ein großer Erfolg. Übrigens wurden auch die anderen Künstler, die bei diesem Konzert auftraten, begeistert gefeiert. Es waren der Bassist Platon Zessewitsch, der ein nicht sehr kunstvolles ukrainisches Lied sang, und der Trompeter Michail Tabakow, der ebenfalls etwas speziell Jüdisches vortrug.

Wenn ich Stücke aussuche, die ich für Violine bearbeiten will, versuche ich dabei, eine Regel zu befolgen: Man soll nie Musik verwenden, die zu gut ist, als daß man noch etwas hinzufügen oder streichen könnte. In solchen Fällen klappt es mit der Bearbeitung nicht.

Jascha Heifetz, der einige sehr gute Bearbeitungen geschrieben hat, hat diesen Fehler manchmal begangen und Stücke einfach deshalb bearbeitet, weil sie ihm gut gefielen. So hörte er zum Beispiel, wie Horowitz das Rondo von Hummel spielte. Die Komposition schien höchst attraktiv zu sein, weshalb Heifetz eine Violinbearbeitung schrieb. Diese wird jedoch von niemandem gespielt, weil man mit dem Bogen nicht das erreichen kann, was diese Art von Stück auf dem Klavier so gut wirken läßt.

Ich habe ein Klavierstück von Mussorgski, *Die Näherin*, bearbeitet, an sich nichts Besonderes. In der Bearbeitung für Violine jedoch erwies es sich als ziemlich eindrucksvoll . Viele Geiger habe es in ihr Repertoire aufgenommen (vor allem auch deshalb, weil sie keine Tantiemen dafür zahlen müssen).

121

Noch ein Beispiel. Ich habe eine Bearbeitung von Chopins Nocturne cis-Moll geschrieben, die von Isaac Stern, Gidon Kremer und vielen anderen Geigern ganz wunderbar gespielt wird. Auf dem Klavier klingen die langen Noten ohne Verzierungen nicht sehr eindrucksvoll (das ist der Grund dafür, warum Horowitz das Stück nicht spielt), während auf der Geige ebendiese langen Noten sehr schön zur Geltung kommen. Bei einer Bearbeitung zählt das Ergebnis, nicht das ursprüngliche Material. Ich habe etwa *Il pleut dans la ville* von Zoltán Kodály bearbeitet – man merkt erst, wenn der letzte Ton verklungen ist, was das für ein herrliches Stück ist. Da geht es einem wie bei guter Schokolade. Man weiß erst so richtig zu schätzen, wie gut sie war, wenn man sie ganz aufgegessen hat. Bei schlechter Schokolade hingegen ist es anders: Man ißt sie und hofft, daß sie gut ist. Dann jedoch muß man sich die Zähne putzen.

Kadenzen habe ich ebenfalls komponiert: für die Konzerte von Beethoven und Brahms. Außerdem genießt mein Stück *Paganiniana* für Violine solo, in dem ich Themen aus den 24 *Capricen* und anderen Werken Paganinis verwendet habe, unter Geigern eine gewisse Popularität. Viele sehr fähige Geiger, darunter Ruggiero Ricci, Salvatore Accardo und Gidon Kremer, spielen es.

Die Idee zur *Paganiniana* spukte schon sehr lange in meinem Kopf herum. Ich schrieb sie jedoch erst in Amerika. Für einen Violinabend brauchte ich nämlich noch ein Zehnminutenstück. Also setzte ich *Paganiniana* kurzerhand aufs Programm und zwang mich dann dazu, das Stück in mehreren Nächten hintereinander zu vollenden. Ich machte selbst an dem Tag noch Änderungen, an dem das Konzert stattfand.

Ich habe die schreckliche Angewohnheit, dauernd an meinen eigenen Bearbeitungen herumzubasteln. Da ändert man manchmal etwas und merkt dann im Konzert, daß die Finger ganz woanders hinwollen. Glücklicherweise ist mir noch nie etwas wirklich Schlimmes passiert.

Früher haben viele Geiger Transkriptionen geschrieben. Fritz Kreisler war natürlich in diesem Genre der Größte. Andere waren lange nicht so gut, aber sie haben es immerhin versucht und damit quasi ihre Lust auf Kreativität befriedigt. Die jungen Geiger von heute sind nicht scharf darauf, in dieser Richtung aktiv zu sein. Es reicht ihnen schon, wenn sie vor einem Orchester stehen und dirigieren können. Denn das scheint die einfachste Sache der Welt zu sein.

Man sagt gemeinhin, daß das Repertoire für Klavier reichhaltiger sei als das für die Geige. Das stimmt nicht! Beethovens Violinkonzert steht, was die Qualität der Musik und die Vollkommenheit betrifft, über all seinen Klavierkonzerten, das vierte vielleicht ausgenommen. Und das Violinkonzert von Brahms ist, finde ich jedenfalls, besser als seine Klavierkonzerte.

Manchmal werde ich gefragt, welche Violinkonzerte ich für die besten halte, sozusagen für die »Klassiker«. Im allgemeinen liegt es mir nicht, derartige Hitlisten zu erstellen. Trotzdem bringt mich die Frage dazu, darüber nachzudenken. Also gut: Die Violinkonzerte von Johann Sebastian Bach würden sicher nicht an der Spitze dieser imaginären Liste zu finden sein. Sie gehören in eine andere Liste – mit Kammermusik. Bach verstand allerdings wirklich etwas von der Geige. Folgt man Albert Schweitzer, so mag Bach sogar ein besserer Geiger als Organist gewesen sein. Diese Vorstellung Schweitzers wird durch die Tatsache untermauert, daß Bachs Werke für Violine solo unglaublich virtuose Stücke sind und daß Bach diese Stücke selbst gespielt hat.

Spielt man sauber und anständig Geige, so klingt Bach gut – man kann die Stücke nicht kaputtmachen –, denn die Geige ist, anders als das moderne Klavier, ein Instrument, das Bach wirklich selbst gespielt hat. Hört man Bach auf einem modernen Flügel, so ist das ungefähr so, wie wenn man Shakespeare in französischer Sprache gespielt erlebt. In der englischen Sprache bewegt sich Shakespeare sozusagen in Klangwellen – höher und immer höher. In französischer Sprache fehlt ihm dieser innere Rhythmus, die Elastizität.

Nebenbei gesagt: Diese innere rhythmische Elastizität bei Bach – das gilt ähnlich auch für Mozart – verführt Interpreten häufig dazu, zu aggressiv zu spielen. Sie fangen an, rauh zu spielen, als wollten sie in den Krieg ziehen. Warum nur? Auch die Mozart-Konzerte sind meiner Meinung nach keine wirklichen Violinkonzerte. Anders verhält es sich mit seiner Klaviermusik. Schließlich war Mozart – anders als Bach – ein erheblich besserer Klavierspieler als Geiger.

An die Spitze meiner Liste würde ich das Beethoven-Konzert stellen. Es ist ein Wunder, etwas, das aus dem Äther zu uns gekommen ist – wie eine Art göttlicher Botschaft. Über die Offenbarungen, die Beethovens Konzert für uns bereit hält, kann man endlos diskutieren.

Dann das Mendelssohn-Konzert. Es ist von der ersten bis zur letzten Note das Werk eines Genies. Und dann, trotz allem, das Brahms-Konzert. Schließlich das Tschaikowski-Konzert: ein wahrhaft virtuoses Konzert. Eigenartigerweise wurden die beiden Werke, die ich zuletzt genannt habe, im selben Jahr, nämlich 1878, komponiert. Brahms war 45 und Tschaikowski 38 Jahre alt.

Ich halte das erste Violinkonzert von Max Bruch für ein Meisterwerk. Es hat gewisse Vorzüge, die man in keinem anderen Konzert findet. Als Joseph Joachim die Uraufführung des Brahms-Konzerts spielte, wurde es von Kritikern und vom Publikum nicht selten mit dem Bruch-Konzert verglichen, und viele meinten, das Bruch-Konzert sei das bessere. Mir geht es auch so, selbst wenn das Bruch-Konzert nicht durchgehend gut ist. Es hat eine unglaublich spektakuläre Introduktion und einen wunderbaren langsamen Satz, das Finale ist jedoch nicht so gut.

Eine brillante, sehr ungewöhnliche Komposition ist die *Symphonie espagnole* von Lalo. Als Tschaikowski dieses Stück in Frankreich hörte, schrieb er an seine Gönnerin Nadeschda von Meck, wie sehr das Stück ihm gefallen habe. Nun, was für Tschaikowski gut genug ist, ist schon lange gut genug für mich.

Dvořák hat ein attraktives Violinkonzert geschrieben. Es ist ein bißchen zu gewichtig, allerdings auch wirklich die Musik eines »Musikanten«. Danach kommt das dritte Violinkonzert von Saint-Saëns, das ich auf Platte eingespielt habe. Ein gefälliges Werk, über das ich nicht zu streng urteilen darf, da ich zu seinen Gunsten voreingenommen bin. Das Sibelius-Konzert bewundere ich nicht. Das gilt auch für Elgars Konzert – künstliche, überladene Musik, eine mißlungene Imitation des Brahms-Konzerts, das ja selbst schon eine nicht allzu gelungene Imitation des Beethoven-Konzerts ist.

Glasunows Konzert ist nicht unbedingt ein Meisterwerk, aber ich mag es. Leider ist es zu kurz. Als ich jung war, konnte man derart kurze Werke noch im Konzert spielen. Heute müßte man außerdem noch etwas wie das erste Konzert von Prokofjew (das ich für ein großartiges Werk halte) spielen. Dann jedoch würde das Programm zu lang werden. Für den Interpreten gibt es hier also ein Dilemma.

Ein wunderbares und sehr wirkungsvolles Stück ist das zweite Violinkonzert von Bartók. Ich habe eigentlich nur einen Einwand: Es ist zu improvisatorisch, geschrieben im Stil einer riesigen Kadenz. Die Form eines Violinkonzerts kann eigentlich beinahe unbegrenzt originell und innovativ sein, nur muß uns der Komponist davon überzeugen können, daß die Form neu ist und nicht nur ein konturenloses Gemisch mit wie auch immer vielen schönen ausdrucksvollen Momenten. In Alban Bergs Konzert spüre ich diese neue Form, nicht jedoch in dem Bartók-Konzert.

Ich bin voller Bewunderung dafür, wie Bartók, der ein glänzender Pianist war, in seiner Aufnahme von Beethovens *Kreutzer-Sonate* mit Joseph Szigeti Klavier spielt. Bartók interpretiert diese Musik übertrieben, mehr als Szigeti. Und damit hat er recht: Beethoven darf man nicht zu akademisch spielen. Die Musik wird sonst trocken und uninteressant. Das ist ein bißchen so wie bei Spaghetti: Immer wenn ich in einem Restaurant Spaghetti bestelle, bitte ich den Ober darum, daß man sie nicht völlig abtropfen lassen, sondern noch etwas Wasser dranlassen solle. Das Wasser vermischt sich dann nämlich mit der Butter und dem Käse, und das ist herrlich. Szigeti hatte allerdings Hemmungen, Beethoven »feucht« zu spielen.

Szigeti, den ich gut gekannt habe, war ein unglaublich gebildeter Musiker. Tatsächlich erwuchs seine Befähigung aus seiner Bildung. Wir hatten in Gstaad unsere Chalets nebeneinander. So konnte ich Szigeti üben hören, wobei er dieselben drei Töne ganz stur immer und immer wieder spielen konnte. Ich verstand nicht recht, was er damit bezweckte, er hatte offensichtlich aber ganz eigene Vorstellungen. Ich habe ihn immer bewundert, und er wurde von Musikern hochgeachtet. In seinen späten Jahren genoß er schließlich auch noch die Wertschätzung in der Öffentlichkeit, die er verdiente.

Ohne Zögern nehme ich Alban Bergs Konzert in meine Liste der großen Violinkonzerte auf. Ich habe Berg in Wien getroffen. Er war groß, gutaussehend und sehr zurückhaltend, wobei er mich durch diese Eigenschaft an Dmitri Schostakowitsch oder Rudolf Serkin erinnerte. Sein Violinkonzert, ein sehr wichtiges Werk, ist ein Requiem für eine junge Frau, die Berg geliebt haben muß. Sie starb an Kinderlähmung.

In den späten Dreißigern wohnte ich in Paris in einem kleinen Hotel. Dort besuchte mich öfter der amerikanische Geiger Louis Krasner. Obwohl er nicht gerade vermögend war, gab er bei Berg ein Violinkonzert in Auftrag (oder um es ganz unverblümt zu sagen: er kaufte es) und etwas später auch eines bei Schönberg. Krasner kam beinahe jeden Tag und spielte mir die beiden Konzerte immer wieder vor. Das Schönberg-Konzert mochte ich nicht besonders, während mich das Berg-Konzert faszinierte.

Damals veranstaltete der Musikwissenschaftler und Verleger Henry Prunières unter der Schirmherrschaft seiner Zeitschrift *Revue musicale* eine Reihe sehr angesehener Privatkonzerte. Sie waren das Pariser Gegenstück zu der Moskauer Konzertreihe von »Meschdunarodnaja Kniga«, in der Horowitz und ich die Violinkonzerte von Szymanowski und Prokofjew aufgeführt hatten.

In Prunières' Reihe spielte ich mit dem Pianisten Alexander Labinsky das Prokofjew-Konzert. Labinsky war mit der Tänzerin Olga Préobrajenska verheiratet. (Sie war viel älter als ihr Mann und betrieb in Paris eine Ballettschule.) Das Prokofjew-

Konzert wurde ein großer Erfolg; es ist ja auch ein relativ zugängliches Werk. Danach bat Prunières mich, in der Reihe der *Revue musicale* nochmals aufzutreten. »Es muß nicht unbedingt etwas ganz Neues sein, aber vielleicht doch ein Stück, das selten gespielt wird. Warum spielen Sie nicht zum Beispiel das Konzert von Karl Goldmark?«

Das Goldmark-Konzert wollte ich nicht unbedingt spielen. Immerhin war das Prokofjew-Konzert als eine Neuheit interessant, selbst noch mit Klavier anstelle eines Orchesters. Das Goldmark-Konzert jedoch würde nur mit Klavier viel verlieren. Ich sprach mit Krasner über meine Skrupel, worauf er plötzlich sagte: »Spielen Sie Berg! Inzwischen kennen Sie das Konzert besser als ich.« Als ich Krasner daran erinnerte, daß er für das Berg-Konzert die exklusiven Aufführungsrechte besitze, antwortete er: »Das ist doch überhaupt kein Problem. Ich spiele es mit Orchester. Sie führen es mit einem Pianisten in einem privaten Rahmen auf. Das ist etwas völlig anderes.«

Ich bereitete das Berg-Konzert mit einem sehr guten französischen Pianisten vor. Obwohl Berg den Franzosen damals ziemlich gleichgültig war, wurde sein Konzert im Zirkel um die *Revue musicale* verdientermaßen ein »Schlager«. Und ich war sehr froh darüber, eine weitere bedeutende zeitgenössische Komposition kennengelernt und studiert zu haben.

7.
Eugène Ysaye und
Königin Elisabeth von Belgien

Im Sommer 1926 – ich lebte damals in Paris – fuhr ich nach Belgien, um Eugène Ysaye zu sehen, den großen belgischen Geiger. Von seinen Konzerten in Odessa, die er dort vor der Revolution gegeben hatte, erinnerte ich mich an Ysaye und dachte mir: Ysaye ist ein wunderbarer Musiker, der offensichtlich sehr viel weiß. Er hat den Ruf, ein innovativer Künstler, ein mutiger Experimentator zu sein. Als erster hatte er die Franck-Sonate und Chaussons *Poème* gespielt. Das alles beeindruckte mich sehr. Ich wollte Ysaye dazu bewegen, mir seine Geheimnisse zu verraten und mir Ratschläge für meine weitere Entwicklung zu geben.

Ich reiste nach Zout sur Mer, um ihn zu treffen. Dieser Ort liegt an der Küste unweit von Ostende. Ysaye besaß dort eine Villa mit dem Namen »La Chantarelle«. Zout war ein eher häßlicher Ort. Aus irgendeinem Grund fuhren wohlhabende Leute dort gern hin. Man war in Zout stolz auf seinen »Helden«. (Die Straße, in der Ysaye wohnte, war Avenue Ysaye genannt worden.)

Ich ging ohne Voranmeldung zu Ysaye. Ich hatte Bedenken gehabt, seine Sekretärin würde mir antworten, ich solle zu Hause bleiben und den Meister in Ruhe lassen, falls ich versuchte, vorher einen Termin zu vereinbaren. Für die Reise hatte ich meinen letzten Centime ausgegeben. Als ich bei »La Chantarelle« anlangte, kam Ysayes Sekretärin an die Tür. Wie ich später erfuhr, war Jeanette, eine Amerikanerin aus Brooklyn, früher Ysayes Schülerin gewesen. Bald darauf sollte Ysaye sie heiraten.

Jeanette behandelte mich abweisend:»Der Maestro ist erschöpft, er ruht sich aus und kann Sie nicht sehen.« Ich erklärte ihr mein Anliegen und fügte hinzu, daß ich kein Geld habe, um nochmals zu kommen. Wir stritten einige Zeit miteinander. Plötzlich trat Ysaye aus dem Haus, ein riesiger Mann, völlig nackt.»Was soll der Lärm?« Er hatte nach dem Baden ein Schläfchen gemacht und war durch unsere Auseinandersetzung geweckt worden.

»Worum geht es denn?«

»Irgend so ein junger Bursche will Ihnen vorspielen...«

»Warum denn nicht? Spielt er schlecht, schicken wir ihn wieder weg.«

Ysaye war sehr verständnisvoll, obwohl er eben erst aufgewacht war. Er führte mich ins Haus und zog sich einen Bademantel an, der seinen ausladenden Körper nur mit Mühe bedeckte.

(Es gibt einen Unterschied zwischen einem starken und einem fettleibigen Menschen. Der russische Bassist Schaljapin zählte zur ersten, Ysaye zur zweiten Kategorie. Ich kannte Schaljapin. Er hatte einen gewaltigen, aber muskulösen Körper. Man hätte ihn als Modell für ein Standbild verwenden können. Ysayes schlaffer Körper hingegen wies auf exzessives Essen und Trinken hin.)

Ysaye setzte sich und fragte:»Was spielen Sie?«

»Was möchten Sie gern hören, Maestro?«

»Eine Caprice von Paganini!«

Ganz bescheiden fragte ich:»Maestro, welche der 24 würden Sie bevorzugen?« Und dann dachte ich plötzlich: Wirkt das zu arrogant? Doch wirklich, ich konnte es nicht anders sagen. In Rußland hatte es in meinem Leben praktisch keine Ablenkung gegeben – fast nie war ich ins Kino gegangen (das Fernsehen existierte noch nicht), und spezielle andere Vergnügungen gab es nicht. Also hatte ich eben Geige geübt! Die Capricen von Paganini hatte ich alle studiert, ebenso Bachs sämtliche Werke für Violine solo und vieles mehr.

Ysaye wollte die erste Caprice hören. Sie ist ziemlich schwer. Ich spielte sie. Dann bat er um die letzte, die 24. (auch nicht

gerade leicht). Ysaye hörte sie nicht bis zum Ende an. Er unterbrach mich und fragte:»Was spielen Sie von Bach?«
Als ich ihm hier ebenfalls die Wahl ließ, wollte er seinen Ohren nicht trauen. Er war skeptisch und ließ mich die Fuge aus der ersten Sonate spielen. Ich will nicht behaupten, daß ich die Fuge wirklich gut spielte. Aber es lief ganz ordentlich, als Ysaye mich wieder unterbrach und sagte:»Warum so schnell?«
»Möchten Sie es langsamer haben, Maestro?«
Hastig sagte Ysaye:»Nein.« Und dann:»Hören Sie, mein Junge. Was suchen Sie überhaupt hier? Sie spielen Paganini sehr gut, Bach ebenfalls. Was wollen Sie denn noch mehr?« Das war ein schönes Lob, aber ich war auch enttäuscht: Der Maestro schickte mich weg! Als Ysaye mein trauriges Gesicht sah, bekam er Mitleid.»Passen Sie auf, mein Junge: Kommen Sie heute abend zu mir. Dann machen wir ein bißchen Kammermusik.«

Der Maestro lud mich nicht zum Abendessen ein, obwohl mir eine solche Einladung sehr willkommen gewesen wäre – ich war kurz davor zu verhungern und hatte kein Geld; ein gutes und nahrhaftes Essen brauchte ich viel dringender als Kammermusik.

Als ich an diesem Abend um 21.30 Uhr in»La Chantarelle« eintraf, wurde ich in ein großes Zimmer geführt. Ganz eindeutig hatten dort etwa zehn Gäste gerade das Abendessen beendet. Überall häuften sich schmutzige Teller, außerdem Gläser und Tassen, in denen sich noch die Reste von Kaffee, Bier und Wein befanden. Ein gräßlicher Anblick, ein schrecklicher Geruch. Außerdem stank es nach Zigarren.

Ysaye drückte mir ein Instrument in die Hand.»Nehmen Sie dieses.« Ich dachte, er würde mir eine Geige geben. Doch es war eine Bratsche, die ich kaum halten konnte; sie war groß und schwer. Ysaye kommandierte:»Spielen Sie!« Es zeigte sich, daß er Quartett spielen wollte. Dazu brauchten sie noch einen Bratschisten. Ysaye spielte die erste Geige, die zweite Königin Elisabeth von Belgien, eine Amateurgeigerin und große Verehrerin Ysayes. An den Cellisten erinnere ich mich nicht mehr.

Ysaye ging mit Bratsche und Cello mühelos um. Offenbar

erwartete er von jedem Geiger, daß er diese Instrumente auch beherrsche. Und so gab er mir die Bratsche ohne jede Vorwarnung. Gut, daß ich seinerzeit in Odessa Bratsche gelernt und auch gespielt hatte – allerdings mehr zum Zeitvertreib. Das war in einem Quartett gewesen, das sich bei einem benachbarten Apotheker traf. Ich hatte auf der Bratsche sogar einige anspruchsvolle Stücke bewältigt, etwa das Streichquartett G-Dur von Beethoven.

Ysayes Bratsche jedoch war zu groß und zu schwer für mich. Sie war sehr unangenehm zu spielen, und so schaffte ich meine Stimme nur mit Mühe (ich erinnere mich, daß wir ein Quartett von Schumann spielten). Ich »überlebte« deshalb, weil alle mit großem Enthusiasmus drauflos spielten, mich kaum beachteten und mit ihren eigenen Schwierigkeiten beschäftigt waren. Zudem dachten sie offenbar, ich müsse, da ich noch jung sei, gut spielen; sie meinten, es sei wohl ihre Schuld, daß es mit Schumanns Musik nicht so recht klappen wollte. Es war jedoch meine Schuld, ich war derjenige, der jämmerlich versagte. Andauernd spielte ich falsche Noten.

Immer wenn wir mit einer Stelle Schwierigkeiten hatten, pflegte Ysaye der Königin Elisabeth einen kräftigen Schlag auf die Schulter zu geben und zu sagen: »Nicht nachlassen, ma petite!« (Er nannte sie »Kleines« und sie ihn »Papa«.) Jedesmal, wenn Ysayes schwere Pranke die Königin traf – sie war damals etwa 50 –, erstarrte sie vor Erregung. Für jemand, der nicht eingeweiht war, ein erstaunlicher Anblick. Ich riß die Augen auf und kapierte überhaupt nichts.

Natürlich verstand ich, was Ysaye und Elisabeth sagten. Ich hatte ja seinerzeit in Odessa etwas Französisch gelernt (wie ich schon erwähnte, hatten wir, als es uns noch gut ging, eine Erzieherin aus der Schweiz). Die Situation allerdings verstand ich nicht: Immerhin war Elisabeth Königin eines europäischen Landes! Und hier behandelte man sie – das sah ich mit eigenen Augen – wie eine ganz normale Frau...

Während wir spielten, schüttete Ysaye fortwährend Wein in sich hinein. Das verbesserte sein Spiel keineswegs. Seine Hände zitterten sowieso, und nach dem Wein...

Während dieser Jahre trat Ysaye als Geiger immer weniger auf. Und wenn er aufs Podium ging, so trat er immer seltener als der legendäre Meistergeiger und inspirierte Musiker in Erscheinung, der Bach, Beethoven und die Romantiker mit seiner berühmten Brillanz und Durchsichtigkeit gespielt hatte. Trotz alledem pilgerten die Geiger zu Ysayes Konzerten. Spielte er in Paris, so konnte man die gesamte Elite versammelt finden: Kreisler, Enesco, Thibaud. Sie gaben freimütig zu, daß Ysayes Stil sie beeinflußt habe – ja sie zu einer weniger strengen Interpretation mit freierem Vibrato und großzügigem Rubato ermutigt habe. Diese wunderbaren Geiger waren alle, so könnte man sagen, Ysayes Schüler im Geist. Ich weiß nicht recht, was sie vom Maestro hätten lernen können, wenn sie regulären Unterricht bei ihm genossen hätten. Ich selbst lernte leider praktisch nichts von ihm.

Anfangs war ich voller Enthusiasmus. Ich zog in eine kleine Pension bei Zout und ging sechs oder sieben Wochen lang ganz eifrig zum Unterricht beim Maestro. Ysaye allerdings erklärte mir so gut wie nichts. Ich kam mit dem Brahms-Konzert zu ihm. Ysaye interessierte sich überhaupt nicht dafür, wie ich spielte. Statt mein Spiel zu kontrollieren, nahm er seine Geige und spielte das Konzert mit mir durch, wobei er den Orchesterpart übernahm. Mit großer Begeisterung »sägte« er darauflos, wobei er die Flöte oder die Klarinette nachzuahmen versuchte, während ich schreckliche Kopfschmerzen bekam.

Um dieser Tortur ein Ende zu bereiten, erzählte ich Ysaye die Geschichte, wie es mir gelungen war, ihn vor der Revolution in Odessa spielen zu hören. Damals war es ganz unmöglich, für ein Ysaye-Konzert noch Karten zu bekommen – die Konzerte waren immer ausverkauft. Ich berichtete Ysaye davon, wie wir – seine jungen Fans – eine perfekte Technik entwickelt hatten, um ohne Karten in den Saal zu gelangen. Wie ich schon beschrieben habe, erschienen wir in einer größeren Gruppe. Die Hälfte von uns inszenierte dann einen lärmenden Auftritt, um die Polizei und die Türsteher so lange abzulenken, bis die übrigen in den Saal geschlüpft waren.

Ysaye mußte lachen, als er meine Geschichten hörte. Was ich ihm nicht erzählte: Ich konnte mich beim besten Willen nicht daran erinnern, wie er gespielt hatte. Ich wußte nur noch, daß ein gewaltiger, ungeheuer eindrucksvoller Mann mit einer Löwenmähne auf das Podium gekommen war. Alle hatten ganz hingerissen von ihm gesprochen, und ganz atemlos brachten sie heraus:»Oh, der große Ysaye!« Für mich war er eine aufregende Legende, ein Mythos gewesen. Und die Wirklichkeit? Nun, die Wirklichkeit war eher enttäuschend.

Auch andere kamen, um bei Ysaye Unterricht zu nehmen: ein Geiger aus Odessa mit Namen Woltschikis, eine gute amerikanische Geigerin namens Mitchell und William Primrose, der später ein berühmter Bratscher wurde. Damals spielte Primrose Geige. Er war ein wirklicher Virtuose und konnte alle Paganini-Capricen nur so herunterrasseln. Wenn er spielte, schien es, als wolle er sein Instrument buchstäblich in Stücke reißen. (Als wir uns einige Jahre später in Gstaad wiedertrafen, sagte ich zu ihm:»Auf einer Geige können Sie so nicht spielen. Auf der Bratsche allerdings wird das – Sie können es mir glauben – herrlich klingen.« Ob es auf meinen Rat hin passierte oder nicht, weiß ich nicht. Jedenfalls wechselte Primrose bald darauf zur Bratsche über.)

Als ich mit Ysaye zu arbeiten anfing, spielte ich auf einer Geige, die ich aus Odessa mitgebracht hatte. Sie war vom Bruder des legendären Odessaer Fliegers Utotschkin gebaut worden und war mit einem schrecklichen roten Lack überzogen. Das Holz darunter war hell wie bei Zündhölzern. Doch ich mochte dieses Instrument. Plötzlich – ich weiß nicht wie – verschwand Utotschkins Geige. Woltschikis gab mir eine andere Geige – »die Arbeit eines unbekannten Meisters«. Sie hatte einen gewaltigen Ton. Dieses Instrument spielte ich mit großem Vergnügen; ich gab damit sogar ein Konzert in Paris.

Einmal riß mir während des Unterrichts bei Ysaye eine Saite. Der Maestro lieh mir sein Instrument – eine Guarneri del Gesù. Damals konnte ich mit dieser Geige nichts anfangen. (Im allgemeinen glaube ich nicht daran, daß das Geschick eines Geigers von seinem Instrument abhängt. Ich zähle sozusagen nicht zu denen, die Geigen vergöttern.) Als der Sommer zu Ende ging, ließ mich Ysaye jedoch erneut auf seiner Guarneri spielen. Und plötzlich klang die Geige herrlich – wie bei Ysaye. Saftig, ganz frei und ausdrucksvoll, als ob ich in einem großen Saal spielen würde. Und selbst das kraftvolle Vibrato ähnelte Ysayes eigenem Vibrato. Ich weiß noch, wie ich bei mir dachte: Wenn ein großer Meister sehr lange auf einem Instrument gespielt hat, so übernimmt dieses sozusagen dessen künstlerische Eigenschaften. Wie seltsam...

Nun ja, ich habe von Ysaye, wie ich schon erwähnte, eigentlich kaum etwas gelernt, obwohl er sehr freundlich zu mir war. Er schenkte mir ein Photo von sich, auf dem er mitten in einem Weizenfeld steht, und signierte es mit einer Stelle aus einer seiner Sonaten für Violine solo. Außerdem gab er mir die Noten seiner Sonaten, signiert mit einem richtigen Päan (einer Art Preislied) mir zu Ehren. Das Photo und die Noten befanden sich in dem Koffer, den ich in Paris zurückließ, als ich 1939 in die USA reiste. Beides sah ich nie wieder...

Einige von Ysayes Sonaten für Violine solo habe ich immer wieder gespielt. Es gibt in ihnen Passagen mit sehr guter Musik. Eine Sonate mag ich besonders gern. Sie heißt *Malinconia*, ist Jacques Thibaud gewidmet und hat ein »Dies irae«-Leitmotiv. Mit Ysaye zusammen zu sein und mit ihm zu musizieren war eigentlich doch ein Vergnügen. Allein seine Gegenwart konnte schon inspirierend sein – dieser überbordende massige Mensch, der durch Musik in Bewegung geriet. Ysaye stimmte sogar seine Geige mit ungeheurem Temperament. Trotzdem brachte die ganze Geschichte mich nicht wirklich weiter, und so begann ich, ihrer überdrüssig zu werden. Eine Zeitlang hing ich noch bei Ysaye herum, dann kehrte ich nach Paris zurück. Freundlicherweise vergaß Ysaye mich nicht ganz und bat mich einmal sogar darum, in einem Konzert zu Ehren von Königin Elisabeth zu spielen, das er dirigierte.

In Belgien war Ysaye als Dirigent eine feste Größe. Er leitete außerdem mit Erfolg das Orchester in Cincinnati (Ohio). Die Musiker gaben immer ihr Bestes, wenn sie unter Ysaye spielten. In dieser Hinsicht konnte man den Dirigenten Ysaye mit

Alexandr Glasunow vergleichen. Er war allerdings weitaus temperamentvoller als dieser.

Nicht alles hinzunehmen, was einem der Lehrer sagt, das ist eine Kunst, die man lernen muß! Toulouse-Lautrec kam einmal zu Degas und bat ihn um Rat. Degas sagte ihm:»Verwenden Sie niemals Schwarz!« Toulouse-Lautrec befolgte diesen Rat nicht – und wurde berühmt. Immerhin habe ich mir einen Hinweis, den Ysaye so nebenbei machte, zu Herzen genommen und mein Leben lang befolgt. Er sagte:»Spielen Sie klassische Musik (eingeschlossen Barock und Mozart) niemals ›forte-fortissimo‹. Denken Sie daran: ›forte‹ bedeutet einfach ›nicht piano spielen‹; wenn ›piano‹ dasteht, dann sollten Sie nicht ›forte‹ spielen.« Damit hatte er recht, tausendmal recht! Barockmusik und die Musik der Klassik darf nicht zu laut oder zu leise gespielt werden. Auch nicht zu schnell.

Heutzutage sind Ensembles, die Barockmusik auf Originalinstrumenten spielen, ziemlich populär. Das Publikum bewundert sie. Es glaubt, es bekäme die Ergebnisse gründlicher Forschung zu hören, also Musik im Stil der Zeit. Meiner Meinung nach spielen derartige Ensembles zum Beispiel Bach häufig genug auf unglaublich fade Weise.

Nicht die Instrumente, auf denen gespielt wird, sind das eigentliche Problem, vielmehr die Auffassung der Musiker. Ich habe sehr gewissenhafte Musiker auf Originalinstrumenten gehört, die Barockmusik ziemlich geschmacklos gespielt haben, mit einem nervösen, hochromantischen Vibrato. Und dann diese verrückt schnellen Tempi! So wählt etwa James Galway, der einen wunderbaren Ton hat, in Bachs h-Moll-Suite (mit Flöte) ein aberwitziges Tempo, das die Musik völlig ad absurdum führt. Das Publikum jedoch gerät in Verzückung. Die Folge ist, daß man für Galway-Konzerte keine Karten bekommt...

Ysaye liebte die russische Musik, für die er tiefgehendes Verständnis hatte. Seine Interpretationen der Konzerte von Tschaikowski und Glasunow waren inspiriert und liebevoll. Die Canzonetta aus dem Tschaikowski-Konzert schätzte er besonders. Claude Debussy (der übrigens sein Streichquartett Ysaye gewidmet hatte) war es zu danken, daß die russische Musik damals bei der französischen Elite besondere Wertschätzung genoß.

Daß Debussy als junger Mann in Rußland gelebt hat, wird gern übersehen. Er gab den Kindern der berühmten Nadeschda von Meck Musikunterricht. Debussys Erfahrungen in Rußland müssen großen Einfluß auf seine Musik gehabt haben. Hören Sie sich *La Mer* an: Es erinnert an Rimski-Korsakows Oper *Sadko*. (Rimski-Korsakow war ein Genie, wenn es darum ging, das Element Wasser in der Musik einzufangen; eine Bestätigung hierfür ist *Scheherazade*. Ich fragte mich immer, woher dieser russische Komponist den Klang von Flüssen und brechenden Wellen in seiner Musik nahm.)

Oder denken wir an Mussorgski. Manche von Debussys Stücken scheinen nach dem Vorbild Mussorgskis gestaltet. Ein Beispiel ist»Chevelure« aus den *Chansons de Bilitis*. Allerdings ist bei Debussy der russische Einfluß sozusagen durch den feinen Filter französischen Geschmacks gegangen. Die Franzosen waren elegant und präzis, Feinheiten, die den Russen leider oft abgingen.

Königin Elisabeth war eine große Verehrerin der russischen Musik. Sie lebte, um näher bei Ysaye zu sein, in einem Palast zwischen Ostende und Brüssel. 1937 organisierte sie den Internationalen Ysaye-Violinwettbewerb, den David Oistrach gewann, wobei die vier weiteren sowjetischen Teilnehmer ebenfalls Preise errangen. In der Folge begeisterte sich Elisabeth so sehr für sowjetische Geiger, daß sie nach und nach zu dem Schluß kam, der Kommunismus könne, wenn er solche Musiker hervorbringe, doch nicht so schlecht sein. Ein Glück für Belgien, daß es keine absolute Monarchie ist. (Ich bezweifle allerdings, daß Elisabeth in Belgien kommunistische Experimente angestellt hätte; immerhin lernte sie Russisch.)

Manchmal traf ich Elisabeth und ihren Mann, König Albert, im Haus eines wohlhabenden Schweizers, Professor Kramer, der eine Fabrik für orthopädische Prothesen besaß. Er hatte sein Vermögen im Ersten Weltkrieg gemacht, als er Arm- und Beinprothesen herstellte. Seine Frau – Frau Professor Kramer

– war eine große Liebhaberin der Musik, und sie mochte Musiker. Zu meinem Freund aus Odessaer Tagen, dem Musikkritiker Baron Oskar von Riesemann, stand sie in einer platonischen Beziehung.

König Albert war eine eindrucksvolle Gestalt: schlank, braungebrannt, mit lockigem Haar. Ihn umgab die Aura eines »Märtyrer«-Königs. Diese war im Ersten Weltkrieg entstanden, als die Deutschen Belgien überfallen hatten. Die Beziehung zwischen Elisabeth und Albert war angenehm und entspannt. Sie gingen herzlich und sehr aufmerksam miteinander um. Anfangs konnte man kaum entscheiden, wer den Ton in der Familie angab. Derartige Dinge offenbaren sich in Nebensächlichkeiten und Details. Als Albert einmal nach dem Essen mit der Gabel in seinen Zähnen herumstocherte, gab Elisabeth ihm sofort einen Klaps auf die Hand: »Schäm dich, Albert!« Das war eine Szene aus einer bürgerlichen, nicht aus einer königlichen Familie.

Eines Tages nahm Albert mich beiseite und fragte mich im Vertrauen: »Meine Frau hat ein Faible für den russischen Cellisten Barschanski. Ist er ein guter Musiker?« Barschanski stammte aus einer Odessaer Goldschmiedfamilie. Meine wunderbare goldene Uhr hatte ich in deren Laden erworben. Barschanski war weder ein besonders gutaussehender Mann noch ein wirklich guter Cellist. Er und seine Frau, eine Bildhauerin, pflegten im königlichen Palast ein und aus zu gehen, als gehöre er ihnen. Mich überraschte, daß Elisabeth von ihm – als Musiker natürlich – so angetan war.

Selbstverständlich konnte ich meinen Landsmann bei König Albert nicht schlechtmachen. Also antwortete ich eher ausweichend: »Euer Majestät, ich habe Barschanski nie spielen hören; meine Kollegen sagen allerdings, er sei ein guter Cellist.« Offensichtlich war Albert mit meiner Antwort zufrieden.

Vielleicht kann ich Elisabeths Einstellung gegenüber Musikern so erklären: Da sie andauernd von Leuten umgeben war, die etwas von ihr wollten, sehnte sie sich nach einer Möglichkeit, dieser beklemmenden Atmosphäre zu entkommen. In der

Gesellschaft von Künstlern konnte sie sich erholen. Es war interessant und angenehm für sie, unter Künstlern zu sein.

Ich denke zurück an eine Gelegenheit, als mein Freund, der russische Musiker Issai Dobrowen, und ich in einer Runde zusammensaßen, zu der auch Elisabeth zählte. Sie bat uns:»Rauchen Sie, reden Sie, worüber Sie wollen, schweigen Sie, gehen Sie fort, und kommen Sie zurück. Beachten Sie mich überhaupt nicht. Vergessen Sie einfach, daß ich hier bin.« Obwohl dieser »Ausbruch« nicht nur gegen alle Regeln der königlichen Etikette, sondern auch gegen normale Regeln des Anstands verstieß, war er absolut aufrichtig gemeint. Elisabeth wollte, wenn sie unter Musikern war, einfach nur »eine von uns« sein.

Königin Elisabeth besuchte eigentlich jedes Konzert in Brüssel, in dem Geiger auftraten. Vor allem versäumte sie niemals die Konzerte von Interpreten, die in irgendeiner Beziehung zu Ysaye oder zu dessen Namen standen. Sie betrachtete sich als Ysayes Schülerin und ehrte sein Andenken.

Einmal (es war vor dem Zweiten Weltkrieg) spielte ich in Brüssel mit einem Orchester die Konzerte von Mendelssohn und Saint-Saëns. Mein Auftritt war der Abschluß des Konzerts (der Dirigent hatte nämlich befürchtet, die Leute würden den Saal verlassen, nachdem sie mich gehört hatten). In Brüssel war das Publikum damals nicht so kultiviert wie etwa das im nicht weit entfernten Amsterdam. Immerhin jedoch applaudierte man mir höflich. Ich spielte eine Zugabe, packte meine Geige ein und ging dann noch mal auf das Podium, um mich ein letztes Mal zu verbeugen.

Kommt ein Geiger ohne sein Instrument auf das Podium, so heißt das eigentlich für das Publikum: Jetzt kommt nichts mehr. Elisabeth allerdings dachte nicht daran, zu gehen; sie stand in ihrer Loge und applaudierte. Da die Königin den Saal nicht verließ, mußten auch die anderen Zuhörer bleiben. Die Leute standen da und klatschten eher müde, wobei sie erschöpft weniger das Podium als die königliche Loge im Auge behielten. Sie warteten auf die erste beste Gelegenheit, den Saal verlassen zu können. Als ich die Situation erkannt hatte, griff ich sofort nach der Geige eines Orchestermitglieds (das Orchester saß noch auf dem Podium) und begann eine weitere Zugabe zu spielen. Die Geige allerdings klang schrecklich!

Dies ist eines der Probleme, mit denen man als reisender Virtuose rechnen muß. Man kann nur beten, daß der Konzertmeister eine gute Geige besitzt, falls mit dem eigenen Instrument etwas passieren sollte. Als ich einmal in Los Angeles unter der Leitung des sehr fähigen Dirigenten Zubin Mehta das Brahms-Konzert spielte, mußte ich mittendrin die Geige des Konzertmeisters ergreifen. Zu meinem Glück war es eine Stradivari. So viel Glück hat man selten. Selbst im reichen Amerika ist die Qualität der Orchestergeigen, sieht man von den großen Städten ab, keineswegs überragend. Ich weiß noch, wie ich einmal mit dem New Jersey Symphony Orchestra spielte. Als mir eine Saite riß, erwies sich die Geige des Konzertmeisters als absolut unzulänglich. Ich mußte nochmals abbrechen und fragen, ob jemand unter den Orchestermitgliedern ein gutes Instrument besitze. Einer aus den zweiten Geigen, von Beruf Zahnarzt und sehr wohlhabend, hatte ein gutes Instrument – ich glaube, es war eine Guadagnini.

Nun zurück zu der Brüsseler Geschichte. Irgendwie kam ich mit der miserablen Geige doch noch zurecht. Als das Konzert vorüber war, begab ich mich, wie es die Etikette verlangte, in die königliche Loge. Elisabeth sagte: »Milstein, im Vergleich zu Ihrer Geige klang die andere wie eine Holzschachtel, über die man Bindfäden gespannt hat!«

Ich gab zur Antwort: »Eure Majestät, warum nur haben Sie die armen Leute dazu gezwungen, eine weitere Zugabe ertragen zu müssen?« Elisabeths Antwort war bemerkenswert: »Das habe ich mit Absicht getan. Die Zuhörer sind undankbar. Sie haben überhaupt kein Gefühl dafür, wieviel Musiker ihnen geben. Durch meinen Beifall zwinge ich das Publikum zu mehr Achtung.«

So trug Elisabeth dazu bei, daß gastierende Geiger gut aufgenommen wurden. Natürlich verhielt sie sich exzentrisch, ja sogar weltfremd. Doch was wäre die Welt ohne solche Don Quijotes – sowohl männliche wie weibliche? Elisabeths Hingabe an die Kunst des Geigenspiels war völlig selbstlos. So gesehen war sie vielleicht Ysayes beste Schülerin. Denn sie verinnerlichte seine Ideale und weihte ihr ganzes Leben der Musik.

Heutzutage kommen gekrönte Häupter oder Politiker selten zu Konzerten mit klassischer Musik. Erscheinen sie bei solchen Anlässen, so tun sie es gewöhnlich nicht der Musik wegen, sondern für einen wohltätigen Zweck, oder weil sie darin eine wichtige politische Geste sehen. Warum kann man klassische Musik nicht um ihrer selbst willen lieben? Wir leben doch im Zeitalter des Dilettantismus. Überall sind Dilettanten am Ruder – in der Kultur, in der Wirtschaft, in der Politik. Und sie tun alle so, als seien sie Profis.

An Königin Elisabeth denke ich jedoch mit großer Sympathie, obwohl sie auf dem Gebiet, das meinem Herzen am nächsten ist, Amateur war – auf dem Gebiet der Musik. Was sie anstrebte, war offensichtlich von der Reinheit des Herzens geprägt. So gut sie konnte, versuchte sie, den Geschmack ihrer Untertanen zu beeinflussen, um ihn zu verbessern. Vielleicht hätte sie damit sogar Erfolg haben können – gegen alle Widerstände. In dieser rauhen, zynischen und berechnenden Welt war Elisabeth eine Ausnahmeerscheinung, eine der wenigen. Sie liebte – so könnte man Stanislawskis Ausspruch abwandeln – die Musik, die in ihr war, und nicht sich selbst in der Musik. Und einen Teil dieser Liebe hat sie uns hinterlassen.

8.
Rachmaninow – wie ich ihn erlebt habe

Ich bewundere Rachmaninow sehr, und zwar sowohl den Interpreten wie auch den Komponisten. Er läßt als Komponist seinen Gefühlen freien Lauf und gestaltet seine Werke beinahe instinktiv, ähnlich wie Schubert. Manchmal sind seine Kompositionen – auch hier gibt es eine Parallele zu Schubert – zu lang. Da seine Emotionen jedoch ernsthaft und tiefgehend sind, sehe ich ihm dies bereitwillig nach. Und ich tue es, obwohl sicher irgendein Musikprofessor strenge Einwände geltend machen würde. (Die Franzosen etwa verstehen Rachmaninow oder Tschaikowski nicht. Hören die Leute in Frankreich, daß von der Straße her Musik erklingt, so schließen sie die Fenster. In Rußland hingegen reißt man sie nur noch weiter auf.)

An dieser Stelle muß ich eine Bemerkung über Tschaikowski einflechten. Ich halte ihn für einen genialen Komponisten und glaube, daß er, was sein Talent anbelangt, auf eine Stufe mit Beethoven gestellt werden könnte. Unglücklicherweise waren seine Kompositionen – Tschaikowski ist hier ein typischer Russe – nicht so gut durchgestaltet wie die Beethovens oder anderer deutscher Komponisten.

Diese Eigentümlichkeit läßt sich auch für Rachmaninow festhalten. Manchmal scheint es, als seien seine Kompositionen allzu melodienselig. Um die Schönheit dieses Überflusses an Melodien richtig würdigen zu können, muß man eine Affinität zu den russischen Volksliedern haben. Ich wurde in Rußland geboren und habe ein Gespür dafür, was an ihnen schön ist. Russische Musiker haben deshalb auch eine besondere Beziehung zu Rachmaninow. Das erklärt auch, warum gerade

Horowitz so kraftvolle Interpretationen des dritten Klavierkonzerts von Rachmaninow oder seiner übrigen Klavierwerke
gelangen: etwa der *Etudes-tableaux*, der *Moments musicaux*, der
Préludes oder der zweiten Sonate (in der der Komponist persönlich Horowitz zu einigen Strichen autorisierte). Natürlich
geht es nicht nur darum, woher man stammt. Eine besonders
wichtige Rolle spielt auch die Übereinstimmung in den »emotionalen Profilen« der Musik und des jeweiligen Interpreten.
Das zweite Klavierkonzert von Rachmaninow schätze ich
besonders. Es ist ein Meisterwerk. Wie herrlich ist schon der
Anfang! Je öfter man das Stück hört, desto mehr entdeckt man
darin. Nicht nur der Klavierpart ist das Werk eines Genies,
auch der Orchesterpart ist vorzüglich. Oder denken wir an
Rachmaninows gewaltiges Stück für Orchester, Chor und Ge-
sangssolisten, *Die Glocken* (nach dem Gedicht von Edgar Allan
Poe). Oder an seine drei wunderbaren Symphonien – jede ein
Epos, majestätisch und monumental. Bruckner mag tiefgründiger sein, Rachmaninow ist gefühlvoller und natürlicher.
   Als Interpret war Rachmaninow hingegen sehr analytisch.
Die Form seiner eigenen Werke war über jeden Tadel erhaben,
wenn er sie selbst interpretierte. Rachmaninows Überlegenheit als Pianist gestaltete diese Form. Er errichtete das Gebäude eines Stückes geradewegs vor unseren Augen – mit
uneingeschränkter Eindringlichkeit. Natürlich half ihm dabei
seine überragende Technik – ein unglaublich kräftiger Ton,
eine enorme Bandbreite der Dynamik und ein Rhythmus, der
zugleich unerbittlich und hypnotisierend flexibel war.
   1915 in Petersburg hörte ich Rachmaninow zum erstenmal.
Er spielte sein zweites Klavierkonzert. Dies war bei einer Matinee. Im Publikum saßen viele Kinder, die wie ich mit ihren
Müttern gekommen waren. Ich sah mich allerdings überhaupt
nicht im Saal um, denn Rachmaninow zog mich sofort, als er
aufs Podium kam, in seinen Bann. Er wirkte furchtbar ernst, ja
sogar finster. Man konnte beinahe meinen, er sei noch nicht
richtig wach. Er ließ sich auf dem Klavierhocker nieder und
starrte das Publikum unter seinen starken Augenbrauen heraus an. (Wie ich noch erfahren sollte, eine typische Manie von

ihm.) Es schien, als wolle er prüfen, ob auch alle Karten verkauft worden seien. (Das war damals jedenfalls der Eindruck, den ich hatte.) Offensichtlich hatte er keine Eile, das Konzert zu beginnen. Nach einigem Nachdenken kam er wohl zu dem Schluß, daß sein Klavierhocker zu weit weg vom Flügel stehe. Er beschloß, ihn näher heranzurücken. Deshalb packte er den Flügel und versuchte, den Hocker, auf dem er sitzen blieb, näher an den Flügel zu ziehen. Statt dessen jedoch rollte der Flügel auf ihn zu. Das Publikum, bereits voll atemloser Spannung, wagte sich kaum zu bewegen. Danach hätte Rachmaninow eigentlich überhaupt nicht mehr spielen müssen, denn man hätte ihn schon jetzt mit Beifall überschüttet. (Kam Schaljapin in der Todesszene von *Boris Godunow* auf die Bühne, so war die Wirkung ähnlich, noch bevor er »Haltet ein, noch bin ich der Zar!« überhaupt gesungen hatte.)

Viele Jahre später erzählte ich Rachmaninow davon, wie ich ihn als Kind hatte spielen hören und wie er das Publikum für sich gewonnen habe, ohne einen Ton zu spielen. Er mochte diese Geschichte und lachte herzlich darüber. Denn trotz seines finsteren Aussehens war Rachmaninow ein heiterer Mensch. Das kann man auch aus seiner Musik heraushören. In ihr gibt es ungeheuer lyrische Momente, wenn, wie ich es ausdrücken würde, seine Seele singt. Und dann gibt es Stellen, die seinen Humor spüren lassen. Er hatte es gern, wenn man ihn aufheiterte. Ich habe ihn tief verehrt und brachte ihn gern zum Lachen.

Ich lernte ihn 1931 kennen, als ich 27 war. Oskar von Riesemann, mein alter Freund aus Odessa, den ich wiedertraf, als ich in die Schweiz kam, machte uns miteinander bekannt. In der Schweiz kannten alle Musiker Riesemann. Als ich mich den Sommer über in Gstaad aufhielt, rief er an und kam mit dem Auto herüber, um mich zu sehen.

Rachmaninow lebte in Hertenstein am Vierwaldstätter See, Riesemann in Kastanienbaum, etwa 40 Autominuten von Rachmaninows Villa »Senar« entfernt. Er war nicht nur mit Rachmaninow befreundet, sondern veröffentlichte später auch ein

Buch mit dem Titel *Rakhmaninoff's Recollections*. Riesemann nahm Rachmaninow mit in mein Konzert, und diesem, so erinnere ich mich, gefiel mein Spiel. Jedenfalls war ich danach häufig bei ihm zu Gast. Ich weiß noch, wie ich Rachmaninow damit erheiterte, daß ich Geschichten über mein Glück im Spiel erzählte. Und wirklich, ich gewann überall, ob bei Black Jack, bei Roulette und vor allem bei Carambolle. Carambolle unterscheidet sich von Roulette dadurch, daß es statt 36 nur 9 Zahlen gibt. In Montreux und Lausanne durfte man höchstens zwei Franken setzen. Gewöhnlich gewann ich jeden Abend zwischen 75 und 100 Franken, indem ich nur auf die Vier oder die Sieben (meist auf die Sieben) setzte. Wenn ich dann ins Hotel »Excelsior« zurückkehrte, in dem ich wohnte, klimperte ich wie der große Gewinner mit den Silbermünzen in meiner Tasche. Für Rachmaninow waren meine Geschichten vom Glücksspiel herrliche Unterhaltung.

Als ich einmal in Luzern spielte, kam Riesemann mit Rachmaninow, dessen Frau, der Tochter Tatjana und deren Mann Boris Conus zum Konzert. Sie hatten vor dem Konzert zu Abend gegessen. Nach dem Essen hatte Rachmaninow kurz im Kasino vorbeigeschaut. Dort hatte er nach meinem System auf die Sieben gesetzt und einen Haufen Geld gewonnen. Nach dem Konzert kam Rachmaninow ins Künstlerzimmer und klimperte in Siegerpose mit dem Silbergeld in seiner Hosentasche.

In diesem Konzert spielte ich Bachs Partita E-Dur für Violine solo. Offensichtlich war meine Interpretation der Anlaß dafür, daß Rachmaninow von einigen Sätzen (Preludio, Gavotte, Gigue) eine wunderbare Klavierbearbeitung machte, die er später als Suite veröffentlichte.

Eines Tages sagte Rachmaninow zu mir:»Natan Mironowitsch, ich werde ein Konzert in Paris geben. Bei dieser Gelegenheit will ich das Bach-Preludio in meiner Bearbeitung zum erstenmal öffentlich spielen. Sie müssen kommen und es sich anhören. Und in der Pause sagen Sie mir dann, was Sie davon halten.« Was war ich stolz! Tagelang sah ich auf alle Leute von oben herab und vermied es, mit irgend jemand zu sprechen: Rachmaninow wollte wissen, was *ich* von *seinem* Stück hielt. Ich ging also in das Konzert und hörte sehr aufmerksam zu, war sozusagen ganz Ohr. Eine Passage in der Bearbeitung des Preludio gab es, die mir nicht zusagte; ich fand, sie klänge nicht genügend »bachisch«.

Nach dem ersten Teil des Konzerts ging ich, Rachmaninows Bitte folgend, ins Künstlerzimmer zu ihm. Und plötzlich wurde mir bange. Ich hatte Angst, ihm die Wahrheit zu sagen. Aber ich konnte sie ihm auch nicht verschweigen. Nur, was sollte ich sagen? Ganz verlegen fing ich an: »Sergei Wassiljewitsch, ich habe einige Vorbehalte. Im Preludio, so scheint mir, gibt es eine chromatische Sequenz, die einfach nicht ganz richtig klingt...« Ärgerlich unterbrach mich Rachmaninow: »Fahren Sie zur Hölle!«

Alter Junge, dachte ich, das nimmt ein böses Ende. Natürlich nahm ich seine Aufforderung nicht wörtlich. Aber es war ungemütlich, in Rachmaninows Nähe zu bleiben. Die Chance, daß es zu einer Szene kommen würde, war groß...

Im Anschluß an das Konzert gab Rachmaninows Tochter eine Essenseinladung. Eigentlich wußte ich nicht, ob ich überhaupt hingehen sollte. Mein Gott, Rachmaninow mußte mich jetzt doch hassen! Seine Frau Natalija Alexandrowna bemerkte, daß ich noch immer im Theater war und ziemlich verzweifelt aussah. Sie kam zu mir herüber: »Kommen Sie doch mit uns. Sergei Wassiljewitsch wollte Sie ja nicht verletzen. Er war einfach nur aufgeregt nach seinem Spiel.« Ich ging also doch hin, allerdings mit einem Gefühl, als müsse ich aufs Schafott oder zu einem Verhör bei der sowjetischen Tscheka. Nach meinem Eintreffen verzog ich mich in eine Ecke, denn ich fürchtete Rachmaninows Zorn.

Alle seine Freunde waren da: die Komponisten Glasunow, Medtner, Gretschaninow und Julius Conus (der Vater von Boris). Zunächst schien es mir, als sei Rachmaninow noch immer schlechter Laune. Nach dem Essen jedoch rief er mich zu sich in die Bibliothek: »Kommen Sie, kommen Sie, Natan Mironowitsch!« Ich fühlte mich wie neugeboren.

In der Bibliothek entwickelte sich ein Gespräch. Rachmaninow wandte sich zunächst an Glasunow:»Sascha, haben Sie in meiner Bach-Bearbeitung irgendeine ungeschickte chromatische Sequenz bemerkt?« Offenbar hatte Glasunow während des Konzerts nicht allzu konzentriert zugehört. Nein, Glasunow hatte nichts dergleichen registriert. Dann fragte Rachmaninow Medtner:»Nika, und Sie?« Medtner muß eher an das Essen und den Wein nach dem Konzert gedacht haben. Ihm war auch nichts aufgefallen. Ich war also der einzige gewesen, der wirklich mit Interesse zugehört hatte. Und ich kannte die Partita ja auch sehr gut, weil ich sie selbst spielte. Jetzt war ich natürlich überhaupt nicht mehr so sicher, daß meine Beobachtung richtig war – vielleicht war ich durch Leopold Godowskys Bearbeitungen verdorben worden, und mein schlechter Geschmack hatte mir einen Streich gespielt.

Immerhin konnte ich sehen, daß Rachmaninow nicht länger mit mir zürnte und daß er mich auch nicht mehr zur Hölle wünschte. Ich war sehr erleichtert. Nach dem Essen ging ich zurück ins Hotel»Majestic« an der Avenue Kléber – Rachmaninow wohnte ebenfalls dort. Dann verließ ich das Hotel nochmals, um mir ein Exemplar der *Poslednije nowosti* zu holen. Das war eine Zeitung in russischer Sprache, die von dem Emigranten Pawel Miljukow herausgegeben wurde. Als ich zurückkam, sprach der Portier mich an:»Monsieur Rachmaninow bittet Sie in seine Suite.«

Ich machte mir Sorgen: Wenn er nun erneut auf mir rumhacken würde? Vorsichtig öffnete ich die Tür zu seiner Suite – nur ein bißchen, ohne mich schon hineinzuwagen –, da rief er schon:»Kommen Sie rein, kommen Sie rein! Sie hatten recht.« Ich war außer mir vor Freude.

In Rußland war Rachmaninows Ruf als musikalische Autorität ungeheuer groß – und zwar in einem solchen Maß, daß Vladimir Horowitz und ich, als wir ihn kennenlernten, dies als unglaubliches Glück ansahen. Er war ein Klassiker wie Bach oder Beethoven. Und da waren wir nun und trafen uns mit ihm, musizierten mit ihm und hatten viel Spaß zusammen.

In der Schweiz besuchten wir Rachmaninow häufig, meist

gegen vier Uhr nachmittags. Wolodja bereitete Rachmaninow großes Vergnügen, wenn er die verschiedensten Pianisten imitierte. So spielte er zum Beispiel die Rolle des ältlichen Ignacy Paderewski, wie dieser aufs Podium kommt und den Flügel nicht findet oder überlegt, wohin er gehen soll. Dabei machte er die ganze Zeit über ein sehr beunruhigtes Gesicht. Die Darstellung war ziemlich realistisch; ich hatte Paderewski selbst so erlebt. (Ich denke zurück an ein Konzert in Dallas: teure Eintrittskarten, viele Menschen. Paderewski irrte genauso auf dem Podium herum, wie Horowitz es gespielt hatte. Dann setzte er sich an den Flügel. Er begann zu spielen – es war aber nichts zu hören. So leise spielte er... Eine Dame in meiner Nähe seufzte vor Wonne: »Wie göttlich!«)

Auch den wichtigtuerischen Artur Schnabel parodierte Horowitz. Oder Walter Gieseking: wie Gieseking seine Arme für einen kräftigen Einsatz hebt, sie mit aller Macht auf die Tasten fallen läßt und nur ein Mezzoforte herausbringt.

Rachmaninow liebte diese Horowitzschen Imitationen – aber nur so lange, bis Wolodja ihm seine Rachmaninow-Parodie vorspielte. Wolodja trat auf, vornübergebeugt, schwerfällig die Füße über den Boden schleifend. Dann setzte er sich und rieb mit einer charakteristischen Geste sein Gesicht. Rachmaninow war beleidigt. Und das war ein Spaß für sich.

Ich erinnere mich noch an eine weitere Situation, in der Rachmaninow sich sehr ärgerte – dieses Mal über mich und Gregor Piatigorsky. Wir hatten beschlossen, Rachmaninow einen Streich zu spielen. Wir gingen also zu ihm und sagten ihm, daß wir vorhätten, ihm ein neues Duo des zeitgenössischen italienischen Komponisten Gian Francesco Malipiero vorzuspielen. Ich wußte, daß Malipiero Opern schrieb, und kannte seine Bearbeitungen von Monteverdi und Vivaldi; allerdings hatte ich keine Ahnung, ob er jemals ein Duo für Violine und Violoncello geschrieben hatte.

Wir begannen also nach einem vorher verabredeten Konzept zu improvisieren. Grischa Piatigorsky fing an, etwas im Stil von »Rezitativ und Fantasie« zu spielen; ich spielte dazu eine chromatische Begleitung (das funktioniert immer und klingt nicht zu dissonant, weil man noch nicht sagen kann, wohin es führen wird). Längere Zeit alberten wir so herum. Es klang gut, sogar sehr gut. Schließlich beschloß Piatigorsky, daß es an der Zeit sei, der Sache ein Ende zu machen, und führte die Melodie behutsam in höhere Regionen. Ich zog nach und fügte noch etwas hinzu. So gelangte ich in derart hohe Tonbereiche, daß ich nicht mehr wußte, was als nächstes zu tun sei. Ich brach in ein hysterisches Gelächter aus, es war schrecklich.

Schweigend erhob sich Rachmaninow und verließ das Zimmer. Er war offensichtlich beleidigt. Für den Rest des Abends erschien er nicht mehr. Er wollte uns nicht mehr sehen. Natürlich kam er schließlich darüber hinweg und vertrug sich wieder mit Grischa und mir. Derartige Dinge pflegte Rachmaninow ziemlich schnell zu vergessen.

Einmal bereitete ich Rachmaninow damit Vergnügen, daß ich Wolodja Horowitz durch den Kakao zog. Hier also die Geschichte: Wir saßen alle drei in Horowitz' New Yorker Haus in Riverdale. Das Thema unserer Unterhaltung war, ob zu häufiges Konzertieren für einen Interpreten schädlich sein könne. Ich behauptete, es sei schädlich. Rachmaninow stimmte mir zu. Horowitz vertrat die Meinung, an häufige Auftritte könne man sich gewöhnen. »Man kann sich auch an Fehler gewöhnen«, warf ich ein. Spielt man ein Stück immer wieder, so »überspielt« man es gewissermaßen und hört auf, sich dabei selbst zu kontrollieren. Ich wandte mich an Horowitz: »Nimm zum Beispiel dich. Du hast sehr viel Temperament, und manchmal, wenn du eine bestimmte Wirkung erzielen willst, verlierst du gleichsam die Kontrolle über dich.«

»Wo verliere ich die Kontrolle?« rief Horowitz ärgerlich.

Ich machte den Vorschlag, Horowitz solle Rachmaninow zeigen, wie er eine bestimmte Stelle im ersten Klavierkonzert von Tschaikowski zu spielen pflegte. »Dort hast du eine Art Anfall wie ein Epileptiker«, sagte ich und machte Wolodja dabei nach, wie er krampfhaft den Rhythmus übersteigert. (Wie viele große Künstler spielte Horowitz häufig nicht das, was in den Noten stand. Manchmal war das brillant, manchmal nicht.)

Natürlich übertrieb ich maßlos, als ich seinen »Fehler« darstellte. Es sollte lustig sein und Rachmaninow zum Lachen bringen. Wolodja wehrte sich und behauptete, das Ganze sei eine Erfindung von mir. Er spiele nie so. Rachmaninow sagte:»Warum darüber streiten?« Er wandte sich an Horowitz:»Wladimir Samoilowitsch, ich weiß, daß Sie von allen Werken, die Sie spielen, Aufnahmen machen. Man sagt mir, daß Sie das Tschaikowski-Konzert zweimal aufgenommen haben. Lassen Sie uns doch die Platten hören.« Wir spielten die beiden Aufnahmen von Horowitz. Ohne Zweifel, sein Spiel klang so, wie ich es vorgemacht hatte. Das freute Rachmaninow:»Ich wußte, daß Natan Mironowitsch sich nicht irren würde. Er hat ein gutes Ohr.« Dachte er dabei vielleicht an die Pariser Episode mit dem »Preludio« von Bach, als er sich so über mich geärgert hatte? Oh, Rachmaninows Anerkennung und sein Vertrauen versetzten mich in den siebten Himmel.

Vor einer Aufführung seiner *Rhapsodie über ein Thema von Paganini* mit dem Philadelphia Orchestra unter Stokowski bewies er mir dieses Vertrauen erneut. Rachmaninow gab mir die Orchesterstimmen für die Geigen und Bratschen und sagte: »Richten Sie die Stimmen so ein, daß die Musiker sich nicht beklagen – schreiben Sie die Strichbezeichnungen so hinein, daß es für die Musiker angenehm ist.« Ich ging mit Eifer an die Arbeit und gab die eingerichteten Stimmen Rachmaninow zurück.

Nicht viele Leute wissen, daß Kussewizki, als er sich 1924 um die Position des Chefdirigenten beim Boston Symphony Orchestra bewarb – Pierre Monteux hatte diese Position vorher einige Jahre innegehabt –, einen sehr starken Konkurrenten hatte. Die Bostoner dachten ganz ernsthaft daran, Rachmaninow zu holen. Dann allerdings – so lautete damals ein weit verbreitetes Gerücht – spendete Kussewizkis Frau dem Orchester eine große Summe – und dies in einem entscheidenden Moment. Ergebnis war, daß Kussewizki die Stelle bekam.

Nun könnte man meinen, daß diese Aktion der Kussewizkis für Rachmaninows Karriere in Amerika ein schwerer Schlag gewesen sei. Darüber diskutierte ich einmal mit Piatigorsky.

Wir kamen zu dem Schluß, daß es im nachhinein ein Segen gewesen sei. Dirigenten gibt es viele, einen Rachmaninow nur einmal. Wäre er Chefdirigent geworden, hätte Rachmaninow mit großer Wahrscheinlichkeit sein Klavierspiel einschränken müssen. Außerdem hätten ihn die Vorstandsmitglieder des Boston Symphony Orchestra mit ihren Vorstellungen zum Etat und zu den Programmen sicher an den Rand der Verzweiflung gebracht. Für die Musik insgesamt war es ein Segen, daß Rachmaninow weiterhin uneingeschränkt als Pianist aktiv war.

Rachmaninows Frau Natalija Alexandrowna konnte allerdings schon aus Prinzip Kussewizki diese Sache nicht vergeben. Als Rachmaninow starb und sein Leichnam von Kalifornien nach New York überführt wurde, erschien Kussewizki zum Begräbnis. Die Beziehungen zwischen Kussewizki und Rachmaninow waren immer eher kühl gewesen. Hier nun tat Kussewizki so, als übermanne ihn die Trauer. Er schluchzte demonstrativ.

Natalija Alexandrowna geriet außer sich: »Was für ein Clown! Diese Schlange von Kussewizki. Er hat den Nerv, zum Begräbnis zu kommen – und das nach allem, was mit dem Boston Symphony Orchestra passiert ist!«

Als ich Rachmaninow zum erstenmal begegnete, war er fast 60. Betrachtete man ihn, so hätte man meinen können, daß er eigentlich keine Nahrung zu sich nahm, so dünn und »ausgetrocknet« war er. Dennoch sah er gut aus – natürlich nicht wie Gary Cooper, eher wie ein russischer Edelmann. (Rachmaninows Großvater war ein berühmter zaristischer General gewesen, Kommandeur des Kadettenkorps in Petersburg.)

Rachmaninow war großgewachsen. Obwohl er nicht so riesig war wie sein Freund Schaljapin, sah er beeindruckend aus. (Das hatte auch mit der Art zu tun, wie er seinen Kopf hielt, ja mit seinem ganzen Auftreten. Königin Elisabeth zum Beispiel war nicht sehr groß, doch sie überragte gleichsam alle, wenn sie erschien.) Manchmal dachte ich, Rachmaninow erinnere mich an Alexandr Kerenski, der nach dem Sturz des Zaren russischer Regierungschef geworden war. Kerenski floh später aus Rußland und ging in die USA. Ich traf ihn am Oberlin College in Ohio. Er hatte die gleiche ausgefallene Gesichtsform und den gleichen Kurzhaarschnitt wie Rachmaninow. Allerdings wirkte Rachmaninow eher wie ein Künstler. Die leichte Schrägstellung seiner Augen ließ einen vermuten, daß unter seinen Vorfahren Tataren gewesen sein müssen.

Rachmaninow erschien immer im selben Anzug. Er rauchte Sano-Zigaretten und benutzte dazu eine gläserne Zigarettenspitze. Irgendwann gab es eine hysterische Diskussion darüber, wie gefährlich das Rauchen von Sano sei. Trotzdem ließ sich Rachmaninow nicht davon abbringen, weiter seine Lieblingssorte zu rauchen. Er reagierte auf die Sache dadurch, daß er nun jede Zigarette halbierte. Natürlich rauchte er später auch die andere Hälfte, aber alle inklusive Rachmaninow glaubten, er rauche jetzt weniger.

Immerhin vergrößerte er so den Zeitraum zwischen den Zigaretten. Daraus machte er ein Ritual. Er machte aus allem, was er tat, ein Ritual, und alles, was er tat, war irgendwie attraktiv. Das lag an seinen erstaunlichen, wunderbaren Händen: Sie waren groß, kräftig und sehr schön.

Rachmaninow konnte mit jeder Art von Maschine umgehen. Und er fuhr sehr gern Auto. »Ich kann 1000 Kilometer am Steuer sitzen, ohne müde zu werden«, brüstete er sich gern. Zu seinen Konzerten in Europa (und später auch in Amerika) reiste er gern mit dem eigenen Auto an. Jedes Jahr kaufte er sich einen neuen Cadillac oder Continental – also die teuersten Autos überhaupt. (Er konnte sie sich leisten.) Das tat er, weil er keine Lust dazu hatte, sich mit Reparaturen herumärgern zu müssen. Man brachte das »alte« Auto zum Händler, Rachmaninow zahlte noch 1500 Dollar drauf und bekam ein neues.

Auf die Uferbefestigung, die er in seinem Anwesen »Senar« am Vierwaldstätter See hatte bauen lassen, war er besonders stolz. Das Rudern war eines seiner bevorzugten Hobbys. Ich wohnte damals in Bürgenstock auf einer Anhöhe. Rachmaninow kam einige Male mit dem Ruderboot zu mir zu Besuch.

(Später, als er einmal eine Photographie für mich signierte, nannte er den Ort Regenstock statt Bürgenstock. Er tat das, weil es offensichtlich immer geregnet hat, wenn er mich besuchen kam.) Rachmaninow nahm Horowitz und mich gern mit auf eine Bootsfahrt. Es machte ihm besonderes Vergnügen, das Boot in der Mitte des Sees anzuhalten und dann aufzustehen, um die Aussicht zu genießen. Jedesmal schwankte das Boot schrecklich, und ich bekam panische Angst, weil ich fürchtete, wir würden alle ertrinken. Das kümmerte Rachmaninow überhaupt nicht.

Vor der Revolution hatte Rachmaninow in Rußland auf einem großen Landgut gelebt. Auch in der Schweiz blieb er ein leidenschaftlicher Gärtner. Er züchtete etwa eine exotische schwarze Rose. Sie war wunderschön, obwohl sie nicht wirklich schwarz, sondern von dunklem Burgunderrot oder dunklem Purpurrot war. Diese Züchtung war ein großes Ereignis. Photographen kamen, und Photos von der Rose erschienen in Zeitungen und Zeitschriften. Doch weil die Rose so dunkel und die Photos in Schwarzweiß waren, konnte man kaum erkennen, was so Besonderes an der Rose sein sollte.

Rachmaninow besaß einen Sinn fürs Geschäftliche. Andauernd investierte er in alle möglichen Unternehmungen. Natürlich hatte er in geschäftlichen Dingen seine Berater. Jeder Künstler, der viel Geld verdient, wird ja von Leuten geradezu belagert, die ihm Ratschläge geben wollen, wie er sein Geld anlegen solle. Rachmaninow allerdings nahm sich die Zeit und hatte die Geduld dazu, die Ratschläge zu durchdenken und entsprechend zu handeln. Darin war er eher eine Ausnahmeerscheinung.

Um sich zu entspannen, brauchte Rachmaninow keine besondere Art von Unterhaltung. Er konnte sich wie ein Kind an den einfachsten Kleinigkeiten erfreuen und an allem möglichen Krimskrams seinen Spaß haben. Er spielte gern Poker und fand Vergnügen daran, anderen Leuten in die Karten zu sehen. Dazu pflegte er vom Spieltisch aufzustehen, um die Mitspieler herumzugehen, sich über sie zu beugen und zu sagen:»Ehrlich, ich sage nichts, ich sage niemand etwas!«Ihm lag nicht soviel daran, zu gewinnen. Wenn Horowitz mit uns spielte, sah er den anderen Spielern ebenfalls in die Karten. Er brauchte das, weil er gewinnen wollte. Rachmaninow hingegen hatte ganz einfach nur seinen Spaß.

Als herausragender und berühmter Künstler hatte Rachmaninow weibliche Fans in Hülle und Fülle. (Ich erinnere mich, daß er mir einmal erzählte, er liebe Frauen in schwarzen Strümpfen.) Zu Hause allerdings war seine Frau Natalija Alexandrowna die absolute Herrscherin. Sie schirmte ihn ab und tat dies mit viel Würde und Taktgefühl. Mit einer solchen Frau an seiner Seite konnte Rachmaninow manchmal so tun, als sei er ein Lamm, obwohl er doch eine Löwe war. Und es gab durchaus Gelegenheiten, bei denen er seine Krallen zeigte.

Von einer derartigen Situation erzählte mir Piatigorsky. Er musizierte mit dem jungen polnischen Pianisten Karol Szreter in einem Berliner Salon. Rachmaninow war ebenfalls anwesend. Szreter hatte vor, Rachmaninow nach dem Konzert anzusprechen und ihn nach seinen Eindrücken zu fragen. Piatigorsky warnte ihn:»Das würde ich lieber nicht tun. Es könnte ja sein, daß Rachmaninow Ihnen die Wahrheit sagt!« Piatigorsky wußte, daß Rachmaninow mit Lob eher geizte – ein schlichtes »gut« war eigentlich das höchste Lob, das man aus seinem Mund erwarten konnte.

Szreter jedoch mußte ganz einfach wissen, was Rachmaninow dachte. Zitternd vor Aufregung ging er zu ihm und fragte: »Sergei Wassiljewitsch, wie habe ich gespielt?« Die Antwort war kurz und treffend:»Sehr schlecht.«

Ich erinnere mich an eine andere Geschichte. In Amerika, wo Rachmaninow seit 1939 lebte, bestand eine Dame darauf, daß ich sie dem Maestro nach einem Konzert in Chicago vorstellen solle. Ich versuchte, ihr klarzumachen, daß Rachmaninow nach einem Konzert immer sehr müde sei und daß sie sicher mit ihm nicht das »musikalische Gespräch« werde führen können, das sie sich erhoffte. Wie recht ich hatte! Ich war gerade im Künstlerzimmer, als die Dame hereinplatzte. Rachmaninow saß in einem tiefen Sessel, den Kopf auf der Brust;

seine schweren Arme hingen locker herunter, er ruhte sich aus. Sie näherte sich ihm, und ich sagte achselzuckend:»Sergei Wassiljewitsch, ich möchte Sie mit Frau N. bekanntmachen. Sie ist eine begeisterte Musikliebhaberin.« Ohne seinen Kopf zu bewegen und ohne seine Augen zu öffnen, erhob sich Rachmaninow nur ein wenig aus seinem Sessel und bot ihr seine lange Hand an.»Wie geht es Ihnen?« sagte er in seinem schwerfälligen Englisch. Dann sank er zurück in den Sessel. Die Audienz war beendet. Hinter Rachmaninows Rücken gab ich der verdutzten Dame durch eine Grimasse zu verstehen:»Ich habe es Ihnen ja gleich gesagt.«

Der engere Kreis um Rachmaninow war ziemlich klein. Das Zentrum bildete natürlich seine Familie, seine Frau und die beiden Töchter. Irina, die ältere, war mit dem Fürsten Wolkonski verheiratet. Leider starb er sehr früh. Das war eine schreckliche Tragödie. Boris Conus, der Mann der jüngeren Tochter Tatjana, war eine eher farblose Figur.

Einer von Rachmaninows engsten Freunden war Nikolai Medtner. Rachmaninow schätzte ihn als Pianisten und Komponisten sehr. Ich habe seine ausgezeichnete Violinsonate mit Riesemann gespielt. Auch Medtners Klaviermusik kannte ich ziemlich gut, denn Horowitz war von ihr begeistert. Er spielte Medtners Klavierkonzert und seine *Märchen* für Klavier, von denen einige wirklich hinreißend sind. Obwohl ihre Qualitäten unbestritten sind, ist Medtners Musik heute leider nicht mehr bekannt. Ich habe vor, eines seiner *Märchen* für die Geige zu bearbeiten. Heifetz hat das auch schon versucht, allerdings war er dabei nicht sehr erfolgreich, denn in seiner Bearbeitung singt die Geige nicht.

Auch Medtner hatte, wie Rachmaninow, Rußland wegen der Bolschewiken verlassen. So gut er konnte, versuchte Rachmaninow ihn zu fördern, indem er mithalf, für Medtner Konzerte in den USA und anderswo zu organisieren.

Rachmaninows Cousin Alexandr Siloti war ein weiterer Emigrant, den Rachmaninow unterstützte. In Rußland war er ein bekannter und gutsituierter Pianist und Dirigent gewesen. Siloti war einer von Liszts Lieblingsschülern. Es ging das Gerücht, er sei dessen unehelicher Sohn. Und wirklich erinnerte Siloti im Profil an Liszt. Ich glaube, er war sehr stolz auf diese Ähnlichkeit und besonders auf ein Muttermal auf seiner Wange, das Liszt auch hatte.

Ich traf Siloti mehrfach in der New Yorker Wohnung des Steinway-Repräsentanten Alexander Greiner. Dieser war ebenfalls mit Rachmaninow befreundet. Bei Steinway gab es eine Tradition, berühmten Musikern Flügel zu überlassen, meist sogar unentgeltlich. Das macht man natürlich wegen der Werbung. Damals gehörte dies zu Greiners Aufgabengebiet. (Ich brauchte in dieser Zeit unbedingt eine Stradivari, aber bei Steinway hatte man zu meinem Leidwesen keine zu vergeben.)

Rachmaninow, der wunderbare Lieder geschrieben hat, hatte auch Sänger zu Freunden. An eine Sängerin erinnere ich mich vor allem, nämlich an die gutaussehende, großgewachsene und schlanke Nina Koshetz. Sie sah aus wie ein Gemälde des russischen Malers Filip Maljawin – oder auch wie eine würdevolle Ausgabe der Schauspielerin Dagmar Godowsky, der Tochter des berühmten Pianisten (sie war zeitweise die Freundin Strawinskys). Ich traf Nina Koshetz in Paris, wohin sie aus Moskau gezogen war. Sie war eine herausragende Sopranistin. Rachmaninow, der ganz hingerissen von ihr war, widmete ihr seine unsterbliche *Vocalise*.

Einer von Rachmaninows berühmtesten Freunden war der Bassist Fjodor Schaljapin. Diese beiden musikalischen »Giganten« bewunderten sich gegenseitig. Rachmaninow sprach über »Fedja«, wie er Schaljapin nannte, mit außergewöhnlicher Zärtlichkeit. Schaljapin war eine derart imposante Erscheinung von Mann, daß es schon ein Erlebnis war, ihn nur zu sehen.

Ich sehe Schaljapin vor mir, wie er den Boulevard des Madeleines entlangspazierte. Vor jedem Schaufenster blieb er stehen und betrachtete die Auslagen durch sein Monokel. Schaljapin glich einem wandernden Denkmal. Wo immer er auftauchte, war er eine Sensation. Alle, ob jung oder alt, drehten sich nach ihm um: Wer nur war dieser ungewöhnliche

Mann? Und ich muß zugeben, daß Schaljapin, der auf der Bühne und im wirklichen Leben ein großer Künstler war, auch alles tat, um Aufmerksamkeit zu erregen. Besonders gern trug er bunte, helle Krawatten zu einem weißen Panama-Anzug, außerdem einen schweren Spazierstock. Wie ein riesiger Marsmensch zog er die Menschen in seinen Bann.

Ich war einmal in Schaljapins Haus in Passy, in der Rue Renoir. Sein Sohn Boris, ein guter Freund von mir, hatte mich dorthin eingeladen. Boris entwickelte sich zu einem ausgezeichneten Porträtmaler. Später malte er auch meine Frau Thérèse. Als er nach Amerika ging, gestaltet er Hunderte von Titelseiten für das Magazin *Time*. Während meiner New Yorker Zeit saßen Boris Schaljapin, Balanchine und ich häufig bis drei Uhr nachts im »Russian Tea Room«.

Schaljapin der Ältere war, wie Rachmaninow, ein höchst eigenwilliger Künstler. Er gestaltete ein Werk so, wie er es für richtig hielt. Dabei ließ er Kompositionen als genial erscheinen, die dies eigentlich nicht waren. So hörte ich zum Beispiel, wie Schaljapin Kirchenmusik von Alexandr Gretschaninow interpretierte. Schaljapin sang so göttlich, mit solch dramatischer Wucht, daß man völlig erschlagen war. Ich bin durchaus nicht sicher, daß diese Musik, wenn jemand anderer sie vortrüge, die gleiche Wirkung haben würde.

Einmal hörte ich Schaljapin in der Salle Pleyel in Paris anläßlich eines Wohltätigkeitskonzerts für bedürftige russische Emigranten. Die Zeitungen machten für das Konzert damit Reklame, daß sie ankündigten, Schaljapin würde Lieder und Arien singen, die das Publikum sich wünschen könne. Und wirklich enthielt das Programmheft ungefähr 300 Kompositionen, aus denen das Publikum durch Zuruf seine Wahl treffen sollte.

Es zeigte sich allerdings, daß Schaljapin keineswegs die Absicht hatte, das Programm nach Lust und Laune des Publikums zu gestalten. Er verfolgte eine ganz andere Strategie. Nehmen wir einmal an, er hatte eigentlich vor, das *Flohlied* von Mussorgski zu singen. Da konnten Zurufe aus dem Publikum kommen, die Beethovens *In questa tomba oscura* oder Rachmaninows

Flieder verlangten. Schaljapin verharrte dann eben so lange mit majestätischer Ruhe auf dem Podium und betrachtete das Publikum, bis jemand rief:»Das *Flohlied*!« Dann verkündete er mit seinem wohltönenden Baß:»Ich vernehme, daß das *Flohlied* gewünscht wird.« Das Publikum verstummte schlagartig, denn alles, was Schaljapin sang, wurde zum geschliffenen Diamanten. So bekamen die Leute am Ende doch Schaljapins»Schlachtrösser« zu hören. Und natürlich regte sich niemand darüber auf, daß man eigentlich durch einen Werbegag ausgetrickst worden war. Schaljapin und Rachmaninow standen politisch sehr weit rechts. Beide hatten in Rußland durch die Revolution ein beträchtliches Vermögen verloren. Im Westen mußten sie praktisch völlig von vorn anfangen. Da beide große Künstler waren, erlangten sie erneut finanzielle Unabhängigkeit. Allerdings hatten sie auch keine Lust, diese durch eine weitere Revolution wieder zu verlieren. Zudem waren sie beide ausgesprochen unabhängig, in ihrer Arbeit und durch ihr Temperament. Keiner hätte geduldet, daß sich eine Regierung in seine künstlerischen Angelegenheiten einmischt.

Schaljapin und Rachmaninow blieben, obwohl sie das sowjetische Regime haßten, entschiedene russische Patrioten, ja beinahe Chauvinisten. An den russischen Wurzeln und dem russischen Charakter ihrer Kunst kann es keinen Zweifel geben. In der Sowjetunion verstand man das sehr rasch. In den ersten Jahren der Revolution war das Regime Schaljapin und Rachmaninow feindlich gesinnt. Sie waren schließlich ja »weiße Emigranten«. Diese Feindseligkeit ließ mit der Zeit nach. In den dreißiger Jahren kehrte Rachmaninows Musik nach und nach in die Moskauer Konzertsäle zurück.

Rachmaninow stand der Tatsache, wieder Persona grata zu sein, eher zwiespältig gegenüber. Das berühmte Gesangs- und Tanzensemble der Roten Armee war mehrfach in Paris aufgetreten – mit Werken von Rachmaninow im Programm. In diesen Jahren allerdings hätte Rachmaninow gegen seine politische Überzeugung gehandelt, wäre er zu einem Konzert der singenden und tanzenden Rotarmisten gegangen, obwohl er wirklich gern erlebt hätte, wie sie seine Werke aufführten. Über Musik sprach Rachmaninow nicht gern. Dennoch versuchte ich, sooft ich ihn traf, ihn dazu zu bringen, über Musik zu reden. Für mich war er eine überragende Autorität. Seine Ansichten über Dinge, in denen ich mich unsicher fühlte, waren für mich sehr wichtig. Manchmal waren seine Antworten kurz und rätselhaft, immer jedoch höchst anregend.

Zum Beispiel fragte ich Rachmaninow einmal, was er von Mussorgskis *Boris Godunow* halte. Seine Antwort:»Wunderbare Musik, aber nicht russisch.« Zuerst war ich irritiert: Wie konnte Mussorgski für Rachmaninow nicht in ausreichendem Maße russische Musik sein? Schließlich fand ich heraus, was er meinte. Offenbar war er mit den orientalischen Motiven im *Boris* nicht einverstanden. Nehmen wir zum Beispiel die berühmte Arie des Mönchs Warlaam,»Kak wo gorode bylo wo Kasani« (Hört, was einst in der Stadt Kasan geschehen) – sie hat doch eine unglaubliche Ähnlichkeit mit dem Chor der Polowetzer Frauen aus Borodins *Fürst Igor*. Und dieser Chor ist ein ganz eindeutiges Beispiel für»orientalische« Musik.

Rachmaninow lehrte mich, Musik sehr genau zu hören, die verschiedensten Verbindungslinien und Einflüsse in ihr aufzuspüren. Einen Musiker, der sich auf solche Spurensuche begibt, erwarten die erstaunlichsten Entdeckungen.

In diesem Zusammenhang erinnere ich mich daran, wie mein Pianist Tasso Janopulo und ich Beethovens *Kreutzer-Sonate* probten. Das war in Paris in der Rue du Faubourg Saint-Honoré. Ein herrlicher Fleck, eine stille Sackgasse, in der Künstler und Filmstars lebten. Da es später Juni und ziemlich warm war, öffneten wir ein Fenster – hinaus auf einen langen Innenhof.

Gegenüber wohnte der gefeierte französische Schauspieler Louis Jouvet. Er hatte einen exotischen Diener – einen Türken, der einen Fez trug. Wir probten also die *Kreutzer-Sonate* und hatten gerade das charakteristische letzte Thema der Exposition des ersten Satzes erreicht, als uns plötzlich der türkische Diener über den Hof zurief:»Sie spielen ja Musik meines Volkes!« Wie aus heiterem Himmel hatte er ein Tamburin in der Hand. Und er sang und tanzte, wobei er den Rhythmus auf dem Tamburin schlug.

Zunächst waren Tasso und ich ganz überrascht, dann jedoch hatte ich das Gefühl, daß das Thema irgendwie türkisch klingt. Deshalb ist es übrigens auch so unangenehm zu spielen. Wir haben uns so daran gewöhnt, es im Zusammenhang der Beethoven-Sonate zu hören, daß uns seine exotischen Wurzeln nicht auffallen.

Die *Kreutzer-Sonate* und andere Beethoven-Sonaten habe ich auch mit Rachmaninow gespielt. Interessanterweise gab Rachmaninow zu, daß er die *Kreutzer-Sonate* nicht mochte. Er machte Scherze über eine junge Geigerin, die ihm seinerzeit in Moskau nachgelaufen sei. Sie wollte die *Kreutzer-Sonate* für ihn spielen, doch er war ihr aus dem Weg gegangen.

In Chicago waren Rachmaninow und ich einmal bei Dr. Maurice Cottle und seiner Frau, der Pianistin Gitta Gradowa, eingeladen. Rachmaninow hatte beide sehr gern und schätzte die Gradowa als gute Musikerin. An diesem Abend war er bester Laune. Sein Ritual war bereits abgelaufen: Er hatte schon seinen Wodka gehabt und eine Sano-Zigarette in zwei Hälften gebrochen. Da sah er, daß die Noten der *Kreutzer-Sonate* auf dem Flügel lagen. (Ich hatte das Stück für ein bevorstehendes Konzert mit dem Pianisten Artur Balsam geprobt.) Rachmaninow fragte mich ganz überraschend:»Haben Sie Ihre Geige hier?« Als ich ihm sagte, daß meine Geige natürlich hier sei, schlug er vor, die *Kreutzer-Sonate* zu spielen.

Wir gingen den ersten Satz durch, und danach konstatierte Rachmaninow:»Dieser Beethoven war ein guter Komponist. Er wußte, was er wollte, und setzte das sehr präzise um. Manchmal hat er wohl die falschen Tempi vorgeschrieben. Vielleicht auch deshalb, weil das Tempo eine relative Angelegenheit ist, die vom Metronom, also einer Maschine, abhängt. Die Noten selbst sind seine ureigene Leistung, sie kommen aus ihm selbst und sind deshalb mit äußerster Genauigkeit notiert.«

Anschließend spielten wir die ganze Sonate. Ganz offensichtlich kannte Rachmaninow das Stück sehr gut. Er spielte grandios, beinahe so, als komponiere er diese Musik gerade. Dabei gestaltete er die Form ganz frei und hob überraschende Details hervor. Das war ein unvergeßliches Erlebnis.

Einige Dinge, die er mir anschließend erklärte, habe ich nie wieder vergessen. Zum Beispiel das Tutti im Klavier im ersten Satz, das er sehr zart spielte – ich bekam eine Gänsehaut dabei. Oder das Tremolo am Ende des ersten Satzes, das er in eindrucksvoller Weise dazu benutzte, um die folgende Choralpassage vorzubereiten.

Ich muß gestehen, daß ich den zweiten Satz nicht für besonders aufregende Musik gehalten habe, bevor ich die *Kreutzer-Sonate* mit Rachmaninow spielte. Der zweite Satz hat die Form von »Thema und Variationen«. Aus irgendeinem Grund spielen alle das Thema rascher als die Variationen. Allerdings sind die Variationen in raschem Tempo besonders wirkungsvoll – das ist ihre Besonderheit. Unter Rachmaninows Händen perlten sie wie Champagner. Alles näherte sich mehr und mehr sozusagen dem Siedepunkt – und dann leitete er über zum Finale, das er gegen jede Tradition ziemlich langsam spielte.

In Rußland – er war dort als Komponist sehr populär – spielte er praktisch nur seine eigenen Werke. Deshalb hatte er, so paradox es klingen mag, das traditionelle Klavierrepertoire nicht »drauf«, als ich ihm im Westen begegnete. Er mußte Beethoven und sogar Chopin einstudieren, weil das westliche Publikum zu Klavierabenden nicht kam, die nur aus seinen Werken bestanden. Rachmaninow scheute sich in keiner Weise, Ratschläge seiner großen Kollegen Leopold Godowsky und Joseph Hofmann zu erbitten. Er schätzte beide sehr.

Jeder Musik, die er noch nicht kannte, begegnete Rachmaninow mit großer Neugier. Ich weiß noch, wie ich ihm einmal Pergolesis Sonaten für zwei Violinen in der Bearbeitung für Violine und Klavier zeigte.

Zu dieser Bearbeitung gibt es eine Geschichte. Der exzellente Musiker und Fachmann für alte Musik Alessandro Longo besuchte in Neapel eines meiner Konzerte. Danach nahm er mich in ein Museum mit, in dem Notenmaterial mit früher italienischer Musik lag, darunter auch Manuskripte von Pergolesi. Ich blätterte sie durch und rief aus:»Warum nur bearbeitet niemand diese Sonaten für Violine und Klavier!« Longo machte sich sofort an die Arbeit. Rachmaninow und ich spielten die Pergolesi-Sonaten durch. Er war von der Musik und von Longos Bearbeitung begeistert. Longo hatte wirklich hervorragende Arbeit geleistet. Selten klingen Violine und Klavier so gut zusammen. Diese Musik wurde später sehr populär, und Strawinsky verwendete sie für sein Ballett *Pulcinella*. Auch Schuberts Sonatinen für Violine und Klavier spielten wir miteinander. Rachmaninow liebte die erste besonders – sie ist die schlichteste und vollkommenste. Er schrieb eine Bearbeitung des Schubert-Liedes»Wohin?« aus dem Zyklus *Die schöne Müllerin*, doch sie war nicht so interessant wie seine Bearbeitungen anderer Komponisten. Etwa seine Neufassungen von Kreislers *Liebesleid* und *Liebesfreud* für Klavier, die brillant sind. Eigentlich muß ich sogar sagen, daß jede Interpretation, die Rachmaninow von irgendeinem Stück eines anderen Komponisten bot, auf eine Art von Bearbeitung hinauslief. Denn er veränderte sehr viel. Nur selten wurde er dafür kritisiert, da er es so überzeugend tat.

Beethoven zum Beispiel spielte er sehr russisch, doch es regte sich niemand darüber auf. Selbst der berüchtigte Purist Artur Schnabel pflegte zu sagen:»Der einzige, der Beethoven – außer mir natürlich – gut spielt, ist Rachmaninow.« Rachmaninows Beethoven war sozusagen muskulös – ein bißchen grob, mit einem pockennarbigen Gesicht und bekleidet mit einem zerknitterten Arbeitsgewand.

Oder etwa Schumanns *Carnaval*, ein Stück, das üblicherweise wie eine Partie Pingpong gespielt wird. Selbst bei Arthur Rubinstein klingt es eher oberflächlich. Rachmaninows *Carnaval* jedoch wirkt wie eine Folge von großartigen Bildern, von luxuriösen, beeindruckenden Gemälden: geheimnisvolle Damen, extravagante Herren, die gesamte Epoche der Romantik.

Und wie Rachmaninow erst einen Walzer oder eine Mazurka von Chopin spielte – wie Dschingis-Khan, wie ein Kosak mit blankem Säbel! Unter den Händen anderer Pianisten zerfällt Chopins *Fantaisie* in Einzelteile. Rachmaninow hingegen gestaltete sie wie Michelangelo aus einem einzigen Marmorblock. Spielte er den Trauermarsch aus der Chopin-Sonate, klang es ganz anders als das, was in den Noten steht, aber nicht weniger großartig. Der letzte Satz hörte sich wie das Rauschen des Windes auf einem Friedhof an. Auch hier schuf Rachmaninow ein trauriges Gemälde, eine ganze Landschaft der Romantik. Welche Kraft der Vorstellung er besaß.

Obwohl seine Plattenaufnahmen herrlich sind, vermitteln sie doch keinesfalls den ganzen Zauber seines Klavierspiels. Unglücklicherweise war damals der technische Standard der Aufnahmen im Vergleich zu heute armselig. Dazu erzählte mir Rachmaninow folgende Geschichte: 1940 nahm er sein drittes Klavierkonzert mit Eugene Ormandy und dem Philadelphia Orchestra auf. In der Überleitung zum dritten Satz hat das Klavier eine riesige Kadenz mit einem großartigen Lauf über alle Tasten. Rachmaninow klagte: »Von diesem Lauf machte ich 15 Aufnahmen. Alles klappte prima, nur dieses abschließende B-Dur nicht. Also vertagten wir den Lauf auf den nächsten Tag... Zu Hause übte ich wie verrückt. Am nächsten Tag war die B-Dur-Stelle in Ordnung, der Rest des Laufs jedoch war eine Katastrophe.« Heutzutage hätten die Aufnahmetechniker das Problem für Rachmaninow geregelt. Die moderne Plattenindustrie hat unzählige Tricks auf Lager.

Es war gar nicht leicht, mit Rachmaninow ins Gespräch zu kommen. Ganz in seinem Innersten war er ein sehr verschlossener Mensch. Manchmal schien es, als würde ihn überhaupt nichts interessieren. Es gab Gelegenheiten, da hatte Wolodja Horowitz richtig Angst davor, mit ihm zu reden. Rachmaninow war so etwas wie ein Gott für ihn. Er bewunderte ihn grenzenlos. Und diese Bewunderung war es auch, die ihn zögern ließ, ein Gespräch zu beginnen. Ich hingegen versuchte immer, Rachmaninow zum Lachen zu bringen. Mit der Zeit entstand zwischen uns eine Beziehung, die unkomplizierter war als die zwischen ihm und Horowitz. Dabei war es sicher von Vorteil, daß ich Geiger war, was von vornherein die Möglichkeit berufsbedingter Eifersucht ausschloß. Ja, man muß es sagen: Rachmaninow war auf Horowitz eifersüchtig!

Er pflegte zu sagen, daß Wolodja sein drittes Klavierkonzert besser spiele als der Komponist. Allerdings glaube ich nicht, daß Rachmaninow das wirklich ernst meinte. Er hätte diese Ansicht sonst wohl nicht geäußert. Immerhin war es besser für ihn, dies selbst zu behaupten, als es von anderen hören zu müssen. (Rachmaninow äußerte darüber hinaus die Überzeugung, daß der Pianist Benno Moiseiwitsch, den er sehr schätzte, seine *Rhapsodie über ein Thema von Paganini* besser spiele als der Komponist.)

Die Gelegenheiten, bei denen ich mit Rachmaninow oder für ihn spielte, sind mir unvergeßlich. Ich glaube sogar, daß die Zusammenkünfte mit uns Rachmaninow ein bißchen Freude bereiteten. Wenn er uns – also Wolodja Horowitz, Gregor Piatigorsky und mich – zu sich bat, dann wünschte er sich fast immer, daß wir für ihn spielten. Und dann waren üblicherweise keine anderen Gäste da.

Einmal kamen Piatigorsky und ich nach Hertenstein, um ihn zu besuchen. Es war, wie meist, gegen 16 Uhr. Allerdings waren wir nicht angemeldet. Piatigorsky hatte sein Cello dabei, ich meine Geige. Ein Diener öffnete uns die Tür:»Still, still, der Maestro schläft...« Nach seinem russischen Mittagessen machte Rachmaninow gewöhnlich einen Mittagschlaf. Im Haus herrschte dann völlige Ruhe.

Auf Zehenspitzen gingen Piatigorsky und ich ins Wohnzimmer. Dort sahen wir auf dem Notenständer die Blätter mit Rachmaninows *Vocalise* liegen, die wir beide sehr gut kannten. Ohne lange zu diskutieren, packten wir unsere Instrumente aus und begannen im Stehen die *Vocalise* zu spielen – sehr leise, unisono mit einer Oktave Abstand.

Plötzlich kam Rachmaninow ins Zimmer. Er war noch ganz verschlafen und sah mit seinem Stiftenkopf und dem gestreiften Pyjama mit hochgestelltem Kragen aus wie ein Sträfling. Ohne ein Wort zu sagen, ging er zum Flügel und begleitete uns stehend – und ganz wunderbar. Als wir fertig waren, verließ

Rachmaninow das Zimmer – immer noch schweigend, aber mit Tränen in den Augen.

Über diese Geschichte sprachen wir nie mit ihm – wir trauten uns nicht. Allerdings sprach mich später, in New York, Alexander Greiner von »Steinway« darauf an: »Milstein, was haben Sie bloß mit Rachmaninow gemacht? Er muß immer daran denken, wie Sie und Piatigorsky seine *Vocalise* gespielt haben. Und er sagt, es sei ganz wunderbar gewesen.« Das war, kam es doch, wenn auch aus zweiter Hand, von Rachmaninow, ein unvorstellbar großes Lob.

Es ist zu schade, daß Rachmaninow nie eine Violinsonate geschrieben hat. Beim zweiten Nachdenken meine ich jedoch: Vielleicht ist es besser so. Hätte er eine Sonate komponiert, so hätte ich sie sicherlich auch gespielt. Und wegen der gewaltigen Klavierbegleitung würde man mich nicht gehört haben. Denken Sie nur an seine Cellosonate, in der das Cello buchstäblich in einer Lawine von Klavierklängen untergeht.

Als Horowitz, Piatigorsky und ich wieder einmal bei Rachmaninow saßen, fragte ich den Komponisten, warum er nicht für die Geige schreibe. Rachmaninow antwortete mit strenger Miene: »Warum soll man für die Geige komponieren, wo es doch das Cello gibt?« Seine Cellosonate schrieb er für seinen Freund, den Cellisten Anatoli Brandukow. Diese Freundschaft war vermutlich der eigentliche Grund dafür, daß er das Cello der Geige vorzog.

Die Musik einiger russischer Komponisten ist im Westen nur wenig bekannt. Die großen Symphonien und die Quartette Alexandr Borodins zum Beispiel werden selten gespielt. Für Rachmaninow stimmt diese Feststellung jedoch nicht. Seine Werke waren und sind bis heute ungeheuer populär. Mehr und mehr Leute scheuen sich nicht einzugestehen, daß sie Rachmaninow mögen.

Das eigentliche Problem liegt darin, daß Rachmaninow lange Zeit in dem Ruf stand, sentimentale Musik, Salonmusik zu schreiben – also fast geschmacklose Musik. So gesehen hatte er ein ähnliches Schicksal wie Chopin, der früher als »Komponist für Gouvernanten« galt. Bis vor kurzem wurde etwa auch Mahlers Musik für geschmacklos gehalten. Und welchen Ruf hat er jetzt! Nach meinem Gefühl ist Rachmaninow ein besserer Komponist als Mahler, der oft oberflächlich, ja hohl klingt. Bei Rachmaninow kommt alles aus dem Herzen. Leider gibt es heutzutage Musikliebhaber, die vor einer Musik, die aus dem Herzen kommt, zurückschrecken. Vorurteile und Moden sind jedoch einem Wandel unterworfen. Eine Kunst, die voll von wirklichen Gefühlen ist, wird Bestand haben. So wird auch Rachmaninow Bestand haben, denn er ist in der Musik des 20. Jahrhunderts eine legendäre Größe. Rachmaninow schuf seinen eigenen Mythos. Derartige Mythen gibt es heute nicht mehr.

9.
Strawinsky und seine Interpreten

Igor Strawinsky ist für mich eine tragische Figur. Ich halte ihn für einen großen Komponisten, allerdings auch für einen Mann mit großen Brüchen in seiner Persönlichkeit.

Sein Violinkonzert habe ich als einer der ersten Interpreten gespielt, außerdem einige Violintranskriptionen seiner Werke. Wir trafen uns ziemlich häufig, besonders vor Beginn des Zweiten Weltkriegs – in Paris, Berlin und, aus irgendeinem Grund, ziemlich oft in Venedig. Und wir hatten alle möglichen Gespräche miteinander – ernsthafte und vergnügliche.

(Die Erfahrung zeigt, daß etwas im Umgang mit Komponisten besonders wichtig ist: Man muß großzügig mit Komplimenten sein. Und dabei spielt es keine Rolle, ob man die Musik der Komponisten gut kennt oder nicht. Man kann einen Komponisten mit einer Frau vergleichen. Egal, ob sie eine großgewachsene Schönheit oder eine kleine, weniger attraktive Frau ist: Sage ich ihr, »Sie haben einen hübschen Hut!«, so habe ich sie schon für mich gewonnen, und sie ist mit sich und mit mir zufrieden. Genauso ist es bei den Komponisten: Selbst ein Lob durch die Blume macht sie glücklich. Strawinsky war hier keine Ausnahme.)

Als ich von Rußland nach Westeuropa ging, fiel es mir nicht leicht, Strawinsky gegenüber eine eindeutige Position zu beziehen. Er war so wetterwendisch und drehte sein Fähnchen immer nach dem Wind. Aus diesem Grund wurde eine Unterhaltung so wichtig für mich, die ich in den frühen Dreißigern mit Rachmaninow über Strawinsky hatte.

Ich fragte Rachmaninow: »Was halten Sie von Strawinsky?«

Er antwortete:»*Feuervogel* und *Pétrouchka* liebe ich sehr. Einfach genial! Doch danach kamen artifizielle Werke. Zum Beispiel *Les Noces* – da gibt es viele gute Stellen, besonders die, die auf russische Volkslieder zurückgehen. Doch im ganzen ist es eben ein artifizielles Stück. Und dann dieses schreckliche *Apollon musagète*!«

Rachmaninows Worte hatten einen starken Einfluß auf mich – und das gilt bis heute. Denkt man an seinen Rang und seine Autorität, so war Rachmaninow der richtige Mensch, einem die Wahrheit über Strawinsky zu sagen. Ich allerdings war damals noch ein junger Geiger und scheute mich deshalb, diese Wahrheit auszusprechen, obwohl ich in vielem mit Rachmaninow einig war. Seine Worte brachten mich dazu, mir in der Einschätzung Strawinskys eine eigene Meinung zu bilden, wobei ich das, was gerade Mode war, unbeachtet ließ.

Die Beziehung zwischen Rachmaninow und Strawinsky war schwierig. Obwohl sie doch beide russische Komponisten waren, repräsentierten sie unterschiedliche Richtungen. Rachmaninows Wurzeln lagen in Moskau, die von Strawinsky in Petersburg. Strawinsky äußerte sich über den Komponisten Rachmaninow mit erheblichem Sarkasmus. Natürlich erfuhr Rachmaninow umgehend von Strawinskys bissigen Bemerkungen. Er zog es allerdings vor, Strawinsky nicht öffentlich zu kritisieren. In unseren Gesprächen jedoch wiederholte er immer von neuem:»Strawinsky hat seine Genialität verloren.«

Man sagte mir, Rachmaninow und Strawinsky hätten später ihren Streit beigelegt, wenigstens um den Schein zu wahren. Eine wirkliche Annäherung konnte es nicht geben. Dazu waren sie als Musiker und als Persönlichkeiten zu unterschiedlich.

Rachmaninow war nicht nur ein bedeutender Komponist, er war auch ein glänzender Musiker. Das kann man von Strawinsky nicht behaupten. Als Komponist verdiente Strawinsky kolossalen Respekt, seine Bedeutung als Musiker stand auf einem anderen Blatt. Häufig waren seine musikalischen Urteile dubios und der Mode unterworfen. Dazu sage ich später noch etwas.

Auch ein Vergleich ihrer menschlichen Qualitäten fällt nicht zu Strawinskys Gunsten aus. Rachmaninow war immer aufrichtig, ganz gleich, worüber er sprach. Strawinskys Unaufrichtigkeit war augenfällig. Manchmal demonstrierte er sie sogar. Er ging mit unterschiedlichen Leuten sehr unterschiedlich um. Er verdrehte die Tatsachen und schmeichelte sich ein, wobei er versuchte, aus jedem den größten Vorteil für sich herauszuschlagen. Rachmaninow war das ganze Gegenteil: unverstellt, ernsthaft und aufrichtig. Er bildete sich seine Meinung über einen Menschen sogleich und änderte sie dann nicht mehr.

Jetzt, da wir uns dem Ende des 20. Jahrhunderts nähern, können wir die Bedeutung der zeitgenössischen russischen Musik besser beurteilen. Anfangs beherrschte Strawinskys Einfluß diese Musik, jetzt gewinnen Rachmaninow, Prokofjew und Schostakowitsch an Boden. Gleichzeitig verlieren außerhalb der russischen Musik frühere Autoritäten wie Schönberg und Webern an Bedeutung. Anders ist es mit Alban Berg. Ihm gelang es, die Zwölftontechnik mit wienerischer Musik zu verbinden. Deshalb wird Berg immer noch gespielt.

Nimmt man die Musik des 20. Jahrhunderts, so ist die russische vermutlich die bedeutendste und, wie es scheint, auch die populärste. Richard Strauss und Alban Berg werden, ich sagte es schon, viel gespielt, allerdings vor allem als Opernkomponisten. Opernaufführungen sind jedoch eine teure Angelegenheit. Die französischen Komponisten werden meist fast als Unterhaltungsmusik gespielt. Denken wir etwa an Francis Poulenc, den ich kennengelernt und mit dem ich gespielt habe. Er war ein geistreicher und eleganter Mann – und so komponierte er auch. Hört man seine Musik, so kann man sich des Eindrucks nicht erwehren, daß sie sozusagen für erwachsene Kinder geschrieben wurde. Sie ist so einfach zu durchschauen.

Poulenc und einige andere französische Komponisten haben Strawinsky natürlich imitiert. Sie standen sozusagen buchstäblich unter seinem Pantoffel. Das ist nicht verwunderlich: Strawinskys Vorstellungskraft und Erfindungsreichtum scheinen unerschöpflich. Manchmal habe ich fast das Gefühl, Strawinsky und Picasso hätten so viel Neues geschaffen, daß sie damit die Kunst im 20. Jahrhundert ruiniert haben. Man muß schon ein Titan sein, um sich ihrem Einfluß entziehen zu können. Solche Titanen sehe ich nirgends – und das gilt vor allem für die zweite Hälfte des Jahrhunderts. Russische Musik ist leicht verdaulich. Doch auch hier bildet Strawinsky eine Ausnahme. Traditionell werden russische Komponisten von den Streichinstrumenten inspiriert, Strawinsky jedoch war vom Klavier hingerissen. Er komponierte sogar am Klavier und sprach darüber voller Stolz. Das ist jedoch nicht der springende Punkt. Die Hauptsache ist, daß Strawinsky das Klavier grundsätzlich als Schlaginstrument betrachtete.

Für Strawinsky war der Rhythmus wie ein Gott. Die Vielfalt an Rhythmen in Strawinskys Musik ist erstaunlich. Das ist auch der Grund dafür, daß er eine Vorliebe für Schlaginstrumente hatte. In Strawinskys Orchester dominiert tendenziell das Schlagzeug. Dabei muß ich an die Rhythmen in der modernen russischen Lyrik denken, etwa bei Wladimir Majakowski. Nur selten spricht man über den möglichen Einfluß der russischen Futuristen auf Strawinsky. Da ich jedoch die avantgardistischen Theateraufführungen in Moskau erlebt habe, zweifle ich nicht an diesem Einfluß.

Zu gleicher Zeit sehe ich in Strawinskys Vorliebe für das Schlagwerk (und für plötzliche Schläge) etwas, das seinem Charakter absolut entspricht. Als Mensch war Strawinsky das, was die Deutschen »bissig« nennen. Er provozierte, stichelte und verletzte ausgesprochen gern. (Bei kleinen Menschen findet man das oft. Strawinsky wurde mit den Jahren immer kleiner, fast als hätte man ihn zu heiß gebadet; er schrumpfte und schrumpfte.)

Ich glaube, daß Strawinskys Genie als Komponist am besten in seinen kleinen Kammermusikwerken zu erkennen ist. Dabei fällt auf, daß er verschiedene Kombinationen von Blasinstrumenten bevorzugt, außerdem das Klavier. Als er seine alten Ballette neu bearbeitete, verkleinerte er die Orchesterbesetzung. Natürlich gab es dafür einen ökonomischen Grund (wie für alles, was Strawinsky tat), doch deutlich wurde dabei auch der Einfluß von Physiologie und Psychologie des Komponisten. Strawinsky und seine Epoche verlieren für uns rasch an Bedeutung. Es gibt immer weniger Leute, die, wie ich, Strawinsky noch aus den Dreißigern kennen. Für die jungen Leute ist Strawinsky fast so etwas wie eine Wachsfigur aus dem Museum, jemand aus dem Lehrbuch. Er existiert für sie im luftleeren Raum, ohne Beziehung zu lebendigen Wesen, jedoch umgeben von »Ismen«: Modernismus, Neoklassizismus, Serialismus und so weiter.

Im wirklichen Leben sind Sympathien und Abneigungen mindestens ebenso wichtig wie hehre ästhetische Prinzipien, vielleicht sogar wichtiger. Jedenfalls haben psychologische Vorgänge und alltägliche Probleme Strawinsky (und viele andere) häufig zu Entscheidungen veranlaßt, die rückblickend mit ausschließlich ästhetischen Gründen erklärt wurden.

Strawinsky schrieb eine Menge Instrumentalwerke; für mich liegt klar auf der Hand, daß er niemals einen bedeutenden Interpreten fand, der sich für diese Musik wirklich einsetzte. Das taten übrigens auch nur wenige Dirigenten.

Es ist paradox, daß der größte Interpret Strawinskyscher Musik ein Choreograph ist: George Balanchine. Hätte es Balanchine nicht gegeben, so wären viele Werke Strawinskys, besonders aus seiner letzten Zeit, der Vergessenheit anheimgefallen. Es ist zum Beispiel ausschließlich Balanchines Verdienst, daß das Publikum von heute *Agon* kennt. Das würde sogar noch einleuchten, da wir es ja schließlich hier mit einem Ballett zu tun haben. Doch das gleiche ließe sich auch für Strawinskys Klavierkonzerte oder sein Violinkonzert sagen. Man hört sie eher beim New York City Ballet als im Konzertsaal.

Meiner Meinung nach liegt hier die Tragödie Strawinskys. Er kultivierte mit der Zeit gegenüber seinen Interpreten eine ablehnende Haltung. Das führte zu nichts Gutem. Strawinsky versuchte, eine Art Mythos des Komponisten zu schaffen, des Komponisten, der sehr genau und ganz unmißverständlich weiß, wie seine Musik zu spielen sei. Als ob Musik eine Wissenschaft ist! Heute sagt man, Strawinskys Mißtrauen gegenüber seinen Interpreten sei aus seiner »objektivistischen« Ästhetik zu erklären. Das mag ja sein, es ist aber nur die halbe Wahrheit. Eine wichtige Rolle spielten psychische Faktoren. Strawinsky war eifersüchtig auf seine Interpreten. Mir scheint, als habe er selbst ein starkes Bedürfnis gehabt, Musik zu interpretieren. So richtig umsetzen konnte er das allerdings nicht, was einer der Gründe dafür war, daß er sich so häufig über andere Musiker ärgerte.

Darüber hinaus hatte Strawinsky meiner Meinung nach überhaupt keine Vorstellung davon, wie seine Musik gespielt werden solle. Nur wenige Komponisten wissen das wirklich! Selbst Beethoven hatte keine rechte Ahnung davon, wie seine Musik zu spielen sei. Komponisten wissen nicht, durch welche Mittel ihre Musik dazu gebracht werden kann, gut zu klingen. Deshalb brauchen sie die Zusammenarbeit mit Interpreten, nicht die Konfrontation.

Statt diese Zusammenarbeit zu pflegen, verbrachte Strawinsky Jahrzehnte damit, die Musiker zu bekriegen, die seine Werke auf ihre Art spielten. Es gab unzählige Zusammenstöße, Skandale, sarkastische Leserbriefe an viele Zeitungen. Und alles war umsonst. Strawinsky hätte neue Musik schreiben können, statt sich mit den Interpreten seiner bisherigen Werke herumzuschlagen. Doch er wollte alles kontrollieren. Dieser Mann hatte so etwas wie eine Kontrollmanie. Er meinte wohl, er könne das Schicksal einer Komposition, die er aus den Händen gegeben hatte, weiterhin kontrollieren. Das allerdings ist einfach eine Illusion.

Leute zu manipulieren – das zählte zu Strawinskys Charaktereigenschaften. Auch seine Beziehungen zu Interpreten wurden dadurch beeinträchtigt. Strawinsky behandelte seine Kompositionen wie ein Produkt. Deshalb gingen neue Werke nicht an denjenigen, der sie am besten spielen konnte, sondern an den, der den höchsten Preis dafür bezahlte. Und dafür gibt es viele Beispiele.

Ein Beispiel ist die Geschichte der Uraufführung von Strawinskys Oper *The Rake's Progress*. Diese Geschichte erzählte mir mein Freund Issai Dobrowen, der russische Komponist, Dirigent und Pianist (der für Lenin seinerzeit die *Appassionata* gespielt hatte). Dobrowen und seine charmante Frau Manja (sie war baltisch-deutscher Herkunft und mit dem Geiger Georg Kulenkampff verwandt) gingen nach dem Zweiten Weltkrieg nach Schweden. Dort dirigierte Dobrowen häufig und machte viele Aufnahmen. Der sehr begabte und geistreiche Dobrowen hatte eine unglaubliche Ähnlichkeit mit Puschkin: die Koteletten, die Lebhaftigkeit... Seine Ohren standen wie die eines Pudels aus seinem Haar heraus.

Mit dem Pianisten und dem Dirigenten Dobrowen hatte ich in den USA, in Skandinavien und in der Schweiz viel konzertiert. Er war ein wunderbarer Musiker und ein lieber Mensch (ich nannte ihn »Dobroweitschik«), allerdings leicht reizbar. Ich denke zurück an einen Sonatenabend in Stockholm. Wir spielten eine Sonate und das hübsche *Märchen*, beides Werke von Dobrowen, außerdem die *Frühlingssonate* von Beethoven. Furtwängler kam zu unserem Konzert. Am nächsten Tag dirigierte Dobrowen die Oper *Eugen Onegin*, und wieder saß Furtwängler im Publikum. Das war eine enorme Auszeichnung.

In den frühen Fünfzigern fuhr ich nach Stockholm. Ich war auf dem Weg nach Oslo und Bergen; Dobrowen sollte alle Konzerte dirigieren. Manja und er luden mich in Stockholm zum Mittagessen ein. Bei dieser Gelegenheit erfuhr ich von Dobrowen alle Einzelheiten der Geschichte, die sich bei der bejubelten Premiere von Strawinskys lange erwarteter neuer Oper hinter den Kulissen abgespielt hatte. Strawinsky hatte das Werk auf ein Libretto von W. H. Auden komponiert.

Eigentlich hatte Strawinsky *The Rake's Progress* für die Mailänder Scala geschrieben. Dort wollte man ihm 7000 Dollar dafür bezahlen. Dann jedoch trat Nicolas (»Nika«) Nabokov auf den Plan, der Cousin des Schriftstellers. Nabokov stammte aus einer Familie bekannter russischer Liberaler, er war selbst ein begabter Komponist. Als er jung war, gehörte er zu den letzten Schützlingen von Diaghilew. Ich glaube, daß er sogar ein Ballett für Diaghilew geschrieben hat. In den späten Zwanzigern freundete ich mich mit Nika Nabokov in Paris an. Wir vertrödelten unsere Tage in Cafés, zusammen mit George Balanchine, Grischa Piatigorsky und dem Maler Pavel (»Pavlik«) Tchelitchew, und diskutierten die letzten Neuigkeiten aus Musik und Politik.

Nabokov war ein unglaublich geistreicher und belesener Gesprächspartner. Kein Wunder also, daß er Strawinsky beeindruckte. Besonders wichtig war jedoch, daß Nabokov etwas von »Musikpolitik« verstand. Wenn es darum ging, für Strawinsky die besten Bedingungen herauszuholen, war er unendlich wertvoll.

Nach dem Zweiten Weltkrieg war Nabokov für die US-Regierung so eine Art musikalischer Ratgeber in Sachen europäischer Kultur gewesen. Er hatte viele nützliche Kontakte, konnte sozusagen zur richtigen Zeit auf den richtigen Knopf drücken und für Strawinsky einen gewinnträchtigen Vertrag zustande bringen.

Hier nun die Geschichte, wie er bei *Rake's Progress* von Nutzen war. Dobrowen erzählte, daß Nabokov, obwohl die Scala eigentlich schon im Geschäft war, Verhandlungen mit dem Theater »La Fenice« in Venedig aufgenommen habe. Die Venezianer waren darauf erpicht, Mailand die Uraufführung einer Oper des berühmten Komponisten wegzuschnappen. Es war nur eine Frage des Geldes. Von den örtlichen Hoteliers – sie waren auf Publicity aus – wurde eine erhebliche Summe aufgebracht. So trat »La Fenice« mit 20000 Dollar auf den Plan und lag damit weit über dem Angebot der Scala. Und deshalb vergab Strawinsky *The Rake's Progress* nach Venedig.

Nabokov hatte sich einen cleveren Trick ausgedacht. Das Honorar wurde nicht für die Oper selbst bezahlt, sondern dafür, daß Strawinsky sich bereit erklärte, die Uraufführung selbst zu dirigieren. Auf diese Weise kassierte Strawinsky die gesamte Summe, statt sie mit Auden, seinem Librettisten, teilen zu müssen.

Man vergleiche dies nur mit dem Engagement und der Uneigennützigkeit Balanchines. Man kann sich kaum vorstellen, daß Balanchine eines seiner Ballette in letzter Minute an ein anderes Theater vergeben hätte, nur weil dieses ihm mehr Geld bieten wollte. Tatsächlich gestattete Balanchine häufig anderen Theatern, seine Ballette honorarfrei aufzuführen.

Ganz anders Strawinsky. Niemals und unter keinen Umständen mißachtete er seinen finanziellen Vorteil. Ich meine, daß man Strawinskys gespanntes Verhältnis zu seinen Interpreten durchaus auch mit seinem ausgeprägten Interesse am Geld erklären kann. Am liebsten wollte er seine Werke selbst aufführen und dirigieren, um das volle Honorar einstreichen zu können.

Eine so wichtige und vielschichtige Frage wie die des Verhältnisses zwischen Strawinsky und seinen Interpreten kann man natürlich nicht nur mit psychologischen Argumenten erklären. Strawinskys Einstellung zur Musik brachte ihn ebenfalls auf Konfrontationskurs. Er versuchte,»objektive« Kunst zu schaffen; sie sollte in ihrem Geist der Barockmusik ähnlich sein, in der Licht und Schatten ohne Übergang aufeinanderstoßen. Das ist auch der Grund dafür, warum Strawinsky den »romantischen« Interpretationsstil mit all seinen Auswüchsen ablehnte. Doch auch an diesem Punkt ging er, wie mir scheint, zu weit.

Irgendwann fand Strawinsky, daß man auf Interpreten eigentlich überhaupt verzichten könne. Deshalb begann er, Musik für das Pianola zu schreiben, ein mechanisches Instrument, das in den zwanziger Jahren beliebt war. Die Begeisterung für das Pianola war bald passé, und Strawinsky mußte sich eingestehen, daß es eine dumme Idee gewesen war.

Dies ist ein weiterer Beweis dafür, daß es vielfältige Verflechtungen zwischen der Kunst und persönlichen Interessen gibt. Deshalb halte ich es auch für wichtig, von meinen Begegnungen mit Strawinsky und einigen seiner Interpreten ausführlich zu berichten. Alle diese Menschen waren für die Geschichte der Musik in unserer Zeit von Bedeutung – und sie leben nicht mehr. Einige haben keine Memoiren hinterlassen. Und diejenigen, die etwas geschrieben haben, haben vieles verschwiegen. Inzwischen versinken die vielen und vielgestaltigen Welten Strawinskys für immer...

Ich traf Igor Strawinsky zum erstenmal in den frühen Dreißigern in Paris. Der Geiger Samuel Dushkin, ein amerikanischer Jude mit russischen Vorfahren, machte uns miteinander bekannt. Dushkin verstand etwas Russisch, aber er genierte sich, es in meiner Gegenwart zu sprechen. Mit Strawinsky hörte ich ihn nur Russisch reden. Das war vermutlich einfacher für ihn. Strawinskys Französisch war recht gut, sein Deutsch ausgezeichnet. Ich glaube, daß er damals noch kein Englisch sprach. Später, in Amerika, beherrschte er es gut. Eine Unterhaltung mit ihm bedeutete eine sprachliche Herausforderung, denn er hatte ein ungewöhnlich ausgeprägtes Interesse an der Sprache, außerdem seine Freude an den verschiedensten sprachlichen Tricks und Problemen. Sein Russisch war reich an Wortspielen und unerwarteten Wendungen, die nicht immer druckreif waren.

Gern möchte ich an Dushkin erinnern, denn heute kennt ihn kaum noch jemand. Er war ein guter Musiker und als Geiger ein wirklicher Fachmann, doch er hatte zuwenig Temperament. Obwohl er sehr ordentlich spielte, hatte ich immer das Gefühl, sein Spiel klinge wie in Zellophan verpackt. Dushkin trat vergleichsweise selten auf, er war offensichtlich nicht auf Konzerteinnahmen angewiesen. (Ein wichtiger Umstand, der seine Zusammenarbeit mit Strawinsky sicher erleichtert hat.)

Dushkin war mit einem guten Pianisten namens Beveridge Webster befreundet. Beide wurden sie von dem amerikanischen Musiker Blair Fairchild gefördert, der, soweit ich weiß, ein dilettierender Komponist war. Jedenfalls muß Fairchild wohlhabend gewesen sein, denn er hatte eine Wohnung in einer sehr guten Pariser Lage gemietet, an der Rue l'Université.

Fairchild war beinahe immer verreist, und Dushkin und Webster, die beiden Unzertrennlichen, lebten in der Wohnung. Sie war wunderbar: sehr schick, aber auf dezente Weise. Ein Beispiel für den Stil, der für reiche, emanzipierte Amerikaner im Ausland typisch war.

Dushkin war ein netter Kerl, und wir wurden gute Freunde. Zu dieser Zeit bekam Strawinsky als Komponist noch keine großen Honorare. Um Geld zu verdienen, führte er als Pianist und Dirigent seine eigenen Werke auf. Er forderte Dushkin auf, an diesen Konzerten mitzuwirken.

Sie begannen, von Werken Strawinskys Bearbeitungen für Violine und Klavier zu schreiben, mit dem Ziel, diese an Duoabenden zu spielen. Dafür hatte Strawinsky eine einfache Begründung: Es war sehr viel einfacher, einen Duoabend zu organisieren als ein Solokonzert, geschweige denn ein Orchesterkonzert. Man mußte dafür viel weniger Aufwand betreiben und weniger probieren. Selbst damals, als die Gewerkschaften noch keinen Einfluß darauf hatten, kosteten Orchesterproben eine Stange Geld.

Sein Violinkonzert schrieb Strawinsky in Zusammenarbeit mit Dushkin. Es hätte ein herrliches Werk werden können. Strawinsky ist ein großer Komponist, er hatte durchaus Sinn dafür, etwas ganz Neues anzugehen. Allerdings, so meine ich, verstand er zuwenig von der Geige und ihren instrumentalen Möglichkeiten. Und Dushkin fehlte als Geiger die Phantasie. So jedenfalls läßt sich das Ergebnis ihrer gemeinsamen Anstrengung erklären.

Irgendwie war Dushkin auch als Mensch eher neutral und farblos. Eine große Nummer hatte er immerhin in seinem Repertoire. Wenn wir hinausgingen und ein Taxi benötigten, pfiff Dushkin so gellend, daß die Taxis aus voller Fahrt stoppten. Er pfiff wirklich meisterhaft, auf zwei Fingern, wie ein Rowdy, mit geringstem Aufwand und größter Wirkung. Ich beneidete ihn und versuchte – vergeblich –, ihn nachzuahmen. Bis ich alle meine Finger in den Mund gesteckt, die Luft eingesogen hatte und meinen armseligen kleinen Pfiff ertönen lassen konnte, war das Taxi vorbeigerast.

Warum suchte Strawinsky sich gerade Dushkin als Mitarbeiter aus? Warum fragte er nicht einen interessanteren Geiger? Weil er – und das war typisch – die Zügel in der Hand behalten wollte. Er fürchtete, daß ein bedeutender Musiker mit einer starken Persönlichkeit sich in den Gang der Komposition einmischen, Vorschläge machen und auf Änderungen bestehen würde. Derartiges konnte Strawinsky nicht zugestehen. Er war ein Autokrat, der nicht die geringste Lust und erst recht nicht die Fähigkeit hatte, Macht zu teilen. Dies wurde aus allem deutlich, was Strawinsky tat. Man denke nur daran, wie er dirigierte. Auch hier wollte er alles unter Kontrolle haben, selbst an den Stellen, wo er besser den Dingen ihren Lauf gelassen hätte. Vom Dirigentenpult aus gab er jede rhythmische Figur vor. Das ist ein Fehler. Oft haben die Orchestermusiker ein besseres Gespür für die Musik als der Dirigent. Man sollte sie nicht zu sehr an die Kandare nehmen.

Toscanini dirigierte die Musik, nicht den Rhythmus. Er wußte, wo er »loslassen« konnte. Als ein Gegenbeispiel fällt mir etwa Sir John Barbirolli ein, mit dem ich das zweite Violinkonzert von Prokofjew beim Festival in Luzern gespielt habe. Ähnlich wie Strawinsky versuchte er in einer rhythmisch komplizierten Passage jede Einzelheit zu dirigieren – und dadurch machte er die Sache eher schlechter.

Ein Komponist sollte nicht allzu stur sein, wenn er mit einem Interpreten zusammenarbeitet. Es kommt sonst nichts Gutes dabei heraus. In diesem Zusammenhang muß ich erneut auf Glasunow kommen. Seine Einstellung war so großzügig, daß er zu mir jungem Burschen, als ich sein Violinkonzert spielen sollte, sagte: »Spiel es so, wie du es für richtig hältst.« Weder wurde durch meine Interpretation seinem Werk Schaden zugefügt, noch litt seine Autorität. Am Ende gab es nur Sieger: den Komponisten, den Interpreten und das Publikum.

Hier ein weiteres Beispiel dafür, wie man es nicht machen sollte: Der österreichische Komponist Gottfried von Einem – er schrieb die bedeutende und unglaublich dramatische Oper *Dantons Tod* – ist ein Freund von mir. (In Wien pflegte man zu witzeln: »Aber die Musik ist von andern!« Das sollte ein Wortspiel mit seinem Namen sein. Es war jedoch wirklich ungerecht, denn Einem ist ein sehr begabter Komponist.) Sein Violinkonzert schrieb er ausdrücklich für mich. Er kam extra nach Paris, wo ich damals lebte, damit wir zusammen daran arbeiten konnten.

In Einems Konzert gab es außergewöhnlich interessante Passagen, aber es war zu lang – fünf Sätze, 50 Minuten Musik. (Zum Vergleich: Das Brahms-Konzert dauert mit Kadenz etwa

36 Minuten.) Ich schlug vor, im dritten Satz einige Änderungen vorzunehmen. Einem war offensichtlich damit einverstanden. Seine Frau jedoch, die sehr eifersüchtig sein konnte, fürchtete wohl, ich könnte dem Werk ihres Mannes Schaden zufügen. So bekam ich einen Brief von ihm, in dem es hieß: »Leider kann ich die von Ihnen vorgeschlagenen Änderungen nicht übernehmen, meine Frau erlaubt es nicht.«

Darauf schrieb ich zurück: »Leider bin ich sehr beschäftigt und kann deshalb nicht länger an Ihrem Konzert arbeiten. Ich wünsche Ihnen viel Erfolg.«

Was geschah? Der exzellente Geiger Ruggiero Ricci führte Einems Konzert auf – ich glaube, nur einmal. Niemand spielt es mehr. Zu schade. Einem kam danach häufig in meine Wiener Konzerte, und jedesmal pflegte er mit einem Seufzer zu sagen: »Nathan, Sie hatten recht.« Nun ja, Glasunow merkte das damals in Odessa gleich, Einem brauchte erheblich länger.

Das Violinkonzert von Strawinsky hörte ich zum erstenmal 1931 in Berlin. Dushkin spielte es. Das kann die Uraufführung gewesen sein. Die Komposition gefiel mir sehr, und der Gedanke, das Konzert selbst zu spielen, reizte mich. Ich studierte das Stück also ein, sobald Dushkins Exklusivrechte dafür abgelaufen waren.

Ich sollte das Strawinsky-Konzert unter Sergei Kussewizki in Boston spielen. Die Beziehungen zwischen Strawinsky und Kussewizki waren recht kompliziert. Beide waren sie russische Emigranten – Strawinsky ging 1910 in den Westen, Kussewizki zehn Jahre später. Ich vermute, daß Strawinsky den Dirigenten Kussewizki nicht schätzte. Über den Musikverleger Kussewizki pflegte er sich mir gegenüber zu beklagen.

Als Kussewizki in den Westen kam, war er ein sehr wohlhabender Mann. Noch in seiner Moskauer Zeit – damals war er berühmt als Kontrabassist von unvergleichlicher Brillanz (er war vielleicht der größte Kontrabassist unserer Zeit) – heiratete er Natalija Uschkowa, die Tochter eines Teemagnaten. Dank des Vermögens seiner Frau konnte sich Kussewizki in zwei Bereichen gleichzeitig entfalten. Einerseits stellte er in Moskau ein Orchester aus Spitzenmusikern zusammen und wurde dessen Dirigent. Für die Konzerte engagierte er herausragende Solisten und sorgte damit für den finanziellen Erfolg. Auf der anderen Seite gründete Kussewizki einen Musikverlag mit dem Ziel, die Werke der wichtigsten modernen Komponisten Rußlands drucken zu lassen. Es hieß, daß alle Gewinne direkt den Komponisten zugute kommen würden und daß Kussewizki davon nichts bekäme. Dies sorgte natürlich in erheblichem Maße dafür, daß Kussewizki eine gute Presse hatte.

Nach der Revolution ging Kussewizki nach Paris, wo er seine umfassende Tätigkeit als Dirigent und Verleger fortsetzte. Ganz offensichtlich war es ihm gelungen, sein »Teevermögen« ins Ausland zu schmuggeln. Trotzdem waren die Moskauer Zeiten, in denen er verschwenderisch mit Geld umgehen konnte, dahin. Strawinsky beklagte sich mir gegenüber darüber, daß Kussewizki, obwohl allgemein angenommen wurde, er publiziere russische Komponisten wie Rachmaninow, Prokofjew und Strawinsky mit Verlust, durchaus Gewinne aus deren Werken zöge, während die Komponisten nicht in den Genuß des vollen Honorars kämen.

Hier muß allerdings darauf hingewiesen werden, daß Kussewizki in das verlegerische Tagesgeschäft nicht verwickelt war. Der Geschäftsführer war ein gewisser Gawriil Paichadse. Mit diesem Herrn mußte Strawinsky um jeden Centime streiten. Es ist deshalb durchaus vorstellbar, daß Kussewizki nicht darüber Bescheid wußte. Heute erinnert man sich an Kussewizki vor allem als den langjährigen Chefdirigenten des Boston Symphony Orchestra. Er liebte dieses Orchester, und das Orchester erwiderte diese Zuneigung. Als Chefdirigent war Kussewizki sehr aktiv. Er gründete das Tanglewood Festival und eine Gesellschaft zur Förderung von Komponisten. Strawinskys *Psalmensymphonie*, Bartóks *Concerto* für Orchester und Brittens Oper *Peter Grimes* waren Kompositionsaufträge, die Kussewizki vergeben hatte.

Einige Komponisten, darunter auch Strawinsky, waren mit dem Dirigenten Kussewizki nicht einverstanden. Sie klagten darüber, daß es ihm schwerfiele, Partituren, besonders zeitgenössische, wirklich zu erfassen. Ich meine allerdings, daß es in diesen Dingen vor allem auf das Ergebnis ankommt. Und Kussewizkis Arbeit mit dem Boston Symphony Orchestra führte oft zu erstklassigen Interpretationen.

Kussewizki war ein richtiger »Showman«, manchmal sogar ein Clown. Das beeinflußte auch seine Aufführungen, die zu temperamentvoll geraten konnten, sogar mit einem Zug zum Zigeunerischen. Allerdings war er auch ein nüchterner, rechnender Geschäftsmann, der gern von sich sagte: »Ich bin nachgiebig genug, um Versprechungen zu machen, aber hart genug, sie nicht zu halten.«

Strawinsky kritisierte an Kussewizki, er sei unaufrichtig und heuchlerisch, obwohl er doch selbst heuchlerisch wie eine Schlange war. Nun ja, man braucht eben Zeit, um jemand wirklich kennenzulernen. Was Kussewizkis Einstellung zu Strawinskys Musik angeht, muß ich auf ein Erlebnis zurückkommen, das ich in Boston hatte, als ich dorthin kam, um Strawinskys Violinkonzert zu spielen.

Damals fanden die Konzerte in Boston an Donnerstagen, Freitagen und Sonntagen statt. Wir probten dreimal. Bei der ersten Probe machte Kussewizki einen unglücklichen Eindruck, denn er kannte die Partitur überhaupt nicht. Irgendwie brachte er die Probe über die Runden – vermutlich hoffte er, im Verlauf unserer Arbeit die Musik zu verstehen.

Bei der zweiten Probe wiederholten wir eine Passage gerade zum soundsovielten Male, als Kussewizki plötzlich abbrach. Er wandte sich an Richard Burgin, seinen Konzertmeister, und rief mit wehleidiger Stimme: »Richard, ich kann diese Musik nicht dirigieren. Übernehmen Sie das Konzert, Sie verstehen was davon!«

Burgin war ein gebildeter Mann, er hatte in Petersburg bei Auer studiert. Er war Kussewizkis Freund und Assistent. Burgin schwärmte für moderne Musik und kannte daher Strawinskys Partitur. Und ich kannte sie ebenfalls. Also kam Burgin ans Dirigentenpult, und am Donnerstagvormittag hatten wir außerdem eine sehr ergiebige dritte Probe. Schließlich war es Burgin, der Strawinskys Violinkonzert in der Aufführung dirigierte.

Burgin bringt mich auf ein weiteres Thema. Die Musiker, die aus Rußland emigriert waren, hatten durchaus nicht eine einheitliche politische Meinung, wie manche Leute dies heutzutage aus irgendeinem Grund glauben. Es gab einige mit einem konservativen Standpunkt, etwa Strawinsky und Balanchine; es gab politische Opportunisten wie Prokofjew und Leute mit linksgerichteter Einstellung. Burgin war ein Linker.

Stereotyp wiederholte Burgin den Satz:»Die Zukunft gehört der Sowjetunion!« Und kein Argument konnte ihn vom Gegenteil überzeugen. Er war auf diesem Auge völlig blind. Im Jahre 1956 fuhr Burgin dann mit dem Boston Symphony Orchestra zu Konzerten in die Sowjetunion. Nach dieser Konzertreise traf ich ihn zufällig in London, im Laden des Geigenhändlers Alfred Hill. Er schien sehr beunruhigt. Ich frage ihn:»Was haben Sie denn in der Sowjetunion erlebt? Ein Erdbeben?«

Burgin antwortete:»Niemand lacht dort!«

Hierzu paßt der Satz, daß es sehr viel wirkungsvoller ist, etwas einmal zu sehen, als hundertmal davon zu hören.

Natürlich war Burgin keineswegs der erste Sympathisant, der seine Illusionen hinsichtlich der Sowjetunion aufgeben mußte. Das gleiche erlebte André Gide in den dreißiger Jahren. Oder auch Arthur Koestler. Diese Intellektuellen verehrten die Sowjetunion sozusagen in abstrakter Weise, geistig. Gut, daß sie genügend Gespür und die Fähigkeit hatten, in dem Moment, in dem sie das Land ihrer Träume wirklich sahen, zu merken, daß sie in skrupelloser Weise betrogen worden waren. Andere hielten an ihren Fehleinschätzungen fest, selbst nachdem sie das Land mit eigenen Augen gesehen hatten. Das waren wohl unfähige Leute. Intellekt zu haben, ohne zugleich fähig zu sein, das ist gefährlich, ja zerstörerisch.

Für die Dirigenten als Kaste hatte Strawinsky wenig übrig. Er äußerte einmal, daß das Dirigieren, ähnlich wie die Politik, nur selten wirklich originelle Köpfe reizt. Das glaube ich auch. Jeder von uns hat so seine Rechnungen mit Dirigenten zu begleichen. Mehr als einmal mußte sich Strawinsky damit auseinandersetzen, daß man seine Werke als Nebensache behandelte. Auch mich überrascht es immer wieder, wie ungern Dirigenten sich eine neue Partitur erarbeiten. Auch die allerbesten unter ihnen können ganz einfach sehr faul sein; mein Erlebnis mit Kussewizki war leider keinesfalls die Ausnahme. In Philadelphia spielte ich das Strawinsky-Konzert mit Eugene Ormandy, einem glänzenden Musiker. Auch er allerdings kannte diese Musik überhaupt nicht; er hatte schreckliche Angst davor.

Ich habe zwei wirklich zuverlässige und intelligente Interpreten der Musik Strawinskys gekannt. Einer von ihnen war Pierre Monteux, ein herausragender Dirigent und ein außergewöhnlicher Musiker. Er war auch der erste und vielleicht beste Interpret von Strawinskys Meisterwerken, von *Feuervogel*, *Pétrouchka* und *Le Sacre du printemps*. Ich habe mit Monteux häufig konzertiert. Er zählte zu der seltenen Spezies von Dirigenten, mit denen man sogar ohne Probe aufs Podium gehen konnte.

In San Francisco habe ich einmal Lalos *Symphonie espagnole* mit Monteux gespielt. Man rechnete damit, daß ich mit dem Flugzeug anreisen würde, doch damals flog ich überhaupt nicht. Deshalb traf ich am Tag des Konzerts mit dem Zug ein. Umgehend rief ich Monteux an und fragte ihn: »Was können wir nun tun?« Der alte Herr gab in aller Ruhe zur Antwort: »Regen Sie sich nicht auf, Milstein, bleiben Sie ganz ruhig! Kommen Sie vor dem Konzert zu mir und spielen Sie ein bißchen.« Ich fuhr also zu ihm und stellte zu meiner Erleichterung fest, daß er das Stück kannte und ausgezeichnet verstanden hatte. Alles lief sehr gut an diesem Abend.

Denke ich an Monteux, so fallen mir auch komische Details ein. Ich fuhr einmal von Paris nach Venedig und sollte in Triest umsteigen. Auf dem Pariser Bahnhof beobachtete ich folgende Szene: Zwei Damen schleppten einen Haufen Körbe, die bis obenhin mit Lebensmitteln vollgestopft waren – Eier, Obst, eine Unmenge von Taschen und Tüten. Zuerst dachte ich, sie wollten ihre Ware an die Passagiere verkaufen. Doch es stellte sich heraus, daß eine der Damen Monteux' Frau war (sie gurrte immer »mon Pierre«) und die andere, glaube ich, ihre Schwester. Ich fragte sie:»Wo geht die Reise hin?« »Pierre fährt nach Triest, um dort Europas bestes Orchester zu dirigieren.« Tatsächlich galt das Triester Orchester als besonders schlecht. Ach, diese Dirigentenfrauen! Sie glauben, was sie glauben wollen.

Monteux war von 1936 bis 1952 Chefdirigent des San Francisco Symphony Orchestra, das damals zu den besten Orchestern in den Vereinigten Staaten zählte. Als Madame Monteux äußerte, Pierre wolle das Orchester nicht länger leiten, er sei amtsmüde, nahm der Vorstand ihre Aussage für bare Münze und versuchte nicht, Monteux zu halten. Also mußte er gehen.

Damals war Monteux schon über 75. Trotzdem reiste er als Gastdirigent noch um die ganze Welt – sein Ansehen war so groß, daß er jedes Orchester, das er wollte, hätte haben können. Die Bostoner etwa entschieden sich für Monteux als Dirigenten für ihre erste Konzertreise in die Sowjetunion im Jahr 1956 (das war die Reise, die Richard Burgins Weltbild veränderte). Monteux starb im Alter von 89 Jahren, er war damals Chef des London Symphony Orchestra und hatte noch lang genug gelebt, um das Konzert zum fünfzigjährigen Jubiläum der Uraufführung des *Sacre du printemps* dirigieren zu können.

Als er jung war, arbeitete Monteux als Dirigent bei Diaghilews »Ballets Russes«. Dort begann auch die Laufbahn von Ernest Ansermet, der einer der glühendsten Vorkämpfer des Werks von Strawinsky war. Ansermet war ein ausgezeichneter Dirigent; wir waren gute Freunde. Es war immer anregend, mit Ansermet zu reden oder zu musizieren. Von der Ausbildung her war er Mathematiker, und er hatte sogar Mathematik unterrichtet. Ob dies für das Dirigieren hilfreich war, kann ich nicht sagen. Es ist jedoch nicht zu leugnen, daß er zum Beispiel Debussy dirigierte wie kein anderer. Bei manchen Dirigenten ist Debussys *La Mer* nichts anderes als Wasser, bei Ansermet war es Champagner.

Ansermet war eine beeindruckende Erscheinung: Er hätte im Film ganz ohne Maske die Rolle des Jesus übernehmen können. Sein Charakter allerdings war eher unchristlich. Nachdem Strawinsky und er sich zerstritten hatten, veröffentlichte Ansermet ein Buch (ich glaube sogar, es waren zwei Bände), in dem er den Komponisten vehement angriff und ihm vorwarf, er habe sich dem Serialismus ergeben. Ansermet war absolut überzeugt, daß Strawinsky sein Genie verraten habe.

Mit Sicherheit war Ansermet neurotisch. Ich hatte selbst Gelegenheit, das festzustellen. In Genf spielte ich einmal das Beethoven-Konzert mit dem Orchestre de la Suisse Romande. Ansermet hatte es gegründet und insgesamt es 50 Jahre geleitet. Es galt als gutes Orchester; ich war allerdings nicht dieser Meinung. Wie dem auch sei, bei den Proben waren die Musiker müde und schlapp, denn sie waren gerade von einer Tournee zurückgekehrt. Ich versuchte, sie ein bißchen aufzumuntern. Plötzlich sagte Ansermet: »Lassen Sie das, Nathan. Wir sind alle müde...« Und dann, völlig aus heiterem Himmel: »Gehen Sie zum Teufel!« Warum nur? Ich hatte es doch nur gut gemeint.

Da man mich jedoch zum Teufel gewünscht hatte, packte ich meine Geige ein und ging. Am Abend erschien ich, wie immer, eine Dreiviertelstunde vor dem Konzert in der Victoria Hall. Ein Saaldiener eilte herbei: »Maestro Ansermet erwartet Sie schon!« Ansermet war in seiner Garderobe. Als ich eintrat, begann er zu weinen und versuchte meine Hände zu küssen. Ich habe nie recht verstanden, wo das Problem lag. Nach dem Konzert gingen Ansermet und ich wie üblich in ein Künstlerlokal in der Nähe des Konzertsaals. Dort erneuerten wir unsere Freundschaft.

Ohne Frage haben selbst die grundsätzlichsten Konflikte zwischen Künstlern, ihre Auseinandersetzungen und ihre Aussöhnungen, etwas Irrationales an sich. Nicht alles läßt sich klären, das ist ganz unmöglich. Monteux und Ansermet etwa waren zunächst gute Freunde von Strawinsky. Später dann, als Strawinsky begann, seine Werke selbst zu dirigieren, fand er bei beiden Dirigenten mehr und mehr charakterliche Eigen-

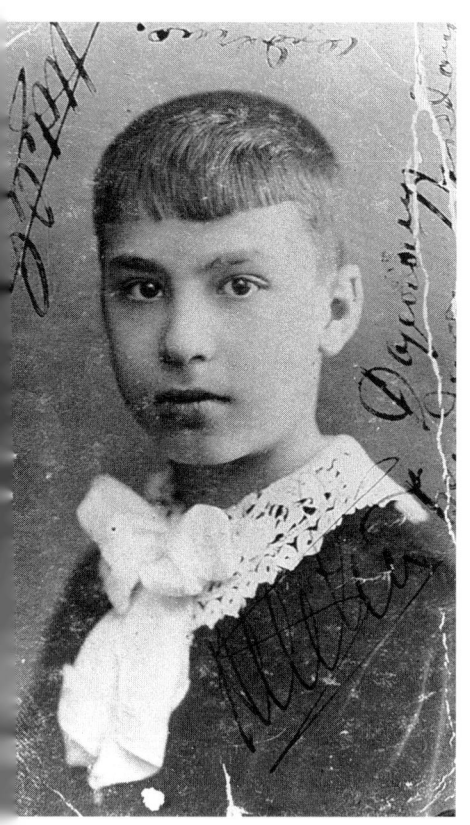

Der junge Nathan Milstein in Odessa, seiner Geburtsstadt, in der er seine frühe Kindheit verbrachte.

Das »Wunderkind« Jascha Heifetz. Nach dessen Auftritt in Odessa war Milsteins Schicksal besiegelt.

Professor Pjotr Stoljarski beim Unterricht: eine Art »musikalischer Kolchose«, doch sehr wirkungsvoll (Archiv Volkov).

Eugène Ysaye kam fast jedes Jahr zu Konzerten nach Odessa. Er sollte später einer von Milsteins Lehrern werden.

*Professor Leopold Auer:
Jeder junge Geiger
träumte davon, von ihm
unterrichtet zu werden.*

...as Konservatorium in Sankt Petersburg im Jahr 1916, als Milstein dort studierte
...rchiv Volkov).

Fjodor Schaljapin als Boris Godunow: »eine Überdosis an allerhöchster Kunst« (Archiv Volkov).

Der junge Sergei Prokofjew: »reizbar, schwerfällig und häßlich«. Porträt von Alexandre Benois (Archiv Volkov).

Michail Tschechow als Hamlet (Archiv Volkov).

Mit Alexandr Glasunow und Vladimir Horowitz: Dieses Photo entstand als Erinnerung an das gemeinsame Konzert in Petersburg 1923.

Die wunderbare Jelena Gogolewa als Sofija in »Verstand schafft Leiden«. In sie verliebte sich Milstein »hoffnungslos« (Archiv Volkov).

Milstein mit Vladimir Horowitz (links) und Pawel Kogan, ihrem Manager, im Jahr 1923

Christian Rakowski (links) mit Leo Trotzki. Trotzki gestattete Milstein und Horowitz, Rußland zu verlassen; Rakowski warnte sie davor, dorthin zurückzukehren.

Boris Pasternak – Porträt aus dem Jahr 1922. Er hatte sich damals noch nicht entschieden, ob er Dichter oder Komponist werden sollte.

evolution in Petersburg: der Brand der Kasan-Polizeiwache (Archiv Volkov).

inder der sowjetischen Revolution«. Milstein (4. von rechts, sitzend) und Vladimir rowitz (über die Rückenlehne gelehnt) auf Konzertreise in Kasan, 1923.

Milstein in Wien. Zu seinem dortigen Debüt kamen auch Arnold Schönberg und Alban Berg.

Milstein in Paris: »Man stellt plötzlich fest, daß sich der eigene Standpunkt erheblich verändert hat.«

1927 in Monte Carlo: Milstein, Vladimir Horowitz, Choura Danilova und Alexandr Merowitsch (von links).

1932 mit Horowitz in Karlsbad: Erholung zwischen den Konzertreisen.

Igor Strawinsky, »eine tragische Gestalt«
(Archiv Volkov).

Wilhelm Furtwängler: Milstein weigerte
sich, einen Aufruf gegen ihn zu unter-
zeichnen.

Sergei Rachmaninow, den Milstein
1931 zum erstenmal traf. Porträt von
Konstantin Somow aus dem Jahr 1925.

1933 auf der »Rex«: Vladimir Horowitz, Milstein, Gregor Piatigorsky, Arturo Toscanini und der Dirigent Bernardino Molinari (von links).

1935 mit Arturo Toscanini bei der Ankunft in Paris.

»Die drei Musketiere« tref-
fen 1932 in New York ein.

Bei einer Probe für das erste
und einzige gemeinsame
Konzert. Es fand 1932 in
der Carnegie Hall in New
York statt.

eim Malen, einer Lieblingsbeschäftigung.

32: Milstein in Hollywood mit seinem usin, dem Filmregisseur Lewis Milestone.

Milstein mit seiner Frau Thérèse, der Stieftochter Jill (links) und der Tochter Maria.

Milstein gibt einen Meisterkus im italienischen Siena. Unter den Gästen Königin Elisabeth von Belgien (1. Reihe, 2. von rechts).

*Mit Fritz Kreisler und Elsa Maxwell. Sie gab Einladungen und schrieb Gesellschafts-
kolumnen für verschiedene Zeitungen.*

*...vid Oistrach schrieb 1955 folgende
...idmung auf dieses Photo: »Für einen
...antastischen Künstler und den liebens-
...ertesten unter den Kollegen, für Nathan
...ilstein, den ich bewundere.«*

*Auf dieses Photo schrieb George Balan-
chine 1979: »Dem lieben und teuren
Freund Nathan – von Murka der Katze
und George.«*

1987 in Washington: Präsident Ronald Reagan gratuliert Nathan Milstein zum »Kennedy Center Award«. Nancy Reagan beobachtet die Szene.

1987 in New York: vor einem Benefiz-konzert mit dem New York Philharmo-nic Orchestra (Photo: Marianna Volkov).

schaften, die ihn störten. Wir können nur darüber spekulieren, in welchem Ausmaß Strawinskys ästhetische Kriterien das Ergebnis seiner persönlichen Beziehungen zu Musikern waren und umgekehrt.

Monteux, Ansermet und Kussewizki waren herausragende Persönlichkeiten. Dies kann ich von Samuel Dushkin nicht behaupten. Soweit ich weiß, ließ sich Strawinsky von den genannten Dirigenten nicht beraten, wenn er komponierte, während er Dushkin um Rat fragte. Wenn Sie meine Meinung hören wollen: Ich glaube, daß die Violinwerke Strawinskys zu einem wesentlichen Teil nicht von ihm, sondern von Dushkin waren, wenn auch die Noten an sich natürlich von Strawinsky stammen. Strawinskys Musik ist prickelnd und scharf im Klang. Die Violinbearbeitungen seiner Werke jedoch wirken weich und schlaff. Natürlich erreichten sie eine gewisse rhythmische Prägnanz, wenn Strawinsky sie selbst aufführte. Ich weiß noch, wie Strawinsky einmal Dushkin bei der *Chanson russe* begleitete. (Das ist eine Bearbeitung der Berceuse aus seiner Oper *Mawra*.) Strawinsky betonte den Rhythmus so stark, daß ich ihn fragte: »Igor Fjodorowitsch, warum hauen Sie denn so in die Tasten? Warum machen Sie aus der Begleitung fast ein Schlagwerk?« Strawinsky lächelte nur selbstgefällig.

Zur *Chanson russe* gibt es noch eine andere Geschichte. Ich nahm das Stück 1949 in New York für RCA Victor auf, Artur Balsam war der Pianist. Zur gleichen Zeit dirigierte Strawinsky in einem benachbarten Studio die Aufnahme eines seiner Werke. Als er erfuhr, daß Balsam und ich mit seinem Stück beschäftigt waren, kam er herüber, um zu sehen, wie wir zurechtkommen.

Nachdem er eine Zeitlang zugehört hatte, tat er seine Unzufriedenheit kund. »Sehr rasch, Natan Mironowitsch, zu rasch!« Ich unterwarf mich Strawinskys Meinung; wir nahmen die *Chanson russe* in einem langsameren Tempo auf. Das war schlecht, denn die Aufnahme wurde dadurch nicht so gut, wie sie hätte werden können. Das Stück hat etwas Byzantinisches an sich: Hinter der Maske der Ruhe gibt es eine unglaubliche innere Spannung. Deshalb darf das Tempo nicht zu »gemütlich« sein.

Bei einem meiner nächsten Konzerte, in Los Angeles, setzte ich die *Chanson russe* aufs Programm. Natürlich spielte ich sie in »meinem« Tempo, mit mehr Bewegung, als Strawinsky vorgeschlagen hatte. Andere Geiger spielen die *Chanson russe* als Zugabe, doch ich lehne das ab. Bei mir gehört sie immer zum regulären Programm – und immer verlangen die Leute eine Wiederholung! Auch diesmal. Das Publikum rief: »Zugabe!« Nur zu gern spielte ich das Stück noch mal.

Ich wußte allerdings nicht, daß Strawinsky unter den Zuhörern war. (Er lebte damals in Los Angeles.) Nach dem Konzert kam er zu mir ins Künstlerzimmer und sagte voller Begeisterung: »Natan Mironowitsch, das war wunderbar, einfach wunderbar! Ihr Tempo ist das bessere!«

Das überraschte mich sehr, wußte ich doch, daß Strawinsky ein furchtbar sturer Mensch war, der normalerweise seine Meinung nicht änderte. Natürlich gab es auch dafür eine Erklärung: Die *Chanson russe* war an diesem Abend ein Erfolg gewesen, ich hatte sie ein zweites Mal spielen müssen. Komponisten hören ihre eigene Musik eben sehr gern. Strawinsky mag ein sturer Kerl gewesen sein, so richtig freuen konnte er sich allerdings auch.

Strawinsky hätte, um seine Werke erfolgreich bearbeiten zu können, einen kompetenten Ratgeber gebraucht. Dushkin war das sicher nicht. Immerhin war ich selbst Zeuge einer fruchtbaren Zusammenarbeit mit Strawinsky – das war mit meinem Freund Grischa Piatigorsky.

Es passierte an Bord der »Rex« auf einer Reise von Europa nach New York. Strawinsky und Piatigorsky hatten an der *Suite italienne* gearbeitet, einer Transkription für Violoncello und Klavier nach der Suite aus *Pulcinella* (für dieses Ballett hatte Strawinsky bereits einige Werke von Pergolesi verwertet). Man weiß ja, daß es auf einem Schiff eigentlich nichts zu tun gibt. Deshalb pflegte ich Piatigorsky nach dem Lunch in Strawinskys Kabine zu begleiten, wo die beiden sich mit der Cellostimme der *Suite italienne* herumschlugen. Piatigorsky war bei seinen Vorschlägen sehr mutig und zugleich beharrlich, und Strawinsky hörte auf ihn. Es war faszinierend, die beiden bei der Arbeit zu beobachten.

Eine der gewagtesten Neuerungen in der Suite ist die aufregende Stelle, bei der der Cellist den Bogen hinter den Steg springen läßt und dadurch einen besonderen Klang erzeugt – das ist ein unvergeßlicher, phantastischer Effekt. Dieser glänzende Einfall entsprang eigentlich einem Zufall. Auf dem Schiff wurde gewöhnlich um 16.45 Uhr der Tee serviert. Den Tee nahmen Piatigorsky und ich immer in Gesellschaft hübscher junger Damen. (Um der Wahrheit die Ehre zu geben: Er war die Hauptattraktion, ich der Statist.) Ich weiß noch, daß wir an jenem Tag eine besonders gutaussehende junge Dame erwarteten. Und zu unserem Pech war Strawinsky so sehr in die Arbeit vertieft, daß ein Ende der Sitzung nicht abzusehen war. Piatigorsky war außer sich. Natürlich fürchtete er, wir könnten unsere Verabredung verpassen, hatte allerdings auch nicht den Mut, Strawinsky dies zu sagen. Weil er so unruhig war, glitt ihm der Bogen aus der Hand und rutschte hinter den Steg des Cellos. Es gab einen ungewöhnlichen pfeifenden Ton. Strawinsky riß es buchstäblich vom Stuhl. »Genau das ist es! Herrlich! Das gefällt mir. Wie haben Sie das gemacht?«

Nach einigen Versuchen entschieden sie sich dafür, diesen »Zufallstreffer« zu benutzen und zu notieren. Hier muß ich Strawinsky Gerechtigkeit widerfahren lassen: seinem Witz, seiner raschen Auffassungsgabe und seiner Bereitschaft zum Experiment. Strawinsky war offensichtlich hellauf begeistert. Und wir natürlich auch: Endlich konnten wir uns verabschieden und unsere Schönheit zum Tee treffen.

Während dieser Überfahrt war das Wetter schrecklich. Die »Rex« war ein italienisches Passagierschiff mit wunderbaren hölzernen Möbeln und Einbauten. Bei schlechtem Wetter ächzte das Schiff ganz furchtbar. Bedrohlich krachten die Wellen gegen die Bordwände.

An Bord befand sich eine ziemlich erlesene Auswahl an Musikern: Strawinsky, die Pianisten Joseph Hofmann und Ignacy

Friedman, Dushkin, Piatigorsky und ich. Wir alle fuhren nach Amerika, um dort Geld zu verdienen. Wäre die »Rex« gesunken, hätte es viel Arbeit für die Musikjournalisten gegeben – man denke nur an all die Nachrufe.

In den Kabinen war es ziemlich unheimlich: Man sah nichts, alles ächzte und stöhnte, besonders in der ersten Klasse mit ihren verfluchten Holzmöbeln. (Ich bin immer Luxusklasse gereist, auch dann, wenn ich es mir nicht leisten konnte. Ich liebte das. Natürlich war es nicht sehr sinnvoll. Der Geiger Joseph Szigeti versuchte, mich hier auf den richtigen Weg zu bringen – er war eher ein rationeller Mensch und kaufte deshalb immer Tickets für die zweite oder dritte Klasse.)

Auf dieser Überfahrt war das Deck für Strawinsky und mich eine Art Zufluchtsort. Ab und zu kamen Matrosen vorbei, um das Deck zu schrubben. Dabei verbreiteten sie den Gestank ihres Reinigungsmittels. Wir ertrugen dies mit Fassung und erhoben uns gehorsam, wenn die Matrosen unsere Liegestühle verschieben mußten.

Eines Abends eilte ich an Deck. Strawinsky war schon dort. (Im allgemeinen war Strawinsky ein Dandy, der sich gern nach der neuesten Mode kleidete – manchmal fast bis an die Grenze der Lächerlichkeit. Auf dieser Reise jedoch kümmerte er sich nicht um die abendliche Toilette. Ich hingegen mußte korrekt gekleidet sein. Denn ich reiste mit Rita, meiner ersten Frau, die Wert darauf legte, daß ihr Mann anständig angezogen war.) Ich setzte mich neben Strawinsky. Strawinsky verstand mich und ich ihn. Er hatte Angst. Wie ich ihn dafür mochte! Und Strawinsky erwiderte mein Gefühl. Unsere Furcht vor dem Meer schmiedete uns aneinander. Das Schiff stampfte und rollte, ich dachte voller Schrecken: Oh-oh-oh! Ich versuchte, ein Gespräch über Musik zu beginnen. Durch seine zusammengebissenen Zähne machte Strawinsky ungeschminkte, eher knappe Bemerkungen über andere Komponisten, die mich verlegen innehalten ließen.

Strawinskys Angst steigerte sich. Im Vergleich zu ihm kam ich mir fast wie ein Held vor. Ich tat alles, was er wollte, und versuchte sogar, ihn zu beruhigen. »Milstein, geben Sie mir Ihre

Hand«, sagte er. Das war zuviel! Ich begann zu vermuten, er spiele mir das Stück »Strawinsky hat Angst« vor.

Mein Verdacht, dies sei sein großer Auftritt, wuchs, als er auf die Frage eines Stewards, »Gentlemen, soll ich Ihnen etwas Wasser bringen?«, erwiderte: »Besser etwas Wein.« Dann bestellte er etwas helles Hühnerfleisch, gekochte Kartoffeln und als Krönung eine Tomate. Ich konnte überhaupt nicht an Essen denken und beobachtete Strawinsky mit Grausen. Er verputzte die Mahlzeit mit großem Vergnügen und mit Appetit. Doch dann sank er wieder in sich zusammen. »Ich will Ignacy Friedman sehen. Er wird mich beruhigen. Suchen Sie Friedman, Milstein!« Zu meinem Glück wußte ich, wo Friedman zu finden war, denn seine Kabine lag in der Nähe von meiner. Wir nahmen uns bei der Hand und machten uns auf den Weg zu Friedman.

Strawinsky hatte recht. Wenn ihn angesichts der tobenden Naturgewalten überhaupt jemand beruhigen konnte, so war es Friedman. Er war ein ernsthafter, gelassener Herr, ein kluger Mensch, der an den Pianisten Wilhelm Backhaus erinnerte. Friedman trug immer einen Smoking. Seine Frau war eine geborene Tolstoi (allerdings weiß ich nicht, ob sie eine Gräfin war). Friedman war es gewesen, der dem von ihm tief verehrten Rachmaninow 1918 mit 2000 Dollar geholfen hatte, von Skandinavien, wo Rachmaninow hängengeblieben war, nach New York fahren zu können. Für diese Gefälligkeit war Rachmaninow Friedman sein ganzes Leben hindurch dankbar. Er erzählte mir oft davon.

Viel wichtiger jedoch war, daß Friedman ein erstaunlicher Pianist war, der Chopin wie kein zweiter spielte. Ich schätzte ihn auch als den idealen Bridgepartner. Wir spielten endlose Stunden miteinander.

Als wir an Friedmans Kabinentür kamen, klopften wir. Keine Antwort. Strawinsky drückte gegen die Tür, und sie ging auf. Wir traten ein. Friedman lag auf dem Bett und schlief ungeachtet des Sturms tief und fest. Seine Brille war ihm von der Nase gerutscht, ein aufgeschlagenes Buch lag neben ihm.

Wir weckten ihn. Friedman bestellte Wein, den Strawinsky und er tranken. Voller Neid beobachtete ich die beiden. Strawinsky wußte, wovon er redete. Friedman hatte einen magischen Einfluß auf ihn. Jetzt war er völlig ruhig. Doch was sollte ich bloß tun? Strawinsky liebte Wein und trank sehr viel, als sei er ein richtiger Franzose. Wasser konnte er – wie die Franzosen – nicht ausstehen. Interessanterweise waren viele seiner Gewohnheiten französisch beeinflußt. Selbst sein Geiz wirkte eher französisch als russisch – er war so demonstrativ. Niemals würde ein Russe mit seiner Geldgier derart protzen. Strawinsky jedoch gab mit seiner Habgier an. (In Strawinskys Musik allerdings gab es kein französisches Element. Sie war absolut russisch.)

Irgendwann erzählte mir Grischa Piatigorsky die Geschichte, wie Strawinsky mit einem Vertrag zu ihm gekommen war. In diesem sollte die Aufteilung der Honorare für die *Suite italienne* geregelt werden. (Das war das Stück, an dem sie in meiner Gegenwart auf der »Rex« gearbeitet hatten.) Als Strawinsky ankündigte, die Honorare würden fifty-fifty geteilt, war Grischa entzückt. Seine Begeisterung währte nicht lange, denn Strawinsky erklärte ihm, daß er als der Komponist des Werks 90 Prozent der Honorare bekäme, sie also die verbleibenden zehn Prozent teilen würden. Um es ganz deutlich zu machen: Strawinsky erhielt 95 Prozent, Piatigorsky fünf Prozent.

Nach meinem Eindruck ist diese Art der Honorarteilung auch mit ein Grund dafür, daß es gerade Dushkin war und nicht etwa Jascha Heifetz, der mit Strawinsky an den Violintranskriptionen arbeitete. Ich wage zu bezweifeln, daß Heifetz diese Art der Honoraraufteilung so einfach hingenommen hätte. Dushkin allerdings (wie auch Piatigorsky) fand sich damit ab.

Strawinskys Einstellung zur Religion war sehr russisch. Er schien ein extrem frommer Mensch zu sein. Ich erinnere mich an ein Gespräch, bei dem es um Religion ging. Strawinsky sprach mit Nachdruck und Enthusiasmus von der Notwendigkeit des Glaubens. Ich kann nicht sagen, ob er oft in die Kirche ging. Allerdings weiß ich, daß er in seinen alltäglichen Gewohnheiten – ähnlich wie Diaghilew – abergläubisch war und dazu neigte, an Vorzeichen zu glauben.

Strawinsky schrieb sehr viel Kirchenmusik – jedoch mit einer ungewöhnlichen Eigenschaft: Beinahe ausschließlich ist sie für den Gebrauch bei der katholischen Messe komponiert oder auf lateinische Texte, obwohl Strawinsky ja der russisch-orthodoxen Kirche angehörte. Diese Orientierung an der katholischen Kirche ist doch seltsam, bedenkt man, daß der größte Feind der orthodoxen Kirche im 19. Jahrhundert der Papst war.

Strawinsky hatte eine andere, eher russische Eigenart. Er, der kleine Mann (er wirkte noch kleiner, als er in Wirklichkeit war, sicher deshalb, weil er muskulös und robust war), hatte einen Hang zu großen Frauen mit üppigen Formen.

Da fällt mir Dagmar Godowsky ein, die eine Zeitlang seine Freundin war. Sie war Schauspielerin, liebte Musik und, folgerichtig, auch Musiker. Dagmar war mollig, lustig und aggressiv. Sie redete sehr laut und temperamentvoll; dabei kultivierte sie das Zigeunerische und spielte andauernd Theater. Ich kann mir nicht recht vorstellen, wie Strawinsky, der eigentlich eher bürgerlich war, das ertrug.

Strawinskys erste Frau Jekaterina habe ich nicht gekannt. Vera, seine zweite Frau, habe ich allerdings sehr verehrt. Als wir uns das erstemal trafen, hieß sie noch Vera Sudeikina und war die Frau des Malers Sergei Sudeikin, von dem sie jedoch getrennt lebte. Vera begleitete Strawinsky überall hin. Sie war eine »gewaltige« Frau und wunderschön. Sie glich einem Porträt von Kustodjew oder Maljawin: endlose Umhängetücher mit großen, hellen Rosen. Vera war geistreich und lebhaft, doch in ihrer Art viel feiner als Dagmar. Sie hatte nichts Bohemienhaftes an sich – wie geschaffen zum Heiraten.

Vera hatte einen guten Geschmack und war eine begabte Malerin. In Kalifornien eröffnete sie später eine kleine Kunstgalerie. Ich schaute immer dort vorbei, wenn ich nach Los Angeles kam. Wie ein Monument erhob sich Vera dann inmitten der zerbrechlichen Kunstwerke. Auch als sie älter wurde, konnte man erkennen, welche Schönheit sie gewesen war.

Vera und Strawinsky waren das ideale Paar – vielleicht auch, weil sie in ihrer Erscheinung und ihrer Persönlichkeit so totale Gegensätze waren. Sie war groß, freundlich, großzügig, immer gelassen und lächelnd; sie sprach melodiös und in gemäßigtem Tonfall; und daneben Strawinsky: klein, eckig (wie aus lauter Winkeln zusammengesetzt), berechnend, nervös, immer angriffslustig, fortwährend Paradoxa von sich gebend.

Und selbst Veras typisch russisches Aussehen (de facto war sie alles andere als russisch) stand in krassem Gegensatz zu Strawinskys Erscheinung – ihn hielt man häufig für einen Juden. Ich weiß noch, wie ich kurz nach der Machtübernahme durch die Nazis in Karlsruhe das Violinkonzert von Karl Goldmark spielte. Auf dem Programm stand außerdem ein Orchesterwerk von Strawinsky. Die Kritik in der örtlichen Zeitung begann mit folgenden Sätzen:»Der Solist im gestrigen Konzert war Jude. Das gesamte Programm war ebenfalls jüdisch. Wie konnte eine solche Katastrophe passieren?« In dieser Zeit mußte Strawinsky demnach oft den Nachweis erbringen, daß er kein Jude war.

Bei dieser Gelegenheit eine Bemerkung zu anderen angeblich jüdischen Komponisten: Entgegen der Legende waren weder Bizet noch Ravel jüdischer Herkunft (obwohl Ravel immerhin ein Stück mit dem Titel *Deux mélodies hebraïques* schrieb). Und der Komponist des wunderbaren *Kol Nidrei* für Violoncello, Max Bruch, war auch nicht jüdisch, obwohl die meisten jüdischen Musikliebhaber davon überzeugt sind, daß er es war.

Strawinsky schrieb in seinen späteren Jahren im Auftrag der israelischen Regierung das Stück *Abraham und Isaak*. Dabei muß ich an eine Geschichte denken, die vor vielen Jahren die Runde machte. Ein Jude aus Brooklyn steht in Den Haag im Museum vor einem Rembrandt-Gemälde, das eine jüdische Familie zeigt. Viele Gemälde von Rembrandt zeigen jüdische Familien. Der Kommentar des Juden:»Typisch Juden! Kein Geld in der Tasche, aber ein Porträt von Rembrandt mußte es sein!«

Wie ich schon erzählt habe, liebte es Strawinsky, sich fein anzuziehen. Alles, was mit Kleidung und Mode zu tun hatte, interessierte ihn brennend. Da fällt mir ein, wie wir uns nach dem Krieg einmal in Venedig trafen. Ich kam gerade aus einem Laden, in dem ich unglaubliches Glück gehabt hatte: Ich hatte dort eine Strickjacke gefunden, die mir gefiel, und diese auch gekauft. (An dieser Stelle muß ich rasch erklären, daß es für mich äußerst schwierig war, in Europa eine Jacke zu kaufen – immer waren sie irgendwo zu kurz. Italien jedoch ist das Land der Mode, die ich mediterran nennen würde: weit am Gesäß, vorn weit genug, aber nicht zu lang in den Ärmeln. Das paßte mir gut.) Trotzdem saß die Jacke an einigen Stellen etwas knapp. Da sie doppelt gestrickt war, nahm ich an, sie würde sich schon noch ausdehnen. Mit ihrer roten Farbe war die Jacke ein ziemlich auffallendes Stück. Wie dem auch sei, ich lief Strawinsky in die Arme, der sofort voller Neid ausrief:»Milstein, was für eine wunderschöne Jacke!« Wir setzten uns zum Tee in ein Café am Markusplatz. Strawinsky sprach von nichts anderem. Andauernd wiederholte er:»Was für eine Jacke! Welch herrliche Farbe!«

Über Jacken, Hemden oder Krawatten redete Strawinsky mit echter Begeisterung. Bei diesen Themen akzeptierte ich seine Autorität voll und ganz. Sprach er jedoch über Musik, so hatte ich manchmal Zweifel an seinen Motiven. Da spielte so viel hinein: wunderbar sensible Empfindungen, Opportunismus und Versuche, den Bürgerschreck zu spielen.

Zum Beispiel konnte Strawinsky aus heiterem Himmel Loblieder auf Gounod und Chabrier singen. Ich wage zu bezweifeln, daß er von diesen Komponisten wirklich begeistert war; er wußte ganz einfach, daß niemand ihm einen schlechten Geschmack zutraute. Mehr noch, die Leute würden ihm eher größeren Respekt entgegenbringen und sagen: Strawinsky erkennt Qualitäten sogar dort, wo niemand anderer sie findet.

Einmal belehrte Strawinsky mich darüber, daß Beethoven im Grunde ein »schlichter« Komponist gewesen sei. Diese an sich empörende Feststellung hat einen wahren Kern. Tatsächlich ist es doch so: Hält man sich im Künstlerzimmer auf und hört dort die Melodie und die Baßlinie einer Beethoven-Symphonie, die gerade aufgeführt wird, so klingt die Musik ziemlich dürftig. Doch auch hier, und das passierte bei Strawinsky häufig, wurde eine an sich treffende Beobachtung zum Paradoxon gesteigert. Paradoxe Aussagen werden leichter verstanden – vom großen Publikum und auch von den Snobs. Das genau wollte Strawinsky erreichen.

Oder denken wir an Strawinskys Lobeshymnen auf die Opern von Cimarosa, Bellini und Verdi. Vielleicht waren seine Begeisterungsausbrüche wirklich echt. Man nahm sie jedoch in dem Moment cum grano salis, als deutlich wurde, daß seine übertriebene Begeisterung für die italienische Musik zeitlich damit zusammenfiel, daß er mit Mussolini und dem faschistischen Italien zu liebäugeln begann.

Trotz all seiner Widersprüchlichkeit bleibt Strawinsky einer der interessantesten Menschen, die ich getroffen habe. Und es ist wirklich schade, daß ausgerechnet seine Instrumentalmusik nicht zu seinen großen Leistungen zählt. Ich bin absolut davon überzeugt, daß diese Musik besser und vor allem erfolgreicher gewesen wäre, hätte Strawinsky hier gründlich und ernsthaft mit Interpreten zusammengearbeitet. Die Erfahrung zeigt einfach, daß bedeutende Interpreten auch die beste Musik noch verbessern können. Das ist schließlich ja die spezifische Eigenart der Musik: Egal, ob sie dadurch besser oder schlechter wird – sie ist eine Kunst, die von Interpreten abhängt.

10.

Musik und Politik I: Furtwängler, Toscanini und andere Dirigenten

Häufig kann man Leute sagen hören: »Musiker sollen gut spielen. Aus der Politik sollten sie sich besser heraushalten. Das ist nicht ihre Aufgabe.« Darauf pflege ich zu antworten: »Politik ist eine zu wichtige Sache, als daß man sie allein den Politikern überlassen kann.« Bei Musikern (wie bei allen Künstlern) hängt ihre natürliche Entwicklung von der Umgebung ab, in der sie leben. Deshalb müssen wir versuchen, ihre Lebensbedingungen günstig zu gestalten. Das Talent meines Freundes Prokofjew etwa wurde durch das totalitäre Regime in Rußland ruiniert. Ein anderer meiner Freunde, Balanchine, konnte seine geniale Begabung eigentlich nur entfalten, weil er in ein demokratisches Land ging.

Ich bin sehr skeptisch, wenn ein Musiker, meist ohne eigene Beteiligung, nur aus politischen Gründen zu großem Ruhm gelangt. Ein Beispiel dafür ist der große Cellist Pablo Casals, den ich persönlich gekannt habe.

Casals wurde als großer Antifaschist und als Kämpfer gegen General Franco gepriesen. Selbstverständlich war Casals gegen Franco, jedoch nicht, weil der Caudillo Faschist war. Casals haßte Franco, weil dieser nicht bereit war, Katalonien die Unabhängigkeit zuzugestehen. Eigentlich war Casals ein liebenswürdiger Mensch, als glühender Katalane jedoch haßte er, wie alle Katalanen, Franco – politische Überzeugungen spielten dabei überhaupt keine Rolle. Heute ist Spanien ein demokratisches Land. Dennoch beteiligen sich viele Basken an der Verschwörung gegen die spanische Regierung. Bei den Basken geht es nicht um Kategorien wie »links« oder »rechts«

– sie sind ganz einfach Nationalisten, wie auch Casals einer war. Ich finde es auch nicht gut, wenn man versucht, den Ruf eines Musikers rein aus politischen Erwägungen heraus zu ruinieren. Das passierte Wilhelm Furtwängler, der ein sehr konservativer Mann mit »rechten« Ansichten war, sicher aber nicht der Nazi, als den man ihn hingestellt hat. Meist wird nämlich übersehen, daß viele rechtsgerichtete Deutsche Hitler haßten.

Vor dem Krieg kam Furtwängler in Stockholm zu einem meiner Konzerte. Am nächsten Abend gingen wir zusammen in die Oper, in *Eugen Onegin*. Es entwickelte sich ein Gespräch über die politischen Verhältnisse in Deutschland. Ich weiß noch, daß Furtwängler seine Unzufriedenheit mit Hitler ganz offen äußerte: »Ich bin ein Deutscher – doch was jetzt in Deutschland passiert, ist eine Schweinerei.«

Manche Amerikaner konnten es Furtwängler nicht verzeihen, daß er in Nazi-Deutschland geblieben war und dort dirigiert hatte. In irgendeinem amerikanischen Magazin sah ich ein Photo mit der Schlagzeile: »Furtwängler verneigt sich vor Hitler und Göring.« Was für ein Unsinn! Das Photo zeigt Furtwängler nach einem Konzert. Er reagiert auf den Beifall des Publikums, in dem auch Hitler und Göring sitzen. Man stelle sich vor, ein Gorilla habe im Publikum gesessen. Folgt man der Logik seiner Kritiker, so würde Furtwänglers Verbeugung bedeutet haben, daß er auch ein Anhänger von Gorillas war.

Ein ziemlich unerfreulicher Zwischenfall, in den derartige Kritiker auch mich hineinzuziehen suchten, ereignete sich 1948, als Furtwängler eingeladen wurde, Chefdirigent des Chicago Symphony Orchestra zu werden. Einige berühmte amerikanische Musiker kündigten an, sie würden das Orchester boykottieren, sollte Furtwängler diesem Ruf Folge leisten. Ich beteiligte mich an dieser Protestaktion nicht, obwohl sogar einige meiner besten Freunde den Aufruf gegen Furtwängler unterschrieben hatten.

Kurz nach diesem Zwischenfall spielte ich in Chicago. Ein

Journalist kam zu mir ins Künstlerzimmer, um mit mir zu sprechen.

»Haben Sie den Aufruf gegen Furtwängler unterschrieben?«

»Nein, warum sollte ich? Furtwängler ist ein großartiger Musiker, er ist mit Sicherheit kein Nazi. Sollte diese Aktion Erfolg haben, dann wird das Chicago Symphony Orchestra der Verlierer sein.«

Bei diesem Gespräch war Edward Ryerson anwesend, der Präsident des Orchesterkuratoriums. Wahrscheinlich hat er Furtwängler davon erzählt. Als ich nämlich nach Luzern kam, wo ich das Dvořák-Konzert mit Ansermet spielen sollte, erschien Furtwängler in der Probe, was er nie zuvor getan hatte. Während einer Pause kam er zu mir und sagte mit großer Bitterkeit und sichtlich bewegt: »Sie sind ein netter Kerl. Von einigen unserer gemeinsamen Freunde kann man das nicht behaupten.«

Furtwängler kam schließlich nicht nach Amerika. Das ist sehr schade, denn er hätte, wenn er das Chicago Symphony Orchestra übernommen hätte, mit Sicherheit großen Einfluß auf das amerikanische Musikleben ausgeübt. Und ich bin immer noch davon überzeugt, daß es höchst unfair war, wie einige Amerikaner Furtwängler als Nazi diffamierten.

Der Fall Herbert von Karajan stand auf einem anderen Blatt. Er war mindestens elf Jahre Mitglied der NSDAP. Doch auch dieser Fall lag nicht so einfach, wie man zunächst annehmen könnte. Die Parteimitgliedschaft an sich beweist noch nichts. Die exzellenten sowjetischen Geiger Oistrach und Kogan traten zu Stalins Lebzeiten in die kommunistische Partei ein. Heißt das schon, daß sie Stalins Verbrechen guthießen? Nein, sie versuchten einfach zu überleben. Soweit ich weiß, hat im Westen niemand sie jemals deswegen verdammt.

Meine Hochachtung vor dem Dirigenten Furtwängler wuchs mit der Zeit. Wie ich schon erzählt habe, beeindruckten mich, als ich ihn in Berlin zum erstenmal erlebte, die köstlichen Würste und das Bier weitaus stärker als sein Konzert. Das war 1926, als die deutschen Würstchen für mich, den jungen Emigranten aus dem hungernden Rußland, eine erheblich größere Attraktion waren als Furtwänglers tiefgründige Interpretationen. Ich ging immer öfter in seine Konzerte. Gregor Piatigorsky, der damals Solocellist in Furtwänglers Berliner Philharmonischem Orchester war, machte uns miteinander bekannt. Manchmal trat Piatigorsky als Solist mit dem Orchester auf – etwa in *Don Quixote* von Richard Strauss und mit Schumanns Cellokonzert. Das waren unvergeßliche Erlebnisse.

Nach meinen erfolgreichen Wiener Konzerten äußerte Paul Bechert, mein Agent:»Ich garantiere Ihnen, daß Sie sehr bald mit den Berliner Philharmonikern spielen werden. Und Furtwängler selbst wird dirigieren.« So geschah es auch. Furtwängler lud mich ein, das Violinkonzert von Dvořák zu spielen. Drei Tage vor dem Konzert wurde ich krank und bekam hohes Fieber. Selbstverständlich war es ganz undenkbar abzusagen. Ich erhielt Spritzen, damit ich wieder auf die Beine kam.

Eigentlich konnte ich mir nicht so recht vorstellen, daß ausgerechnet das Dvořák-Konzert Furtwängler besonders interessierte. Er selbst komponierte ja sehr komplizierte (und nicht sehr attraktive) Musik. Es zeigte sich jedoch, daß er die Komposition in- und auswendig kannte.

Damals war ich noch ein respektloser junger Musiker, und ich machte gewöhnlich im langsamen Satz des Konzerts einen Strich. Damit war Furtwängler nicht einverstanden. Eine andere Koryphäe der deutschen Musik, nämlich Richard Strauss, reagierte auf meinen Strich im Dvořák-Konzert genauso. Einmal sollte ich dieses Konzert in Frankfurt spielen. Mein Manager sagte:»Sie werden mit Strauss spielen. Ich hoffe, das stört Sie nicht.« Ich dachte nicht im Traum daran, daß er damit den berühmten Richard Strauss gemeint hatte, der schon als Klassiker galt, als ich noch auf der Musikschule in Odessa war. Ich liebte seine glänzend, geschickt und meisterhaft komponierten symphonischen Dichtungen *Till Eulenspiegel* und *Don Juan*. Damals hielt ich *Ein Heldenleben*, das ich schon in Odessa kennengelernt hatte, für ein bedeutendes Werk – ich hatte sogar das Violinsolo gespielt, als ich für den erkrankten Konzertmeister einspringen mußte. (Heute mag ich es nicht mehr. Für meinen Geschmack ist es zu schwülstig.) In Odessa wurden zu dieser Zeit *Tod und Verklärung* und *Salome* oft aufgeführt. Tatsächlich war Strauss in unserem Land berühmter als Brahms. Ich war, als das Konzert in Frankfurt anstand, davon überzeugt, daß er bereits gestorben sei. Deshalb hörte ich dem Manager überhaupt nicht richtig zu, als er über den zu erwartenden Dirigenten redete. Strauss, Schwartz – welchen Unterschied machte das schon? Als ich den Maestro dann sah und mir klar wurde, daß es »der« Richard Strauss war, traf mich fast der Schlag. Ich war fest davon überzeugt, daß Strauss das Dvořák-Konzert nicht kennen würde – wie sollte eine derartige Musik ihn interessieren? Als dann jedoch die Probe begann, merkte ich sofort, daß er es sehr wohl kannte, und zwar jede einzelne Note. Natürlich machte ich, ohne ihn vorher zu warnen, denselben Strich im langsamen Satz. Plötzlich sagte er beinahe vorwurfsvoll: »Aber das ist doch die schönste Stelle des ganzen Konzerts!«

Also waren sie beide dieser Meinung – Strauss und Furtwängler! Und natürlich hatten sie recht. Ich habe das Konzert seit damals immer nur ohne Striche gespielt und aufgenommen.

Als ich einige Jahre später in München auftrat, sagte man mir, Strauss würde sich glücklich schätzen, mich zu sehen. Derjenige, der glücklich war, war ich. Wir trafen uns im Restaurant des Hotels »Vier Jahreszeiten«. Strauss hatte eine seiner Opern dirigiert, ich kam vom Konzert. Strauss hatte nicht vergessen, wie wir gemeinsam das Dvořák-Konzert aufgeführt hatten. Das Restaurant war sehr gemütlich, das Essen ausgezeichnet. Da saßen wir also und redeten über Musik. Strauss sprach so klug und kenntnisreich über Mozart, Beethoven und Tschaikowski, daß ich danach zu aufgeregt war, um schlafen zu können. (Übrigens wurde dieses Restaurant nach dem Krieg sehr teuer – und es war nicht mehr annähernd so gut.)

Natürlich war Strauss zuerst und vor allem ein großer Opernkomponist. Ich mochte *Salome* und seine späteren Opern *Der Rosenkavalier*, *Ariadne auf Naxos* und *Die Frau ohne Schatten*.

Eigentlich würde ich sogar die These wagen, daß Strauss ein besserer Musiker war als Wagner. Wagner allerdings war das größere Genie. Selbstverständlich bewundere ich die späten Werke von Strauss, besonders *Vier letzte Lieder*. Damals hätte er längst mit dem Komponieren aufhören und sein Leben genießen können. Statt dessen beschenkte er uns mit derartigen Meisterwerken.

Wie Furtwängler stand Strauss eine Zeitlang im Dienst der Nazis. In beiden Fällen verwende ich bewußt den Ausdruck »im Dienst stehen«, denn »Kollaboration« wäre ein zu starkes Wort. Strauss und Furtwängler sahen sich als deutsche Patrioten. Sie glaubten, daß sie als Musiker untrennbar mit der deutschen Kultur verbunden seien und daß diese durch ihre Abwesenheit Schaden nehmen würde. Es fehlte ihnen also das Selbstvertrauen Thomas Manns, der, als er in die USA emigrierte, verkündete, die deutsche Literatur sei da, wo er sei.

Dadurch, daß sie in Deutschland blieben, versuchten Strauss und Furtwängler, das Ansehen der deutschen Musik zu wahren. Sie lagen in permanentem Streit mit den Nazis und wurden schließlich ihrer Führungspositionen im Musikleben enthoben.

Keiner der beiden Männer war etwa stolz auf das, was sich in diesen Jahren in Deutschland zutrug. In dieser Hinsicht konnte man sie zum Beispiel nicht auf eine Stufe mit Walter Gieseking stellen. Er war ein glänzender Pianist, aber auch ein in der Wolle gefärbter Nazi. Gieseking prahlte sogar mit seiner Parteimitgliedschaft. Als er vor dem Krieg nach Amerika kam, um dort zu konzertieren, fragte ihn ein Beamter der Einwanderungsbehörde auf Ellis Island: »Sind Sie ein Nazi?« Stolz verkündete er: »Ja!«

Ich habe übrigens auch den Eindruck, daß die Geschichte von Herbert von Karajans Nazi-Sympathisantentum über Gebühr aufgebauscht worden ist. Karajan war ein Nationalist. Als Hitler an die Macht kam, war Karajan noch ein junger Mann. Deutschland war stark und spielte in der Welt eine wichtige Rolle. Das mußte Karajan gefallen. Soweit ich jedoch weiß, war er nie Antisemit, obwohl man versucht hat, ihm das zu unterstellen. Alle derartigen Anschuldigungen hatten mit Intrigen unter Dirigenten zu tun.

In Karajans Leben gab es immer Hindernisse: zuerst die übermächtige Figur Furtwänglers, dann die Prozedur der Entnazifizierung, bei der, wie ich meine, die alliierten Behörden ihn und Furtwängler zu streng behandelt haben; dann eine Dauerstellung in Berlin, einer geteilten Stadt in einem geteilten Land; und am Ende verlor Karajan auch noch seine berühmten »Kämpfe« mit der Wiener Staatsoper und dem Berliner Philharmonischen Orchester.

Karajan war ein herausragender Dirigent und zudem ein Arbeitstier. Zugleich war er ein begabter »Schauspieler«, wenn er auch nicht die Klasse des legendären russischen Bassisten Schaljapin erreichte. Trotz allem: Karajan übertrieb die Pantomime nicht – so wie manche anderen Dirigenten. In den Proben arbeitete er sehr ernsthaft mit dem Orchester (das habe ich selbst erlebt); die Ergebnisse dieser harten Arbeit zeigten sich in den Konzerten. Der Weltruf der Berliner Philharmoniker ist eine Folge von Karajans Arbeit. Seine Persönlichkeit verhalf auch dem Orchester zu einem spezifischen Glanz, was für die Konzertreisen und für die Plattenverkäufe von erheblichem Nutzen war.

Karajan verwendete seine Autorität und seinen Einfluß auch, um junge Musiker zu fördern. Viele von ihnen waren ihm dafür sehr dankbar und werden es immer sein. Er verhalf ihnen zum Erfolg, ohne dadurch seinen eigenen Erfolg zu schmälern. Außerdem hinterließ er in den verschiedensten Medien ein reiches Vermächtnis seiner Interpretationen.

Vermischen sich Musik und Politik, so kommt »Musikpolitik« dabei heraus. In ihr können persönliche Rivalitäten eine wichtige und manchmal fatale Rolle spielen. Ich glaube, daß in Furtwänglers musikalischer Karriere der Rivalität mit einem anderen »Giganten«, Arturo Toscanini, eine derartige Rolle zukam.

Zwei gegensätzlichere Menschen als Furtwängler und Toscanini sind eigentlich kaum vorstellbar. Sie unterschieden sich beinahe in jeder Hinsicht voneinander. Der kleine Toscanini verblüffte einen immer wieder durch seine sozusagen erdverbundene schöpferische Vitalität. Der großgewachsene Furtwängler schien eher in den Wolken heimisch zu sein. Wenn Toscanini dirigierte, versuchte er, jede Einzelheit vorzugeben und zu gestalten. Trat hingegen Furtwängler vor das Orchester, so waren seine Gesten vage. Die Musiker wußten nie genau, wann sie einzusetzen hatten, aber irgendwie setzten sie doch ein. Ich hätte immer gern gewußt, wie Furtwängler das schaffte.

Toscanini war Katholik, und Katholiken sind immer »sachlich«. Er dirigierte Verdis vollblütige, realistische Musik grandios, unvergeßlich. Furtwängler hingegen war Protestant, ein Romantiker. Seine besondere Stärke war die deutsche Klassik, von der er mehr verstand als irgend jemand sonst. Beide wußten sehr genau, was sie aus dem Orchester herausholen wollten; sie arbeiteten mit wilder Entschlossenheit, bis zur völligen Erschöpfung – und bekamen, was sie wollten. Welch ein Unterschied zu den Dirigenten von heute, unter denen gute Orchester gut spielen und schlechte schlecht. Das sagt doch alles über ihre dirigentischen Fähigkeiten. Doch obwohl Furtwängler und Toscanini so völlig unterschiedliche Dirigenten waren und Musik ein so weites Feld ist, konnten sie es dennoch nicht ertragen, mit dem anderen teilen zu müssen. Jeder war – manchmal auf sehr kindische Weise – auf den Erfolg und den Ruhm des anderen eifersüchtig.

Ich weiß noch zu gut, wie Toscanini mit den New Yorker Philharmonikern 1930 nach Berlin kam. Das geschah im Rahmen einer unvorstellbar erfolgreichen Europatournee. Ich erlebte selbst, welch gespannte Erwartung im Publikum herrschte. Dort saßen Bruno Walter, Otto Klemperer und Erich Kleiber. Piatigorsky, Horowitz und ich saßen in einer Loge. Toscanini dirigierte gerade eine Beethoven-Symphonie, als Furtwängler, der in der Nachbarloge saß, plötzlich aufsprang und zu uns herübereilte. Er rief: »Die Akustik ist schrecklich, finden Sie nicht auch? Fürchterlich!« Es war nur allzu klar, was er mit »Akustik« eigentlich meinte.

Hier noch eine typische Geschichte, die die andere Seite dieser Rivalität zeigt. Furtwängler kam häufig nach Paris, entweder mit seinem Orchester oder als Gastdirigent der Grand Opéra. Horowitz und ich besuchten seine Aufführung von Wagners *Meistersingern*. Die Ouvertüre erklang, da sah ich, daß Maestro Toscanini den Saal betrat. Mit ihm kamen seine Frau Carla, seine Tochter Wally, weitere Verwandte und Madame De Vecchi, eine »gewaltige« Frau, die die Familie Toscanini immer begleitete. Kaum war die Ouvertüre verklungen, sprang Toscanini von seinem Sitz auf: »Dilettante, canaille!« So sehr hatte er sich über Furtwänglers Art zu dirigieren erregt. Und dann verließ Toscanini den Saal. Wie junge Schwäne, die auf dem Genfer See ihren Eltern hinterherschwimmen, folgte ihm die Familie. Ach, diese temperamentvollen großen Dirigenten!

Es ist kein Geheimnis, daß Toscanini politische Vorbehalte gegenüber Furtwängler hatte. Tatsächlich machte er dies schon relativ früh deutlich. 1937 etwa waren die Beziehungen zwischen den beiden Maestri auf dem Nullpunkt angelangt. (Ich würde sie als »Rivalen wider Willen« bezeichnen.) Welchen Anteil an dieser Situation wirklich politisch begründete Entrüstung und welchen Eifersucht auf seiten Toscaninis hatte, kann ich nicht sagen. Darüber lassen sich nur Vermutungen anstellen...

Ein vergleichbarer Konflikt bestand zwischen Toscanini und seinem Landsmann, dem Dirigenten Victor De Sabata, einem weiteren Künstler, der wegen seiner politischen Ansichten ins Kreuzfeuer der Kritik geriet. Wie Furtwängler war De Sabata ein wunderbarer Musiker (er komponierte ebenfalls), und er war bestimmt kein Faschist.

(Eine lustige Geschichte in meiner Familie hat mit De Sabata zu tun. Als meine Tochter Maria sieben war, besuchte sie zum erstenmal eines meiner Konzerte. Es war eine Matinee in der Carnegie Hall. De Sabata dirigierte. Nach dem Konzert fragte er Maria: »Hat es dir gefallen?«

»Ich fand es schön«, antwortete sie, »aber nicht das, was du gemacht hast. Du machst zuviel Lärm.« Sie war also auf meiner Seite. Über die Cellisten und Kontrabassisten hatte sie sich vor allem geärgert:»Papa mußte auf so einer kleinen Geige spielen, die anderen haben alle große Geigen.«)

Als ich einmal in der Mailänder Scala auftrat, bemerkte ich ein Plakat, das eine eigenartige Reihe von Konzerten ankündigte: vier Requiem-Vertonungen, von Mozart, Berlioz, Brahms und Verdi, dirigiert von Karajan, Furtwängler, De Sabata und Toscanini. Aus Toscaninis Sicht hieß das: drei Faschisten und ein Antifaschist, nämlich er. Strenggenommen hätte er sich weigern müssen aufzutreten. Er tat es nicht, und soweit ich weiß, verlief alles ohne Probleme.

Toscaninis politische Einstellung war, nebenbei bemerkt, durchaus nicht von Anfang an eindeutig – sie entwickelte sich mit der Zeit, wie bei vielen Menschen. Es ist allgemein bekannt, daß Toscanini lautstark gegen Mussolini opponierte. Weniger bekannt ist die Tatsache, daß der Maestro Mussolini und dessen Partei in früheren Jahren ziemlich aktiv gefördert hat. Mussolini hatte seine Laufbahn als militanter Sozialist begonnen. In einem Brief Lenins findet sich eine Stelle über eine Begegnung mit dem »sehr intelligenten« Benito Mussolini. Als Mussolini dann an der Macht war, versuchte er ziemlich geschickt, die Sympathien von Schriftstellern, Malern und Musikern der Avantgarde für sich zu gewinnen. So förderte er zum Beispiel die Futuristen und Strawinsky. Auch seine Haltung gegenüber den Juden hob sich vom Rassismus der Nazis deutlich ab. Bis 1938 gab es viele Kontakte zwischen Mussolini und den Juden.

Vor dem Krieg spielte ich häufig in Italien, und ich hatte Freunde unter einflußreichen jüdischen Familien Italiens. Als ich einmal im Teatro San Carlo in Neapel auftrat, teilte der Direktor mir mit, es sei ein Brief von Mussolinis Sekretär für mich da. Ob ich morgen zu Mussolini zum Tee kommen könne? Zufällig war ich am nächsten Tag frei, und die Reise von Neapel nach Rom dauerte mit dem Schnellzug etwa eineinhalb Stunden. Ich war ziemlich neugierig darauf, Mussolini in seiner privaten Umgebung zu erleben. Deshalb nahm ich die Einladung an.

Den Duce hatte ich schon mehrfach erlebt, als er vom Balkon seines Palastes an der Piazza Venezia in Rom Reden gehalten hatte. Es war ein komischer Anblick. Mussolini wirkte wie ein aufgeblasener Dirigent, der das Gebärdenspiel übertreibt. Aus seiner Sicht war das clever – wenn sich Politiker an die Massen wenden, appellieren sie (wie Dirigenten) an die Gefühle, nicht an die Vernunft. Mimikry und Gestik sind in derartigen Situationen wichtiger als Worte. Mussolinis Zuhörerschaft war ganz offensichtlich elektrisiert und schrie wie ein Mann: »Viva, Duce!« Das Ganze wirkte eher wie eine Vergnügungsveranstaltung. Die angespannte und bedrohliche Atmosphäre, die für politische Kundgebungen in Deutschland so typisch war, fehlte fast völlig.

Ich fuhr also nach Rom. Mussolinis Wohnung lag in der Nähe der Via Appia, und es gab dort keine Wachposten. Die Einrichtung der Wohnung war eher bieder, ein bißchen wie in einem bescheidenen bürgerlichen Haushalt. Der Sekretär stellte mich Mussolini – er hatte einen abgetragenen dunklen Anzug an – und seiner Frau Rachele vor.

Wir tranken zuerst Tee mit Zitrone, dann spielte ich die Chaconne von Bach. Anschließend begann Mussolini ein Gespräch, das wir in einer Mischung aus Französisch und Italienisch führten. Er lachte häufig und zeigte dabei seine blendend weißen Zähne. Selbst in dieser Situation versuchte er, sein Publikum für sich einzunehmen.

Ich weiß noch, wie erstaunt ich über Mussolinis Hände war; sie wirkten seltsam leblos, fast so, als seien sie aus Kunststoff. Ich hatte fast den Eindruck, sie könnten brechen, wenn ich sie berührte. Deshalb erschrak ich auch ein bißchen, als Mussolini mich bat, meine Geige in die Hand nehmen zu dürfen.

»Ich habe die Violine geliebt, seit ich ein Kind war. Sie müssen wissen, daß ich beinahe Geiger geworden wäre«, sagte Mussolini.

Mit solchen Händen? Ich dachte es, sagte es aber nicht.

(Auch Strawinsky besuchte Mussolini einmal. Als er erfuhr, wie sehr der Duce für die Geige schwärmte, mußte er an Nero denken, der die Fiedel spielte, während Rom brannte.)

Als mir klar wurde, daß Mussolini ein echtes Interesse an der Geige hatte, fragte ich ihn, warum es denn nur noch so wenige Exemplare der herrlichen italienischen Geigen in Italien gäbe. Immerhin sei Italien doch die Heimat der großen Instrumentenbauer. Die Geigen von Stradivari, Amati und Guarneri seien doch schließlich nationales Kulturgut und trügen zum Ruhm des Landes bei. Mussolini war mit mir einer Meinung, daß in dieser Sache etwas getan werden müsse. Und es wurde auch etwas unternommen, allerdings nicht von Mussolini. Nach dem Krieg gab es in Stresa eine große internationale Ausstellung mit wertvollen italienischen Instrumenten. Sie kamen vor allem aus Amerika, England und Frankreich. Die italienische Regierung erwarb eine Reihe hervorragender Stücke.

Ich erinnere mich an eine Gelegenheit, als ich mit Toscanini das Mendelssohn-Konzert spielen sollte. Vor allem weiß ich noch, daß meine erste Frau Rita und ich Karten für das wunderbare Musical *Lady in the Dark* mit der Musik von Kurt Weill hatten. Die Stars waren Gertrude Lawrence und Danny Kaye. Plötzlich kam Rita ins Zimmer und sagte, Toscanini habe angerufen. Er habe mich zum Essen eingeladen und gebeten, daß ich meine Geige mitbrächte. Es lag ihm daran, daß wir vor dem Konzert unsere Vorstellungen, wie der Mendelssohn zu spielen sei, aufeinander abstimmten. Zunächst war ich irgendwie verärgert; immerhin mußte ich mir das Vergnügen versagen, Danny Kaye zu erleben! Doch dann sagte ich mir, daß dies eine ausgezeichnete Gelegenheit sei, zu erfahren, wie sich Toscanini die Tempi in diesem Konzert vorstellte. Wenn ich heute an diese Einladung zurückdenke, bin ich immer noch sehr beeindruckt davon, welches Gefühl der Verantwortung für die Aufführung und für den Solisten der Maestro an den Tag legte. Dirigenten, die unvergleichlich weniger bedeutend sind, würden nicht im Traum daran denken, sich vor der ersten Orchesterprobe mit dem Solisten zu beraten...

Meiner Meinung nach ist das Mendelssohn-Konzert unter allen Violinkonzerten das perfekteste. Es mag vielleicht nicht so tiefgründig sein wie das Beethoven-Konzert, aber Kunst muß ja auch nicht immer »tiefschürfend« sein. Das Mendelssohn-Konzert ist zu drei Vierteln ein klassisches, zu einem Viertel ein romantisches Konzert. Es ist schwerer zu spielen als das Beethoven-Konzert – man kann es nicht künstlich in die Länge ziehen oder die Ritenuti übertreiben. Beschränkt man sich jedoch darauf, nur »die Noten abzuliefern«, so bekommt man nur Heidelbeerkwaß, wie man in Rußland sagt. (Damit will ich das herrliche russische Getränk nicht schlechtmachen; ich erinnere mich immer noch gut an Babuschkins Kwaß in Petersburg – er war so köstlich!)

Nach dem Essen setzte sich Toscanini ans Klavier, und ich nahm meine Geige. Als der Maestro mit seiner Begleitung begann, klang dies irgendwie brüchig. Beim Dirigieren strahlte Toscanini eindeutig mehr Sicherheit aus als beim Klavierspielen. Er erklärte mir dann allerdings, wie die Kadenz des Konzerts gestaltet werden müsse, wie ihr Aufbau sei und wie sie sich entwickle. Er verstand viel von der natürlichen Fähigkeit der Geige, zu singen; schließlich war er ja ein unvergleichlicher Operndirigent. Und er wußte, was man aus der Kadenz herausholen konnte. Bis auf den heutigen Tag erkläre ich allen meinen Schülern diese Kadenz à la Toscanini. Und sie spielen sie alle besser als vorher.

Toscanini war ein wirklicher, ja ein gewaltiger Musiker. Aber er war natürlich keineswegs überall vollkommen. Sein Beethoven war manchmal zu rasch und sein Wagner für meinen Geschmack nicht romantisch genug. Toscaninis Genie trat am deutlichsten dann in Erscheinung, wenn er Opern dirigierte: Dann konnte er seinem Temperament, seiner Begeisterung und seinem Schwung freien Lauf lassen. Seine penible Aufmerksamkeit gegenüber Details und sein Organisationstalent konnte er dann voll ausspielen.

Ich war in der »Radio City«, als Toscanini in dem legendären Studio 8-H mit dem NBC Symphony Orchestra Verdi-Opern probierte. Dieses Orchester war speziell für ihn geschaffen worden. Die Proben für *Otello* und *Falstaff* sind mir in besonderer Erinnerung geblieben. Toscanini konnte sich so sehr in die Arbeit mit den Sängern vertiefen, daß er darüber das Orchester ganz vergaß. Allerdings konnte er sich dies auch erlauben, denn die NBC hatte ihm die besten Musiker der Welt besorgt. Konzertmeister war der glänzende Geiger Mischa Mischakoff. Frank Miller war der Solocellist (spielte er das Solo im zweiten Klavierkonzert von Brahms, dann wünschte sich das Publikum, daß das Klavier überhaupt nicht einsetzen solle). Die Orchestermusiker nahmen jeden Blick, jede Andeutung Toscaninis auf. Ich erinnere mich, daß er in *Falstaff* eine Passage aus dem Stand, ohne jegliche Vorbereitung, zu dirigieren begann, und alle wußten sofort, worum es ging. Unglaublich! Mit Toscanini machte mich Vladimir Horowitz bekannt. Er wurde Schwiegersohn des Maestros, als er 1933 dessen Tochter Wanda heiratete. Manche Leute unterstellten Horowitz, er habe durch diese Heirat seine Karriere fördern wollen. Tatsächlich aber war Wolodja damals schon sehr berühmt. Meiner Ansicht nach war Horowitz als Pianist ein ebensolcher Gigant wie Toscanini als Dirigent. Allerdings ließ sich Wolodja von Toscanini eher einschüchtern; er hatte Hemmungen, mit ihm zu musizieren oder mit ihm zu sprechen.

Ich weiß noch, wie Horowitz mit Toscanini Rachmaninows drittes Klavierkonzert aufführte. Schon seinerzeit in Rußland war Rachmaninow das Idol von Horowitz gewesen, und Wolodja verstand Rachmaninow wie kein zweiter. Toscanini andererseits hatte keine ausgeprägte Leidenschaft für die russische Musik. (Die Begeisterung für Rachmaninow und Tschaikowski hält sich in Italien sehr in Grenzen. Selbst die Kommunisten unter den italienischen Musikern, die sich eigentlich für alles Russische begeistern, sind nicht unbedingt Anhänger der russischen Musik.) Soweit ich mich erinnere, wartete Toscanini eigentlich darauf, daß ihm Horowitz einen Anhaltspunkt dafür gäbe, wie er mit dem Rachmaninow-Konzert umgehen und sich ihm nähern solle. Wolodja jedoch zeigte hier große Zurückhaltung, er wollte nicht aufdringlich sein.

Viele hielten Toscanini und Horowitz für die beste Kombination: der »beste Dirigent« und der »beste Pianist«. Und beide waren auch wirklich erpicht darauf, gemeinsam zu musizieren und Platten einzuspielen. Als erstes machten sie eine Platte mit dem zweiten Klavierkonzert von Brahms. RCA Victor brachte sie heraus, und sie wurde ein riesiger Verkaufserfolg. Deshalb beschlossen sie, das Tschaikowski-Konzert aufzunehmen. Im Frühjahr 1941 rief mich Wanda an und bat mich, zu Toscaninis zu kommen. Ich sollte mir die Aufnahme mit dem Tschaikowski-Konzert anhören, die ihr Vater und ihr Mann kürzlich gemacht hatten. »Kommen Sie bitte; wenn Sie diese Aufnahme nicht gut finden, sagen Sie es Papa. Ich mag diese Aufnahme nicht, doch ich fürchte, daß die RCA Papa und Wolodja unter Druck setzen wird, sie freizugeben. Denn die RCA wird damit Geld machen – ungeachtet der Qualität. Sie müssen wissen, daß Wolodja in dieser Angelegenheit niemand verletzen will. Sie sind jedoch unvoreingenommen. Also kommen Sie und sprechen Sie bitte mit Papa.«

Wanda ist eine charakterstarke Frau, die gern möchte, daß alles richtig läuft. Ihr war es wichtig, daß Wolodja auf dieser Platte sein Bestes gab. Doch leider war dies nicht der Fall. Ich kannte und liebte das Klavierkonzert von Tschaikowski. Es kann gleichzeitig brillant und poetisch klingen. Der herrliche zweite Satz – das ist wie eine Szene aus *Eugen Onegin*. An diesem Abend jedoch – die Aufnahme wurde in Gegenwart von Toscanini, Horowitz und einigen Gästen gespielt – hatte ich das Gefühl, daß die Interpretation nicht wirklich überzeugend war. Wolodja hatte sogar die berühmten Oktaven im ersten Satz verpatzt. Wenn Horowitz sonst an die Stelle mit den Oktaven kam, riß es das Publikum förmlich von den Sitzen, weil man sich nicht vorstellen konnte, woher dieses Klanggewitter kam. Ich habe das selbst erlebt. Das brauste heran wie ein Orkan, wie eine Lawine aus Klängen. Doch nicht bei dieser Aufnahme.

Wanda, eine kluge Frau mit viel Geschmack, hatte dies gespürt. Statt darüber mit ihrem Vater Streit anzufangen, fand sie es besser, wenn ich ihm das beibrächte. Als die Aufnahme verklungen war, ergoß sich ein einhelliger Lobeshymnus auf Horowitz und Toscanini. Keiner der übrigen Gäste hatte irgendwelche Einwände. Plötzlich wandte sich Toscanini an mich: »Was meinen Sie, Milstein?« Würde ich etwa wagen, Kritik zu äußern? Mit dieser Frage hatte ich nicht gerechnet. Ich war so überrascht, daß ich herausplatzte:»Maestro, mir gefällt die Aufnahme nicht!«

Das war wohl etwas übertrieben, denn natürlich hatte die Aufnahme auch ihre Qualitäten. Zwei derartig herausragende Musiker können nicht total danebenliegen. Die »Speichelleckerei« der übrigen Gäste jedoch hatte mich gereizt. Wie dem auch sei, meine ungeschützte Bemerkung wurde einfach überhört; alle taten so, als sei nichts passiert. Um die Spannung zu lösen, äußerte der Vertreter der RCA irgend so etwas wie: Na ja, man müsse wohl noch mal reinhören...

Man brachte die Platte mit dem Tschaikowski-Konzert heraus, ohne daß noch daran gearbeitet worden wäre. Sie wurde ein gigantischer Verkaufserfolg. Kein Wunder: das Gespann Horowitz/Toscanini garantierte ein sicheres Geschäft. Interessant ist, was Wanda mir später einmal erzählte. Während seiner Weihnachtseinladungen pflegte Toscanini seine Platten zu spielen und dabei die Anlage so aufzudrehen, daß man die Musik im ganzen Haus hören konnte. In diesem Jahr legte er seine Einspielung des Tschaikowski-Konzerts mit Horowitz auf. Nachdem er sich die Platte angehört hatte, sagte er zu Wanda:»Weißt du was? Milstein hatte recht!«

Einmal verbrachte ich eine ganze Nacht mit Toscanini – von zwei Uhr nachts bis neun Uhr. Das war wieder an Bord der »Rex«, 1933 auf der Reise von Europa nach Amerika. Es war Dezember und sehr kalt. Wir hatten einen schrecklichen Sturm. Ich saß an Deck, ganz verängstigt, in einen luxuriösen Pelz eingehüllt, den ich in Frankfurt erstanden hatte. Da sah ich, daß Toscanini an Deck gekommen war und hektisch hin und her lief. Dabei dirigierte er mit der einen Hand, während die andere den berühmten Schnurrbart zwirbelte.

»Maestro«, begrüßte ich ihn freudig.

»Che? Eh, caro Milstein! Any problemi?«

(Meine »problemi« lagen auf der Hand – ich war seekrank!)

»Setzen Sie sich doch zu mir. Ich habe ein paar Decken.«

Und dann begann ich ihn über die »grandi maestri« auszufragen – Verdi, Mascagni, Puccini. Und über die »piccoli maestri«. Ich wollte gern wissen, was Toscanini über die berühmten Dirigenten von früher dachte. Er begann also, mir von Hermann Levi zu erzählen. Levi hatte Wagners *Parsifal* bei der Uraufführung in Bayreuth dirigiert. »Das war wirklich ein profunder Musiker!« Und was hielt er von dem legendären Arthur Nikisch, hatte er ihn gekannt? »Dilettante!« Und Carl Muck? »Grande, grande maestro!«

Jahre später hatte ich Gelegenheit, festzustellen, wie grundlegend sich Toscaninis Meinungen ändern konnten. Wir alle – Horowitz, die Familie Toscanini und ich mit Thérèse, meiner zweiten Frau – wohnten damals in New York. Zu dieser Zeit waren die Beziehungen zwischen dem Ehepaar Horowitz und Toscanini sehr gespannt. Sie trafen sich nicht und sprachen auch nicht miteinander. Ich versuchte, Wanda und Wolodja zu überreden, sich doch mit dem Maestro wieder zu vertragen. »Toscanini ist ein alter Mann, die Zeit ist zu schade für irgendwelche Animositäten zwischen euch. Sollte ihm etwas zustoßen, werdet ihr eure jetzige Haltung bedauern. Verträgt euch wieder mit ihm!« Schließlich luden Wanda und Wolodja den Maestro zum Essen ein, und er sagte zu. Der Friede war wiederhergestellt. Als Stifter dieser Wiedervereinigung wurde ich ebenfalls eingeladen.

Das Familienessen nahm einen glücklichen Verlauf. Toscanini aß die Suppe mit Appetit, er schlürfte sie wie immer sehr geräuschvoll und verschüttete die Hälfte. Dann trank er Champagner, bekam einen kleinen Schwips und rief mit Bitterkeit in der Stimme aus: »Vecche uomo, vecche uomo.« (Alter Mann, alter Mann.) Wanda gab ihm zur Antwort: »Papa, du mußt das nicht noch betonen, wir wissen es ohnehin.«

Nach dem Essen begab sich Toscanini in die Bibliothek. Horowitz, der wie immer Respekt vor seinem ehrfurchtgebietenden (wenn auch »vecche«) Schwiegervater hatte, stupste mich an: »Komm, red du mit ihm.« Also ging ich zu ihm, und Toscanini begann sich wieder einmal an die Dirigenten zurückzuerinnern, die er gekannt hatte. Hermann Levi? »Grande musicista!« Arthur Nikisch? »Formidabile maestro! Gigante!« Gut, und Carl Muck? »Wer, Muck? Niente!« Und achselzuckend:

»Tedesco.« Als wollte er sagen: Was kann man schon von einem Deutschen erwarten? Toscaninis legendäres Temperament war unter Musikern und auch in der Öffentlichkeit allgemein bekannt. Einmal erlebte ich, wie dieses Temperament auf sehr komische Weise explodierte. 1939 wurde in New York für die Chatham Square Music School ein Benefizkonzert veranstaltet. Hauptattraktion des Programms war das »Kinderorchester«. So stand es im Programmheft. Unter den Geigern dieses Orchesters waren Heifetz, Adolf Busch, Oscar Shumsky und ich. Einer der Bratscher – das weiß ich noch – war William Primrose. Zu den Cellisten zählten Emanuel Feuermann, Piatigorsky und Alfred Wallenstein.

Wir 18 oder 20 »Kinder« kamen alle in kurzen Hosen auf das Podium, selbst Busch, ein kräftiger, rotgesichtiger Mann. Er war damals fast 50, sah jedoch jünger aus als wir übrigen.

(Busch war ein exzellenter Geiger. Er konnte die Capricen von Paganini brillant und das Beethoven-Konzert tiefgründig spielen. Allerdings hatte er Probleme mit dem Herzen, weshalb er gegen Ende seines Lebens kaum noch mit der früheren Intensität geigen konnte. Ich denke etwa an ein Konzert in New Yorks Town Hall, bei dem er mit Rudolf Serkin, seinem Schwiegersohn, Beethovens Es-Dur-Sonate gab. Er mußte das Konzert unterbrechen, weil sein Herz verrückt spielte. Eine Durchsage wurde gemacht: Ist ein Arzt im Saal? Es waren einige Dutzend Ärzte anwesend. Sie hätten an Ort und Stelle jede denkbare Operation vornehmen können. Na ja, die Ärzte in New York sind eben Musikliebhaber... Nach einer halben Stunde kam Busch wieder aufs Podium und spielte das Konzert zu Ende.)

Niemand anderer als Toscanini war der Dirigent unseres »Kinderorchesters«. Wir spielten das *Perpetuum mobile* von Ferdinand Ries. Vor der Aufführung sagte Heifetz zu uns: »Laßt uns dem Maestro einen Streich spielen! Er wird wie immer ein präzises Tempo schlagen. Wir aber werden das Tempo extrem anziehen. Sehen wir mal, wie Toscanini reagiert.«

Der Maestro trat in einem langen, altmodischen Anzug vor sein »Kinderorchester«. Er sah aus wie ein Lehrer. Dann begann er zu dirigieren. Wir befolgten Heifetz' Plan und spielten schneller und immer schneller. Toscanini kapierte nicht, was vor sich ging. Er ärgerte sich so sehr, daß er seinen Stab fortwarf und hinauslief.

Das »Kinderorchester« wurde ein voller Erfolg; das Publikum war hellauf begeistert und dachte wohl, die Sache mit dem Tempo sei geplant gewesen. Der Maestro hingegen war wütend und weigerte sich, noch mal aufs Podium zu kommen, um sich vor dem Publikum zu verneigen. An seiner Stelle kam Wanda heraus. Sie trug einen Herrenanzug (dafür hatte sie sich meine Nadelstreifenhose geborgt) und einen Hut in der Hand. Und sie »zwirbelte« sogar einen Schnurrbart, den sie sich angemalt hatte – ganz so, als sei sie der Maestro. Das Publikum war überzeugt davon, daß auch dies ein Teil des Gesamtkonzepts sei, und geriet völlig außer sich.

Trotz einer gewissen Exzentrizität war Toscanini ein faszinierender Gesprächspartner. Ich besuchte ihn gern in seinem herrlichen Haus in dem Vorort Riverdale, nördlich der George-Washington-Brücke. Zum Mittagessen fanden sich normalerweise viele Leute bei Toscaninis ein: die engere Familie, Verwandte und Gäste. Es gab Spaghetti, die ich liebe. Toscanini trank in kleinen Schlucken Champagner und unterhielt sich in seinem englisch-italienischen Mischmasch. Meist ging er nach dem Essen in seine Bibliothek. Horowitz und ich gesellten uns zu ihm. Toscanini, der immer müder wurde, brummelte: »Was ihr macht, ist sehr schwierig. Um Geige oder Klavier spielen zu können, muß man arbeiten und denken. Für uns Dirigenten spielen andere. Ich muß überhaupt nichts tun.«

Natürlich waren Toscaninis Worte, bezogen auf ihn und vielleicht ein gutes Dutzend anderer Dirigenten, pure Übertreibung. Grundsätzlich, so meine ich, hat er recht.

In jedem anständigen Orchester sitzen doch mindestens zehn bis zwanzig glänzende Musiker. Gute Orchester haben Geiger in ihren Reihen, die das Brahms-Konzert ohne Probleme als Solisten spielen könnten. Und häufig machen sie ganz wunderbar Kammermusik und kommen dabei tadellos ohne Dirigenten aus. Als ich 1965 eine Platte mit zwei Mozart-Konzerten herausbrachte, schrieben die Kritiker, es sei leider der Dirigent nicht genannt. Sie mochten nicht glauben, daß die Aufnahme ohne Dirigenten entstanden war. Ich bin der Meinung, daß für Mozart ein Dirigent absolut entbehrlich ist. Und es gibt viele andere Beispiele für Stücke, bei denen ein Dirigent nicht gebraucht wird.

Es gab eine Zeit, da wurden Persönlichkeiten, die sich in der Musik bereits einen Namen gemacht hatten, dann Dirigenten: Bülow, Richard Strauss, Rachmaninow. Heute fangen Leute an zu dirigieren, ohne vorher auf einem anderen Gebiet ihr Können nachgewiesen zu haben. Viele von ihnen sind begabt, aber das reicht eben nicht. Sie können mit einem Orchester noch nicht arbeiten, sie können sich nicht vorstellen, wie gut das Orchester die Musik kennt. Manche Dirigenten halten die Orchestermusiker für Ignoranten, obwohl häufig die eigentlichen Ignoranten die Dirigenten selbst sind.

Gern verwende ich den Vergleich zwischen Dirigenten und Souffleuren. Die Künstler kennen ihre Rollen, und die Souffleure erinnern sie notfalls daran. Es ist doch auch die Hauptaufgabe des Dirigenten, das Orchester an etwas zu erinnern. Deshalb sollte sich der Dirigent während eines Konzerts ebenso unaufdringlich wie ein Souffleur benehmen.

Statt dessen ziehen Dirigenten die Aufmerksamkeit des Publikums auf sich und von der Musik ab. Das alles beeindruckt natürlich die Damen, die nah beim Orchester sitzen: Nur eine winzige Bewegung des Stabes, und schon schmettern die Posaunen!

Aus der Sicht des Publikums ist der Dirigent eine Art von Oberbefehlshaber. Selbst mittelmäßige Dirigenten zweitklassiger Orchester werden etwa in England zum Ritter geschlagen, Benjamin Britten jedoch wurde diese Ehre nie zuteil. In den meisten Ländern bewundern Regierungsbeamte halt die Tatsache, daß ein Dirigent eine Hundertschaft befehligt.

Als Geigensolist habe ich besondere Vorbehalte gegenüber Dirigenten. Viele setzen sich mit den Partituren von Violinkonzerten überhaupt nicht auseinander. Sie blättern sie gerade noch durch, was zu gräßlichen Fehlern führt. Für eine Symphonie, die Orchester und Dirigent schon auswendig kennen, werden üblicherweise drei bis fünf Proben angesetzt. Ein Violinkonzert hingegen spielen sie mit gerade mal einer Probe, manchmal mit zwei, obwohl die Musik doch die gleichen Probleme aufwirft wie eine Symphonie, von den Schwierigkeiten, die mit dem Solisten zu tun haben, nicht zu reden.

Unter den Dirigenten heißt es über mich, ich sei schwierig. Einmal habe ich die *Symphonie espagnole* von Lalo mit dem großen George Szell und seinem Cleveland Orchestra gespielt. Szell war nicht gerade als großer Lalo-Bewunderer bekannt, trotzdem kannte er die Partitur bis zur letzten Note. In der Probe spielten wir die *Symphonie espagnole* von Anfang bis Ende durch, beinahe ohne abzubrechen. Szell war mit sich hochzufrieden und sagte zu mir: »Na, sehen Sie! Und da sagen die Leute, es sei schwer, Sie zufriedenzustellen.« Darauf gab ich zur Antwort: »Es sei denn, das Cleveland Orchestra unter George Szell spielt.« Das Orchester fühlte sich geschmeichelt und applaudierte. (Irgend etwas von der Art sage ich in den Proben immer, damit die Orchestermusiker besser spielen; das ist einer meiner kleinen Tricks.)

Ich hatte das Glück, mit Dirigentengrößen wie Carl Muck und Franz Schalk spielen zu können. An sie erinnert man sich heute nicht mehr. Furtwängler und Toscanini kennt man eher – wegen ihrer Schallplatten. Dennoch haben die Leute heutzutage keine Ahnung mehr davon, wie sehr diese beiden bewundert, beneidet und imitiert wurden.

Was Kussewizki angeht, so kannten seine Energie und sein Ehrgeiz keine Grenzen. Er wollte die amerikanische Szene beherrschen, selbst Toscanini.

Ich war einmal Zeuge einer komischen Situation. Wie viele Superstars war auch Kussewizki fortwährend von Schnorrern und Speichelleckern umgeben. Unter seinen ständigen Bewunderern befand sich der Pianist Petja Ljuboschiz aus Odessa. (Dieser hatte zwei Schwestern: Anna, eine Cellistin, und Lea, eine Geigerin. Lea war eine Schülerin von Hřimalý, sie war in Rußland ziemlich berühmt. Ihr Paradestück war das Glasunow-Konzert, das sie beherzt und feurig spielte. Später ging sie nach Amerika. Dort klang die Endung ihres Namens nicht gerade fein, weshalb sie ihn in Luboshutz änderte.)

Petja war ein schmieriger Typ, der Kussewizki unaufhörlich Komplimente machte. Dafür nannte der Maestro ihn freundlicherweise Luboshutz statt Ljuboschiz, und Frau Kussewizki lud Petja häufig zum Tee ein.

Hier eine Geschichte, die ich eines Tages beim Tee erlebte. Schauplatz ist Kussewizkis Wohnsitz in Boston. Ganz entspannt durch den Tee, wandte sich der Maestro an Ljuboschiz: »Petja, was gibt es Neues da unten in New York?« Der ihm ergebene Petja schlug den richtigen Ton an: »Oh, Sergei Alexandrowitsch! Warum dirigieren Sie so selten in unserer Stadt? Ohne Sie ist New York eine Wüstenei.«

Geschmeichelt antwortete Kussewizki: »Sagen Sie das nicht, es gibt da unten doch eine Menge Dirigenten... Natalija!« Und er sagte zu seiner Frau: »Wie heißt noch mal der alte Herr?... Der Dirigent... Italiener...?« Er hatte generös sein und Toscanini nennen wollen. Wie man sieht, fiel ihm nicht einmal dessen Name ein.

Eugene Ormandy mochte es, wenn ich andere Dirigenten kritisierte. Er lud mich gern zum Essen ein, zu einem guten Schnitzel und gutem Wein, und hörte sich mit Vergnügen meine bissigen Bemerkungen an. Einmal jedoch warnte er mich: »Hacken Sie bloß nicht auf Toscanini herum, meinem Abgott!« Ich begann Ormandy also davon zu erzählen, wie der Pianist Artur Balsam und ich uns in den NBC-Studios aufhielten, wo Toscanini gerade die dritte Symphonie von Brahms dirigierte. Es war... gerade wollte ich sagen »fabelhaft«, da unterbrach Ormandy mich und rief seiner Frau zu: »Gretel, hast du das gehört? Die einzige Symphonie, die ich von Toscanini nicht mag, ist ausgerechnet die dritte von Brahms!«

Unter den Dingen, die ich als Schatz hüte, sind zwei Geschenke von Toscanini. Zu einem Geburtstag schickte er mir durch Wanda einen Originalbrief Tschaikowskis an Bülow, in dem der Komponist ungefähr schrieb: »Hochverehrter Maestro, ich habe vernommen, daß Sie gern mein Klavierkonzert spielen würden; es ist noch nicht fertig, doch ich würde mich sehr darüber freuen, wenn Sie den vollendeten ersten Satz spielen würden.«

Ein faszinierender Brief von Paganini, in dem Berlioz erwähnt wird, ist das zweite Geschenk von Toscanini. Paganini war Berlioz' Fürsprecher. In diesem Brief bittet er den Empfänger, in Warschau ein gutes Wort für Berlioz einzulegen. Und im selben Brief schreibt Paganini über einen Mann, der im Gefängnis sitzt:»Vielleicht könnten Sie mithelfen, seine Entlassung zu erreichen?«

So sind die Musiker eben. Sie haben schon genug Probleme mit ihrer eigenen Kunst und mischen sich trotzdem in anderer Leute Angelegenheiten ein, etwa in die Politik. Sie sind bestrebt, der Menschheit zu helfen. Das war im letzten Jahrhundert so und setzt sich in unserem Jahrhundert fort. Und ich hoffe, daß es auch in Zukunft so bleiben wird.

11.

Fritz Kreisler

Für meinen Freund Vladimir Horowitz war Rachmaninow in unserem Gewerbe der »Gott«. Für mich war es Fritz Kreisler. Er trat noch vor der Revolution in Rußland auf, doch ich hörte ihn dort nicht spielen. Allerdings besaßen Horowitz und ich alle seine Platten. (Jahre später erzählte ich Kreisler einmal, daß ich in Sankt Petersburg die Ankündigung seiner Konzerte gesehen hätte. Damals spielte er in einem Trio mit Pablo Casals. Kreisler nickte ganz glücklich. Er dachte an die Zeit seiner Konzerte in Rußland gern zurück. Und besonders gern erinnerte er sich daran, daß er für sein Konzert in Odessa, der geliebten Stadt meiner Kindheit, sein berühmtes Stück *Schön Rosmarin* geschrieben hatte.)

Nachdem Horowitz und ich beschlossen hatten, in den Westen zu gehen, fuhr Horowitz als erster. Er schrieb mir aus Deutschland einen Brief und erzählte darin, er habe ein Konzert mit Kreisler gehört. Es habe ihm überhaupt nicht gefallen, und deshalb überlege er, nach Rußland zurückzukehren. So stark identifizierten wir uns damals mit unseren musikalischen Idolen!

Bald darauf folgte ich Horowitz, und in Paris gingen wir dann in ein Kreisler-Konzert. Wir bezahlten pro Karte sechs Dollar – das war damals eine Menge Geld; dafür hätte man zwei Zimmer im besten Hotel haben können. Ich weiß noch, daß wir in der Grand Opéra in einer Loge unter lauter vornehmen Leuten saßen. Kreisler spielte Bachs E-Dur-Konzert, dann das 22. Konzert von Viotti und zum Schluß Beethoven. Wer dirigiert hat, weiß ich nicht mehr, doch bei Kreisler war das auch nebensächlich. Kreisler spielte, ohne sich dabei viel um das Orchester und den Dirigenten zu scheren. Bei jemand anderem hätte man diese Einstellung als leichtsinnig kritisiert, doch Kreisler war ein Genie, und er spielte einfach hinreißend. Diesmal war Horowitz, wie ich, überwältigt.

Das Konzert ging zu Ende, das Publikum verließ den Saal. Wolodja und ich jedoch saßen immer noch in unserer Loge – allein. Wir waren völlig fertig. Ein alter Logenschließer versuchte uns aufzurütteln.»Das Konzert ist vorbei, Ihr jungen Herren. Jedermann ist gegangen, alle; gehen Sie doch nach Hause.« Wir waren nicht in der Verfassung, uns von unseren Sitzen zu erheben. Und hier trafen wir die Entscheidung: Wir werden im Westen bleiben!

Außergewöhnliche Musiker hatten wir schon früher erlebt, doch Kreislers Spiel an diesem Abend war wie ein Geschenk Gottes. Später habe ich auch Konzerte gehört, in denen Kreisler nicht so brillant spielte, vor allem dann, wenn er nicht geübt hatte. Doch bei ihm klang immer noch betörend, was bei anderen eine Katastrophe gewesen wäre.

1926 oder 1927 trafen Horowitz und ich Kreisler in Monte Carlo, wo wir Konzerte gaben. Ich erinnere mich, daß Kreisler Wolodja und mich fragte:»Sagt mir, ihr Burschen, geht ihr ins Spielkasino?« Wir hatten ganz einfach nicht das Geld für Glücksspiele, weshalb wir ganz aufrichtig antworteten:»Nein, wir spielen nicht.« Kreisler nickte zustimmend.»Gut so, ihr tut gut daran. Ich gehe dort auch nicht hin.«

Einige Tage später machte uns unser Manager in Monte Carlo, ein Mr. Puttman, einen Vorschlag:»Wollen Sie die Leute im Kasino mal beim Spiel beobachten? Selbst sollten Sie nicht spielen; doch es ist schon in Ordnung, mal einen Blick ins Kasino zu werfen. Ein amüsantes Schauspiel.« Und er gab uns Passierscheine. Was sahen wir sofort, nachdem wir das Kasino betreten hatten? Kreisler spielte Roulette, er setzte auf verschiedene Zahlen, war völlig ins Spiel versunken und dabei höchst vergnügt. Eiligst verließen wir den Saal, bevor er uns bemerken konnte. Wir wollten nicht, daß ihm die Geschichte unangenehm war.

Für Kreisler war es sicher überhaupt nicht gut, wenn er Roulette spielte. Er hatte nämlich ein schwaches Herz, und Glücksspiel bedeutet ja Aufregung. Außerdem war er nierenkrank. Doch er lebte nach seinen eigenen Regeln: Er spielte, er aß und trank, soviel er Lust hatte.

Kreisler hatte überhaupt keine Feinde. Er wurde von allen geliebt. Er besaß diesen typisch wienerischen Charme. Auf dem Podium stand er da wie ein König und wandte sich seinem Publikum huldvoll zu. Man konnte bemerken, daß er ein leichtes Zucken im Gesicht hatte, doch selbst dies trug zu seiner Ausstrahlung bei.

Gegenüber seinen Kollegen war Kreisler sehr großzügig, er zollte ihnen Anerkennung und förderte sie. Ich hörte von ihm nie ein herabsetzendes Wort über jemand anderen. Tatsächlich bin ich davon überzeugt, daß er von anderen nicht einmal schlecht gedacht hat. Ich weiß noch, wie ich das Dvořák-Konzert in Berlin mit Furtwängler spielte. Kreisler kam danach ins Künstlerzimmer, um mir zu meinem Spiel zu gratulieren. Damals begann unsere Freundschaft.

Einmal kam ich nach Chicago, um ein Violinrecital zu geben. Auch Kreisler hielt sich in der Stadt auf; er gab ein Konzert mit Orchester. Sein Manager rief mich an:»Der Maestro bittet Sie, in eine Probe zu kommen. Er möchte von Ihnen hören, welche Geige er im Konzert spielen soll.« Darüber freute ich mich sehr – der große Kreisler fragt mich um Rat. Hätte ich ihn damals schon besser gekannt, dann hätte ich mich nicht so aufgeplustert. Doch im Moment war ich so stolz, daß ich mich sogar in einer Limousine vom Hotel zur Probe chauffieren ließ.

Ich wartete im Künstlerzimmer auf Kreisler. Er kam herein, doch er erwähnte die Frage der Geige mit keinem Wort. Statt dessen fragte er mich:»Nathan, wissen Sie in der Nähe ein gutes Restaurant?« Wir fuhren in ein großes deutsches Lokal, wo es immer recht dunkel war. An den Wänden hingen finstere Photos von Boxern, und die Kellner, die Westen trugen, schleppten riesige Maßkrüge mit Bier herbei. Sie schnippten den Schaum mit Holzspateln weg, so daß er den Gästen in die Augen flog.

Kreisler war glücklich. Er bekam rosa Flecken im Gesicht, etwa so, wie man es in meiner Jugend bei jungen Damen erlebte, denen jemand einen Antrag gemacht hatte. Ich war ziemlich entsetzt darüber, daß sich mein Idol so an Bier und »Ratskeller«-Essen ergötzen konnte. Wir blieben bis gegen fünf Uhr in dem Lokal, obwohl Kreisler doch am Abend spielen mußte. Um die Wahrheit zu sagen: Als er aufs Podium ging, war er nicht in bester Form.

Ich vermute, Kreisler war ziemlich stolz darauf, daß er oft monatelang die Geige nicht anrührte. Er war davon überzeugt, daß zuviel Üben eher schädlich sei (manchmal konnte ich dem durchaus zustimmen). Nicht jeder konzertierende Musiker kann sich jedoch solche »Trainingspausen« erlauben, wie Kreisler sie für sich in Anspruch nahm. Ich muß zugeben, daß ich anfangs die Geschichten, die berichteten, welche Verachtung Kreisler für regelmäßiges Üben hegte, für übertrieben hielt. Doch dann hatte ich selbst Gelegenheit, sie zu überprüfen.

Ein guter Freund von mir war Jacques Thibaud. Wir hatten mit Tasso Janopulo einen gemeinsamen Begleiter. Thibaud und ich verbrachten viel Zeit damit, Bridge zu spielen. Als wir einmal in Thibauds Pariser Wohnung saßen, kam ein Telegramm von Kreisler aus Korsika. Darin bat er Thibaud, nach seiner Stradivari zu sehen. Er hatte diese drei Monate zuvor bei einem Geigenbauer gelassen. Man mußte daraus schließen, daß Kreisler seit drei Monaten keine Geige angefaßt hatte.

Thibaud hatte nicht die Zeit, um zu diesem Geigenbauer zu gehen. Deshalb bat er mich, dies für ihn zu erledigen. Ich fühlte mich geschmeichelt. Man hatte mich gebeten, Kreisler einen Gefallen zu tun. Also ging ich zum Geigenbauer und stellte fest, daß Kreislers Stradivari nur noch zwei Saiten hatte. Die übrigen waren gerissen. Ich bat den Mann, neue Saiten aufzuziehen. Dann spielte ich die Geige eine Zeitlang, damit die Saiten die Stimmung hielten. Kreisler bedankte sich für meine Hilfe und erbat noch einen weiteren Gefallen von mir: Da er noch nicht so bald zurückkehren werde, fragte er mich, ob ich vielleicht statt seiner mit seinem Pianisten an Beethovens *Kreutzer-Sonate* arbeiten könne.»Es liegt mir daran, daß der Pianist die Sonate wirklich versteht.« Das kam nun völlig unerwartet. Damals wußte ich noch nicht, daß Kreisler Proben verabscheute. Selbst Proben mit Rachmaninow – und die beiden haben doch einige wunderbare Aufnahmen gemacht. Rachmaninow allerdings ließ Kreisler dessen Faulheit nicht durchgehen. Als sie die Grieg-Sonate einspielten, machten sie auf Rachmaninows Verlangen hin nicht weniger als fünf Aufnahmen. Nach jeder Aufnahme, erzählte Rachmaninow, habe Kreisler geschwärmt, sie sei perfekt und eine weitere nicht nötig. Doch Rachmaninow beharrte jedesmal darauf, daß sie das Stück bestimmt noch besser spielen könnten.

Da Kreisler nicht einmal mit Rachmaninow wirklich proben wollte, kann man sich ausmalen, was er von Proben mit Normalsterblichen hielt. Man kann wohl sagen, daß es Kreisler ziemlich egal gewesen ist, wer ihn begleitete. Über viele Jahre war Carl Lamson, ein gleichmütiger alter Herr, sein Partner. Wenn Lamson seine Tutti spielte, pflegte Kreisler ziemlich geräuschvoll seine Geige nachzustimmen. Kreisler erklärte mir auch, weshalb er das tat.»Lamson kann das sowieso nicht hören.« Madame Kreisler hielt wenig von Lamson, sie fand ihn zu phlegmatisch und sagte über ihn:»Eigentlich wird doch jeder Begleiter ab und zu mal krank. Manche von ihnen sogar ziemlich oft. Nur unser guter Lamson versäumt nie ein Konzert. Ist das nicht schrecklich?« Damit meinte sie, daß sie, sollte Lamson erkranken, endlich einen anderen Begleiter engagieren könnten. Doch Lamson blieb bei guter Gesundheit, und Kreisler behielt ihn. Er wollte die Gefühle des alten Herrn nicht verletzen.

An dieser Stelle möchte ich ein bißchen mehr von Kreislers Frau Harriet erzählen. Sie war 50 Jahre lang seine Gefährtin. Im Gespräch mit mir beschrieb sie sich selbst einmal so:»Die Leute halten mich für eine Hexe. Vielleicht bin ich das wirklich. Doch Fritz würde ohne diese Hexe nicht das sein, was er heute ist.« Besser konnte man es nicht ausdrücken. Harriet war für Fritz Ehefrau, Freundin, Manager, gestrenge Lehrerin und

Schutzengel zugleich. An ihre schroffe und direkte Art mußte man sich allerdings gewöhnen.

Ich war häufig Gast im Haus von Charles Foley, dem Manager von Kreisler und Rachmaninow. Kreislers waren gern dort, denn Foley war ein gastfreundlicher Herr und ein wirklicher Gentleman. Trotzdem erlebte ich einmal, wie Madame Kreisler einen Schluck Whiskey, den Foley ihr angeboten hatte, ausspuckte.

Ungeachtet ihrer ungehobelten Manieren konnte Madame Kreisler ziemlich wirkungsvoll agieren. Ich erinnere mich an eine große Party, die aus Anlaß von Kreislers 75. Geburtstag im New Yorker Hotel »Ritz-Carlton« stattfand. Mit Kreislers Einverständnis hatte man daraus eine Wohltätigkeitsveranstaltung zugunsten des »Musicians Emergency Fund« gemacht. Präsidentin dieser Organisation war Mrs. Helen Hull, meine Frau Thérèse war Vizepräsidentin.

Der exzellente kubanische Pianist Jorge Bolet spielte *Funérailles* von Liszt, ich Kreislers *Präludium und Allegro (im Stile Gaetano Pugnanis)* und sein unbegleitetes *Recitativo und Scherzo-Caprice*. Am Prominententisch saßen unter anderem das Ehepaar Kreisler, Georges Enesco, Bruno Walter, Faye Emerson (die Frau von Elliot Roosevelt, dem Sohn des früheren amerikanischen Präsidenten), Kardinal Spellman und Monsignore Fulton Sheen. Im Verlauf der Party wurden einige wirklich von Herzen kommende Reden auf das Geburtstagskind gehalten. Ich weiß noch, wie Sheen zu Kreisler sagte: »Sollte Gott beschließen, Sie zu sich zu rufen, dann werden Sie dort von neun geigenden Engeln erwartet. Und die werden sagen: ›Maestro, bringen Sie uns bitte bei, die Geige so wunderbar spielen zu können wie Sie!‹«

Mrs. Hull antwortete darauf mit einer Bitte: »Haben Sie noch etwas Geduld, Monsignore. So weit sind wir noch nicht. Lassen Sie unseren Fritz noch ein bißchen bei uns.«

All dies gefiel den Anwesenden – es waren reiche Damen, die 100 Dollar für das Konzert und das Dinner bezahlt hatten. Am Ende wandte sich Mrs. Hull mit einem Aufruf an sie: »Meine Damen« – es waren keine Herren im Saal –, »wenn Sie nun nach Hause gehen, dann erinnern Sie sich doch bitte an diese wunderbare Party und an die Musik, die Ihren Ohren wohlgetan hat, und schicken Sie einen großzügigen Scheck an unseren Unterstützungsfonds.« Mrs. Hull, die aus Kentucky stammte, war von ihrer Erscheinung und von ihrem Auftreten her eine wirkliche Aristokratin. Hätte es in Amerika jemals eine Wahl für eine Königin von Amerika gegeben, sie hätte eine Kandidatin sein können. Ihr Aufruf an die wohlhabenden Damen war würdevoll und feinfühlig.

In diesem Moment erhob sich Kreislers Frau (die ein bißchen getrunken hatte) und sagte:»Helen, Sie sind sehr liebenswürdig, doch Sie wissen nicht, wie man diese Leute hier ansprechen muß.« Dann wandte sie sich an die Zuhörerinnen: »Meine lieben Damen, warum sollten wir erst nach Hause gehen und so viel Zeit verstreichen lassen? Sicher haben Sie doch Ihr Scheckbuch dabei. Sehen Sie, ich stelle einen Scheck über 2000 Dollar aus. Ich bin davon überzeugt, daß Sie das gleiche tun werden!«

Madame Kreisler hatte den Nagel auf den Kopf getroffen. Die Damen zogen ihre Scheckbücher heraus. Da 200 oder 300 Leute im Saal waren, brachten wir eine schöne Summe zusammen.

Madame Kreisler, die deutscher Herkunft war, bedauerte, daß»Fritz jüdisches Blut hat«. Tatsächlich war das nicht nur eine Frage»jüdischen Bluts« – die gesamte Familie war»rein jüdisch«. Harriet jedoch bestand darauf, daß Fritz nur zum Teil »jüdisch« war. Einmal sagte sie zu dem Pianisten Leopold Godowsky:»Wissen Sie, eigentlich hat Fritz nur sehr wenig jüdisches Blut.«Godowsky, der nie um eine Antwort verlegen war, erwiderte:»Mir war nicht klar, daß Fritz so anämisch ist.«

Harriet war eine sehr praktisch veranlagte Frau, und mit ihrer Hilfe wurde Kreisler zu einem recht wohlhabenden Mann. Er entwickelte zunehmend auch selbst ein Interesse an Wertpapieren und anderen finanziellen Dingen. Als ich einmal die Madison Avenue entlangspazierte, sah ich Kreisler, der in einem langen Mantel – er war grau gewesen und wurde zunehmend grün – mühsam die Straße herunterging. Ich nahm an, daß er in Richtung River House (435 East 52nd Street) ging – ein berühmtes Haus mit einem eindrucksvollen Eingang und einem wunderschönen Hof. Dort hatten Kreislers eine große und elegante Wohnung. Als ich ihn gerade freudig begrüßen wollte, sah ich, daß er in das Büro einer bekannten Maklerfirma, das an der Madison Avenue lag, eintrat. Offensichtlich wollte Kreisler sich nach dem jüngsten Stand des Aktienmarktes erkundigen. Mir schien das so untypisch für ihn zu sein, daß ich es vermied, ihn anzusprechen. Es hätte ja sein können, daß es ihm unangenehm war, sein Interesse am Aktienmarkt entdeckt zu wissen. Später erzählte man mir, man könne ihn bei diesem Makler häufig finden.

1941 wurde Kreisler, der damals 67 war, von einem Lastwagen angefahren, als er in New York eine Straße überqueren wollte. Er wurde bewußtlos ins Krankenhaus gebracht und lag lange Zeit im Koma. Wie durch ein Wunder überlebte er, doch sein Hör- und Sehvermögen waren stark beeinträchtigt.

Bald nach diesem Unfall kam Kreisler zu uns zum Mittagessen. Ich wollte ihn ein bißchen zerstreuen und fragte ihn deshalb:»Meister, als ich noch in Rußland lebte, besaß ich Ihre Aufnahme von Cottenets *Meditation*. Wer ist dieser Komponist? Ich habe noch nie von ihm gehört.« Die Frage animierte ihn sichtlich.»Oh, das ist mein alter Freund, ein Engländer, der in Amerika lebt. Dieses Stück habe ich lange nicht mehr gespielt.« Er bat um eine Geige. Ich reichte ihm eine und konnte sehen, daß er Probleme hatte, damit umzugehen. Er wußte nicht, mit welchem Finger er das F greifen sollte.»Ist das das F?« fragte er mich. Dann aber spielte er etwas aus diesem halbvergessenen Stück. Selbst in dieser Verfassung war er der einzigartige Kreisler, war sein Musizieren reich an Charme und Grazie.

Niemand konnte kleine Stücke so wie Kreisler spielen. Heutzutage wissen die Leute diese »Zuckerplätzchen« nicht mehr zu schätzen, weil die Interpreten nicht mehr in der Lage sind, sie vollendet und glanzvoll zu spielen. Sie sehen darin nur noch Noten – schnelle oder langsame. Spielte Kreisler diese Miniaturen, dann sprach sozusagen jede Note.

Denkt man an Kreislers eigene Kompositionen für die Geige, so kommt allen sofort der Skandal in den Sinn, der mit seinen Bearbeitungen klassischer Komponisten zusammenhing. Mehr als 30 Jahre glaubte die Musikwelt, Kreisler spiele authentische Werke von Vivaldi, Couperin, Pugnani oder von anderen alten Meistern. Als er sein Geheimnis lüftete und offenbarte, daß diese Stücke alle von ihm selbst stammten, waren einige Kritiker schockiert. Doch das Publikum hatte an diesen Stücken das gleiche Vergnügen wie vorher. Es war egal, von wem sie stammten.

Ich meine, daß diese »Stücke im alten Stil«, die Kreisler geschrieben hat, eher Pasticcios sind als Imitationen. Nehmen wir zum Beispiel sein berühmtes *Präludium und Allegro (im Stile Gaetano Pugnanis)*. Ich kenne sechs Etüden für Violine, die Gaetano Pugnani – ein italienischer Komponist des 18. Jahrhunderts – komponiert hat. Ohne Frage hat Kreisler Anleihen bei diesen Stücken gemacht. Den Rhythmus allerdings hat er ganz eindeutig verändert. Alle diese Pasticcios sind geistreiche Stücke; ich glaube jedoch, daß Kreisler bei den Modulationen manchmal zu weit gegangen ist. Er wußte wohl nicht, wann er damit aufhören solle. Ganz deutlich wird dies aus seinen Arrangements barocker Musik.

Ganz allgemein kann man sagen, daß Kreisler gern andere hinters Licht führte. Es war ihm nicht genug, Schumanns Fantasie für Violine und Klavier stark zu verändern, er wollte auch beweisen, daß er dazu gleichsam vom Komponisten persönlich autorisiert worden sei. Ich erinnere mich, wie er eine farbige und sehr ins Detail gehende Geschichte erzählte. Er war noch ein kleiner Junge, als er einmal in einem Wiener Café saß, das besonders gern von Musikern besucht wurde. Er beschrieb den berühmten Geiger Joseph Joachim und dann Brahms, »ein gewaltiger Mann mit einem Bart«. Und dann betrat Schumann das Café!

Schumann setzte sich ans Klavier und zeigte Brahms seine Komposition, eben diese Violinfantasie. Irgend etwas daran gefiel Brahms nicht. Sie begannen darüber zu diskutieren, und Schumann probierte Alternativen aus. Vielleicht so? Oder so?

Kreisler erzählte, seine eigenen Erinnerungen an diese Varianten hätten ihn zu den späteren Eingriffen in die Fantasie veranlaßt.

Von dieser eindrucksvollen Begegnung erzählte mir Kreisler mit einer derartigen Lebendigkeit und Inbrunst, daß ich nicht umhin kam, ihm zu glauben. Warum sollte Kreisler eigentlich nicht wirklich Joachim und Brahms getroffen haben? Doch Schumann? Wie schade, eine simple Rechnung zeigte, daß der Komponist bereits 20 Jahre vor Kreislers Geburt gestorben war. Auch im Tschaikowski-Konzert hatte Kreisler erhebliche Veränderungen vorgenommen. Viele Musiker waren der Meinung, die Komposition habe dadurch gewonnen. Natürlich gab es aber auch einige Leute, die Tschaikowskis ursprüngliche Fassung verteidigten. Kreisler beteuerte, die Idee zur Überarbeitung des Konzerts sei ihm während eines Gesprächs mit Sergei Tanejew, einem Freund des Komponisten, gekommen. Angeblich hatte Kreisler Tanejew noch vor der Revolution während einer seiner Reisen nach Moskau getroffen. Tanejew habe ihm gesagt, daß Tschaikowski vorgehabt habe, sein Violinkonzert zu überarbeiten, dazu aber einfach nicht gekommen sei.

Bei anderer Gelegenheit hörte sich diese Geschichte ziemlich anders an: Kreisler habe den alten Komponisten César Cui, ein Mitglied des »mächtigen Häufleins«, in Petersburg getroffen. Cui hatte ihm davon erzählt, daß es Tschaikowski ein großes Anliegen gewesen sei, sein Stück zu überarbeiten. In beiden Versionen klang die Geschichte nicht sehr überzeugend, doch ich hatte keine Veranlassung, mich darüber mit dem von mir so verehrten Maestro zu streiten.

Kreislers Bearbeitungen des Tschaikowski-Konzerts und der Schumann-Fantasie haben sich nicht durchgesetzt. Heute spielt sie beinahe niemand mehr. Seine kleineren Pasticcios und seine eigenen Kompositionen für Violine stehen auf einem anderen Blatt. Und natürlich sind seine Kadenzen für die Violinkonzerte von Beethoven und Brahms unglaublich populär.

In seinen letzten Lebensjahren konzertierte Kreisler immer weniger, bis er nach und nach ganz damit aufhörte. In dieser Zeit trafen wir uns häufig auf den verschiedensten Festen. Die Kreislers waren gesellige Leute, und sie gingen gern in den Häusern der Reichen ein und aus.

Damals gab es in New York einige berühmte »Gastgeberinnen«, darunter Mrs. Robertson, Mrs. Hearst (die Frau des Zeitungsmagnaten) und Mrs. Donahue, die einen größeren Posten an Woolworth-Aktien besaß. Mrs. Donahue war eine wunderschöne Frau, sie dilettierte als Sängerin. Bei mir pflegte sie sich darüber zu beklagen, daß ihr Freund nur an ihrem Geld interessiert sei. Darauf gab ich vergnügt zur Antwort: »Warum beunruhigt Sie das? Was macht das schon?«

Kreisler und ich spazierten besonders gern in Mrs. Robertsons Haus herum. Dort gab es ein kleines Zimmer, das mit Nachbildungen aus Marie Antoinettes Boudoir möbliert war. Diesen Raum hatte man mit einem Seil abgesperrt, wie einen Raum im Museum, den man nicht betreten soll. Ich konnte zwar nicht recht nachvollziehen, was ein derartiges Zimmer in einem Privathaus zu suchen habe. Immerhin jedoch gefiel mir dort ein kleiner Sessel aus Ginsterholz, mit einem Fußschemel, an dem ein Spiegel angebracht war. Damit konnte Marie Antoinette, während man ihr die Schuhe anzog, beobachten, was hinter ihrem Rücken passierte.

Zu den zauberhaften Partys, die Kreisler gern besuchte, gehörten die der Zeitungskolumnistin Elsa Maxwell. Sie bewohnte eine geräumige Suite im Waldorf-Astoria, für die sie nichts bezahlen mußte. Das Hotelmanagement war zufrieden mit der Publicity, für die sie sorgte. Damals waren Elsa Maxwells Gesellschaftskolumnen sehr einflußreich. (Sie war der Typ von Frau, der zu sagen pflegt: »Gestern habe ich mit Winnie gesprochen...«»Welcher Winnie?«»Natürlich Winnie Churchill...«) Einmal trafen Kreisler und ich uns bei Elsa Maxwells Geburtstag. Ganz Kavalier alter Schule, sagte Kreisler zu mir: »Es wäre doch eine gute Idee, wenn Sie etwas spielen würden. Darüber würde sich unsere Gastgeberin sicher freuen.« Na ja, ich wohnte gleich um die Ecke. Also ging ich

nach Hause, um meine Geige zu holen. Kaum war ich zurückgekehrt, bat mich Kreisler, ihm die Geige zu leihen. Und er
begann aus heiterem Himmel die *Teufelstriller-Sonate* von Tartini zu spielen. Er spielte phantastisch und fügte noch improvisierte Variationen hinzu. Danach konnte ich unmöglich auch
noch spielen.

Es war gar nicht verwunderlich, daß Madame Kreisler gern
sagte:»Hören Sie, Nathan. Selbstverständlich hatte Fritz nicht
die Technik, die Heifetz oder Sie haben. Doch er wußte, *wie*
man spielt. Habe ich nicht recht?«

Kreisler besaß eine exzellente Sammlung italienischer Geigen. Unter seinen Händen klang jedoch jedes Instrument,
selbst das mittelmäßigste, wie beste italienische Arbeit. Seine
Frau pflegte zu sagen:»Die Leute glauben, daß Fritz im Konzert auf einer guten Geige spielt. Das stimmt nicht, denn die
guten läßt er zu Hause.«

Eine seiner Geigen nannte Kreisler »Parker-Stradivari«. Das
machte mich neugierig, und ich erkundigte mich bei ihm nach
der Herkunft und der Geschichte dieses Instruments. Kreisler
gab zur Antwort:»Wissen Sie, die Geige ist eine Arbeit von
Mr. Parker aus London, einem alten und gar nicht so üblen
Geigenbauer.«

»Warum bezeichnen Sie sie dann als Stradivari?«

»Weil sie so gut klingt.«

Kreisler konnte auch ganz wunderbar Klavier spielen. Ich
erinnere mich an einen zauberhaften Abend in New York. Io-
landa Irion, die aus Ungarn stammende Frau des Steinway-Di-
rektors – sie war selbst Pianistin –, hatte uns zum Abendessen
eingeladen. Wir waren etwa 20 Leute, darunter der berühmte
polnische Tenor Jan Kiepura. Meine Frau Thérèse saß neben
Kreisler und lud ihm andauernd etwas auf den Teller. Ganz
plötzlich rief Madame Kreisler, die am anderen Ende des Ti-
sches saß:»Thérèse, hören Sie doch auf, meinen Fritz umzubringen!« Wie ein Falke beobachtete sie alles.

Wie um diesen Ausbruch zu überspielen, wandte sich Madame Kreisler etwas später an mich:»Nehmen Sie Fritz doch
bitte mit hinüber in das andere Zimmer. Bitten Sie ihn, Klavier

zu spielen. Er mag das.« Ich ging also mit Kreisler in das andere Zimmer, in dem ein erstklassiger Steinway stand. Er setzte sich an den Flügel und spielte einen Walzer. Ganz vergnügt wandte er sich danach mir zu und sagte: »Sehen Sie, Nathan, das ist mein Leben. Das liebe ich: gute Unterhaltungsmusik, die göttlichen Walzer von Strauß, Lanner...« Und ganz überraschend begann er, über ein Thema aus dem langsamen Satz des Brahms-Konzerts zu improvisieren. Niemals zuvor hatte ich eine derartige Improvisation gehört. In ihr mischten sich die verschiedensten Stilrichtungen: Beethoven, irgend etwas aus russischen Symphonien, Biedermeier, und all das so geschickt »gebaut«, daß man nicht sagen konnte, woher er was genommen hatte. Ich lauschte voller Ehrfurcht und hielt dabei den Atem an.

Ganz offensichtlich fühlte sich Kreisler in der Welt der Unterhaltungsmusik absolut heimisch. So verwundert es auch nicht, daß viele seine Bearbeitungen populäre Lieder wie »My Wild Irish Rose« und »Londonderry Air« als Vorlage hatten. Außerdem schrieb Kreisler eine Operette im Wiener Stil, die sehr beliebt war. Mir gefiel diese Operette weitaus besser als etwa sein Streichquartett, bei dem er sich als ernsthafter Komponist sah.

Die Kreislers kamen gern zu uns in unsere dreistöckige New Yorker Wohnung, Ecke Park Avenue und 58. Straße. Madame erklärte Thérèse auch, warum. »Bei Ihnen sind die Dinnereinladungen immer besonders angenehm. Niemand irritiert Fritz mit Dummheiten wie ›Maestro, es ist doch furchtbar schade, daß Sie nicht mehr spielen‹. Das kann Fritz nicht ausstehen!«

Eines Abends, als wir unsere Gäste gegen acht Uhr erwarteten, kamen Kreislers schon gegen Viertel nach sieben. Nur gut, daß ich schon umgezogen war. Ich empfing sie und ging mit Kreisler ins Wohnzimmer, während seine Frau sich noch die Nase pudern ging. An diesem Abend hatten wir einen jungen Franzosen, Eugène, als Butler. Dieser arbeitete in allen vornehmen Salons und kannte deshalb die Trinkgewohnheiten sämtlicher Berühmtheiten. Mit wissendem Blick wandte er sich an Kreisler: »Das übliche für den Maestro?« Dann brachte er einen doppelten Martini, den Kreisler eiligst hinunterstürzte. Innerhalb von drei Minuten goß sich Kreisler vier doppelte Martini hinter die Binde.

Nun kam Harriet herein und schnupperte argwöhnisch. »Fritz, hast du etwa getrunken?«

»Nein!«

»Mach deinen Mund auf, Fritz, und hauch mich an!«

»Sei doch nicht so albern.«

Diesmal kam er mit einem blauen Auge davon; das übliche Donnerwetter blieb aus, und Kreisler setzte sich in glänzender Laune nieder, um einem Freund von uns zuzuhören. Das war der frühere französische Konsul in Los Angeles. Er sang und begleitete sich dazu auf der Gitarre. Er geriet völlig aus dem Häuschen darüber, daß er für Kreisler singen durfte, und fragte den Maestro, was er denn gern hören würde.

»Irgendeine hübsche Zigeunermusik.«

Unser Freund stimmte aus irgendeinem Grund ein französisches Lied an. Kreisler jedoch merkte nicht gleich, daß es französisch war; er zog deshalb sein Hörgerät heraus und blies hinein. Der Sänger brach ab und begann das russische Lied »Schwarze Augen« zu singen. Das war eine bekannte Melodie, über die Kreisler sich freute. Er sang sogar mit... So habe ich ihn in Erinnerung: Mit sich selbst im reinen, sich über gutes Essen und guten Wein freuend, alte Zigeunerlieder summend.

12.
»Die drei Musketiere«: Piatigorsky, Horowitz und ich

An einer früheren Stelle meiner Geschichte habe ich erzählt, wie ich mich 1921 mit Vladimir Horowitz anfreundete, wie wir gemeinsam auf Konzertreise durch Rußland gingen und endlich das Land in Richtung Europa verließen. In Berlin schloß sich uns der Cellist Gregor Piatigorsky an, ebenfalls ein russischer Emigrant. Wir wurden als »Die drei Musketiere« bekannt.

Warum nannte man uns so? Vermutlich, weil wir jung, tatkräftig, vergnügt und erfolgreich waren. Darüber hinaus waren wir wirklich dicke Freunde. Wir halfen einander, trösteten einander, munterten uns gegenseitig auf und amüsierten uns miteinander. Und wir kritisierten uns gegenseitig unbarmherzig.

Wolodja und ich waren schon in Rußland erfolgreich gewesen. Wenn ich mich richtig erinnere, war Piatigorsky in Rußland vor allem als Orchestermusiker tätig gewesen. In Europa allerdings mußten wir alle drei von vorn anfangen.

Horowitz und ich trafen Piatigorsky 1926 in Berlin, kurz nach unserer Ankunft aus Rußland. Der Konzertveranstalter Alexandr Merowitsch machte uns miteinander bekannt. Von Anfang an riefen wir Piatigorsky bei seinem Spitznamen Grischa. Grischa war damals Solocellist bei Furtwänglers Berliner Philharmonikern, doch Merowitsch überredete ihn, diesen Posten aufzugeben. Er versprach ihm, für ihn sogleich eine glänzende Solokarriere zu organisieren. Allerdings war Merowitsch damals keineswegs in einer Situation, die ein solches Versprechen gerechtfertigt hätte. Piatigorsky war – ähnlich wie

Horowitz und ich – glücklicherweise eigentlich gar nicht auf Merowitschs Hilfe angewiesen. Gott sei Dank konnte Grischa seine Karriere selbst ziemlich erfolgreich steuern, denn er war eine große Begabung mit einer außergewöhnlichen Ausstrahlung.

Überdies war Grischa ein großgewachsener Mann (über 1,90 Meter), der sein Cello trug, als wäre es nichts. Durch seine Größe wurde er zur Zielscheibe fortwährenden Gespötts. Grischa konnte jedoch jedem Witzbold Kontra geben. Ich weiß noch, wie er einmal den Pianisten Leopold Godowsky traf. Godowsky war ein liebenswerter und sehr geistreicher Mann. Als der kleine Godowsky Piatigorsky begegnete, sagte er mit angriffslustigem Unterton: »Sie sind so ein langer Kerl! Sollten Sie nicht lieber Kontrabaß statt Cello spielen?« Wie aus der Pistole geschossen erwiderte Piatigorsky: »Sie sind so klein! Sie sollten Pikkoloflöte statt Klavier spielen!« Da waren, meine ich, zwei ebenbürtige Kontrahenten aufeinandergetroffen.

Piatigorsky überschüttete Horowitz und mich geradezu mit Kaskaden unglaublicher Geschichten von seinen Reisen durch Rußland. Zum Beispiel wollte er uns glauben machen, er habe den Dnjepr bei Nacht auf seinem Cello überquert. Wir lachten so sehr, daß wir uns die Bäuche halten mußten.

Eine andere unvorstellbare Geschichte hatte mit Lenin zu tun. Der sechzehnjährige Grischa wurde 1919 in Moskau Cellist in dem sehr renommierten Streichquartett, dessen Primarius Lew Zeitlin war. (Das war derselbe Zeitlin, der »Persimfans«, das erste Symphonieorchester der Welt ohne Dirigenten, gegründet hatte. Davon habe ich weiter oben schon erzählt.) Es war eine revolutionäre Zeit, und deshalb wurde Zeitlins Quartett »Lenin-Quartett« genannt. Piatigorsky zufolge war er das einzige Mitglied gewesen, das sich gegen diese »Ehre« ausgesprochen hatte. Er hatte gefordert, das Quartett solle nach Beethoven benannt werden. In einer Zeit, in der »Saboteure und Konterrevolutionäre« in den Straßen Moskaus ohne Verfahren erschossen wurden, schien mir diese unglaublich mutige Aktion eines jungen Musikers kaum vorstellbar. Doch dies war, glaubte man Piatigorsky, nur der Auftakt...

Das Lenin-Quartett wurde in den Kreml eingeladen, um für Lenin höchstpersönlich zu spielen. Als die Musiker ihre Darbietung beendet hatten, bat Lenin, so erzählte Piatigorsky, einen Musiker darum, noch dazubleiben... Das war natürlich niemand anderer als unser Grischa. Lenin wollte allein mit ihm sprechen.

»Warum waren Sie dagegen, daß das Quartett nach mir benannt wird? Was haben Sie gegen mich?« Angeblich waren das Lenins Fragen an Piatigorsky. Ist das überhaupt vorstellbar? Der Führer eines riesigen Landes, von dem man auch noch wußte, daß er sich nur wenig für Musik interessierte, fragt einen jugendlichen Cellisten, was dieser gegen ihn habe. Piatigorsky erzählte diese Geschichte in ganz Berlin mit derart feuriger Begeisterung herum, daß viele ihm glaubten. Und dann diese unwahrscheinliche Geschichte, wie er den Dnjepr auf seinem Cello überquert. Dies erwies sich als exzellenter Werbegag. Die Geschichte erschien regelmäßig in den Zeitungen der Städte, in denen Piatigorsky auftrat.

Piatigorsky war durchaus kein gewöhnlicher Schwindler. Ganz im Gegenteil. Er war ein ehrenwerter und anständiger Mann. Doch er konnte sich wunderbar Geschichten ausdenken. Horowitz und ich genossen es, wenn Grischa anfing, seine Geschichten zu erzählen. Schließlich veröffentlichte er sogar noch ein köstliches Buch mit dem Titel *Mein Cello und ich* – eine Sammlung seiner »Märchen«.

In den frühen Dreißigern verbrachten wir drei jeden Sommer in der Schweiz. Im Gegensatz zu einer weitverbreiteten Legende musizierten wir jedoch nicht miteinander. Jeder übte allein zu Hause, obwohl wir uns regelmäßig trafen, um uns zu entspannen und unseren Spaß zu haben. Und Grischas unerschöpflicher Vorrat an abenteuerlichen Geschichten war ein wichtiger Teil unserer Erholung.

Und natürlich boten unsere Sommeraufenthalte in der Schweiz Material für neue Phantastereien Piatigorskys. Doch davon erfuhr ich erst sehr viel später. Grischa und ich spielten einmal – das war nach dem Krieg – das Doppelkonzert von Brahms in Denver (Colorado). Nach dem Konzert gab man uns zu Ehren einen Empfang, zu dem sich auch zahlreiche wunderschöne Damen einfanden – ein entscheidender Katalysator für Piatigorskys Erfindungsgabe. (Man sagt, daß sogar Alexandr Puschkin sich in den Salons so lange langweilte, bis eine schöne Frau erschien.)

Piatigorsky schuf seine kleinen Meisterwerke wie ein Dichter, wobei er aus dem Moment heraus improvisierte. Ich muß ihm zugute halten, daß er Horowitz und mich in seine Geschichten einbaute, sich also wie ein guter Kollege verhielt. Zuerst zündete er sich eine Zigarette an, nahm dann tiefe und hektische Züge und begann nun, seine spannende Story vor der entzückten Damenwelt von Denver auszubreiten. »Es geschah in der Schweiz... Milstein, Horowitz und ich hatten beschlossen, in die Berge zu reiten. Das Wetter war wunderbar sonnig... Doch plötzlich, ein Sturm... Berge, steile, gefährliche Pfade... Die Pferde wiehern... Wir befinden uns mitten in einem Orkan... Dauernd rutschen die Pferde aus, fast wären wir in den Abgrund gestürzt...« Und so weiter. Natürlich werden wir am Ende gerettet, doch erst, nachdem Grischa mit größtem Vergnügen die Vorstellungskraft seiner charmanten Zuhörerinnen bis an die Grenze des Erträglichen strapaziert hatte.

Nach dieser grandiosen Darstellung fragte ich ihn ganz leise: »Grischa, wovon hast du eigentlich eben gesprochen? Es hat sich doch nichts dergleichen jemals ereignet.«

»Erinnerst du dich nicht mehr daran?«

»Du solltest dich schämen, Grischa – man hatte mir gerade den Blinddarm herausgenommen. Wie in aller Welt hätte ich reiten können?«

Doch Piatigorsky bestand darauf, es habe sich genauso zugetragen, wie er es erzählt habe. Er gab mir ziemlich bestimmt zu verstehen, daß mit *meinem* Gedächtnis etwas nicht in Ordnung sein müsse. Tatsächlich wirkte er so überzeugend, daß ich begann, an meinem Erinnerungsvermögen zu zweifeln. Ich beschloß, Horowitz zu fragen. Konnte ich wirklich ein derart aufregendes Abenteuer vergessen haben? Horowitz lachte sich kaputt. »Warum fragst du? Du erholtest dich doch gerade von deiner Blinddarmoperation. Deshalb nahmen Grischa und ich Fahrräder und machten eine gemütliche Fahrt auf einer ebenen Straße. Weißt du nicht mehr, daß Crans sur Sierre überhaupt nicht hoch liegt? Und auf der Fahrt gab es ein bißchen Regen – das war alles...«

Doch wie konnte man die Wirklichkeit überhaupt mit Piatigorskys herrlicher Geschichte in einen Topf werfen? Grischas Version war weitaus dramatischer und unterhaltsamer. Hinterher machte mir eines allerdings doch etwas Sorge. Wenn Grischa schon aus einer einfachen Fahrradfahrt eine solch schaurige Geschichte machen konnte, was hatte er dann den Leuten darüber erzählt, als wir drei am Broadway in ein Varieté gegangen waren. Es schaudert mich, wenn ich daran denke...

Wie ich schon erzählt habe, trafen Piatigorsky, Horowitz und ich uns regelmäßig, doch wir traten nicht gemeinsam auf. Ich weiß nicht mehr, wie der Gedanke aufkam, daß wir als Trio an die Öffentlichkeit treten sollten. Sicher war das einer von Merowitschs Tricks. Das Konzert in der Carnegie Hall war für März 1932 angesetzt. Wir entschieden uns für das B-Dur-Trio von Beethoven und das C-Dur-Trio von Brahms. Außerdem wollten wir ein russisches Werk spielen. Tschaikowskis Trio jedoch hielten wir für zu lang, und wir wagten nicht, darin Striche vorzunehmen. So entschlossen wir uns, Rachmaninows Trio zu spielen.

Diese Komposition hat wunderbare Passagen, allerdings auch ihre Längen. Rachmaninow kam uns höchstpersönlich zu Hilfe und kürzte das Werk um etwa 20 Minuten. Für ihn war es eine große Freude, daß sein Trio in einem Programm mit Beethoven und Brahms gespielt werden sollte. Er kam regelmäßig zu den Proben. (Es gibt ein Bild von den Proben unseres Trios. Aus irgendeinem Grund hat man Rachmaninow nicht mit uns photographiert.)

Als er während der Proben das Brahms-Trio hörte, äußerte Rachmaninow: »Ich mag Brahms nicht! Zu schade!« Dann versuchte er, dies zu erklären: »Brahms wußte, wie man komponiert.« Als großes Kompliment war das allerdings nicht gedacht. Es stimmt, daß Brahms aus jedem Material Musik schaffen konnte, doch diese Musik klingt oft eher matt.

Natürlich war Rachmaninow nicht der einzige, der Brahms nicht mochte. Und damit meine ich keineswegs Wagner und seine berühmte Antipathie; zahlreiche andere Komponisten – Tschaikowski, Edouard Lalo, Hugo Wolf, Richard Strauss und Prokofjew – setzten sich kritisch mit der Musik von Brahms auseinander. Tatsächlich erlangte Brahms erst in jüngerer Zeit Weltgeltung; selbst noch in den Anfängen unseres Jahrhunderts wurde er etwa in Rußland oder auch in Frankreich, Italien und Spanien nicht viel gespielt.

Ich stelle Brahms nicht auf eine Stufe mit Mozart, Beethoven oder Schubert. Wenn sie komponierten, dann schaute ihnen Gott über die Schulter. Brahms hingegen schrieb seine Musik, auch wenn sie oft recht schön ist, ohne solch göttliche Inspiration. Manchmal versuchte er diesen Mangel durch eine Art von unechter Originalität auszugleichen – man nennt das wohl »sich mit der rechten Hand am linken Ohr kratzen«.

Brahms' Symphonien sind gute Musik, aber selbst sie drehen sich sozusagen im Kreis. Diese Musik singt nicht. Die beste Symphonie, die natürlichste, ist die erste. Auch seine Kammermusik mag ich nicht besonders, obwohl ich seine Violinsonaten für außergewöhnlich halte. Vor allem gefällt mir der erste Satz der G-Dur-Sonate. Ganz reizvoll finde ich auch einige seiner Intermezzi für Klavier.

Über das Violinkonzert von Brahms muß ich oft diskutieren. Er übernahm für dieses Stück die Form des Beethoven-Konzerts, und heraus kam eine seiner besten Kompositionen. Doch selbst hier ergeben die vielen wunderschönen Momente noch kein natürlich fließendes Ganzes. Denken wir etwa an den zweiten Satz. Warum haben die Holzbläser hier so wichtige Soli? Die Oboe beginnt, und dann wird das Thema von der Flöte und der Klarinette aufgenommen, also von Instrumenten, die nicht sehr gut zusammenklingen. Das Ergebnis ist eine unnötige Aufsplitterung – es fehlt die große Linie.

Ein anderes Beispiel ist meiner Ansicht nach das Cellosolo im langsamen Satz des zweiten Klavierkonzerts. Dies ist die inspirierteste Passage des Konzerts, doch genau hier begeht Brahms einen grundlegenden psychologischen Fehler. Dies wurde mir klar, als ich das Konzert einmal in Montreux mit Arthur Rubinstein am Flügel hörte. Er spielte mit dem Orchestre de Paris, das damals einen hervorragenden jungen Solocellisten hatte. Ich freute mich ganz besonders auf das Solo des Cellisten, weil ich annahm, daß dieser von der Gegenwart eines Musikers wie Rubinstein inspiriert werden würde.

Was wir dann allerdings hörten, klang wie das Meckern einer Ziege. Und dies war eher Brahms anzulasten als dem Cellisten. Der arme Musiker hatte sich während der langen Wartezeit zwischen dem Anfang des Konzerts und dem ersten Auftreten des Themas im Andante in eine zu große Aufregung hineingesteigert.

Ich muß gestehen, daß ich schon manchmal mit dem Gedanken gespielt habe, die Konzerte von Brahms zu bearbeiten – also die beiden Klavierkonzerte, das Doppelkonzert und das Violinkonzert. All das ist gute Musik, jedoch in einer unbefriedigenden Form niedergeschrieben, jedenfalls nach meinem Geschmack. Aus meiner Sicht ist das Violinkonzert noch das beste. Das Doppelkonzert habe ich, obwohl ich nicht gerade begeistert davon bin, mit Piatigorsky eingespielt. Doch das war eher ein Tribut an unsere Freundschaft.

Einmal fragte mich der ausgezeichnete Cellist Pierre Fournier (ich würde ihn allerdings nicht mit Piatigorsky in einem Atemzug nennen, selbst wenn er dessen Exfrau Lydia Antik geheiratet hat), ob ich mit ihm eine Neuaufnahme des Doppelkonzerts machen würde. Ich erläuterte ihm, daß die Geige in diesem Stück so eine Art »armer Verwandter« ist. Alles, was sie tun kann, ist, nachzuspielen, was das Cello vorspielt. Und das macht einfach keinen Spaß. (Das ist die gleiche Geschichte wie bei einem Witz: Beim erstenmal lachen alle, doch wiederholt man ihn sofort, dann lächelt noch nicht einmal jemand mehr.)

Ginge es nach meiner Vorstellung, dann sollte die Stimme der Solovioline im Doppelkonzert auf die anderen Instrumente verteilt werden. Das Cello bliebe so das einzige Soloinstrument. Hätte ich die Zeit, würde ich das Konzert in dieser Weise bearbeiten. Dadurch würde es nur gewinnen. Ich sage dies jedoch, das will ich gern zugeben, aus der Sicht des Geigers. Wie man sich leicht vorstellen kann, haben Cellisten an diesem Stück deutlich weniger auszusetzen. Grischa Piatigorsky schwelgte in diesem Konzert, er war ganz in seinem Element. (In diesem speziellen Fall störte mich das nicht, denn es war immer unkompliziert und eine Freude, mit Grischa zu musizieren.)

Eine unserer gemeinsamen Aufführungen von Brahms' Doppelkonzert habe ich noch gut in Erinnerung. Das war 1949 beim Festival in Aspen (Colorado), als man Goethes 200. Geburtstag beging. Das Orchester kam aus Minneapolis, es spielte unter Dimitri Mitropoulos.

Eine Anmerkung zu Mitropoulos. Er war ein glänzender Künstler, vielleicht wie Charles Münch ein bißchen neurotisch, doch wie jener eine enorme Begabung. Er wußte über Musik Bescheid, und er fühlte sie. Darüber hinaus hatte Mitropoulos ein phänomenales Gedächtnis. Ich muß hier daran denken, wie wir einmal das Glasunow-Konzert probten. Mitropoulos unterbrach das Orchester und wandte sich, ohne in die Partitur zu sehen, an mich:»Könnten Sie bitte Takt 175 nach der letzten Fermate noch einmal wiederholen?«Ich antwortete mit einer Bitte:»Verzeihen Sie, ich weiß nicht mehr, welcher Takt 175 ist. Können Sie ihn bitte summen? Ich weiß die Taktzahlen nicht auswendig, erkenne aber die Musik.«Das Orchester lachte natürlich. Ich habe schon mehrfach darauf hingewiesen, wie wichtig es ist, das Orchester in der Probe ein bißchen aufzumuntern. Die Musiker spielen dann im Konzert besser.

Zu Ehren Goethes kam viel Prominenz nach Aspen, darunter manche Größen aus der Welt des Geistes wie Albert Schweitzer, andere aus der Welt des Films wie Gary Cooper und Merle Oberon. Arthur Rubinstein gab ein Konzert, und Ortega y Gasset hielt einen langen Vortrag. (Piatigorsky und ich gingen zu Ortegas Vortrag. Dieser sprach spanisch, weshalb natürlich niemand etwas verstand. Doch alle riefen ganz laut

»bravo«. Es war ein großer Erfolg. Was Piatigorsky und mich betrifft: Ich kann mich nur noch daran erinnern, daß wir immer dann wieder munter wurden, wenn wir Ortega das Wort »mujeres« – es bedeutet »Frauen« – saftig aussprechen hörten. Wir nahmen Ortega cum grano salis.)

Piatigorsky war sehr darauf erpicht, im Ensemble zu spielen. Deshalb wollte er unbedingt erreichen, daß das Trio mit Horowitz und mir weiter auftrat. Alle »drei Musketiere« hatten einmal in Chicago – jeder für sich – einen großen Erfolg. Die örtlichen Agenten wollten deshalb unbedingt erreichen, daß wir auch als Trio auftraten. Piatigorsky geriet völlig aus dem Häuschen. »Das wird eine Sensation!« Ich war ganz anderer Meinung. »Glaub mir, Grischa, das ist keine gute Idee.« Horowitz stimmte mir zu. (Als Piatigorsky später in Kalifornien lebte, konnte er sich seinen Wunsch, Kammermusik zu machen, dadurch erfüllen, daß er mit Heifetz und Rubinstein spielte.)

Grischa war schon immer ein Genußmensch gewesen, doch er konnte dies erst so richtig ausleben, als er in die Familie Rothschild einheiratete. Piatigorsky nahm Jacqueline, die Tochter von Edouard und Germaine Rothschild, zur Frau. Germaine liebte Musik sehr – sie schrieb sogar Bücher über Boccherini und Locatelli. Man kann sich deshalb sehr gut ausmalen, wie sich die Rothschilds freuten, als ihre Tochter Gregor Piatigorsky heiratete. Grischa wurde der Star in der Familie.

Germaine war eine äußerst charmante Dame. (Es rührte mich sehr, daß sie in Paris an der Zeremonie meiner Ernennung zum Offizier der Ehrenlegion teilnahm.) Ich war regelmäßig zu Gast in ihrem Pariser Haus . Alles dort war sehr elegant, es gab allerdings auch manche Überraschung. Es konnte einem zum Beispiel passieren, daß es zum Lunch eine kalte Brühe mit zerdrücktem Kaviar gab. Das Ganze sah eher nach Teer aus. Dies mag ja ein typisches Lunch à la Rothschild gewesen sein, doch ich konnte es nicht anrühren.

In ihrem Speisezimmer hingen vier Goyas an der einen, vier Porträts von Corot an der anderen Wand. »Porträts« von Corot, nicht Landschaften. Den Porträtisten Corot hat man erst vor nicht allzulanger Zeit schätzen gelernt. Die vier Gemälde ließen also auf einen höchst kultivierten Geschmack schließen. Das Entscheidende jedoch war, daß alle acht Gemälde ein identisches Format hatten. Man kann sich ausmalen, welchen Aufwand es bedeutet haben muß, eine derart symmetrische Sammlung zu erwerben.

Während des Zweiten Weltkriegs flohen Edouard und Germaine Rothschild vor den Deutschen nach Amerika. Germaine erzählte mir, daß die Deutschen daraufhin ihr Hauptquartier im Schloß der Rothschilds eingerichtet hätten. Mit typisch deutscher Gründlichkeit hätten sie zunächst einen genauen Plan vom Inneren des Schlosses gemacht: wo die Bilder hingen, wo die Möbel standen und so weiter. Als dann die Amerikaner Frankreich befreiten, hätten sie die deutsche Beschreibung des Château Rothschild gefunden. Deshalb seien sie in der Lage gewesen, das gesamte Mobiliar wieder an seinen ursprünglichen Platz zu stellen, bevor die Eigentümer zurückkehrten. Ein Rothschild müßte man sein...

Jacqueline Rothschild war eine rebellische Frau. Einmal wollte ich Jacqueline und Grischa in Denver in ein gutes Restaurant zum Essen einladen. Wir waren alle schon umgezogen, als Jacqueline darauf bestand, in ein nahe gelegenes »delicatessen« zu gehen, wo sie Hering und gehackte Leber bestellte. Schon der Anblick machte mich krank. Zunächst dachte ich, es sei ihre Überspanntheit, doch ich glaube, daß dies ihre Art von Protest war. Sie rebellierte gegen ihre Familie, ihre Erziehung, gegen das Establishment. (Es ist natürlich auch durchaus möglich, daß sie ganz einfach sehr gern Hering aß.)

Grischa Piatigorsky genoß unterdessen sein Leben. Er erwarb zwei Stradivari-Celli und begann, goldene Zigarettenetuis zu sammeln.

Ganz sicher war Grischa ein Freund heiterer Geselligkeit. Dennoch war er keinesfalls das, was man einen Hofnarren nennen könnte; eher ein Mann mit einer reichen Phantasie und mit ernsthaften Ideen. Was er machte, hatte Hand und Fuß. Obwohl er keinerlei philosophische Vorbildung hatte, konnte er wie ein richtiger Philosoph argumentieren. Und er schrieb wie ein Philosoph. Ich weiß noch, wie er mir aus einer Erzählung vorlas, die er geschrieben hatte: *Comrade Blok*; das war eindrucksvolle philosophische Prosa.

Im *Prediger Salomo* heißt es: »Denn wo viel Weisheit ist, da ist viel Grämens.« Ist ein Mensch nicht unbedingt ein Dummkopf und lebt er lange genug, verliert er normalerweise seine Illusionen und wird zum Zyniker. Für Grischa galt dies nicht. Er blieb bis ans Ende ein »junger« Mensch.

In gewisser Weise hatte er auch Glück. Als er seine Karriere begann, galt das Cello nicht unbedingt als Solisteninstrument. Erst mit dem politisch motivierten Jubel um Pablo Casals wurde das Cello richtig populär. Ich weiß noch, wie Casals in den Dreißigern in Paris ganz wunderbare Konzerte gab. Der ohnehin kleine Saal war auch noch halb leer. Diese Situation veränderte sich erst dann drastisch, als Casals zur Symbolfigur des Kampfes gegen den Faschismus wurde, des Kampfes vor allem gegen Franco. Seine plötzliche Popularität kam auch anderen Cellisten zugute. So erfuhr auch Piatigorsky schließlich die Anerkennung, die er längst verdient gehabt hätte.

Piatigorsky entsprach als Musiker nicht immer den unglaublich hohen Maßstäben, die er selbst gesetzt hatte. Viele Werke jedoch spielte er wie kein anderer. Nur wenige Interpreten sind überall gleich gut, auch die ganz Großen haben ihre Stärken und ihre Schwächen. Doch wir scheuen uns, die Leistungen der Superstars kritisch zu bewerten oder auch nur zu analysieren. Das ist nicht gut. Denken wir etwa daran, wie Casals Bach spielte: Die langsamen Sätze, in denen er singen konnte, waren unvergeßliche Erlebnisse; in den tänzerischen Teilen war er manchmal zu schwerfällig, fast ein bißchen ungehobelt. Oder das Cellokonzert von Dvořák. In der Interpretation von Casals hinterließ das Konzert einen gewaltigen Eindruck. Doch dasselbe Konzert gefällt mir weitaus weniger gut, wenn ein anderer großer Cellist, nämlich Rostropowitsch, es spielt. Er spielt es mit einer aufgesetzten Fröhlichkeit, obwohl an dieser Musik eigentlich nichts ausdrücklich Fröhliches ist.

Einige von Piatigorskys Aufführungen werden mir immer im Gedächtnis bleiben. Seine Interpretation des *Don Quixote* von Richard Strauss – zunächst in den Aufführungen mit Furtwängler, dann mit Bruno Walter – war unglaublich phantasievoll. Oder das Schumann-Konzert, wieder mit Walter. Dieses Konzert mag ich sehr, besonders den zweiten Satz. Höre ich ihn, so wünsche ich mir, daß der dritte Satz nie beginnen möge. Bei einer Aufführung des Schumann-Konzerts mit Piatigorsky saß ich in einer Loge mit Fritz Kreisler und dessen Frau und direkt neben der glänzenden Cellistin Raya Garbousova. Grischas Spiel war unglaublich gefühlvoll. Piatigorsky schuf eine Atmosphäre, daß man meinte, er würde die Musik vor unseren Augen komponieren. Unter Walters Leitung begleitete das Orchester ihn äußerst sensibel. Es war eine Träumerei, ein Traum...

Nach der Aufführung saß Kreisler lange Zeit da, ohne sich zu rühren. Als er sich dann mir zuwandte, sah ich, daß seine Augen von Tränen gerötet waren. Er war ganz verlegen. Auch ihn hatte, wie uns alle, Piatigorskys Spiel tief bewegt – das Spiel eines großen und einzigartigen Künstlers.

Vladimir Horowitz, der andere »Musketier«, beschäftigte meine Vorstellungskraft von dem Moment an, als wir uns 1921 im winterlichen Kiew trafen. Beide waren wir 17. Horowitz saß am Klavier und spielte auswendig Wagner-Opern – wie ein Orkan! Und er sah dabei unvorstellbar romantisch aus, wie ein Gemälde aus der Zeit vor Raffael.

Nur etwa zehn Tage nach unserem ersten Zusammentreffen gaben Horowitz und ich bereits ein gemeinsames Konzert im Saal der Kiewer Kaufmannsgilde. Wir waren so jung, daß wir glaubten, wir könnten uns alles erlauben. Und damals machten wir uns auch keine großartigen Gedanken über tiefgründige Interpretationen. Deshalb klang Beethovens *Frühlingssonate* auch ziemlich gräßlich – jedenfalls aus heutiger Erinnerung. (Wir spielten außerdem die d-Moll-Sonate von Saint-Saëns und die c-Moll-Sonate von Grieg.)

Konzertkleidung wäre für uns damals zu teuer gewesen, einen Frack hielten wir sowieso für ein bürgerliches Kleidungsstück. Deshalb traten wir anfangs in bäuerlich gegürteten Hemden auf. Der Dichter Lew Tolstoi hatte diese populär gemacht – sie trugen den Spitznamen »Tolstowkas«. Damals (wie heute) war es in der Sowjetunion wirklich schwierig, gute Kleidung zu bekommen. Einmal wurden mir meine Hose und mein Jackett gestohlen. Nirgendwo konnte ich eine neue Hose bekommen. Unser Manager lieh mir seine Hose. Da er viel größer war als ich, mußte ich sie beim Gehen dauernd festhalten.

Das erinnert mich an eine Geschichte, die Horowitz auf dem Markt von Odessa passiert ist. Wir wollten Milch bei einer Marktfrau kaufen. Diese pries ihre Ware an und betonte, ihre Milch sei sehr gut und sehr sahnig. Dabei gab sie sich solche Mühe, daß sie aus Versehen etwas Milch auf Horowitz' Anzug schüttete. Als sie Wolodjas entsetztes Gesicht bemerkte, versuchte sie, ihn zu trösten: »Regen Sie sich nicht auf, mein Herr. Regen Sie sich nicht auf, Panitsch. Die Milch ist so dünn, eigentlich ist sie vor allem Wasser. Es wird keine Flecken geben, wenn sie getrocknet ist.«

Das Geld, das wir durch unsere Konzerte in Rußland verdienten, gaben wir hauptsächlich für Essen aus. Verständlicherweise waren wir vor allem scharf auf Gebäck. In Kiew gab es eine wunderbare Konditorei. Sie gehörte Jean Frusinski und war sozusagen ein Überbleibsel des alten, vorrevolutionären luxuriösen Lebensstils. Der Laden erinnerte noch ein bißchen an seine frühere Klientel. Wir gingen beinahe jeden Tag in Frusinskis Konditorei. Sein Gebäck war klein und elegant – so wie bei den Polen (er war Pole), außerdem unvorstellbar wohlschmeckend. Wolodja und ich pflegten darin zu wetteifern, wer mehr davon essen könne. Wir aßen meist 15 bis 20 Stück. Manchmal gewann er, manchmal ich.

Es klingt irgendwie verrückt, doch wir begannen, in Rußland deshalb anständige Honorare zu bekommen, weil uns Lunatscharski, der Volkskommissar für Erziehung, zu »Kindern der sowjetischen Revolution« gemacht hatte. Kaum hatten wir viel Geld in der Tasche, gaben wir es auch schon mit vollen Händen aus. Wandte sich ein Bettler an Horowitz und sagte, »oh, Panitsch, ich habe solchen Hunger, können Sie mir nicht etwas geben?«, zog Wolodja, jung und großzügig, wie er war, ohne Zögern einen Geldschein heraus, mindestens fünf Rubel.

Alexandr Merowitsch brachte Horowitz und mich in den Westen. Ganz hochtrabend bezeichnete er sich als Impresario, obwohl er von diesem Beruf überhaupt keine Ahnung hatte. In seinen Briefen an uns verglich sich Merowitsch mit Napoleon und Mussolini. Deshalb finde ich es auch nicht gut, daß Glenn Plaskin die Tagebücher von Merowitsch als »Quelle« für seine Horowitz-Biographie verwendet hat. Merowitsch pflegte etwa zu Horowitz zu sagen: »Horowitz, Sie spielen – und Sie spielen wunderbar! Doch Sie haben viele Feinde! Machen Sie sich keine Sorgen, spielen Sie nur tapfer weiter – ich werde alle Ihre Feinde hypnotisieren.« Wie um alles in der Welt können die Tagebücher eines solchen Menschen eine objektive Information über Horowitz oder irgend jemand anderen geben?

Merowitsch hatte es uns »drei Musketieren« zu verdanken, daß er von Arthur Judson, dem allmächtigen Boß des Columbia-Artists-Management, angestellt wurde. Nun jedoch begann Merowitsch sich aufzuspielen und Bedingungen zu stellen, als sei er eine große Nummer. Schließlich trennten wir drei – Horowitz, Piatigorsky und ich – uns von ihm. Merowitsch war ein unausgeglichener Mensch und außerdem ein elend schlechter Manager: Er plante nichts richtig, dachte nicht in die Zukunft und machte eine Menge Fehler. Meiner Meinung nach war sein Einfluß auf Horowitz denkbar schlecht. Ständig redete er ihm ein: »Spielen Sie keine ernste Musik! Überlassen Sie das den Deutschen – Schnabel und Backhaus. Sie sollten eher Liszt spielen.«

Schließlich trennte sich Horowitz auch von Judson. Und das kam so: In den frühen Vierzigern fühlte sich Horowitz nicht in bester Form und trat deshalb eine Zeitlang nicht auf. Als er beschloß, aufs Podium zurückzukehren, machte ich folgenden Vorschlag: »Wolodja, du hast einen gigantischen Ruf, und deine Rückkehr in den Konzertsaal wird eine Sensation sein. Bisher hast du für ein Konzert 1200 Dollar bekommen. Rachmaninow bekommt bis zu 2500 Dollar. Der Abstand ist zu groß. Verlang eine Erhöhung von Judson. Außerdem –

ich kenne Judson. Von sich aus wird er dir 250 Dollar mehr geben. Deshalb verlangst du besser gleich 1000.«

Horowitz zögerte, zu Judson zu gehen. Deshalb sagte ich:»Wenn du nicht selbst zu Judson gehen willst, schick doch Merowitsch. Zahl ihm 1000 Dollar, damit er Judson ein Ultimatum stellt: ›Wenn Sie Horowitz haben wollen, dann müssen Sie ihm 2500 Dollar pro Konzert bieten. Tun Sie dies nicht, wird Horowitz sich einen anderen Manager suchen.‹ Merowitsch hat schließlich ja seine eigenen Rechnungen mit Judson zu begleichen. Also wird es ihm ein besonderes Vergnügen sein, diesem eine derartige Botschaft zu überbringen.«

Ich war mir sicher, daß es richtig war, dieses Risiko einzugehen. Wolodja ließ sich von meinen Argumenten überzeugen und schickte Merowitsch zu Judson. Dieser hörte ihn an und sagte, ohne überhaupt nur einen Moment zu zögern:»Nehmen Sie Ihren Horowitz und fahren Sie zur Hölle!« Wir zogen gegen Judson also den kürzeren...

Horowitz geriet in Panik und gab dafür mir und meinem abenteuerlichen Ratschlag die Schuld. Ich jedoch insistierte:»Hör zu, Wolodja. In New York gibt es eine Million Manager. Sobald sie erfahren, daß Judson dich nicht mehr vertritt, werden sie sich um dich reißen, denn die Leute wollen dich spielen hören. Ich bin absolut sicher, daß ich selbst für dich mindestens 25 Konzerte arrangieren könnte.« Mit diesen aufmunternden Worten ließ ich ihn allein und begab mich auf Konzertreise durch Amerika.

Als ich nach New York zurückkehrte, rief Horowitz mich noch am selben Abend an. »Du hattest vollkommen recht, Nathan. Annie Friedberg, die Schwester des Pianisten Carl Friedberg, hat mich angerufen. Sie garantiert mir 20 Konzerte zu je 3000 Dollar.« Und er fuhr fort:»Da du mir in dieser Sache sehr geholfen hast, möchten Wandotschka und ich dir ein Geschenk machen, ein silbernes Zigarettenetui.«

Ich rief aus:»Bist du verrückt, Wolodja! Wozu brauche ich ein silbernes Zigarettenetui? Ich habe acht goldene, von Tiffany, Bulgari und Cartier. Silberne sammle ich nicht. Und außerdem muß ich doch, wenn ich von dir ein Geschenk bekomme, damit angeben können. Nun stell dir vor, wenn ich erzählen würde: ›Der berühmte Horowitz hat seinem besten Freund ein silbernes Zigarettenetui geschenkt.‹«

Ich konnte hören, wie Wolodja mit seiner Frau, Wanda Toscanini-Horowitz, sprach: »Wandotschka, ich glaube, Nathan hat recht.« Am nächsten Tag gingen Wolodja und ich zu Cartier, wo er für mich ein wunderbares goldenes Etui erstand, das er gravieren ließ. Dieses Etui habe ich noch immer, zusammen mit meinen anderen, im Safe...

Daß Horowitz ein genialer Pianist, ein Phänomen war, muß ich hier nicht unter Beweis stellen. Sicher könnte ich einige andere Musiker nennen, die vielleicht größere Künstler als Horowitz waren, denen jedoch Wolodjas überragende Begabung fehlte. Genie hat mit Instinkt zu tun. Ein wirklicher Künstler entdeckt einzigartige und wirklich neue Dinge durch seinen Instinkt. Horowitz machte eine Unzahl solcher beispielloser Entdeckungen.

Große Künstler entwickeln ihren eigenen Stil, ihre eigene Technik. Man kann die Leute über den »Geist von Picasso« sprechen hören. Dieser »Geist« ist unmittelbares Ergebnis von Picassos Technik. Auch van Goghs Offenbarungen sind eine Folge seiner Technik. Die Individualität eines schöpferischen Menschen wird deutlich durch die neuen Techniken, die er entwickelt. Dies gilt für Maler, Komponisten und Interpreten gleichermaßen. Es ist auch der Grund dafür, warum man das Spiel von Horowitz oder Heifetz sofort, in den ersten Takten, erkennen kann – und man kann es nicht nur an seinen Qualitäten, sondern auch an seinen Eigenheiten erkennen. (Diese Feststellung gilt übrigens auch für Maler.)

Horowitz schuf seinen eigenen, ganz neuen Stil des Klavierspiels. Niemand vor ihm hatte so gespielt wie er! Und dies ist keine Bewertung der Qualität – ich spreche nur von der Art des Spiels. Wolodjas Klang war unvergleichlich. Manchmal hatte ich sogar das Gefühl, daß ihm der Klang des Klaviers wichtiger war als die Musik selbst. Wunderbarerweise gelang es Wolodja, das Klavier wie ein ganzes Orchester klingen zu lassen. Horowitz entwickelte für sein Spiel eine ganz besondere Handhaltung. Beobachten Sie nur seine flachen Finger. Dadurch, daß ich ihm häufig beim Spielen zusah, lernte ich, seinen Klang auf dem Klavier nachzuahmen. Natürlich kann ich nur einige wenige Noten à la Horowitz spielen: entweder mit der linken oder mit der rechten Hand. Sein eigentliches Geheimnis war, daß er die Taste, nachdem er sie kräftig angeschlagen hatte (wie die Hämmer im Klavier selbst), sofort losließ. Das bewirkte die »Horowitz-Resonanz«. Hält man die Taste länger gedrückt, so erstickt man den Klang.

Horowitz war auch ein großer Meister und Innovator des Pedalspiels. Vielen Pianisten dient das Pedal vor allem zur Verschleierung. Für Horowitz war es wie Farbe auf einer Palette. Und er hatte viele verschiedene Farben zur Verfügung. Mit seiner »Pedalpalette« schuf er ein wunderbares musikalisches Gemälde. Selbst für die Wiener Klassiker setzte er manchmal die gesamte Palette ein. Es mag sein, daß dies nicht der »richtige« Ansatz ist, das Ergebnis jedoch war zwangsläufig phantastisch.

Und wie wunderbar Horowitz phrasierte! Eines seiner Konzerte in Chicago werde ich niemals vergessen. Er spielte ein kurzes *Lied ohne Worte* von Mendelssohn mit dem Titel »Schäfers Klage«. Er hatte kaum begonnen, gerade zwölf Takte, da schlug mir das Herz bis zum Hals, so natürlich und mit so viel Gefühl spielte er. Horowitz war am Klavier der geborene Poet.

Manchmal habe ich das Spiel von Horowitz gern mit einem Vulkanausbruch verglichen: Der Boden schwankt unter den Füßen, man kann Explosionen hören, man kann Flammen und heiße Lava sehen. Nicht jedes Musikstück verträgt eine derartige Interpretation. Feuer kann Wärme bringen, es kann aber auch alles niederbrennen. Wärme ist eher das Ergebnis gleichmäßigen Feuers, doch eine derartige Gleichmäßigkeit zählte nicht zu den Eigenschaften, die Wolodja besaß.

Von Zeit zu Zeit versuchte Horowitz, sich selbst zu kontrollieren, doch wie soll man eine Eruption kontrollieren? Alle diese Explosionen waren stark und wirkungsvoll, weil sie spontan kamen. Hierin vor allem liegt übrigens der Unterschied zwischen Horowitz und seinen zahllosen Epigonen. Diese waren höchstens dazu fähig, eine gequälte Imitation eines freien und instinktiven Prozesses zustande zu bringen.

Wie bei jedem Genie verlief die Entwicklung von Horowitz größtenteils in natürlichen Bahnen. Die Saat wurde schon früh, in Kiew, ausgesät: Den ersten Unterricht bekam er von seiner Mutter. Danach wurde er von Sergei Tarnowski übernommen, der viel für ihn getan hat. In Wolodjas weiterer Entwicklung spielte die Arbeit mit Felix Blumenfeld eine wichtige Rolle. Blumenfeld war der Onkel von Heinrich Neuhaus, der wiederum der Lehrer von Swjatoslaw Richter und Emil Gilels war. Als ich 1921 zum erstenmal zur Familie Horowitz zum Tee kam, war Blumenfeld anwesend. Er zog sein Bein nach und konnte sich nur mit Mühe auf den Klavierhocker hieven – die Nachwirkungen eines Schlaganfalls. Auf Blumenfelds Rat hin – und dieser Vorschlag wurde von Wolodjas Eltern an uns weitergegeben – beschlossen Wolodja und ich, zusammen aufzutreten.

Später wurde dann Rachmaninow zu einer unvorstellbar wichtigen Autorität für Horowitz. Bis zu einem gewissen Grad waren Rachmaninow und Horowitz Freunde, doch aus meiner Sicht war dies eine Freundschaft unter Kollegen, der es etwas an menschlicher Wärme fehlte. Ich hatte das Gefühl, daß Rachmaninow doch ein bißchen eifersüchtig auf den Pianisten Horowitz war und ihn deshalb nicht uneingeschränkt anerkennen konnte. Die Eifersucht eines großen Musikers gegenüber einem anderen großen Musiker ist allerdings durchaus nichts Ungewöhnliches.

In der Jugend ist der Einfluß eines bedeutenden Musikers – hier etwa der Blumenfelds – entscheidend. Der Samen, der auf diese Weise gesät wird, kann später von allein aufgehen. Das geniale Talent blüht, es bekommt seine Nahrung aus seiner Umgebung. Genau dies passierte bei Horowitz.

Horowitz und ich waren beinahe 70 Jahre miteinander befreundet, und vermutlich kannte ich ihn besser als die meisten anderen Leute. Doch ich kannte ihn immer noch nicht gut genug. Die deutschen Romantiker pflegten zu sagen, daß ein wahrer Künstler sozusagen ein ganzes Volk in sich trägt. Und Horowitz war ein wahrer Künstler. Er konnte viele Persönlichkeiten in sich vereinen. Für Überraschungen war er immer gut.

Manchmal schien er an sich selbst zu zweifeln, und diese Unsicherheit äußerte sich oft in lächerlichen Kleinigkeiten. Beispielsweise wurde Wolodja in einer kleinen ukrainischen Stadt namens Berditschew geboren. Er behauptete jedoch immer, er stamme aus Kiew, einer weitaus bedeutenderen Stadt. Das ist etwa so, wie wenn man in Kalamazoo oder Sheboygan geboren wurde, aber behauptet, man käme aus Boston.

Ich weiß nicht recht, warum es Horowitz unangenehm war, aus Berditschew zu stammen. Was soll daran schlecht sein? Immerhin ist es der Geburtsort von Anton (nicht zu verwechseln mit Arthur!) Rubinstein, der einer der größten Pianisten aller Zeiten und der Begründer des Petersburger Konservatoriums war (nebenbei bemerkt, der direkte pianistische Vorläufer von Horowitz).

Im allgemeinen, so glaube ich, messen Kritiker der Herkunft eines Interpreten zuviel Bedeutung bei. Sie sind der Meinung, daß Russen russische Musik besser spielen können und Franzosen französische Musik und so fort. Virgil Thomson etwa, der fast 15 Jahre in New York für die *Herald Tribune* tätig war, schrieb zum Beispiel meist folgendes, wenn Horowitz Debussy oder Ravel spielte: »Ganz gut, doch ich erinnere mich an Monsieur X – der wußte wirklich, wie man das spielen muß!«

Dieser Ansatz ist falsch. Horowitz hatte zum Beispiel eine Tante, die aus Polen stammte, doch das half ihm nicht, wenn er Chopin spielte. Wolodjas eigentliche Stärke war Rachmaninow, doch nicht, weil dieser ein russischer Komponist war, sondern weil Horowitz sich in dessen Musik am besten einfühlen konnte: Sie ist voller Gefühl, extrovertiert und virtuos. Aus diesem Grund lag ihm auch Liszt. Was um alles in der Welt war ungarisch an Horowitz? Dennoch spielte er Liszts h-Moll-Sonate besser als irgendein anderer. Und warum? Weil bei Komponist und Interpret die Merkmale ihrer musikalischen Persönlichkeit übereinstimmten. Ich bedaure es sehr, daß Wolodja Liszts Transkriptionen der Beethoven-Symphonien niemals öffentlich gespielt oder auf Platte aufgenommen hat. Für seine Freunde spielte Horowitz diese Transkriptionen so phantastisch, besser, als irgendein Symphonieorchester es sich hätte träumen lassen.

Virgil Thomson bewunderte weder Horowitz noch dessen Schwiegervater Toscanini – übrigens mochte er auch Jascha Heifetz nicht. Einmal schrieb Thomson: Wenn Heifetz mit seiner Begabung und seinen großartigen technischen Möglichkeiten kleine Stückchen spiele, sei das etwa so, wie wenn man die »Queen Elizabeth« nähme, um von New York nach Hoboken zu reisen. Vermutlich mochte er ganz einfach diese Art von Virtuosität nicht.

Die Fehde zwischen Thomson und der Familie Toscanini fand ihren Höhepunkt in einem berühmt gewordenen Zwischenfall. Während eines Toscanini-Konzerts war Thomson eingeschlafen. Wolodjas Frau Wanda bemerkte dies, ging zu ihm hinüber, weckte ihn, indem sie ihm mit dem Programmheft einen Klaps versetzte, und sagte:»Ich bin Wanda Toscanini-Horowitz; ich habe beobachtet, daß Sie vom ersten bis zum letzten Ton geschlafen haben. Und dennoch werden Sie morgen sicher einen Verriß schreiben.« Genau dies passierte dann auch.

Im Zusammenhang mit Thomson muß ich erwähnen, daß ich mit Geoffrey Parsons, seinem Verleger bei der *Herald Tribune*, befreundet war. Ich erinnere mich, daß Parsons Thérèse und mich einmal zum Lunch in sein Pariser Haus eingeladen hatte. Es waren viele Musiker da, darunter auch der Cembalist Ralph Kirkpatrick. Thomson, der viel Zeit in Frankreich verbrachte, war ebenfalls anwesend. Er und Mrs. Parsons (eine

junge Amerikanerin, die in der französischen Résistance gekämpft hatte) begannen ein angeregtes Gespräch über Wein.
In Frankreich gilt man als kultivierter Mensch, wenn man viel
über Wein spricht – selbst wenn man überhaupt nichts davon
versteht. Deshalb widmen alle amerikanischen Frankophilen
dem Wein große Aufmerksamkeit. Der Franzose handelt sich
für sein Wissen über den Wein immerhin eine kranke Leber
ein, während der Amerikaner beides sein möchte: gesund und
ein Connaisseur. Das gilt selbst für den frankophilen Amerikaner.

Nach dem Essen begaben sich Parsons' Gäste in ein kleines
Zimmer, in dem ein Cembalo stand. Wir setzten uns alle hin,
Thomson jedoch mußte unbedingt auffallen – er setzte sich in
die Ecke auf den Boden und lehnte sich gegen die Wand. Wie
jedermann weiß, klingt ein Cembalo nicht sehr kräftig. Als
Kirkpatrick zu spielen begann, lauschten wir alle mit größter
Aufmerksamkeit, etwa so, wie wenn einem jemand ein großes
Geheimnis ins Ohr flüstern würde. In einer solchen Atmo-
sphäre kann selbst das Atmen wie schwere Artillerie wirken.

Plötzlich hörten wir ein gräßliches Schnarchen. Es stammte
von Thomson, der verschiedene Weine probiert hatte und deshalb eingeschlafen war. Sein eigenes Geräusch mußte ihn auf-
geweckt haben, denn er stand auf und tat so, als sei nichts gewesen. (Eigentlich kann ich nichts Schlechtes darin sehen,
wenn jemand nach einem guten Essen und dem Genuß von
Wein bei klassischer Musik einschläft. Es ist ein Zeichen von
ausgezeichneter Gesundheit.)

Ich habe Thomson viele Male getroffen. Er sprach immer
über Wein oder Essen, niemals über Musik. Trotzdem konnte
er über Musik schreiben wie kein anderer Kritiker in Amerika.
Seine Artikel über mich habe ich nicht gelesen – ich fürchtete
seine spitze Feder und zog es deshalb vor, unwissend zu bleiben. Man sagte mir jedoch, daß Thomsons Ansichten über mich
freundlicher waren als jene über Heifetz. Ich vermute, daß auch
hier seine Frankophilie eine Rolle spielte. Ich konzertierte sehr
viel in Europa, vor allem in Frankreich, wo ich ziemlich populär war. Man konnte mich deshalb gleichsam als »europäisches

Erzeugnis« bezeichnen. Heifetz hingegen war nach Thomsons Überzeugung ein amerikanischer Geiger.

Ähnlich vielschichtig und widersprüchlich wie seine Persönlichkeit waren Horowitz' Reaktionen auf Kritiker und Kritiken. Auf der einen Seite legte Horowitz Kritik gegenüber manchmal eine erhebliche Gereiztheit an den Tag. Er setzte sich zum Beispiel öffentlich mit Virgil Thomson auseinander, was ich vermutlich nicht getan hätte. Ich weiß andererseits, daß man Horowitz hart kritisieren konnte und er dies überhaupt nicht übelnahm.

Als ich weiter oben von meiner Freundschaft mit Rachmaninow erzählte, berichtete ich auch, daß ich ihn auf die rhythmischen Übertreibungen in Horowitz' Interpretation des ersten Klavierkonzerts von Tschaikowski aufmerksam gemacht hatte. Ich erzählte auch davon, wie ich es gewagt hatte, Toscanini gegenüber meine eher kritische Meinung zu Horowitz' Aufnahme ebendieses Konzerts mit dem Maestro zu äußern. Dies waren allerdings quasi »öffentliche« Situationen. Waren wir unter uns, äußerte ich meine Kritik an Wolodja manchmal weitaus kategorischer. Das machte Horowitz nichts aus.

Ich erinnere mich, daß wir in den frühen Dreißigern eine Zeitlang in einer Pension in Karlsbad wohnten. Neben anderer Musik spielte Horowitz mir häufig Mozart vor. Dazu sagte ich ihm eher Unerfreuliches: »Wolodja, wie kannst du Mozart so spielen? Das ist doch keine romantische Musik! Bei Mozart mußt du streng im Rhythmus bleiben, und außerdem mußt du das schlichter spielen, viel schlichter.« Beinahe jeder andere hätte auf so etwas gekränkt oder verärgert reagiert, Horowitz jedoch stimmte mir zu.

Es mag ja sein, daß man mir dies nicht glaubt, doch Horowitz war manchmal richtig scharf darauf, Kritik an seinem Spiel zu hören. Der Fahrstuhlführer in meinem New Yorker Haus war ein lebhafter Italiener mit einer gebrochenen Nase, ein früherer Boxer namens Joe. Horowitz gab ihm immer Karten für seine Konzerte. Danach pflegte er ihn zu fragen: »Nun, Joe, was hat Ihnen nicht gefallen?« Wie viele andere Berühmtheiten würden sich auf so etwas einlassen?

Horowitz beobachtete sich selbst ständig sehr genau, er wollte wissen, was in ihm vorging. Da er sich dauernd Sorgen wegen seiner Gesundheit machte, gelang es ihm auch, sich einzureden, es gehe ihm nicht gut – mit höchst katastrophalen Folgen. Zum Beispiel bekam er 1936 – noch in Europa – starke Bauchschmerzen und beschloß, dies müsse eine Blinddarmentzündung sein. Er begab sich nach Berlin, in die Klinik von Professor Bergmann. Dieser belehrte ihn: »Sie haben keine Blinddarmentzündung, es handelt sich um nervöse Darmkrämpfe. Wenn Sie den Blinddarm herausnehmen lassen, wird es nur schlechter.« Irgend jemand erzählte ihm jedoch, es gäbe in Paris einen ausgezeichneten Chirurgen, für den es eine Kleinigkeit sei, ihm den Blinddarm zu entfernen. Also fuhr Horowitz nach Paris, um sich operieren zu lassen.

Heutzutage ist eine Blinddarmoperation wirklich keine Sache; in New York wird man schon am nächsten Tag wieder nach Hause geschickt. Damals jedoch war diese Operation eine größere Affäre. Horowitz mußte sechs Tage auf dem Rücken liegen und bekam als Folge davon eine gefährliche Venenentzündung. Die Genesung dauerte lange und war ziemlich mühsam. Wolodja mußte regelmäßig zum Arzt, er mußte Tabletten schlucken. Sein gewohnter Tagesablauf war beim Teufel, nicht zu reden von der Überei und den Konzerten. Außerdem verschlechterte sich, wie Bergmann vorhergesagt hatte, nach der Operation seine Kolitis.

Im Sommer 1934 besuchte mich Horowitz im schweizerischen Gstaad. Damals hatten die Ereignisse in Deutschland eine unerwartete Wendung genommen. Hitler hatte General von Schleicher ermorden lassen. Zur gleichen Zeit hatte er befohlen, eine ganze Anzahl seiner bisherigen Gefolgsleute aus der SA umzubringen, darunter den berüchtigten Hauptmann Ernst Röhm.

Es war Juli. Wolodja übte tagsüber Klavier, ich schrieb an Kadenzen für die Violinkonzerte von Beethoven und Brahms. An den Abenden saßen wir vor dem Radio und lauschten voller Spannung den neuesten Nachrichten von Radio Suisse Romande. Die Sprecher berichteten zunächst von Röhms Hinrichtung und spekulierten über mögliche Folgen, die dieser unerwartete Umschwung für die Nazi-Partei und Deutschland haben könnte. Anschließend spielte das Orchestre de la Suisse Romande unter Ernest Ansermet irgendein Stück. An diesen Tag erinnere ich mich besonders gut, denn nach dem ersten Stück kam eine Ansage: »Und nun hören Sie Musik zum Gedenken an den Pianisten Vladimir Horowitz. Die Nachricht von seinem überraschenden Ableben erreichte uns soeben aus Paris.« Als Horowitz dies hörte, wurde er blaß und platzte heraus: »Das gibt's doch nicht!« Dann überlegte er einen Moment und fügte hinzu: »Aber was für eine wunderbare Reklame!«

Ich glaube, das Schönste an einer solchen Geschichte ist, daß man die einzigartige Möglichkeit hat, die Nachrufe auf einen selbst lesen zu können. Vor allem, wenn darin freundliche Dinge über einen geschrieben werden. Man sagt ja, daß ein Mensch, dessen Tod verfrüht gemeldet worden ist, ein langes und erfülltes Leben haben wird. In Wolodjas Fall zumindest bewahrheitete sich dieses Omen – er lebte noch 55 Jahre.

Die Öffentlichkeit trauert, wenn sie vom Tod eines ihrer Lieblinge aus der Zeitung erfährt. Doch ebendiese Öffentlichkeit giert auch danach, daß sich Interpreten auf dem Podium völlig verausgaben. Im Rom der Kaiserzeit vergossen die Gladiatoren noch wirklich ihr Blut in der Arena, um ihr Leben zu retten. Der Interpret denkt heute weniger an sein Leben als an den Kartenverkauf. Hört man jedoch wirkliche Virtuosen wie Horowitz, so wird man sich dessen bewußt, daß sie den sprichwörtlichen »Tropfen Blutes« vergießen. Jeder Künstler sollte, so jedenfalls äußerte Arthur Rubinstein, diesen Tropfen nach dem Konzert auf dem Podium zurücklassen. Das ist auch der Grund dafür, warum Horowitz sein Publikum immer von neuem überraschte.

Wolodja war ein sehr impulsiver und engagierter Mensch, der sich häufig von einer Sache völlig mitreißen ließ. Eine Zeitlang sammelte er mit Leidenschaft Gemälde. Ich weiß noch, wie das anfing. Irgendwann 1942 oder 1943 kam ich von einer Konzertreise nach New York zurück, als Wolodja mich anrief: »Komm doch herüber und sieh dir die Bilder an, die ich gekauft habe.«

Horowitz wußte, daß ich seit meiner Kindheit eine enge Beziehung zur Malerei habe. Als ich ein Junge war, ging ich voller Begeisterung in die Eremitage in Petersburg. Die russischen Zaren besaßen eine wunderbare Gemäldesammlung – darunter Raffaels, Tizians, Bilder von Velázquez, eines besser als das andere. Mich sprachen in der Eremitage vor allem die Rembrandts an. Und im Museum Alexanders III. hatte ich besondere Freude an den russischen Malern – Lewitan, Repin und Serow.

Als ich dann nach Westeuropa kam, »verschlang« ich Malerei buchstäblich – ganze Tage verbrachte ich in Museen, vor allem in Italien und Spanien. Von jedem Goya-Porträt wußte ich genau, wo es hing. Im Madrider Prado konnte ich wie abwesend auf jenes Bild starren, auf dem Goya die Erschießung der Aufständischen gemalt hat. Dieses Bild begann ich beinahe zu hassen – es erinnerte mich an die Schrecken des Bürgerkriegs in Rußland.

Ich entdeckte meine Liebe zu Delacroix, der auch ein glänzender Musiker gewesen war und die besten Porträts von Chopin gemalt hatte. Bei Delacroix entspricht Chopin nicht dem herkömmlichen Bild – er ist sehr dynamisch, beinahe autoritär, doch gleichzeitig spürt man die starke poetische Kraft, die in diesem Menschen, wie auch in seiner Musik, steckt.

Ich lernte auch, die moderne Farbskala von Courbet zu schätzen: Manche seiner Werke sind lebendig und farbenprächtig wie eine Symphonie, andere »abgestanden« wie alter Tabak. Schritt für Schritt begann ich mehr von Malerei zu verstehen. Das ist wie beim Wein – man trinkt und vergleicht, trinkt erneut und vergleicht erneut. Und schließlich kann man etwas darüber sagen, welcher Wein gut ist und welcher nicht.

Das reicht für den Nichtfachmann. Wenn man schließlich dahin gelangt, daß man die Qualität aller Sorten miteinander vergleichen kann, dann ist man ein Fachmann.

Als ich zu Horowitz kam, um seine neu erworbenen Gemälde zu begutachten, rief Wolodja aus:»Sind die nicht toll? Sie stammen von zeitgenössischen amerikanischen Malern.« Ich war von seinen Erwerbungen nicht allzu begeistert und machte ihm folgenden Vorschlag:»Warum kaufst du nicht wirklich erstklassige Sachen? Du kannst es dir doch leisten.«

Einige Zeit danach bat Horowitz mich erneut zu sich und sagte:»Schau, Nathan, ich habe für 54000 Dollar einen Picasso gekauft und einen Cézanne für 8000.« Der Cézanne war eine eher unansehnliche Skizze zu einem Porträt seiner Frau, etwas von der Art, das die meisten Maler wegzuwerfen pflegen. Ich riet Horowitz, dem Händler den Cézanne zurückzubringen, selbst auf die Gefahr hin, daß er dabei draufzahlte. Vor dem Picasso jedoch blieb ich wie erstarrt stehen – es war ein großartiges Bild, ein Akrobat in Rot. Und trotzdem: der Preis kam mir spanisch vor. Damals war ich auch mit dem Dirigenten Vladimir Golschmann befreundet. Dieser besaß eine ansehnliche Sammlung von Picassos und Braques. Wir gingen oft gemeinsam zu Kunsthändlern, weshalb ich über die gängigen Preise ganz gut Bescheid wußte. Ich sagte zu Wolodja:»Bei dem Picasso hat man dich vermutlich übers Ohr gehauen. Die teuersten Picassos liegen heute etwa bei 25000 Dollar.«

Horowitz strahlte. Er wandte sich an seine Frau:»Siehst du, Wandotschka, Nathan kennt die Preise!« Und dann erklärte er mir, er habe für den Picasso effektiv nur 25000 Dollar bezahlt. Er hatte bei mir nur Eindruck schinden wollen.

Mit der Zeit kam Horowitz zu einer herrlichen Gemäldesammlung. Sie enthielt unter anderem ein bezauberndes Gemälde von Edouard Manet, das einen Garten zeigt (Manets Frau, eine Pianistin, war übrigens Liszt-Schülerin), einen exquisiten Rouault und einen wunderbaren kleinen Picasso aus der Blauen Periode: ein Arzt, der am Bett einer Patientin sitzt. Horowitz versuchte, soviel wie möglich über Malerei zu lernen, er las darüber alles, was er kriegen konnte. Und dann, ganz plötzlich, verkaufte er alle seine Bilder. Das bedeutete, daß seine Sammlerleidenschaft doch nicht wirklich sein Innerstes angesprochen haben konnte; er hätte sich sonst wohl kaum so problemlos von solch herrlichen Meisterwerken trennen können. Viele Jahre später entdeckte ich seinen Manet in London. Er zierte eine Wand in der amerikanischen Botschaft.

Mehrmals im Verlauf seines Lebens machte Wolodja Pausen in seiner Konzerttätigkeit, manchmal dauerten diese Unterbrechungen viele Jahre. Alle Geschichten um Horowitz wurden zur Legende, so auch diese Pausen. Ich glaube, man sollte derartige schöpferische Pausen, wenn irgend möglich, vermeiden. Ich weiß noch, daß ich mich mit Jascha Heifetz einmal über dieses Thema unterhalten habe. Das Gespräch fand im Hause gemeinsamer Freunde in Beverly Hills statt. Heifetz erzählte, daß er vorhabe, ein Jahr lang nicht öffentlich zu spielen. Das überraschte mich, denn zu dieser Zeit konzertierte Jascha bereits nur noch unregelmäßig.

Heifetz versuchte, seinen Entschluß zu begründen: »Ich will nachdenken...«

Ich meinerseits versuchte, ihm die Sache auszureden: »Warum eine Pause, um Zeit zum Nachdenken zu haben? Ein Mensch denkt doch immer, selbst wenn er, mit Verlaub, auf die Toilette geht.« Heifetz mußte lachen. Trotzdem setzte er seinen Plan in die Tat um.

Warum machte Horowitz solche Pausen? Vielleicht war seine Gesundheit nicht die allerbeste. Für einen konzertierenden Musiker ist das schon ein wichtiger Gesichtspunkt. Doch ein anderer, wahrscheinlicherer Grund ist, daß Wolodja unglaublich sensibel auf sein Publikum reagierte. Wenn Horowitz spielte, war das nicht einfach irgendein Konzert, es war vielmehr eine Art Naturereignis riesigen Ausmaßes. Und Wolodja erwartete, daß die Öffentlichkeit das spürte.

Als einige Pianisten aus der Sowjetunion – Richter, Gilels und andere – zum erstenmal in Amerika auftraten, war das eine Sensation, obwohl sie meiner Meinung nach weniger aufsehenerregend spielten als Horowitz. Doch ihr Erscheinen war eben etwas Neues – es hatte sicher auch einen politischen Hintergrund –, während Horowitz sozusagen eine bekannte Größe war. Vielleicht begannen die Leute, die Ursprünglichkeit seines Genies zu unterschätzen.

Und dann kehrte Van Cliburn im Triumphzug aus Rußland zurück. Das war eine weitere, etwas anders gelagerte politische Sensation. Nach den sowjetischen Pianisten und nach Van Cliburn aufs Podium zu gehen hieß, sich mit ihnen quasi in einen Wettstreit einzulassen. Überdies war Horowitz zu Recht davon überzeugt, daß er ohne Frage bedeutender war als diese anderen Pianisten. Und es enttäuschte ihn, daß die öffentliche Meinung hier nicht durch künstlerische Gründe bestimmt wurde.

Ich glaube jedoch, daß es Horowitz nach einigen Widrigkeiten gelang, diese psychischen Probleme zu überwinden. Er bewies, daß er eine unglaubliche Willenskraft besaß. Denn nur ein Künstler mit einem »eisernen« Willen ist dazu fähig, nach langer Pause als Triumphator auf das Podium zurückzukehren.

Arthur Rubinstein zählte zu den Menschen, die ein wirkliches Verständnis für Horowitz' Begabung und Stärke hatten – sei es als Persönlichkeit, sei es als Künstler. Ich habe die beiden oft zusammen erlebt und kann bezeugen, daß sie wirklich gute Freunde waren. Es ist wichtig, dies zu unterstreichen, denn manche Leute könnten etwas anderes glauben und sich dabei auf gewisse Episoden aus Rubinsteins Erinnerungen berufen. Doch solche Dinge muß man im richtigen Zusammenhang lesen. War Horowitz manchmal launisch, kapriziös und ichbezogen, so konnte Rubinstein erkennen, daß diese Charakterzüge einen besonderen Ausdruck und eine eigene Farbe für Wolodjas Spiel bedeuteten. Ich weiß noch, daß Rubinstein einmal zu mir sagte: »Wenn Horowitz die Liszt-Sonate spielt, ist dies Wolodja selbst, sein Selbstporträt.«

Rubinstein mochte die Spontaneität und Unberechenbarkeit von Horowitz. Einmal sagte er zu mir, eine ausgeprägte Persönlichkeit zu haben, das sei doch ganz etwas anderes, als

»comme il faut« zu sein. Rubinstein sah Horowitz vieles nach, und dieser dankte es ihm. Sie bewunderten einander.

Später setzte Rubinstein eine apokryphe Geschichte in die Welt, die ziemlich populär wurde: Angeblich habe er, nachdem er Horowitz im Konzert gehört habe, eine Zeitlang nicht gespielt, weil er von Wolodjas Virtuosität wie erschlagen gewesen sei. Ich bin überzeugt davon, daß diese Geschichte zu 99 Prozent Quatsch ist, erfunden, um die Leute damit zu beeindrukken, wie bescheiden Arthur sei. Mit Sicherheit kannte Rubinstein seine eigene Bedeutung sehr genau. Rachmaninow sagte mir einmal, daß Rubinstein vermutlich die größte Begabung in der neuen Pianistengeneration sei. Und Rachmaninow kann man das abnehmen.

Man weiß, wie subtil Rubinstein Chopin spielte, doch ich war außerdem sehr begeistert von seinem Beethoven. Er mußte nicht lange nachdenken, um tiefgründig spielen zu können. Daß Instinkt wichtiger ist als Intellekt, dafür war er ein weiterer Beweis.

Rubinstein spielte bis ins hohe Alter von 90 Jahren ganz wunderbar Klavier. Ohne lange überlegen zu müssen, fallen einem einige Pianisten ein, die noch außergewöhnlich gut gespielt haben, als sie bereits sehr betagt waren: Horowitz, Claudio Arrau, Rudolf Serkin. (Für einen Geiger ist es viel schwerer, in Höchstform zu bleiben, als für einen Pianisten. Deshalb gibt es in unserer Zunft weniger Beispiele.) Im hohen Alter ist ein Künstler frei von allen Übertreibungen. Verdi etwa schrieb seine besten Opern, als er ein alter Herr war – in *Otello* und *Falstaff* hat er alles schmückende Beiwerk abgelegt. Und man denke nur an die erstaunlichen Werke, die Picasso im Alter geschaffen hat.

Will ein Interpret noch im hohen Alter spielen, muß er neue Möglichkeiten und neue Wege finden. Es reicht nicht, intensiv an den schwierigen Passagen eines Stücks zu arbeiten. Man muß einen bequemen Zugang zu den virtuosen Stellen finden und versuchen, deren musikalischen Gehalt auf eher natürliche Weise deutlich zu machen. Heutzutage übe ich nicht mehr allzuviel, nicht einmal jeden Tag. Man kann ja irgendwelche neuen und interessanten musikalischen Ideen entwickeln, ohne unbedingt sein Instrument in der Hand haben zu müssen. Verbessere oder ändere ich eine Interpretation, so kommt das inzwischen meist aus dem Kopf und nicht so sehr aus den Fingern. Der Verstand findet einen besseren Zugang zur Form eines Stücks, er fügt neue Farben hinzu, neue Möglichkeiten des Strichs und außerdem die richtigen Wege, solche Dinge in eine Interpretation zu integrieren.

Inzwischen [1990; A.d.Ü.] bin ich 86, doch ich spüre mein Alter nicht. Die Zeit rennt sehr schnell vorbei; zwei oder drei Jahre erscheinen einem wie zwei oder drei Monate. Dagegen läßt sich nichts machen.

Ich erinnere mich an ein Gespräch mit Marc Chagall, der mit seiner Frau Vava gern in meine Konzerte kam. Einmal lud er mich zu sich ins Hotel ein und fing an zu jammern: »Seit 25 Jahren habe ich einen Bruch, sehen Sie nur, wie groß er ist. Vor einer Operation jedoch habe ich Angst.«

Ich fragte ihn, weshalb. Seine Antwort war: »Sie könnte doch gefährlich sein.«

»Fragen Sie Ihren Arzt. Soweit ich weiß, ist eine Bruchoperation nicht so schlimm.«

»Doch ich habe Angst davor, sterben zu müssen.«

»Warum denn? Wie alt sind Sie?«

Chagall antwortete: »92.«

»Haben Sie ernstlich vor, weitere 92 Jahre zu leben?«

Chagall wurde nachdenklich: »An den Tod mag ich nicht einmal denken.«

Ich gab zurück: »Daß wir sterben müssen, ist ganz offensichtlich unvermeidlich. Nichts daran ist eigentlich schlimm, der Tod hat nur eine schlechte Presse: alle diese Skelette und Schädel. Unser Leben ist nur geborgt – es kommt die Zeit, da wir diese Leihgabe zurückgeben müssen. Wenn wir daran immer denken, können wir viele Fehlentscheidungen vermeiden.«

Ich glaube fast, daß das, was ich sagte, Chagall ein bißchen getröstet hat. Er war ein guter Maler, allerdings nach meinem Geschmack zu manieriert und manchmal etwas süßlich. Chagall zu imitieren ist nicht so schwer. Aber versuchen Sie das mal mit Picasso.

Vor nicht allzulanger Zeit saß ich einmal mit einem alten Freund zusammen, der anfing zu greinen:»Wir werden alt, Nathan...« Darauf sagte ich:»Erstens haben wir lange genug gelebt. Zweitens ist zu vermuten, daß wir noch etwas länger leben werden.« Es ist ganz wichtig, daß man vor dem Tod keine Angst hat, sonst degeneriert man. Ich habe alte Leute erlebt, die versuchten, sich jünger zu machen, um verlorene Zeit wiederzugewinnen. Beginnt man jedoch einen Wettlauf mit der Zeit, so setzt man sich unter Druck. Das bezeichnen die Deutschen, glaube ich, als»übertreiben«. Und dabei kann sich eine Katastrophe ereignen.

Die Öffentlichkeit, die ja immer von der Persönlichkeit großer Künstler fasziniert ist, wollte alles über Horowitz wissen: über seine Charaktereigenschaften, seine Gewohnheiten, seine zurückgezogene Lebensweise, die Gründe dafür, warum er so oft Konzerte absagte. Es gab Stimmen, die behaupteten, Horowitz habe Krankheit manchmal nur als Vorwand benutzt, in Wahrheit aber Termine abgesagt, um das Interesse an den Konzerten zu erhöhen, vor allem dann, wenn diese noch nicht ausverkauft waren. Es gab auch Klagen darüber, daß die Eintrittskarten für seine Konzerte so teuer seien.

Ich habe auf derartige Vorwürfe eine einfache Antwort: Ein Künstler vom Rang Wolodjas ist ein überempfindliches Wesen. Die Russen haben ein Sprichwort:»Was für die Russen gut ist, ist für die Deutschen tödlich.« Oder anders:»Was für den einen gutes Fleisch, ist für den anderen Gift.« Irgendein Umstand, den ein normaler Mensch überhaupt nicht bemerkt, kann einen Künstler völlig»außer Gefecht setzen«. Ich bin der festen Überzeugung, daß ein Musiker unbedingt das Recht hat, nicht aufzutreten, wenn er das Gefühl hat, dem Publikum nicht sein Bestes geben zu können.

Diese Argumente gelten auch für die Eintrittspreise. Es stimmt, daß Horowitz hohe Honorare bekam, doch er hatte davon auch enorme Ausgaben zu bestreiten. Jeder weiß, daß Horowitz seinen eigenen Flügel mitnahm, wo auch immer er spielte. Seine Sekretärin reiste mit ihm, häufig auch sein Koch. Wenn Horowitz ein Zimmer buchte, reservierte er in dem Hotel auch immer die benachbarten Zimmer – um üben zu können. Natürlich bezahlte er das alles aus der eigenen Tasche.

Ich glaube, daß jeder wahre Künstler seinen Wert kennt, auch den »Handelswert« dessen, was er leistet. Viele der großen schöpferischen Persönlichkeiten, die ich gekannt habe, waren nicht unbedingt großzügige Menschen. Im Westen sagt man dazu: ein guter Geschäftsmann. Picasso etwa war das, und er schämte sich dessen nicht. Chagall allerdings verhielt sich anders.

Von Frederick Mann, einem Musikmäzen aus Philadelphia, hörte ich folgende Geschichte. Nach Mann wurde in Jerusalem ein Konzertsaal benannt, er war ein großer jüdischer Patriot und Philanthrop. Natürlich wollte er auch Bilder von jüdischen Malern besitzen. Er beschloß, etwas von Chagall zu erwerben, und fuhr nach Südfrankreich, wo Chagall lebte, um diesen zu treffen. Chagall versuchte, ihm seinen Plan auszureden. »Warum wollen Sie unbedingt etwas von mir kaufen?« Mann bestand darauf, daß Chagall ihm seine Arbeiten zeigte. Ganz bescheiden sagte Chagall: »Sie sind alle schlecht.« Schließlich gab er doch nach.

Mann wählte ein Gemälde mit Blumen – Chagall malte Blumen immer besonders schön. Doch dann weigerte sich Chagall plötzlich, das Bild zu verkaufen. Also wandte Mann sich an Vava Chagall. Als sie über Preise zu reden begannen, bemerkte Mann in einem Spiegel, wie Chagall lebhaft seiner Frau mit den Fingern Summen signalisierte.

Es ist doch aufschlußreich, daß zum Beispiel in der bildenden Kunst jeder akzeptiert, daß Maler wie Claude Monet und Alfred Sisley große Meister sind, obwohl sie sicher nicht zugleich bedeutende Denker waren. Aus irgendeinem Grund muß man als Musiker »tiefgründig« sein. Behaupte ich etwa, daß das *Rondo capriccioso* von Saint-Saëns ein Meisterwerk ist, so wird mir niemand zustimmen, weil es eben nicht »tiefgründig« ist. Welch ein Unsinn! Große Meisterschaft muß nicht zwangsläufig mit großer Tiefe einhergehen. Zum Beispiel bewundere ich den russischen Satiriker Michail Soschtschenko, den ich für einen Meister seines Fachs halte, obwohl er nicht so »tiefgründig« ist wie Tschechow. Soschtschenko schreibt eine andere, leichtere Feder.

Jedermann ist damit einverstanden, wie Rudolf Serkin Beethoven spielt. Wenn jedoch Horowitz Beethoven spielte, so zerpflückten ihn die Leute. Jeder Interpret hat sein spezifisches Repertoire, so wie jeder Maler oder Schriftsteller »sein« Genre hat. Serkin spielt Beethoven nicht so brillant wie Horowitz, doch er interpretiert das fünfte Klavierkonzert so frei, als hätte er es selbst komponiert. Bei Beethoven fehlte Horowitz diese Freiheit, er besaß sie jedoch bei anderen Komponisten wie Tschaikowski oder Rachmaninow. Serkin hingegen lagen wiederum diese Komponisten überhaupt nicht; es war nicht »sein« Genre.

Über Beethoven belehrte mich Horowitz einmal wie folgt: »Beethoven komponierte für das Klavier, als schriebe er vor allem für schlechte Pianisten.« Damit bin ich nicht ganz einverstanden, doch ich muß einräumen, daß Beethoven nach meinem Geschmack nicht recht wußte, wie er für die Geige schreiben solle. (In seinem Violinkonzert sind alle Solopassagen so angelegt, als seien sie für Klavier gedacht.) Das ist auch der Grund dafür, warum ich keinesfalls alle zehn Violinsonaten Beethovens wirklich gut finde, sondern nur drei oder vier. In den anderen ist der Geigenpart nicht interessant, nicht lohnend. Außerdem spielen die Pianisten meist zu laut.

Meine Lieblinge unter diesen Sonaten sind die fünfte (die *Frühlingssonate*), die siebte, achte und neunte (*Kreutzer-Sonate*). Drei davon (die siebte nicht) habe ich mit Artur Balsam, meinem langjährigen Klavierpartner, auf Platte eingespielt. Es gab den Plan, die siebte mit Horowitz aufzunehmen (dazu die *Kreutzer-Sonate* und die Franck-Sonate, damit Wolodja auch etwas Kräftiges und Brillantes zu spielen habe). Horowitz jedoch schlug andere Komponisten vor – Grieg, Saint-Saëns, vielleicht auch Medtner. Ich bekniete ihn: »Wolodja, wir sind nicht mehr

die Jüngsten, laß uns doch substantielle Werke aufnehmen.«
Wir konnten uns darüber nie einig werden. So blieb unsere
einzige gemeinsame Platte eine Aufnahme, die vor langer Zeit
entstand: Brahms' dritte Sonate.

Manchmal grüble ich darüber nach, ob Leute wie Liszt und
Anton Rubinstein heutzutage ähnlich erfolgreich sein würden
wie zu ihrer Zeit. Vermutlich doch, denn sie waren wirkliche
Selbstdarsteller, die ihr Publikum sehr genau einschätzen
konnten. Ist man zum Beispiel ein Bühnenbildner, so arbeitet
man nicht mit dem feinen Strich, den van Gogh benutzte. Vielmehr malt man mit grobem Strich, damit die Arbeit auch von
jedem Platz aus gesehen werden kann. Auf dem Podium muß
man für den ganzen Saal spielen; Horowitz konnte das. In dieser Hinsicht, und nicht nur in dieser, war er ein würdiger Nachfolger von Liszt und Anton Rubinstein.

Aus Anlaß eines kürzlichen Geburtstags von Wolodja rief
mich ein New Yorker Musikkritiker in Lausanne an und bat
mich um ein Statement. Er fing an, mich auszuquetschen: »Finden Sie nicht auch, daß Horowitz in seinen Interpretationen
manchmal übertreibt? Gibt es in seinem Spiel nicht zuviel von
dem und zuviel von jenem?«

Ich antwortete diesem Kritikaster: »Lassen Sie doch Ihre
lächerliche Nörgelei! Horowitz ist nicht nur einfach ein großer
Pianist, er ist ein Wunder der Natur. Oder wollen Sie vielleicht
auch die Niagarafälle dafür schelten, daß sie zuviel Wasser
führen?«

13.
Musik und Politik II:
David Oistrach und andere
Sowjetrussen

Als ich in den Westen kam, begegnete ich dort vielen falschen
Vorstellungen über Rußland und seine Geschichte, und das besonders unter Liberalen. Eine weitverbreitete Vorstellung war,
daß Lenin und die Bolschewiken den Zaren gestürzt hätten. In
Wahrheit jedoch beseitigte Lenin die liberale provisorische Regierung, die nach einem Volksaufstand gegen den Zaren an die
Macht gekommen war. Die Bolschewiken lösten die vom Volk
gewählte verfassunggebende Versammlung auf und errichteten eine Diktatur, die in vieler Hinsicht grausamer war als die
Herrschaft irgendeines russischen Zaren.

Ich erinnere mich noch an eine öffentliche Diskussion in Paris in den späten Vierzigern. Man hatte mich in den Presseklub
an der Rue Saint-Honoré eingeladen (das Ganze stand unter
der Schirmherrschaft des Circle Inter-Allié), um über die These
zu diskutieren, in Rußland gebe es jetzt mehr Freiheit als zur
Zeit der Zaren. Unter den Teilnehmern war Louis Aragon, ein
robuster, selbstbewußter Mann, nicht der blasse, hagere und
vergeistigte Dichter, den ich mir vorgestellt hatte. Mit ihm kam
Jean-Paul Sartre – ganz verwachsen und schielend. Ich weiß,
daß auch Raymond Aron und Walter Lippmann da waren; unter den anwesenden Musikern war der Dirigent Roger Désor-
mière.

Die Redner priesen einer nach dem anderen die Freiheit im
gegenwärtigen (stalinistischen!) Rußland – und das im Vergleich zur Zarenzeit. Schließlich wurde es mir zu bunt. »Das
ist alles Unsinn. Sie kennen einfach die Tatsachen nicht! Unter
dem Zaren gab es mehr politische Freiheit.« Ich versuchte

ihnen zu erklären, daß es im vorrevolutionären Rußland die Duma gegeben habe, eine gewählte Versammlung, in der Monarchisten, Sozialisten und sogar Bolschewiken gemeinsam Politik machten.

Natürlich wußten sie alles darüber, sie sprachen davon abschätzig als »Parlament... Parlament«.

»Nein«, gab ich zur Antwort, »im Parlament wird geredet, in der Duma wird nachgedacht. Der Name kommt von einem russischen Wort, das ›denken‹ bedeutet.«

Das war eine erste Überraschung für sie. Ich fuhr fort: »Natürlich konnten die Sozialisten unter dem Zaren nicht die Macht ausüben, doch immerhin konnten sie ihre Vorstellungen in aller Deutlichkeit äußern. Im heutigen Rußland wagt es niemand mehr, den Mund aufzumachen.«

Tatsächlich war Stalins Regime derart repressiv, daß man im Vergleich dazu sogar Hitler eine gewisse Liberalität zubilligen konnte. Die wichtige Ausnahme war die Judenfrage. Heute wissen wir jedoch, daß Stalin in den frühen Fünfzigern vorhatte, die jüdische Bevölkerung der Sowjetunion zu deportieren. Nur sein Tod verhinderte einen weiteren Völkermord.

Hitler behandelte die Deutschen etwas freundlicher als Stalin sein Volk. Den Deutschen war nicht jedes Vergnügen genommen, sie konnten ins Kabarett gehen, Jazz hören und reisen. Für mich ist Kommunismus das gleiche wie Faschismus, nur schlechter organisiert – mit ineffizienter Industrie und kaputter Landwirtschaft.

Linke im Westen wollen diese Parallele nicht wahrhaben. Ich bekam einmal ein Telegramm von dem Dirigenten Claudio Abbado und dem Pianisten Maurizio Pollini. Sie luden mich ein, bei einem Benefizkonzert für die Familien von Opfern des Faschismus mitzuwirken. Ich antwortete ihnen, daß ich gerne zugunsten von Opfern des Faschismus spielen würde, allerdings unter der Bedingung, daß man auch für Opfer des Kommunismus ein Konzert veranstalte. Weder von Abbado noch von Pollini bekam ich jemals eine Antwort.

Abbado und Pollini sind beides hochbegabte Musiker. Ich schätze Pollini wirklich sehr. Er lebt in London ganz in unserer

Nähe, in einem Haus am Chester Square, das wir früher einmal gemietet hatten. (Das Haus gehörte einmal Matthew Arnold.) Der Dirigent Abbado spricht mich nicht unbedingt an. So etwas ist eben Geschmackssache: Manche Leute mögen Blumenkohl, andere nicht.

Die Linken sind immer noch davon überzeugt, daß die russische Revolution – mit Ausnahme einiger »Fehler« – dem Land genützt habe. Was für ein Unsinn! Ich habe während der Revolution im Land gelebt und alles mit eigenen Augen gesehen. Meinem Vater wurde durch die Revolution alles genommen, ebenso der Familie meines Freundes Vladimir Horowitz. Zugegeben, Horowitz und mir ging es vergleichsweise gut – von unseren Abenteuern in Rußland habe ich ja schon erzählt –, doch wir reisten viel im Land herum und konnten deshalb sehen, wie das russische Volk insgesamt unter dem Sowjetregime zu leiden hatte.

Eigentlich bin ich ein Mensch, der Schwierigkeiten und Probleme gern vermeidet, sie von sich wegschiebt. In Rußland sahen wir nichts als Schwierigkeiten. Die Erfahrung der russischen Revolution ist für mich völlig negativ besetzt. Ich liebe die russischen Sitten und Gebräuche – die Lieder, die Tänze, den instinktiven Zugang des Volkes zur Musik. Wie um alles in der Welt konnte ein so begabtes Volk all die Jahre die Sowjettyrannei ertragen?

Um die Jahrhundertwende waren Russen in Europa hochgeschätzt – ob in den Künsten oder in der Technik. Das Sowjetregime hat die Begabungen dieses Volkes nicht nur nicht genutzt, im Gegenteil, es hat alles dafür getan, sie zu ersticken. Die kommunistischen Führer des Landes waren alle, wie sie da sind, als Persönlichkeiten eigentlich nicht kreativ. Tatsächlich haben sie Kreativität in all ihren Erscheinungsformen unterdrückt. Sie haben die russische Avantgarde ebenso ruiniert wie den Erfindergeist der Russen. Und dann haben sie sogar noch ihre besten Militärs hingerichtet, so Marschall Tuchatschewski und Uborewitsch.

Wie viele Kremlführer hat es in all diesen Jahren gegeben? Gerade ein paar. Und diese wenigen Männer haben das Leben von über 200 Millionen Menschen zerstört. Für ein politisches System, das derartiges zuläßt, gibt es überhaupt keine Rechtfertigung. Das ist der Grund, warum ich ein Gegner des Sowjetregimes bin.

Vor der Revolution, als ich noch jung war, exportierte Rußland Getreide. Ich erinnere mich noch an die übervollen riesigen Getreidesilos im Hafen von Odessa und an all die farbenprächtigen ausländischen Schiffe, die das Getreide nach Europa brachten. Und jetzt, nach so vielen Jahren, ist Rußland einer der Hauptimporteure von Getreide! Würden die jährlichen Schiffslieferungen aus Amerika ausbleiben, wäre das Land nicht in der Lage, seine Bevölkerung zu ernähren. Wie konnte es so weit kommen?

Nach jeder Mißernte begründen die Sowjets diese mit »schlechtem Wetter«, »Frost« oder »Trockenheit«. Auch das ist Unsinn! In den USA gibt es in den Staaten, die vor allem Weizen anbauen, etwa in Kansas und Nebraska, Dürreperioden, während derer alles bis auf die Wurzeln verdorrt. Und trotzdem füttern die amerikanischen Farmer die ganze Welt. Inzwischen hat sogar Gorbatschow zugegeben, daß die Ineffektivität der Sowjetunion darin begründet liegt, daß ihr Wirtschaftssystem nicht funktioniert. Solche Fragen interessieren mich, und deshalb lasse ich keine Gelegenheit aus, mit Leuten, die darüber Bescheid wissen, zu sprechen.

Als ich in Luzern mit Karajan konzertierte, besuchte mich ein Deutscher, der für mich eine Tournee durch die Türkei organisieren wollte. Dieser Mann vertrat für verschiedene Handelsorganisationen türkische Interessen, vor allem bei Geschäften mit der Sowjetunion. Ich war nicht erpicht darauf, in der Türkei zu spielen, doch ich wollte gern wissen, auf welche Weise die Sowjets Geschäfte machen.

Der Mann erzählte mir folgendes: »Wir kaufen von ihnen Traktoren, 100 bis 200 pro Jahr. Die Traktoren sind von schlechter Qualität, unansehnlich und gehen ziemlich schnell kaputt. Doch was noch schlimmer ist: Bestellt man dann Ersatzteile, erfährt man, daß es keine gibt. Doch wir kaufen weiter diese verdammten Traktoren, denn Rußland ist ein mächtiger Nachbar, und die Türkei will Ruhe an ihren Grenzen. Natürlich wäre es viel vernünftiger, amerikanische Traktoren zu kaufen. Sie sehen besser aus und halten auch länger. Außerdem schikken die Amerikaner Ersatzteile sofort und zudem noch kostenlos.«

Über dieses Thema hatte ich noch ein anderes, sehr aufschlußreiches Gespräch mit dem Vertreter Kongos (heute Zaire) bei den Vereinten Nationen. Kongo wurde damals von dem berüchtigten Patrice Lumumba regiert. Lumumba war ein radikaler Sozialist, doch sein Botschafter in New York scherte sich wenig um die Vorstellungen seines Regierungschefs. Eines Abends kam er ins Metropolitan Museum, um mich Bach spielen zu hören (ich spielte dort jedes Jahr Bach). Danach trafen wir uns in dem exzellenten Restaurant des »Stanhope Hotel«, wo ich wohnte. Ich weiß noch, wie der Diplomat aus Kongo mit ironischem Unterton sagte: »Ja, natürlich hilft Rußland uns. Die Sowjets schicken uns Schaffelljacken...« Das muß man sich vorstellen: Irgendein sowjetischer Bürokrat hatte einfach beschlossen, daß die Afrikaner warme Jacken brauchen!

Auf diese Weise verliert Rußland potentielle Verbündete. Denn die Sowjetunion könnte ja viele Freunde haben. Als die Länder der Dritten Welt die Unabhängigkeit erlangten, wollte die Mehrheit ihrer neuen politischen Führer mit dem Kapitalismus nichts zu tun haben und suchte nach politischen Alternativen. Rußland hätte ein Vorbild für sie sein können. Doch daraus wurde nichts. Und jetzt wenden sich die Entwicklungsländer der Marktwirtschaft zu als der einzigen Möglichkeit, das wirtschaftliche Chaos zu beenden.

Ich hatte einen Onkel, der Rußland 1905 verließ und nach Amerika ging. Er mochte Stalin zwar nicht, doch bestand er trotzdem darauf, daß »Rußland die Zukunft gehört«. Darauf gab ich stets zur Antwort: »Was bedeutet schon Zukunft in der Politik? Es gibt nur die Gegenwart. Welche Zukunft hat ein afrikanisches Land, in dem ein Diktator auf den anderen folgt? Alle diese Diktatoren versprechen Freiheit und Aufklärung, doch es endet immer wieder mit einem Blutbad, dem eine Hungersnot folgt. Und in Rußland ist es genauso...«

Gorbatschow setzte den Prozeß der Demokratisierung in Rußland in Gang, indem er alle Macht auf sich vereinigte. Natürlich waren die Liberalen im Westen davon ganz begeistert. Genauso begeistert waren sie allerdings von Stalin, Chruschtschow und von jedem neuen sowjetischen Führer. Jedesmal dachten sie wieder: Hier ist endlich einer, mit dem wir reden können.

Ich erinnere mich an eine eher enttäuschende Unterhaltung, die ich über dieses Thema mit Walter Lippmann hatte. Wir pflegten uns auf den Partys zu treffen, die Arthur Sulzberger gab, der gutaussehende junge Verleger der *New York Times*. Einmal gab Lippmann in seinem Haus in Washington nach einem meiner Konzerte eine Cocktailparty. Er war ein freundlicher, gebildeter Herr. Trotzdem hatte ich kein Verständnis für sein Bedürfnis, bei jeder internationalen Krise nach einem »vernünftigen Kompromiß« zu suchen.

Dieser Wunsch nach dem Kompromiß um jeden Preis ist einer der Gründe dafür, daß Liberale bei allem guten Willen, den sie haben, fast immer den kürzeren ziehen. Ich bin davon überzeugt, daß man, wenn man eine Sache verabscheut, eine feste Haltung einnehmen sollte. Anderenfalls führen alle Verhandlungen unausweichlich doch nur zu einem wertlosen Stück Papier, einem neuen »Münchner Abkommen«.

Sicherlich sollten wir mit Rußland zu einer Art Verständigung kommen, doch nur dann, wenn das Volk auch das Recht bekommt, zu wählen. Sonst führt es nur dazu, daß man gestern mit Breschnew die eine Politik erlebt und heute mit Gorbatschow eine andere. Morgen wird es einen neuen Führer geben und wieder eine andere Politik. Und das alles hat nichts damit zu tun, daß die Empfindungen der Menschen oder die Bedürfnisse des Landes sich ändern. Vielmehr geschieht es aus den Launen einer einzelnen Person heraus, die tun und lassen kann, was sie will.

Quasi unter dem Mikroskop suchen die Kreml-Astrologen nach Veränderungen in der sowjetischen Ideologie. Tatsächlich aber hat der Marxismus sein Fiasko schon vor langer Zeit erlebt. Dies ist auch der Grund dafür, warum die plötzlichen Veränderungen in der sowjetischen Politik nicht durch ideologischen Wandel verursacht werden, sondern durch die Wünsche und Launen eines einzigen Mannes, der eben zufällig gerade an der Macht ist.

Ich weiß noch, wie erleichtert alle waren, als Chruschtschow an die Macht kam, wie sie nach einer rationalen Begründung für seine Politik suchten und diese auch fanden. Meiner Meinung nach war er nichts anderes als ein exzentrischer Demagoge. Ein Freund von mir, Korrespondent der *New York Times*, kam nach Wien, um dort Chruschtschow und seine Frau Nina Petrowna zu treffen. Er erzählte mir, daß Chruschtschow ihm erklärt habe: »Sowjetmenschen brauchen keine Autos, denn diese schaden nur ihrer Gesundheit.« Chruschtschow fuhr natürlich in einem Auto herum, und man hatte nicht den Eindruck, daß es seiner Gesundheit schade. Vermutlich ist Kaviar auch überhaupt nicht gut für die Mägen der Massen. Für die Führer jedoch ist er genau das Richtige, denn sie haben ja Pferdemägen.

Die sowjetischen Parteiführer haben ihre Schriftsteller, Maler und Musiker alle mit der gleichen Demagogie, Überspanntheit und Scheinheiligkeit behandelt. Unter dem Regime Stalins wurden viele begabte Leute umgebracht, ohne etwas Schlimmes getan zu haben. (Der Vater von Vladimir Horowitz, ein anständiger Mann und guter Ingenieur, starb in einem stalinistischen Lager.) Der »liberale« Chruschtschow verfolgte Boris Pasternak, an den ich in tiefer Verbundenheit zurückdenke, und Jewgeni Jewtuschenko. Breschnew jagte Alexandr Solschenizyn und Joseph Brodsky – einen frischgebackenen und einen zukünftigen Nobelpreisträger – aus dem Land.

Was man schon geahnt hatte, wurde unter Gorbatschow so richtig deutlich: All diese Barbareien waren das Ergebnis von Anfällen unkontrollierbarer Diktatoren. Jetzt stellt sich heraus, daß die Vertreibung von Solschenizyn illegal war: Welch eine Überraschung! (Ich habe große Hochachtung vor Solschenizyn. Obwohl seine politischen Äußerungen für meinen Geschmack manchmal etwas zu radikal sind, teile ich viele seiner Ansichten.)

Der Dichter Jewtuschenko – er galt einmal als Dissident – ist inzwischen ein offizieller Repräsentant des Sowjetregimes. Vor vielen Jahren traf ich ihn einmal auf einem französischen Schiff während der Überfahrt nach Amerika. Ich saß mit dem französischen Geiger Zino Francescatti zusammen. Als ich aufblickte, sah ich nicht weit von uns einen gutaussehenden, nicht besonders gut angezogenen großen blonden Mann, in dem ich Jewtuschenko erkannte. Ich sagte: »Zino, da ist ein sowjetischer Dichter. Sollen wir ihn zu einem Drink einladen?«

Als ich dann jedoch zu Jewtuschenko hinüberging und ihn einlud, sah er mich unglaublich argwöhnisch an und sagte mit dröhnender Stimme: »Was soll das?« Fast so, als hätten wir vor, sowjetische Staatsgeheimnisse aus ihm herauszupressen. Vielleicht hatte ihn mein Russisch Verdacht schöpfen lassen. (Zur damaligen Zeit waren sowjetische Touristen im Ausland gehalten, Kontakt mit Emigranten zu vermeiden.) Später kam Jewtuschenko dann doch zu uns herüber. Er trank wenig, spielte sich allerdings furchtbar auf. Aus irgendeinem Grund erklärte er uns, er habe ein Faible für Gangster, und sagte noch mehr derartig modischen Unsinn. Mir tat es schon leid, daß ich ihn eingeladen hatte.

Jewtuschenko benahm sich wie ein Mensch, der lange Zeit eingesperrt gewesen war und nun plötzlich seine Freiheit wiedererlangt hat. Man konnte das vielleicht weniger ihm anlasten als einer Regierung, die den Eisernen Vorhang heruntergelassen und damit über Jahrzehnte den Kontakt zwischen Russen und dem Rest der Welt unmöglich gemacht hatte.

Diese Art fehlender Kontaktmöglichkeit ist vor allem für kreative Menschen von Übel. Sie führt in den Künsten zu Provinzialismus. Die sowjetischen Musiker, die ich gekannt habe, wurden so zu Opfern eines dummen und grausamen politischen Experiments. Besonderes Mitleid hatte ich mit meinem Freund David Oistrach. Er war ein wunderbarer Geiger, ein charmanter und liebenswürdiger Mensch und, wie ich, aus Odessa gebürtig.

Als Oistrach 1955 zum erstenmal nach New York kam, rief er mich an. Ich lebte damals in einem Hotel, denn meine

Wohnung an der Fifth Avenue (sie lag gegenüber dem Metropolitan Museum) wurde gerade gestrichen und renoviert. Ich lud Oistrach zum Abendessen ein, und wir schwelgten in Erinnerungen an das alte Odessa. Oistrach erinnerte mich daran, daß wir vor über 40 Jahren, im Frühling 1914, gemeinsam in Odessa aufgetreten waren – er hatte das vormittägliche Schülerkonzert eröffnet, ich hatte zum Schluß des Programms gespielt, als Absolvent der Schule, die unser Lehrer Stoljarski geleitet hatte.

Ich wußte jedoch – von einer vagen Erinnerung an Oistrach abgesehen – keine Einzelheiten mehr. Sicher, da hatte es einen Jungen mit einem rundlichen Gesicht gegeben (das gleiche rundliche, lächelnde, jugendliche Gesicht, das Oistrach bis zuletzt gehabt hat), der Bachs Allegro assai und Paganinis *Perpetuum mobile* unisono mit uns anderen gespielt hatte.

Wahrscheinlich war Oistrach damals durch seine Leistungen noch nicht besonders aufgefallen. *Der* Schüler Stoljarskis, an den ich mich lebhaft erinnerte, war der geniale Knabe Mischa Fainget. Wir nannten ihn »Miniatur-Kreisler«. Er spielte mit derartiger Inspiration und mit solchem Gefühl, daß das Publikum in Tränen ausbrach. Später fragte ich viele Musiker aus Odessa, die die USA besuchten, immer wieder nach Fainget: Niemand hatte jemals irgend etwas von ihm gehört. Er war einfach wie vom Erdboden verschwunden... Wie konnte eine derartige Begabung spurlos verschwinden? Natürlich, es waren harte Zeiten. Fainget konnte im Bürgerkrieg umgekommen sein oder auch später...

Oistrach sagte mir, 1914 sei er gerade gut fünf Jahre alt gewesen. Mir scheint, daß er damals deutlich älter gewesen sein müßte. Er wußte noch, wie wir in Stoljarskis Wohnung Borodins zweites Streichquartett mit mir als Cellisten gespielt hatten. Das stimmt. Damals hatte ich gelernt, mit dem Cello umzugehen. Wenn Quartett gespielt werden sollte, dann war ich sozusagen der »Strohmann« – wie beim Bridge, wenn drei Spieler den vierten Mann suchen. Normalerweise gibt es genügend Geiger, während Cellisten nur schwer zu kriegen sind. Deshalb lernte ich gern Cello. Und das Borodin-Quartett liebte ich sehr, besonders das Nocturne, den wunderbaren langsamen Satz.

Oistrach erinnerte sich auch daran, daß er mich einmal in Stoljarskis Arbeitszimmer Dobrowens hübsches *Märchen* habe spielen hören. Das Stück gefiel ihm so gut, daß er sich vornahm, es in einem Tag zu lernen. Und er schaffte es, was seine Mitschüler in Odessa schwer beeindruckte.

Während unseres Gesprächs äußerte Oistrach immer wieder sein Erstaunen darüber, daß ich, obwohl meine Emigration doch schon Jahrzehnte zurück lag, immer noch gutes, literarisches Russisch sprechen könne. Es stimmt: Ich liebe die russische Sprache, die so präzise und so reich ist, und ich liebe die russische Literatur – Puschkin, Lermontow, Gogol.

Fast geniere ich mich, es zuzugeben: Zu Lew Tolstoi habe ich keine rechte Beziehung. Seine Romane wirken auf mich wie übergroße Rahmen, deren Gemälde, verglichen mit den Rahmen, eher klein ausfallen. Außerdem schreibt Tolstoi ja sozusagen über die große Welt (deshalb ist er wohl im Westen so populär). Mir mißfällt auch seine Angewohnheit, klassische Musik niederzumachen. Tolstoi fiel einmal sogar über Rachmaninow her, der ihn auf seinem Gut Jasnaja Polnaja besucht hatte. Rachmaninow konnte das nie vergessen.

Meiner Meinung nach ist Tschechow bedeutender als Tolstoi. Ich stelle ihn auch über Dostojewski. Dostojewski schildert seine Charaktere absichtlich in entstellender Weise, während Tschechow unglaublich viel Weisheit und Wärme besitzt. Liest man Tschechow, so hat man das Gefühl, man befinde sich in einem gastfreundlichen russischen Haus, wo man wohltuenden süßen Tee bekommt und wo die Gespräche angenehm und intelligent sind. Trotz allem ist Tschechow ein sehr anspruchsvoller Autor.

Bei Oistrachs erstem Besuch in New York standen einmal drei Geiger am selben Tag auf dem Konzertplan der Carnegie Hall. Mischa Elman spielte um 14 Uhr, Oistrach gab um 17 Uhr sein Debüt, und ich spielte am Abend. Das war wirklich eine Sensation! Oistrach erinnerte sich später daran, wie unruhig und nervös er gewesen sei. Ich hatte kein Lampenfieber, doch mir taten ganz plötzlich die Beine derartig weh, daß Oistrach mir aufs Podium helfen mußte. Er schob mich buchstäblich hinaus. Es ist nicht meine Aufgabe, darüber zu urteilen, wer in diesem ungewöhnlichen Wettbewerb Sieger blieb. Ich versuchte, ein interessantes Programm zu bieten, und die Kritiker registrierten dies.

Man erzählt, daß Oistrach immer sehr nervös gewesen sei, bevor er aufs Podium ging, um zu spielen. Und dies sei auch der Grund dafür, daß er begonnen habe zu dirigieren. Hörte ich Oistrach spielen, hatte ich nie den Eindruck, er habe Angst. Es stimmt wohl, daß er als Geiger sehr selbstkritisch war, und vielleicht hatte er Lampenfieber – ich erinnere mich, daß er jedesmal, wenn er mit Orchester spielte, während der Tuttistellen auf seiner Geige herumprobierte. Doch jeden nächsten Soloeinsatz spielte er dann mühelos und sicher, er war offensichtlich ruhig und kontrolliert.

Über Oistrach als Dirigenten habe ich nur Gutes gehört. Ich erlebte ihn einmal in Wien – er dirigierte eine Schubert-Symphonie. Und es wurde ein großer Erfolg. Ausgerechnet Schubert in Wien – das war schon ein Meisterstück. Seine Interpretationen der Brahms-Symphonien wurden ebenfalls sehr gelobt. Mir kam die Vermutung zu Ohren, daß die Orchestermusiker sich, wenn sie unter Oistrach spielten, mehr anstrengten, weil er ihnen auch Hinweise für sinnvollere Bogenstriche gab. Das mag ja sein. Doch eine wirklich inspirierte Interpretation ist nicht eine Frage von korrekten Bogenstrichen – das kann man mir glauben.

Ich erinnere mich, daß Stokowski immer wieder mit Bogenstrichen experimentierte. Er wollte einen ununterbrochenen Fluß des Klanges erreichen und richtete deshalb die Noten so ein, daß die Musiker nicht alle die gleichen Striche benutzten. Doch das klappte nicht. Ich versuchte ihm zu erklären, daß er einen Fehler mache. Spielt man so, daß der Bogenwechsel nicht zu hören ist, ist das etwa so, wie wenn man singt, ohne zu atmen. Es ist unmöglich, ununterbrochen zu singen; man muß atmen. Im Ergebnis klangen Stokowskis Versuche deshalb ziemlich unnatürlich. Trotz allem – sogar Toscanini belehrte mich einmal: »Stokowski ist ein guter Dirigent.«

Dem Geiger Oistrach lauschte ich immer mit größtem Vergnügen. Mir gefiel sein attraktiver, typisch russischer Stil. Heute geht dieser Stil leider mehr und mehr verloren...

Nicht ganz glücklich war ich allerdings mit Oistrachs Tschaikowski. »Russische Seele« ist gut bis zu einem bestimmten Punkt, doch für Tschaikowski – und für den ganz besonders – kann ein Übermaß an Emotion eher schädlich sein. Man landet schließlich bei russischem Kitsch.

Tschaikowskis Instrumentalkonzerte und selbst seine Symphonien sind sicher nicht perfekt durchgestaltet. Spielt man sie, dann muß man die »Seele« vernachlässigen und auf die Form achten. Das ist auch der Grund dafür, warum die ersten wirklich bedeutenden Tschaikowski-Interpreten aus dem Westen kamen: Hans von Bülow, Adolph Brodsky und Arthur Nikisch. Ein gutes Gemälde braucht eben auch einen guten Rahmen.

Manchmal sind die Leute an diesem Punkt anderer Meinung als ich. Sie fragen dann: »Heißt das, daß Sie jede Art von Gefühl beim Geigen ablehnen?« Ganz und gar nicht. Ich bin gegen übertriebene Sentimentalität; sie ist gefährlich, wenn man Musik macht. Solange man jung ist, kann man gewissermaßen seinen Haferbrei auf dem Teller verschmieren. Ein erwachsener Musiker jedoch muß wissen, daß er andere Möglichkeiten hat, sein Publikum zu beeindrucken, als ausgerechnet überzogene Sentimentalität.

Bei Oistrach kam hinzu, daß er das Tschaikowski-Konzert ohne Striche spielte. Das ist ein Fehler. Auer hatte einige vernünftige Kürzungsvorschläge gemacht. Der wichtigste ist ein Strich von zwölf Takten im dritten Satz. Dort schreibt Tschaikowski einen kurzen Refrain, der siebenmal wiederholt wird. Hört man die Stelle auf der Schallplatte, könnte man fast meinen, sie hätte einen Sprung.

Ich weiß noch, wie ich Oistrach fragte: »Warum spielen Sie das Tschaikowski-Konzert ohne Striche?« Er antwortete mir mit irgendeiner patriotischen Bemerkung – für mich wieder ein Beispiel dafür, welchen Druck der totalitäre Staat auf Künstler ausübte. Tschaikowski, dessen Musik Stalin mochte, galt damals in der Sowjetunion als ein Komponist, der »realistische« Musik für die Massen geschrieben hatte. Auers Bearbeitung wurde als »bourgeois« kritisiert, als bösartiger Versuch, dem großen Klassiker am Zeug zu flicken. Oistrach hatte wohl das Gefühl, er habe keine andere Wahl. Und ganz offensichtlich wollte er über dieses Thema mit mir nicht diskutieren.

Oistrach hatte übrigens auch gewisse Schwierigkeiten mit Bach – das waren Probleme sowohl politischer wie auch musikalischer Natur. Nach der Revolution wurde Bach in Rußland nur selten gespielt – man diffamierte seine Musik als religiöse Propaganda; und warum sollte man für Religion, das »Opium für das Volk«, auch noch Werbung machen? (Ich halte Bachs Kantaten, seine *Matthäuspassion* und die Messe in h-Moll für die beste Musik, die überhaupt je geschrieben wurde.)

Hier haben wir also den Grund dafür, warum sowjetische Geiger sich nicht wirklich intensiv mit Bach auseinandergesetzt haben. Zudem hat es das Publikum in Rußland gern, wenn Musik und ihre Interpretation mit Emotionen zu tun haben. Das Interesse an absoluter Musik ist nicht sehr ausgeprägt. Das erklärt auch, warum in Rußland Ensembles für Barockmusik so viel später aufkamen als im Westen.

Ich erinnere mich an einen der ersten Besuche des Pianisten Emil Gilels in New York. Horowitz lud uns beide zum Tee zu sich ein, und wir unterhielten uns über Domenico Scarlatti, den Horowitz so sehr liebte. Gilels bemerkte, es sei ihm völlig unverständlich, warum Horowitz sich so für Scarlatti interessiere. »Warum wollen Sie unbedingt hinauf in die Stratosphäre, wo es keine Luft gibt, nichts zu atmen? Mir gefällt es hier unten auf der Erde.«

In Rußland spielte man damals vielleicht eine der 550 Sonaten Scarlattis. Ich glaube, daß Gilels in der Folgezeit einiges von Scarlatti studierte. Sein Spiel jedoch, ob mit oder ohne Scarlatti, beeindruckte mich nie besonders. Meiner Meinung nach fehlte es ihm an wirklicher Kultur und musikalischer Bildung. Dies ist ganz allgemein eine Schwäche sowjetischer Musiker –

leider, doch es ist meist nicht ihr Verschulden. Die selbstgewählte Isolation Sowjetrußlands, die den freien Austausch kultureller Informationen mit dem Westen behinderte, hatte einen extrem negativen Einfluß.

Während Oistrachs erstem Besuch in Amerika sprachen wir viel über Bach. Wenn Oistrach zu mir ins Hotel kam, spielte ich ihm Bach vor und versuchte ihn davon zu überzeugen, daß die alten russischen Ausgaben der Sonaten und Partiten falsch seien.

Bachs Sonaten und Partiten habe ich zweimal auf Platte eingespielt. Die erste Aufnahme fand Mitte der fünfziger Jahre statt, die zweite Mitte der siebziger. Es mag unbescheiden klingen, doch ich glaube, daß diese Aufnahmen – vor allem die zweite – lange Bestand haben werden. In der ersten Einspielung sind die langsamen Sätze besser gelungen, in der zweiten die schnellen. Ich weiß noch, daß Oistrach mir sagte, er werde zwei Exemplare meiner ersten Aufnahme mit zurück nach Rußland nehmen. Ich entgegnete im Scherz: »Wollen Sie Ihre Provision jetzt gleich haben?«

Die Sonate in f-Moll von Bach hat Oistrach später aufgenommen – mit Klavier statt mit Cembalo. Die Aufnahme ist allerdings sehr gut, besonders die langsamen Sätze. Lew Oborin war der Pianist – ein exzellenter Musiker, den ich einmal bei Horowitz getroffen habe. (Alle sowjetischen Pianisten kamen, um Horowitz ihre Aufwartung zu machen. Dies war fast wie eine Audienz beim Papst in Rom.)

In New York wollte Oistrach eine gute Geige erwerben. Sein Instrument war nicht schlecht, doch es gehörte dem sowjetischen Staat. Man hatte ihm eine Stradivari aus der staatlichen Sammlung zur Verfügung gestellt. Diese Geige und viele andere Instrumente waren gleich nach der Revolution bei privaten Sammlern und Musikliebhabern konfisziert worden.

In den zwanziger Jahren, als ich noch in Rußland lebte, war der Cellist Wiktor Kubazki Leiter dieser einzigartigen Sammlung. Auf seine Anweisung hin erhielt ich eine Guadagnini, die ich einige Zeit lang spielte. Als ich die Sowjetunion verließ, gab ich Kubazki die Geige zurück.

Mit Oistrach ging ich zu dem berühmten Geigenhändler Rembert Wurlitzer. Gute Geigen waren auch damals teuer, wenn auch noch nicht so teuer wie heute. Oistrach hätte am liebsten Wurlitzers ganzen Laden leergekauft. Leider reichten dafür jedoch seine Dollars nicht.

Viele Leute wissen nicht, daß die sowjetische Regierung über Jahrzehnte ihre Künstler betrogen hat. Noch bis vor kurzem konnten sie, wenn sie im Westen auftraten, nur zehn Prozent ihres Honorars behalten. Das übrige Honorar mußte der jeweiligen sowjetischen Botschaft übergeben werden.

Und Gott behüte, daß jemand in seiner Abrechnung aus Versehen einen Fehler machte. Die staatliche Agentur Goskonzert bestrafte die Künstler mit dem Fünffachen des fehlenden Betrags. Das war eine Art von Leibeigenschaft – demütigend für bedeutende Künstler wie etwa Oistrach. Inzwischen geben die sowjetischen Behörden zu, daß sie habgierig und dumm gehandelt haben.

In Wurlitzers New Yorker Laden verglich nun Oistrach seine staatseigene Stradivari mit den Instrumenten, die der Händler anzubieten hatte. Für mich war es interessant zu beobachten, wie Oistrach die Möglichkeiten einer Geige testete, die er nicht kannte. Er versuchte, das Maximum an Klang aus ihr herauszuholen, was manchmal bis zu einem »Kreischen« führte. Auf dem Podium hingegen strapazierte Oistrach sein Instrument nie bis an dessen Grenzen, er kratzte niemals auf der Geige.

Als der Vergleichstest vorüber war, wickelte Oistrach seine Geige in ein Leintuch ein. Er besaß nicht einmal einen anständigen Geigensack. Deshalb bat ich Wurlitzer, ihm einen zu bringen. Der Händler legte uns Dutzende in verschiedensten Stoffen und Farben vor: aus Seide, Flanell... Er breitete sie auf dem Ladentisch aus, sozusagen als Aufforderung, zuzugreifen. Oistrach war wie erschlagen. Als Wurlitzer sah, wie verwirrt der sowjetische Geiger reagierte, bot er ihm großzügig einen Sack als Geschenk an. Ich sagte: »Schauen Sie, David, Ihr Kasten ist mit grünem Samt ausgekleidet. Sie sollten einen Sack wählen, der dazu einen Kontrast bildet, etwa dunkles Braun, das würde doch gut aussehen.«

Immer noch ganz verwirrt, starrte Oistrach mich an, als wäre ich gerade von einem anderen Stern angekommen. Ich mußte lachen:»In New York können Sie alles bekommen, was Sie sich wünschen, solange Sie es bezahlen können. Würden Sie vielleicht auch gern noch einen Sack für die Geige Ihres Sohnes oder für einen Ihrer Lieblingsschüler heraussuchen? Selbst eine mittelmäßige Geige macht sich viel besser in einem schönen Geigensack.«

(Übrigens hat sich Igor Oistrach, sein Sohn, inzwischen zu einem erstklassigen Geiger entwickelt. Wenn er im Westen auftritt, drucken die Veranstalter manchmal seinen Vornamen in kleinen und seinen Nachnamen in großen Buchstaben auf die Plakate, damit das unwissende Publikum meinen soll, es handle sich um den »berühmten« Oistrach. Diesen billigen Trick kann man natürlich nicht Igor zum Vorwurf machen. Er ist schließlich ein eigenständiger Meister seines Fachs.)

Damals erwarb Oistrach bei Wurlitzer keine Geige. Er setzte jedoch seine Suche fort. Da er fürchtete, einen Fehler zu machen, bat er mich um Rat. Er erzählte mir, es gäbe in Boston einen Russen, der ihm eine Stradivari angeboten habe. Er könne sich jedoch nicht entscheiden.

Ich erwiderte:»Hören Sie, David, ich bin kein Fachmann. Natürlich sind Erfahrung und Intuition wichtig; hat man sich lange genug mit der Geigerei beschäftigt, bekommt man schon eine Ahnung davon, was ein Instrument hergibt und was nicht. Doch wenn es zum Schwur kommt, dann ist der Kauf einer Geige wie eine Heirat – eine ganz persönliche Sache.«

Nachdem er eine Weile mit sich zu Rate gegangen war, kaufte Oistrach die Bostoner Stradivari. Bei ihr fehlte der ursprüngliche Lack fast völlig; doch Oistrach mußte schließlich auch vergleichsweise wenig für die Geige bezahlen, ich glaube, nur 9000 Dollar. (Damals kosteten gute italienische Instrumente schon 100000 Dollar und mehr.)

Ich fragte Oistrach, warum er ein Instrument kaufen wolle, das nicht in Ordnung sei. Seine Antwort war ganz ehrlich:»Wie Sie sich vorstellen können, habe ich nur wenig harte Währung. Bringe ich die Dollar, die ich hier verdiene, zurück, so werden sie mir zum offiziellen Kurs in Rubel umgetauscht. Damit werde ich dann vollends ausgeplündert. Die Stradivari jedoch kann ich immer für einen schönen Batzen Geld weiterverkaufen.«

Ich habe Oistrach auf dieser Geige spielen hören – sie klang wunderbar. Mein Freund Fernando Sacconi, ein New Yorker Geigenhändler, erklärte mir, daß diese Geige ganz offensichtlich besonders meisterhaft gebaut sein mußte: Sie klang auch ohne den Originallack ganz phantastisch.

Das wichtigste an dieser Geschichte war für mich, daß die Geige nun Oistrachs Eigentum war. Aus seiner eigenen Geige versucht man immer das Beste herauszuholen. Das ist wie bei einem Bauern, der sein eigenes Land bekommt. Privatbesitz ist nicht nur in der Landwirtschaft, sondern auch beim Geigenspiel wirkungsvoll.

Über viele Jahre hinweg haben die Herrschenden in der Sowjetunion versucht, ihren Untertanen die Fähigkeit zum selbständigen Denken auszutreiben. Und das nicht nur, wenn es um große, wichtige politische Fragen ging, vielmehr auch in den Dingen des täglichen Lebens. Meiner Ansicht nach hatten sie damit Erfolg. Selbst heute noch wirken sowjetische Künstler – begabte, kreative Leute – seltsam verkrampft, wenn es um einfachste Entscheidungen geht.

Ich erinnere mich noch an andere eindrucksvolle Erlebnisse mit Oistrach. Im Juni 1961 trafen wir uns in Wien. Es war während des berühmt gewordenen Wiener Gipfeltreffens zwischen Nikita Chruschtschow und John F. Kennedy. Damals kam Chruschtschow zu der Überzeugung, Kennedy sei ein Schwächling. Eine Folge davon war die Kuba-Krise im nächsten Jahr.

Chruschtschow reiste mit seiner Frau Nina nach Wien. Und Oistrach wurde sozusagen als Kulturexport dorthin geschickt. Die Oberhäupter der beiden Weltmächte hatten viel zu tun, Nina Chruschtschowa jedoch hatte viel Zeit. Sie besuchte das Konzert, das Oistrach mit den Wiener Philharmonikern unter Karajan gab. Karajan dirigierte eine Symphonie von Brahms und dann ein Stück von Webern. Es ist ja bekannt, daß das

Wiener Publikum nicht gerade zurückhaltend ist, wenn ihm etwas nicht zusagt. Das Stück von Webern wurde an diesem Abend ausgezischt und ausgebuht. Frau Chruschtschowa war ganz entsetzt. Sie fürchtete, dies sei der Beginn einer Revolution. Schließlich benahmen sich die Zuhörer in Rußland sehr diszipliniert.

Als ich am nächsten Tag spielte, besuchten Frau Chruschtschowa und Oistrach mein Konzert. Anschließend lud ich Oistrach zum Abendessen in das Hotel »Sacher« ein. Seine liebenswürdige und ihm sehr ergebene Frau Tamara kam mit ihm. (Sie war immer sehr bescheiden gekleidet und begleitete ihren Mann überall hin. Nachdem Oistrach in Amsterdam nach einem Herzanfall gestorben war, fiel sie in tiefe Depression und beging Selbstmord.)

Damals in Wien war Oistrach vergnügt und angeregt. Mit bestem Appetit ackerte er sich durch das Menü, obwohl er eigentlich verkündet hatte, er sei auf Diät. Es gab allerdings einen kleinen Zwischenfall. Oistrach hatte ein Chateaubriand bestellt. Normalerweise ist das Fleisch außen gebraten und innen noch roh. Als Oistrach hineinschnitt, lief Blut heraus. Nun wußte er nicht, was er tun sollte. Er war ganz eindeutig irritiert: Er hatte das Fleisch nicht halb roh gewollt, doch traute er sich nicht, dies dem Ober zu sagen.

Ich machte einen Vorschlag: »Wollen Sie es lieber durchgebraten? Dann müssen Sie das dem Ober nur sagen, er wird es zurücknehmen.« Oistrach zögerte: »Zu Hause machen wir so etwas nicht. In Rußland sind wir mit dem zufrieden, was wir bekommen.« Also mußte ich den Küchenchef bitten, das Fleisch in zwei Hälften zu schneiden und noch mal zu braten, was ohne jedes Aufheben erledigt wurde.

Wir nahmen unser Gespräch wieder auf. »Wohin fahren Sie von hier aus?« fragte Oistrach.

»Ich weiß es nicht«, antwortete ich, »vielleicht nach Paris, vielleicht nach Zürich... Vielleicht auch zurück nach London. Ich habe mich noch nicht entschieden.«

Als Oistrach dies hörte, mußte er lächeln. »Sehen Sie! Sie müssen eine Wahl treffen und können sich nicht entscheiden, und deshalb ist Ihr Appetit nicht gut. Ich habe ausgezeichneten Appetit, weil andere für mich die Entscheidungen treffen und ich mir darüber keine Gedanken machen muß. Ich weiß, wohin ich fahren werde, denn man sagt mir, wohin ich fahren muß. Ist dies nicht die einfachere Art zu leben?«

Ich fürchte fast, daß diese Art zu leben (ohne die Notwendigkeit, selbständige Entscheidungen zu treffen) ein Grund dafür ist, daß nur wenige sowjetische Musiker in den Westen fliehen. Ein anderer Grund ist die relative Bedeutung, die materieller Komfort hat. Lebt man im Westen, so kann man sich gut anziehen. Allerdings sind dann auch viele andere Leute gut angezogen. Etwas ganz anderes ist es jedoch, wenn man in Moskau oder Leningrad mit modischer westlicher Kleidung auftritt. Und weiter: In Rußland ist es ein Zeichen der Zugehörigkeit zur Elite, wenn man es sich leisten kann, frisches Obst und Gemüse auf den Tisch zu bringen. Im Westen hingegen ist beides für die meisten Leute eine Selbstverständlichkeit. Das gleiche gilt für Autos. Der sowjetische Geiger Leonid Kogan prahlte mir gegenüber einmal: »In meinem Renault bin ich der König von Moskau! Wenn ich in mein Auto steige, kommt der Verkehr zum Erliegen!« Wen in London oder Paris würde ein Renault beeindrucken?

Oistrach war ein loyaler Bürger der Sowjetunion, obwohl er nicht mit allem, was sich dort ereignete, einverstanden war. Er war kein Dissident, nicht einmal in seinem Denken. Und wenn er mit russischen Emigranten zusammenkam, war er besonders vorsichtig.

In seinen letzten Lebensjahren wurde Oistrach jedoch etwas selbstbewußter. Manchmal berührten wir sogar politische Themen, wenn wir uns trafen.

Einmal aßen wir in Paris mit einigen dort lebenden Russen zu Abend. Es war ein ausgedehntes Mahl mit Unmengen von Wodka. Oistrach trank Wodka, ich Whiskey. Nach dem Essen mußte er noch in die sowjetische Botschaft, und ich begleitete ihn dorthin. Es war spät geworden. Wir waren allein auf der Straße, weshalb ich auch das Gefühl hatte, ich könne etwas offener mit ihm reden.

Ich fragte ihn, warum die sowjetische Regierung ihn so schamlos ausbeute. Er entgegnete, das Geld werde dazu benutzt, Konservatorien zu unterstützen, also für die Ausbildung junger Musiker.

»Sie haben doch schon vor der Revolution ausgezeichnet gespielt«, sagte ich. »Der Staat hat keine Kopeke in Ihre Ausbildung gesteckt. Ihre Eltern haben dafür gezahlt.«

Oistrach seufzte: »So ist eben das Gesetz. Und wir alle gehorchen.«

Danach gerieten wir in eine Diskussion über eine Geschichte, die damals in London und Paris in allen Zeitungen stand. Tänzer des Bolschoi-Balletts, die sich auf einer Tournee durch England befanden, hatten eine günstige Gelegenheit benutzt, um sich alle – im ganzen etwa 80 Tänzer – auf Kosten der britischen Regierung ihre Zähne in Ordnung bringen zu lassen. Die Sache hatte sich in England zu einem öffentlichen Skandal ausgeweitet. Damals schrieben die Zeitungen, hier erweise sich natürlich die Überlegenheit des britischen Gesundheitswesens, doch sie fragten andererseits auch, warum eigentlich die Briten die Zahnrechnungen sowjetischer Tänzer bezahlen sollten.

Ich sagte zu Oistrach: »Hier geht es doch um eine Balletttruppe, die teilweise mit Ihrem Geld gefördert wird! Warum konnten sich die Tänzer ihre Zähne nicht in der Sowjetunion richten lassen? Weshalb müssen sich kulturelle Repräsentanten eines der größten Länder dieser Erde wie Bettler benehmen?«

Ich merkte natürlich, daß Oistrach dieses Gespräch unangenehm war. Er konnte mir keine offene Antwort geben, obwohl er sich in seinem linientreuen Verhalten sichtlich unwohl fühlte. Er versuchte, eine Antwort zu vermeiden, und mir tat es leid, daß ich das Thema überhaupt angeschnitten hatte.

Was das Bolschoi-Theater anging, so kreuzten sich unsere Wege 1964 in Mailand, als die Operntruppe des Bolschoi dort eintraf. Es war dies ihr erstes Auftreten im Westen. Die Solisten wohnten im selben Hotel wie ich, im »Continental« – es ist leider inzwischen abgerissen worden –, und ich lag krank im

Bett. Im Nachbarzimmer räusperte sich der berühmte russische Bassist Iwan Petrow fortwährend und sang ganz laut.

Die Solisten des Bolschoi liefen mit stolzgeschwellter Brust herum: Sie waren für diese Reise mit russischen Schafwollmänteln ausgestattet worden. Das Handwerk des Gerbens mußte jedoch inzwischen in der Sowjetunion einen Niedergang erlebt haben, denn die Manteljacken stanken ziemlich. An diesem Tag, einem Sonntag, erwartete ich Besuch. Ich ging in die Halle hinunter, um meine Gäste zu begrüßen. In der Hotelhalle stank es, als ob 10000 Ratten am Verwesen seien. Der Hoteldirektor war völlig verzweifelt. Alle seine Stammgäste hatten das Haus verlassen, nur Sowjetbürger waren übriggeblieben.

Das Bolschoi-Theater gab in Mailand die russischen Klassiker: *Boris Godunow*, *Eugen Onegin*. Die Kritiker schwärmten in höchsten Tönen vom Chor, waren von den Sängern jedoch weit weniger begeistert. Russische Sänger – selbst die besten wie Irina Archipowa und Galina Wischnewskaja – haben tremolierende Stimmen; sie singen mit einem starken Vibrato. (Immer, wenn ich diese Stimmen höre, muß ich an einen Witz denken, den der Dirigent Sir Thomas Beecham erzählte. Er hatte eine Probe mit dem Geiger Jacques Thibaud. Wie üblich blies der Oboist zu Beginn ein A an, damit Orchester und Solist stimmen konnten. Doch er war nervös, und deshalb tremolierte sein A, und zwar erheblich. Sir Thomas wandte sich mit ausladender Geste an Thibaud: »Sie können wählen, Jacques!«)

Wenn Musiker aus der Sowjetunion im Westen auftreten, lösen sie immer großes Interesse aus. Rußland ist ein geheimnisvolles Land. Jahrzehntelang war es Ausländern nicht zugänglich, weshalb vergleichsweise wenig über dieses Land bekannt ist. Manchmal hatte ich den Eindruck, als würde das sowjetische Kultusministerium, das letztlich alle Westreisen sowjetischer Musiker überwachte, diese Reisen sehr bewußt limitieren. Dahinter steckte sicher die Idee, daß die Künstler, wenn sie zu häufig reisen würden, nicht derartig große Zuhörermengen anlocken würden.

Als Oistrach zum erstenmal nach Amerika kam, war das eine Sensation. Karten waren nicht zu bekommen. Für seine späteren Auftritte gab es dann genügend Karten. Das gleiche geschah, als der Pianist Swjatoslaw Richter kam. Sein erstes Konzert in New York wurde wie die Landung eines Marsmenschen bestaunt. Heutzutage ist es keine Sensation mehr, wenn sowjetische Künstler in den Westen kommen. Manche werden nicht einmal ein zweites Mal eingeladen. Man interessiert sich nicht für sie.

Sowjetische Pianisten sind gut, doch nicht besser als andere. An ihnen ist nichts besonders Geheimnisvolles, selbst an Richter nicht. Ich erinnere mich noch, wie Richter in New York das erste Klavierkonzert von Tschaikowski und das zweite von Liszt spielte. Bernstein dirigierte. Richter spielte beneidenswert gut, was die Technik betraf. Was jedoch die Musik anging, so war das Konzert das Aufeinandertreffen zweier diametral entgegengesetzter Persönlichkeiten. Richter ist keineswegs ein leidenschaftlicher Pianist, weshalb er versuchte, alles unter Kontrolle zu haben. Bernstein hingegen steigerte sich derart in körperliche Ekstase hinein, daß er beinahe vom Podium gestürzt wäre.

Irgend etwas an Richters Persönlichkeit ist zu rational, obwohl er sicher ein bedeutender Künstler ist. Ich erinnere mich an eine amüsante Unterhaltung mit Arthur Rubinstein über Richter. Wir saßen im »Ritz« in Paris. Das war nach einem Mittagessen, zu dem eine wohlhabende Dame eingeladen hatte. Ich war zusammen mit Thérèse dort und weiß noch, daß Greta Garbo ebenfalls im Restaurant saß.

Die Gesellschaft schöner Frauen regte Rubinstein immer an, er begann sich aufzuspielen und Geschichten zu erfinden. (An sich galt Gregor Piatigorsky als der absolute Meister auf diesem Gebiet, ich bin mir jedoch nicht sicher, wer von beiden der Bessere war, Piatigorsky oder Rubinstein. Piatigorskys Vorzüge waren seine Größe und sein gutes Aussehen, Rubinstein hingegen erzielte Pluspunkte durch sein Temperament.)

Wir diskutierten über Richter. Ich äußerte, Richter sei sicher ein ganz wunderbarer Pianist, doch keinesfalls so untadelig wie sein Ruf. Ich fand seine Art, Musik zu machen, zu trocken. Wenn Richter Ravels *Jeux d'eau* spielt, hört man Eiszapfen und nicht fließendes Wasser. Rubinstein, der den wahrhaftigen und edlen Ritter spielte, entgegnete: »Ich bewundere Richter wirklich sehr.«

Doch kaum hatte Thérèse uns verlassen, um sich mit Greta Garbo zu unterhalten, beugte sich Rubinstein zu mir herüber und flüsterte: »Nathan, ich wollte es vorher nicht so sagen, doch ich bin hundertprozentig Ihrer Meinung.« Er fürchtete plötzlich, das Lob, das er gerade über Richter geäußert hatte, könne meine Meinung über Richter beeinflussen.

In der Sowjetunion wird der Technik zuviel Bedeutung beigemessen. Man sorgt dafür, daß die Musiker kräftig und schnell spielen können. Fragen der Individualität und des Stils sind nicht so wichtig. Heraus kommen dann »Weltrekord«-Interpreten wie Lasar Berman – phänomenale Techniker, jedoch zweitklassige Musiker.

Das ist auch der Grund dafür, warum Bach und Mozart, wenn sowjetische Musiker sie spielen, zur Enttäuschung werden können. Selbst so ein wunderbarer Geiger wie Leonid Kogan war mit Bach nicht sehr erfolgreich.

Kogan habe ich häufig gehört, wir haben uns oft getroffen und miteinander gesprochen. Ich wußte durchaus, daß viele Leute ihn nicht mochten. Einmal gab es sogar eine Protestdemonstration gegen ihn, weil Gerüchte aufgetaucht waren, er stünde mit dem KGB in Verbindung.

Eigentlich verstehe ich nicht recht, warum man sich gerade Kogan herausgepickt hatte. Ich habe die Erinnerungen des sowjetischen Geheimdienstoffiziers Oleg Penkowski gelesen. Er schrieb, daß alle Mitglieder sowjetischer Delegationen, die in den Westen reisen, ob Wissenschaftler, Musiker oder Tänzer, dazu gezwungen werden, der Regierung über alles, was sie sehen und hören, Bericht zu erstatten. Sie werden zum Beispiel gefragt: »Nun, Sie haben ja Rothschild getroffen. Was hat er gesagt, wie denkt er?« Und so fort. In dieser Hinsicht war Leonid Kogan keine Ausnahme.

Ich fand es immer verwunderlich, daß die Sowjets ihre Künstler über ihre Kontakte im Westen berichten ließen. Welche nützliche Information, so frage ich mich, konnte ein Kogan liefern? Einmal habe ich Isaac Stern, den glänzenden Geiger und so liebenswerten Menschen, gefragt, ob er nach seiner Reise in die Sowjetunion vom CIA oder FBI zu einem Informationsgespräch gebeten worden sei. Er verneinte dies. Und Stern würde niemals auf die Idee kommen, einem Geheimdienst irgendwelche Informationen zu liefern, obwohl er sicher Patriot ist. Für die Spionage gibt es doch Profis. Unter dem sowjetischen Regime wird aber jeder Bürger dazu gebracht, sich als Spion zu betätigen. Das ist demütigend und zugleich sinnlos.

Wie Oistrach war Kogan eine eigenständige Persönlichkeit. Mir war Oistrach jedoch lieber, weil er ehrlicher war. Er stellte keine Ansprüche. Kogan hingegen wollte offener scheinen, als er in Wirklichkeit war. Ich konnte spüren, wie er fortwährend auf der Hut war, obwohl ich niemals versuchte habe, ihn nach irgendwelchen Staatsgeheimnissen zu fragen. Wir redeten immer nur über Musik.

Ich glaube nicht, daß Kogan als Musiker so bedeutend war wie Oistrach. Dieser war wirklich ein Meister seines Fachs, Kogan ein phänomenal guter Geiger, mehr aber nicht, obwohl schon das sehr viel ist. Kogans musikalische Konzepte fand ich nie so interessant wie die Oistrachs. Zudem konnte man in Kogans letzten Jahren spüren, daß ihm die Geigerei doch Probleme bereitete. Oistrach hingegen standen seine bemerkenswerten geigerischen Fähigkeiten bis an sein Lebensende zur Verfügung. Er hätte, wäre er nicht so früh gestorben, bis ins hohe Alter spielen können.

Mit seinem Auftritt beim Violinwettbewerb in Warschau 1935 wurde Oistrach so richtig berühmt. Er erhielt damals den zweiten Preis hinter der fünfzehnjährigen Französin Ginette Neveu. (Neveu war eine gute Geigerin, doch sie spielte unausgeglichen. Als sie gerade 30 Jahre alt war, kam sie bei einem Flugzeugabsturz ums Leben.) Ein Jahr später kam Oistrach nach Brüssel zum Ysaye-Wettbewerb – mit einer ganzen Gruppe sowjetischer Geiger. Alle erhielten sie Preise, Oistrach gewann den ersten Preis.

Stalin setzte dieses sensationelle Ergebnis geschickt für Propagandazwecke ein. In der Folge betrieb die Sowjetunion das Geschäft mit den internationalen Musikwettbewerben mit äußerster Intensität. Siege bei solchen Anlässen wurden für die sowjetische Führung zu richtigen Staatsaffären. Sie wurden systematisch geplant und vorbereitet – manchmal Jahre im voraus.

Im Jahr 1953 – ich war gerade in Paris – lud mich Jacques Thibaud ein, bei dem Marguerite-Long/Jacques-Thibaud-Wettbewerb als Juror zu fungieren. Ich versuchte, mich auf eher lockere Weise aus der Sache herauszuziehen: Während des Wettbewerbs könne man nicht rauchen, und das hielte ich nicht aus. Doch Thibaud insistierte. Schließlich sagte ich ihm die Wahrheit: Ich sei nicht unbedingt ein Anhänger der sowjetischen Geigenschule und würde deshalb nicht genügend objektiv sein. (Um ganz aufrichtig zu sein: Ich bin überhaupt nicht sehr objektiv. Wenn ich jemanden mag, dann lobe ich ihn mehr, als er vielleicht verdient. Und vice versa.)

Außerdem erinnerte ich Thibaud an eine typische Geschichte von einem Musikwettbewerb. Als ich 1925 nach Berlin kam, freundete ich mich mit Mitja Nikisch an, dem Sohn des großen Dirigenten. Mitja erzählte mir die folgende Geschichte:

Einer der ersten internationalen Musikwettbewerbe – er fand 1890 in Petersburg statt – kam auf Initiative des legendären Pianisten Anton Rubinstein zustande. Rubinstein hatte sich das so schön ausgedacht, doch das Ende war ziemlich peinlich. Er hatte den Wettbewerb mit seinem eigenen Geld finanziert und zwei Preise gestiftet – einen für Pianisten und einen für Komponisten, jeder mit 5000 Franc dotiert. Ferruccio Busoni kam zu diesem Wettbewerb nach Petersburg, er nahm sowohl als Pianist als auch als Komponist daran teil. Und bekam nur den Kompositionspreis! Im Klavierwettbewerb wurde er von einem gewissen Nikolai Dubassow geschlagen. Dieser machte später keine Solistenkarriere, er wurde Klavierpädagoge.

Das pikanteste Detail dieser Geschichte, so erzählte mir Mitja Nikisch, war, daß Rubinstein selbst es gewesen war, der darauf bestanden hatte, Dubassow und nicht Busoni den ersten Preis zu verleihen. Jedermann war verblüfft, denn Busoni war weitaus besser. Rubinstein begründete seine Entscheidung so: Busoni benötige den Preis nicht, er würde auch so berühmt werden. Dubassow hingegen brauche Ermutigung und Förderung. So viel zu den Ideen, die hinter Wettbewerben stecken.

Nachdem Thibaud mich angehört hatte, gab er auf, sagte aber: »Na gut, wenn Sie schon nicht Juror sein wollen, so fände ich es doch gut, wenn Sie wenigstens beobachten würden, wie mein Wettbewerb abläuft. Kommen Sie mit in meine Loge.«

Oistrach saß als Vertreter der Sowjetunion in der Jury. Er beklagte sich mir gegenüber: »Ich mag das überhaupt nicht. Man sitzt wie in einem Käfig, und eine wirkliche Diskussion über Musik findet gar nicht statt. Wo ich doch so gern über Musik spreche!«

Trotz allem befolgte Oistrach die Anweisungen seiner Regierung äußerst pflichtbewußt und tat sein Bestes, damit Preise an die sowjetischen Kandidaten gingen.

Den ersten Preis erhielt Nelli Schkolnikowa, die etwas akkurater als die anderen Teilnehmer spielte – das heißt, daß sie weniger häufig falsche Töne traf. Und dann war da noch ein begabtes japanisches Mädchen, das völlig leer ausging. Kurz danach war ich auf einem Empfang der japanischen Botschaft in Paris, wo ich versuchte, meinen Gastgebern die Situation zu erklären.

»Hören Sie«, sagte ich, »Sie sehen doch, wie die Sowjets diese Wettbewerbe angehen. Wenn Sie erreichen wollen, daß Japaner Preise gewinnen, dann müssen Sie dieses Geschäft genauso ernsthaft betreiben. Ihr Kulturattaché muß sich darum kümmern, denn er hat die notwendigen Kontakte. Er kennt die wichtigen Leute. Und dann muß die japanische Regierung ihre Geiger mit guten Instrumenten und mit angenehmen Wohnmöglichkeiten versorgen, wenn sie nach Paris kommen.« Und so weiter. Genau das tun die Japaner heute...

Leider ist auch die Musik zu einem großen politischen Spiel geworden. Will man jedoch in diesem Spiel mitspielen, so sollte man es wenigstens professionell betreiben. Dies war das Leitmotiv des Großmeisters der internationalen Kulturpolitik, meines Freundes Nicolas Nabokov. Nach dem Zweiten Weltkrieg beaufsichtigte Nabokov den Prozeß der Entnazifizierung des deutschen Musiklebens. Vermutlich traf er in dieser Zeit auch Willy Brandt, der während des Kriegs für den amerikanischen Nachrichtendienst gearbeitet hatte. Später, nachdem er Regierender Bürgermeister von West-Berlin geworden war, beauftragte Brandt Nabokov damit, in dieser Stadt ein jährlich stattfindendes Musikfestival zu organisieren.

Dies geschah kurz nach dem Bau der schrecklichen Mauer, die glücklicherweise zu guter Letzt doch wieder abgerissen worden ist. Brandt lag sehr daran, daß Berlin ein wichtiges internationales Kulturzentrum bleiben solle. Als Leiter der Berliner Festwochen versuchte Nabokov so viele Stars wie möglich nach Berlin zu holen. Ich weiß, daß er Strawinsky regelmäßig einlud. In ihm sah er den größten Komponisten des 20. Jahrhunderts.

1966 bat Nabokov mich, in Berlin aufzutreten. Ich hatte seit 1933 nicht in Deutschland gespielt und zögerte, dort wieder hinzugehen. Nika ließ jedoch nicht locker. Damals spielte ich viel in Europa – in Frankreich, Österreich und der Schweiz. Die Konzertbesprechungen der europäischen Musikkritiker waren alles andere als schlecht, weshalb mein Name in Deutschland bekannt war, obwohl ich mehr als 30 Jahre nicht dort aufgetreten war. Nika überzeugte mich davon, daß es jetzt wichtig sei, in Berlin zu spielen. »Das wird eine bedeutende und symbolträchtige politische Geste sein!«

Ich hatte gerade eine Woche mit schrecklichen Ischiasbeschwerden im Bett gelegen (und dagegen Spritzen von Sergei Tolstoi bekommen, dem Enkel des berühmten Lew – er wäre eine perfekte Kopie seines Großvaters gewesen, hätte er sich einen dicken weißen Bart stehen lassen). Deshalb war ich in einem gräßlichen Zustand. Doch Nika Nabokov kann man sich nur für kurze Zeit widersetzen. Als ich in West-Berlin ankam, stürzten sich die Leute von Presse und Fernsehen auf mich. Ich konnte nur noch denken: Wie soll ich das bloß aushalten – und wozu denn überhaupt?

Ich sollte das Brahms-Konzert mit Karajan und den Berliner Philharmonikern spielen. Bei der ersten Probe machte Karajan ein bißchen auf Show: »Also, ich werde jetzt mal nach hinten in den Saal gehen, um zu hören, wie das Orchester von dort aus klingt.« Das wäre überhaupt nicht nötig gewesen, denn natürlich wußte Karajan, wie sein Orchester klang; es war einfach eine Art Spinnerei von ihm. Er ging also nach hinten in den Saal, hörte, daß das Orchester ohne ihn gut spielte, und kam sofort zurück.

Trotz seiner kleinen Tricks schätzte ich Karajan sehr – er war ein unglaublich begabter Mensch, der einfach daran gewöhnt war, sozusagen immer im Zentrum des Universums zu stehen. Damals jedoch war ich nicht so freundlich gestimmt. Meine Erkrankung brachte mich fast um, mein ganzer Körper tat weh, und ich dachte: Ich habe das Brahms-Konzert mit Richard Strauss und mit Furtwängler gespielt, und keiner von beiden hatte es nötig, den Narren zu spielen. Warum soll ich mir das jetzt, hier in West-Berlin, bieten lassen?

Also beschloß ich, Berlin zu verlassen, und machte mich auf den Weg zum Bahnhof. Und da stand Nabokov! Er eilte auf mich zu: »Was tust du denn hier? Du hast doch morgen eine Probe mit Karajan!« Ich stellte Nabokov eine Gegenfrage: »Und was bitte tust *du* hier?«

»Ich warte auf Rostropowitsch, den Cellisten aus der Sowjetunion.«

»Als ich noch in Rußland lebte, habe ich einen Cellisten Rostropowitsch gekannt.«

»Das ist sein Vater!«

So also hörte ich zum erstenmal von Mstislaw Rostropowitsch.

Am Ende überredete Nabokov mich schließlich doch dazu, wieder ins Hotel zu fahren. Ich rief Thérèse an und fragte sie, was ich nun tun solle. Sie sagte: »Du mußt unbedingt spielen! Selbst wenn das Ganze eine Katastrophe ist, mußt du spielen.

Sonst schaffst du dir nur Probleme.« Als ich gerade ins Bett gehen wollte, rief Nabokov an. »Nathan, bist du angezogen? Man hat dir eine Suite zum Preis eines Einzelzimmers gegeben. Bring doch deine Sachen gleich rüber.«

Der Grund für diesen Zimmerwechsel wurde etwas später klar, als Bürgermeister Willy Brandt und seine wunderbare skandinavische Frau mich in meinem neuen und größeren Hotelzimmer besuchten. Sie waren gekommen, um »den Patienten zu besuchen«, und brachten mir so viele Blumen mit, daß man sich im Zimmer kaum noch bewegen konnte. Brandt war äußerst höflich und liebenswürdig. Er überreichte mir sein Photo mit einer warmherzigen Widmung: »Wie wunderbar, daß Sie nach Berlin in diesem wichtigen Moment seiner Geschichte gekommen sind.« Und so weiter und so weiter.

Dies alles geschah auch, um die Bedeutung zu betonen, die Brandt diesem Festival beimaß. Und so war auch das Eintreffen Rostropowitschs ein wirklicher Coup, sowohl für das Festival als auch für Nabokov. Dadurch, daß sie einen sowjetischen Musiker nach Berlin kommen ließen, akzeptierten die Russen – wenigstens im kulturellen Bereich –, daß West-Berlin eine gewisse politische Eigenständigkeit zukam. Am Ende war Nabokov so erleichtert darüber, daß alles gutgegangen war, daß er uns in den Grillroom des »Kempinski« einlud.

Rostropowitsch ist ein glänzender Cellist, doch für meinen Geschmack bemüht er sich viel zu sehr darum, zu allen freundlich zu sein. Er versucht jeden, den er erreichen kann, heftig zu umarmen. Dabei küßt er einen und nennt einen »golubtschik«, was man etwa als »Liebling« oder »Schätzchen« übersetzen könnte. Auch Auer pflegte jeden »golubtschik« zu nennen, doch er tat dies, weil er schon alt war und sich keine Namen merken konnte. Warum nur braucht ein so junger und begabter Mensch diese Art von Anbiederung? Rostropowitsch ist auch ohne das berühmt genug.

Kommt ein Musiker aus Rußland in den Westen, so läßt seine faszinierende Wirkung auf das Publikum mit der Zeit nach. Von den Interpreten der jüngeren Generation, die ausgewandert sind, konnten nur wenige ihre Aura bewahren:

Rostropowitsch, der Pianist Vladimir Ashkenazy und der Geiger Gidon Kremer.

Was mein Konzert mit Karajan betrifft, so verschwand mein Ischiasschmerz in dem Moment, als ich aufs Podium kam – er verschwand vor lauter Lampenfieber. Meine Knie zitterten! Ein Kritiker schrieb: »Interessant, den berühmten Milstein so bescheiden zu erleben.« Glücklicherweise bemerkte er nicht, wie sehr meine Knie zitterten, denn er saß zu weit hinten. Karajan war allerdings auch nervös: An einer Stelle ließ er das Orchester zu früh einsetzen.

Beim Dirigieren schloß Karajan normalerweise die Augen. Nach unserem gemeinsamen Konzert beklagte er sich einem Journalisten gegenüber: »Da öffnete ich meine Augen und sah, daß Milstein mit geschlossenen Augen spielte. Nun konnte ich natürlich meine Augen nicht mehr schließen.«

Nach 33 Jahren spielte ich also wieder in Deutschland. Während dieser Zeit hatten sich viele schreckliche Dinge ereignet. Nun jedoch war das Land in gewisser Weise ein ganz anderes geworden – mit stabilen demokratischen Institutionen. Das war auch der Grund, warum ich schließlich einwilligte, wieder für Deutsche zu spielen. Allerdings hatte ich niemals ein ähnliches Bedürfnis, etwa nach Rußland zu fahren. Im Grunde war dieses Land derselbe despotische Einparteienstaat geblieben, aus dem ich im Alter von 21 Jahren geflohen war. Und es ist noch immer ein Einparteienstaat.

Die Leute fragen mich: »Ihre Wurzeln liegen aber doch in Rußland, warum wollen Sie nicht dorthin zurückkehren?« Was heißt schon russische Wurzeln? Ich habe internationale Wurzeln. Rußland bedeutete viel für mich; doch wenn ich wirklich darüber nachdenke, frage ich mich: Wie viele Jahre, in denen ich meiner selbst bewußt war, habe ich dort verbracht? So richtig erinnere ich mich eigentlich erst an mich, als ich sechs Jahre alt war. Das war die Zeit, als Mama die Dinge so in die Hand nahm, daß ich mit dem Geigen beginnen konnte.

Wer also bin ich? Ein Jude aus Rußland, ein Bürger der Vereinigten Staaten; jetzt lebe ich in London, lange Jahre habe ich in der Schweiz verbracht, in Lausanne. Viele von den Russen, die ich besonders verehre, haben in der Schweiz gelebt: Tschaikowski (er schrieb sein Violinkonzert in Clarens), Rachmaninow, Diaghilew, Strawinsky (der einige ausgezeichnete Stücke ebenfalls in Clarens geschrieben hat).

In Amerika fühle ich mich zwar wohl, aber nicht heimisch. Das Gefühl heimatlicher Wärme kenne ich nur aus Rußland. Oberflächlich betrachtet könnte man sagen, daß ich unglücklich gewesen sei, weil es kein Land gibt, das ich voll und ganz als das meine bezeichnen kann. Doch eigentlich macht mich gerade das glücklich.

Einige Jahre lang hatten David Oistrach und ich denselben Manager, den berühmten Sol Hurok. Er war als übermächtiger Impresario eine Legende, er half Künstlern, einen Namen zu bekommen, und förderte sie. Doch selbst der legendäre Sol Hurok konnte mich nicht dazu überreden, nach Rußland zurückzukehren. Und Hurok hatte mehr Unternehmergeist und Überzeugungskraft als andere Manager. Er war der erste, der sowjetische Künstler in die USA holte: das Bolschoi-Ballett, die Moissejew-Tänzer und andere.

Anders als die meisten seiner Kollegen arbeitete Hurok sehr hart, er hatte zudem absolutes Vertrauen in die Unfehlbarkeit seines Geschmacks. Ausgestattet mit einer breiten Krawatte, einem Hut à la Léon Blum und einem Spazierstock mit einem silbernen Knauf, verlor er ganz selten Geld, weil er wußte, daß das, was ihm gefiel, auch der Mehrheit gefallen würde.

Huroks Energie war eindrucksvoll, aber nicht unerschöpflich. Ich erinnere mich, wie er einmal überraschend in meiner Garderobe erschien – das war nach einem Konzert in Brooklyn – und erregt ausrief: »Ich halte das nicht aus, ich halte das nicht aus!« Nun stellte sich heraus, daß er mit dem New Yorker Gastspiel des Bolschoi-Balletts einen Haufen Probleme hatte: Eine der Ballerinen hatte sich den Fuß verrenkt, und er war auf der Suche nach einem Ersatz. Dabei war er nicht mehr der Jüngste, er hatte den Trubel satt und sehnte sich nach Frieden und Ruhe. Wir gingen hinaus und aßen ein paar Hamburger.

Hurok verhandelte zweimal mit den Sowjets über meinen Auftritt in Moskau. Beide Male jedoch entschied ich mich – quasi in letzter Minute –, nicht zu fahren. Einmal versuchte ein wichtiger Mitarbeiter von Goskonzert namens Schukow mich im Beisein Huroks zur Reise zu überreden: »Kommen Sie doch nach Rußland; man lebt dort jetzt recht gut, beinahe wie im Kapitalismus.« Ich gab zurück: »Warum haben Sie dann überhaupt eine Revolution gebraucht?«

Schukow wurde knallrot im Gesicht, ebenso Hurok: »Milstein, Sie sind verrückt!« Das war alles, was der große Impresario sagen konnte.

Einmal verbrachte ich einen Weihnachtsabend mit Oistrach im Dachrestaurant des »St. Regis« in New York. Es war ein wunderschöner, festlicher Abend. Oistrach, in ganz sentimentaler Stimmung, sagte zu mir: »Kommen Sie nach Rußland. Man wird Sie dort sehr gut behandeln.«

»David, ich habe Rußland verlassen, weil ich die Situation dort nicht gut fand. Wenn ich nun zurückkommen würde – und selbst nur für einige Konzerte –, würde dies bedeuten, zuzugestehen, daß nun dort alles in Ordnung ist. Sie wissen doch ganz genau, daß das nicht stimmt.«

Hätte ich mich entschlossen, ein Konzert in der Sowjetunion zu geben, wäre ich spätestens in der Pause verhaftet worden. Weshalb? Weil ich mich nach dem ersten Teil des Programms an das Publikum gewandt und gefragt hätte: »Wie kann ein derart begabtes und hart arbeitendes Volk sich mit diesem grausamen und verrückten Regime abfinden?«

Das hätte natürlich Folgen gehabt: Verhaftung, Ausweisung; vielleicht hätten sie sogar meine Geige beschlagnahmt. Und dann hätte es einen Skandal gegeben, eine schlechte Presse für die Sowjets. Allerdings: Wenn alle Künstler, die damals dort auftraten, oder auch nur einige sich so verhalten hätten, so hätte dies eine positive Wirkung haben können.

Niemand jedoch verhielt sich so! (Eine Ausnahme gab es vermutlich. Ich glaube, daß Menuhin, als er auf einem Musikkongreß eine Rede hielt, es wagte, den damals verfemten Solschenizyn zu erwähnen.) Im Gegenteil: westliche Musiker nahmen die erste Gelegenheit wahr, ohne jede Vorbedingung nach Moskau zu eilen, um hinterher dann damit zu prahlen, sie hätten ein Gespräch mit Chruschtschow gehabt. Oder heutzutage sogar mit Gorbatschow. Und sie wiederholen wie die Papageien: »Das Publikum in Rußland ist ganz wunderbar, es liebt klassische Musik wie kein anderes Publikum.«

Das stimmt einfach nicht! Die Russen lieben klassische Musik nicht mehr als die Deutschen, die Italiener oder die Amerikaner. Nur: in der Sowjetunion hat man weniger Gelegenheit, sie zu hören. Und diese wenigen Gelegenheiten bekommen mehr Bedeutung, weil es ja sonst kaum Möglichkeiten der Unterhaltung gibt – keine Reisemöglichkeiten, keine Restaurants...

Ich weiß noch, wie Oistrach prahlte: »Unser russisches Publikum ist etwas ganz Besonderes – es will nach dem Konzert überhaupt nicht nach Hause gehen.«

Ich erwiderte: »Kein Wunder bei den schlechten Lebensbedingungen! Die Leute müssen sich ja daheim zu fünft einen Raum teilen.«

Ein weiterer Mythos ist, daß die sowjetischen Führer zur klassischen Musik und zur Kultur im allgemeinen eine stärkere Beziehung haben als westliche Politiker. Immer von neuem wird das Märchen erzählt, wie Lenin ganz aufmerksam Beethovens *Appassionata* gelauscht habe, als mein Freund Dobrowen sie spielte. Und ebenso populär – das habe ich schon erwähnt – wurde die Geschichte, wie Grischa Piatigorsky mit einem Streichquartett für Lenin musizierte.

Musiker erinnern sich an solche gefühlsbeladenen Situationen (ob sie nun stattgefunden haben oder nicht) aus zwei Gründen. Zunächst ist es natürlich weitaus schwieriger, Zugang zu einem Diktator zu erhalten als zu einem demokratisch gewählten politischen Führer. Der britische Premier Edward Heath (übrigens ein Amateurdirigent) kam regelmäßig zu meinen Londoner Konzerten, doch dies machte weder auf mich noch auf das Publikum großen Eindruck. Westliche Politiker stehen immer im Rampenlicht, alle wissen alles über sie, es gibt um sie keine Geheimnisse.

Dazu paßt auch meine Erinnerung, wie ich in den späten Zwanzigern auf einem privaten Fest im Haus des französischen Sozialisten Léon Blum, des späteren Ministerpräsidenten Frankreichs, gespielt habe. Er und seine Familie waren charmant und freundlich – es gab wunderbaren Tee, und sie bezahlten mich fürstlich für meine Darbietung –, doch dies hinterließ keinen nachhaltigen Eindruck bei mir. (Später freundete ich mich mit einem anderen wichtigen französischen Sozialisten an, mit Pierre Mendès-France. In Gstaad hatte ich viele Gespräche mit diesem klugen Politiker. Er hatte dort ein Haus gemietet.)

Der andere Grund dafür, warum es für Musiker sehr viel aufregender ist, für einen Tyrannen zu spielen als für einen demokratischen Führer, liegt darin, daß Leben und Tod eines Künstlers von der Gnade eines Tyrannen abhängen können. Solche Kleinigkeiten wie Lebensmittel, anständige Kleidung, eine angemessene Wohnung und ähnliches wollen wir dabei außer acht lassen. Deshalb auch haben sowjetische Geiger wie David Oistrach oder Busja Goldstein niemals vergessen, wie sie vor Stalin gespielt haben.

Die Tatsache, für einen Politiker zu spielen, selbst einen mächtigen, kann im Westen nie eine derartige Bedeutung erlangen. Im Leben eines Musikers spielt ein einflußreicher Manager eine sehr viel wichtigere Rolle als irgendein Präsident. (Im allgemeinen pflegen die Leute im Westen ihre Politiker nicht übermäßig zu respektieren, sie neigen dazu, diese auch schnell zu vergessen. Eine eigenartige Sache habe ich allerdings registriert: Im Westen werden wichtige Flughäfen nach Politikern benannt und nicht nach Flugpionieren. Im Fall von de Gaulle mag das noch eine gewisse Berechtigung haben, doch mit welcher Begründung hat man den New Yorker Flughafen nach John F. Kennedy benannt? Ich bin der Meinung, daß Kennedy wenig für sein Land getan hat und noch weniger für die Entwicklung der Luftfahrt. Warum ehrt man nicht statt dessen einige der großen amerikanischen Flugpioniere wie die Gebrüder Wright oder Charles Lindbergh, der seinen berühmt gewordenen Atlantikflug 1927 absolvierte?)

Trotz allem: es kann amüsant und der Erinnerung wert sein, Politikern zu begegnen. In den frühen Dreißigern traf ich in der Schweiz Louis Barthou, einen damals bekannten französischen Politiker. Er wohnte in einem Hotel in der Nähe des Hauses, das ich in Bürgenstock gemietet hatte. Einmal übte ich gerade, da sah ich durchs Fenster Barthou mit einer Baskenmütze auf dem Kopf vorbeigehen. Er unterhielt sich lebhaft mit General Ewald von Kleist, einem typischen Preußen mit Monokel im Auge. In der deutschen Militärzeitschrift *Die Wehr* hatte ich Kleists Artikel über Kutusow gelesen, den großen russischen Feldmarschall, der gegen Napoleon gekämpft hatte.

Plötzlich verschwanden Barthou und Kleist. Ich wußte, daß es unweit meines Hauses eine Bank gab, und vermutete deshalb, daß sie sich dort hingesetzt hätten, um mir beim Üben zuzuhören. Das war mir unangenehm, denn ich war noch bei der »groben Arbeit«, was ziemlich schrecklich klang. Deshalb hörte ich auf zu üben; Barthou und Kleist warteten einen Moment und nahmen dann ihren Spaziergang wieder auf.

Am nächsten Tag wurde ich Barthou und Kleist vorgestellt, als ich ins Hotel hinüberging, um Tee zu trinken. Sie waren beide freundliche Herren, doch die Tatsache, daß sie wußten, ich wohne in der Nähe, irritierte mich irgendwie. Denn von jetzt an kamen sie jeden Morgen vorbei, um mir beim Üben zuzuhören. Anstatt gezielt zu arbeiten, ertappte ich mich dabei, wie ich versuchte, meinen bedeutenden Zuhörern zu gefallen.

Barthou und Kleist erlitten beide dramatische Schicksale. Barthou, der jede Anstrengung unternahm, um in Europa eine Anti-Hitler-Koalition zustande zu bringen, wurde 1934 in Marseille von einem Terroristen ermordet, als er mit König Alexander von Jugoslawien zusammen war. Auch Kleist, ein Nachfahre des großen Dichters und zeitweise als Berater der Kuomintang-Armee in China tätig, war ein Gegner Hitlers. Auf Anweisung von Admiral Wilhelm Canaris reiste er 1938 in geheimer Mission nach London, um die Briten davon zu überzeugen, daß sie Hitler in der Frage der Tschechoslowakei entschiedenen Widerstand entgegensetzen sollten. Leider jedoch hörte niemand auf ihn, und das schicksalsträchtige Münchner Abkommen folgte. Später beteiligte sich Kleist an der mißlungenen Verschwörung deutscher Offiziere gegen Hitler und wurde auf grauenhafte Weise hingerichtet.

Unter den Politikern, die ich kennengelernt habe, machte der erste Ministerpräsident von Israel, David Ben Gurion, einen besonders nachhaltigen Eindruck auf mich. Als ich in Israel auftrat, wurde ich zu einer Party eingeladen, zu der später auch Ben Gurion kam. Ich weiß noch, mit wieviel Humor er darüber sprach, daß Israel schließlich doch ein richtiger Staat geworden sei: »Inzwischen haben wir sogar unsere eigenen Gangster, und eigentlich freue ich mich fast darüber.« Dies erinnerte mich an den berühmten Ausspruch meines früheren Nachbarn in Odessa, Jabotinsky (des geistigen Vaters des israelischen Likud-Blocks): »Gestatten Sie uns doch, unsere eigenen Schurken zu haben.«

Ich bin davon überzeugt, daß man nur junge Musiker zu offiziellen Auftritten vor Politikern einladen sollte. Es ist aus psychologischen Gründen für sie wichtig und bedeutet einen Schub für ihre Karriere. Für Vladimir Horowitz etwa war der Auftritt vor Präsident Hoover 1931 viel wichtiger als der vor Jimmy Carter 1978. Bei dem ersten Anlaß war ich im Weißen Haus zugegen. Horowitz nahm nach dem Konzert die Glückwünsche des Präsidenten und von Mrs. Hoover entgegen. Niemals werde ich vergessen, wie er vor lauter Aufregung die Worte durcheinanderbrachte, die er vorher eingeübt hatte. Mehrfach sagte er: »I am delightful, I am delightful.«

Heute weiß man gar nicht mehr, daß es eine alte Tradition ist, Musiker ins Weiße Haus einzuladen. Manche Leute denken, dies habe mit Kennedy begonnen, der angeblich die Künste gefördert hat und für sie eingetreten ist. Tatsächlich machte er nicht für die Kultur Reklame, sondern für sich selbst. Soweit ich weiß, hat Kennedy niemals einen jungen Musiker ins Weiße Haus eingeladen. Er bat Pablo Casals zu sich, als dieser schon recht alt war und nicht mehr mit seinem so gerühmten Brio spielen konnte.

Um diese Geschichte wurde eine riesige öffentliche Kampagne inszeniert, und das mit einem derartigen Zynismus, daß sogar Strawinsky, sonst ein Profi in solchen Dingen, davon abgestoßen war. Deshalb lehnte der Komponist zunächst ab, als Kennedy ihn einlud, seinen 80. Geburtstag im Weißen Haus zu feiern. Die Sache kam erst nach komplizierten diplomatischen Bemühungen auf beiden Seiten zustande.

Ich habe für Präsident Roosevelt gespielt, dessen Außenpolitik ich immer für eine Katastrophe gehalten habe. Man denke nur an Jalta! Roosevelt traute Stalin mehr als Churchill; ihm war England als Kolonialmacht verdächtig. In seinen Gesprächen mit Stalin hätte Roosevelt für das russische Volk erheblich mehr an demokratischen Rechten herausholen können. Wie dankbar wäre man ihm gewesen. Immerhin haben die Russen ja traditionell Hochachtung vor den Amerikanern. Ich erinnere mich daran, daß im vorrevolutionären Odessa Chansonniers Lieder gesungen haben, in denen Amerikas Erfindergeist gepriesen wurde.

Ins Weiße Haus kam ich mit meinem Klavierbegleiter, er hieß Rabinowitsch. Er war ein wunderbarer Musiker. Schaljapin pflegte im Scherz zu sagen: »Es gibt nur einen Juden, den ich mag, und das ist Rabinowitsch.« (Ein Dankeschön wenigstens dafür!)

Vor dem Konzert sagte Eleanor Roosevelt, die ganz offensichtlich den Laden schmiß, zu mir: »Das Publikum bei unseren Konzerten ist sehr musikinteressiert. Ich möchte Sie trotzdem bitten, nicht länger als 45 Minuten zu spielen. Wenn man um Zugaben bittet, dann nur zu.« Ich schätzte ihre Direktheit und ihre geschäftsmäßige Art. Sie war schon fast wieder charmant.

Nachdem ich mein Programm beendet hatte, applaudierte das Publikum, das vor allem aus vornehmen Diplomaten bestand, stürmisch. Ich ging ein paarmal hinaus, um mich zu verbeugen, und überlegte gerade, was ich als Zugabe spielen sollte. Da gab Roosevelt, der nicht unbedingt ein großer Anhänger klassischer Musik gewesen sein kann, aus seinem Rollstuhl mit der Zigarettenspitze ein Zeichen, worauf die Militärkapelle mit Sousas *Stars and Stripes Forever* loslegte. Im ersten Moment war ich ziemlich verblüfft. Dann jedoch genoß ich das Vergnügen, diese Kapelle zu hören: Sie spielte phantastisch!

Präsident Reagan mochte ich. Ich traf ihn im Dezember 1987, als ich mit anderen Künstlern im Kennedy Center geehrt wurde. Das war wirklich ein denkwürdiges Ereignis. Thérèse und ich kamen von New York nach Washington, wo man uns im »Ritz-Carlton« in einer herrlichen Suite einquartiert hatte. Uns stand eine große Limousine zur Verfügung – sie wartete vor dem Hotel auf uns –, außerdem eine spezielle Eskorte.

Bei dieser Gelegenheit traf ich auch Außenminister George Shultz. Die Auszeichnungen wurden während eines Mittagessens im Außenministerium überreicht. Zunächst sang Leontyne Price *America the Beautiful*, worauf Shultz eine Bemerkung über den Text des Liedes machte: »Wenn wir an die nächste Woche denken, so ist das unsere Botschaft.« (Er bezog sich dabei auf Reagans Gipfeltreffen mit Gorbatschow, das zwei Tage später in Washington beginnen sollte.) Anschließend äußerte Shultz die Hoffnung, daß man in der Zukunft »Nationen eher wegen ihrer Bedeutung für die Künste als wegen der Stärke ihrer Waffen anerkennen wird«. Sicher sind das schöne Worte, und gern würde man erleben, daß sie Wirklichkeit werden. Doch gibt es meiner Meinung nach dafür wenig Hoffnung.

Shultz und ich plauderten am nächsten Tag im Weißen Haus miteinander. Es waren sehr viele Menschen da, und ich hatte etwas abseits einen Sessel gefunden und mich dort niedergelassen, um mich ein bißchen auszuruhen. Schultz fragte, ob er sich zu mir setzen könne. Er war äußerst höflich. Wir kamen noch einmal auf Gorbatschows Besuch zu sprechen, und er seufzte: »Heute ist ein schöner und angenehmer Tag. Morgen, wenn Gorbatschow kommt, wird es nicht so angenehm sein. Heute sind wir nur zu unserem Vergnügen hier, doch morgen wird alles ganz anders sein. Vor uns liegt harte Arbeit.«

Die Zeitungen waren voll von Vorberichten über das kommende Gipfeltreffen. Ich für meinen Teil glaubte nicht daran, daß dies ein wichtiges Treffen werden würde. Und so kam es schließlich auch. Gorbatschows Besuch hatte eher symbolischen Charakter, er führte kaum zu praktischen Ergebnissen.

Mit diesem Besuch fing es an: Die amerikanischen Medien begannen, aus Gorbatschow einen Volkshelden zu machen. Inzwischen schreiben sie, daß er in Rußland die ganze Richtung der Politik verändert und eine neue Wirtschaftspolitik einführen wird.

Das erinnert mich an Lenins NÖP. Ich weiß noch, wie ich in den frühen Zwanzigern in Moskau an einer Versammlung teilnahm, auf der Lenin die »Neue Ökonomische Politik« ankündigte. In seiner Rede verteidigte er diese überraschende Wende. Für Rußland war es ein glücklicher Augenblick. Buchstäblich zehn Tage später gab es im hungernden Moskau praktisch alles – Lebensmittel, Kleidung, Vergnügungen. Doch Stalin schaffte die NÖP wieder ab. Sein Ziel war die absolute Macht – dieses Ziel war mit der NÖP als Wirtschaftsform nicht zu erlangen.

Aus diesem Grund bin ich heute eher skeptisch. Was auch immer Gorbatschow sagt und tut – noch hat sich das politische System in der Sowjetunion nicht gewandelt. Und das bedeutet eben, daß jeder Wandel in der Wirtschaft über Nacht zunichte werden kann. Außerdem: für kluge Entscheidungen braucht man kluge Leute. Die meisten sind nicht klug, ihnen geht es nur um Macht. Das sowjetische System muß den Prozeß der Perestroika in einem derartigen Umfang erleben, daß dabei die Macht wirklich in die Hände des Volkes übergeht.

1987 sagte ich in Washington zu allen, die es hören wollten: »Seien Sie bloß froh, daß es ein Politbüro gibt, das tiefgreifende wirtschaftliche Reformen scheut. Wäre dies nicht so, so würde Rußland noch mächtiger werden, nicht nur militärisch, sondern auch wirtschaftlich. Unter einer klugen politischen Führung könnte das in etwa 20 Jahren soweit sein.« Außenminister Shultz nickte zustimmend.

Präsident Reagan sammelt sowjetische Witze. Deshalb erzählte ich ihm den neuesten, einen Kommentar zu Gorbatschows wirtschaftlichen Experimenten. »Was ist Sozialismus?

Der längste und schmerzhafteste Weg zum Kapitalismus.« Das gefiel Reagan sehr, und er mußte herzlich lachen. Er war ein so vergnügter und aufrichtiger Mensch. (Oder besser: Er *verhielt* sich aufrichtig. Aufrichtig *sein* ist eine andere Sache.)

Es war dies das zehnte Mal, daß die Preise des Kennedy Center vergeben wurden; mit mir wurden Bette Davis, Sammy Davis jr., Perry Como und der Choreograph Alwin Nikolais geehrt. In einer kleinen Ansprache sagte Reagan über jeden von uns einige warmherzige und bedenkenswerte Worte. Er sprach übrigens ohne vorbereiteten Text, ohne in irgendwelche Notizen zu sehen; und immer wird behauptet, er habe sich überhaupt nichts merken können.

Reagan war besonders aufmerksam gegenüber seinen früheren Kollegen aus Hollywood; das war eine weitere positive Eigenschaft. Man hatte den Eindruck, er fühle sich in ihrem Kreis wohler. Außerdem machte es ihm Spaß, sich über seine Hollywood-Vergangenheit lustig zu machen. So sagte er etwa zu Bette Davis: Wäre er schauspielerisch so begabt wie sie gewesen, dann hätte er Hollywood niemals verlassen, um in die Politik zu gehen. Reagan hob Bette Davis' letzten Film, *The Whales of August*, hervor und sagte: »Daran habe ich gemerkt, wie schwer es ist, von der *New York Times* gute Kritiken zu bekommen.«

Bette Davis sah abgemagert und müde aus. Sie reichte mir ihre zitternde Hand – sie war ganz kalt. Mit Wehmut dachte ich daran, wie ich sie in Vermont, wo ich einen Landsitz besaß, getroffen hatte. Das lag 45 Jahre zurück – sie war damals jung und sah hinreißend aus. Sie war eine erstklassige Charakterdarstellerin – ein wirklicher Profi – und scheute sich auch nicht, häßlich zu wirken, wenn die Rolle es verlangte.

Sammy Davis jr. erzählte mir, er müsse demnächst an der Hüfte operiert werden. Trotzdem war er vergnügt und voller Tatendrang. Seine Filme habe ich immer gemocht. Er hat eine gute Stimme, ist ein glänzender Tänzer und spielt außerdem noch gut Trompete.

Perry Como, den ich vor vielen Jahren in der Radio City Music Hall hatte singen hören, sah immer noch blendend aus.

Ursprünglich war er Friseur in einer Kleinstadt gewesen. In dem Konzert, das man uns zu Ehren im Kennedy Center gab, trat extra für ihn ein Chor mit lauter Friseuren auf – erst ein Friseurquartett, dann zehn Friseure und schließlich 100. Como war sehr gerührt, er mußte beinahe weinen.

Mich freute besonders, daß Pinchas Zukerman damals eine Rede auf mich hielt. Pinky, wie seine Freunde ihn nennen, sprach ganz wunderbar, fast wie ein Dichter. Er ist ein liebenswerter und geselliger Mensch. Ich kenne Pinky seit vielen Jahren und war häufig in seinen Konzerten. Ich bin tief beeindruckt davon, wie er die Geige beherrscht. Auch seinen Freund Itzhak Perlman bewundere ich sehr.

Pinky machte Thérèse und mich mit seiner wunderschönen Frau bekannt, der Schauspielerin Tuesday Weld. Als Überraschung für mich spielten Zukerman und eine seiner Schülerinnen – das Wunderkind Midori – Mozarts Duo für Violine und Viola. Midori ist eine ganz erstaunliche Begabung, aus der eine wirkliche Künstlerin werden wird.

Für einen weiteren Mitwirkenden dieser Feier sage ich eine große Zukunft voraus: für den Tänzer Irek Muchamedow. Er flog mit seiner Partnerin, Ljudmila Semenjaka, extra aus Moskau herüber. Was für unglaubliche Sprünge! Auf mich machte er einen stärkeren Eindruck als seinerzeit der junge Nurejew. Meine Frau, der das Paar vom Bolschoi ebenfalls sehr gefiel, äußerte gegenüber Nikolais ihre Begeisterung. Doch leider war dies ein Fehler. Nikolais verzog das Gesicht. Ihm als einem modernen Choreographen lag verständlicherweise das traditionelle russische Ballett überhaupt nicht.

Tänzer aus Nikolais' Truppe boten im Kennedy Center spektakuläres Tanztheater in einer Choreographie von Nikolais. Er selbst ist ein netter Kerl. Mein Freund Balanchine jedoch hatte gute Gründe dafür, daß ihm der moderne Tanz nicht wirklich zusagte. Es geht dabei beinahe mehr um das Spektakel als um wirklichen Tanz.

Von der Zeremonie im Kennedy Center kehrte ich mit schönen Erinnerungen und mit einer unglaublich schweren Medaille an einem farbigen Ordensband heim. Die Medaille war so schwer, daß Bette Davis sie nicht tragen konnte, sondern sie sofort ablegte und in der Schatulle verstaute. Man sagte mir, die Medaille sei aus purem Gold. Ich hoffe, daß das nicht stimmt, zumindest hoffe ich es für die Steuerzahler, die schon für unsere Reise nach Washington, die luxuriösen Mahlzeiten für 300 Leute (leider erlaubte es meine Gesundheit mir nicht, all die herrlichen Speisen zu probieren) und für die Feierlichkeiten insgesamt aufkommen mußten.

14.

Mein Freund
George Balanchine

Was das Schicksal der ernsten Musik in diesem Jahrhundert und im nächsten angeht, bin ich nicht optimistisch. Sollte es irgendwelche Komponisten geben, die heutzutage Meisterwerke schreiben, die auch noch in 100 Jahren Gültigkeit haben werden, so habe ich jedenfalls bisher von ihnen nicht gehört. Außerdem wird die Welt von Pop- und Rockmusik geradezu überflutet. Radio und Fernsehen füttern die Öffentlichkeit, vor allem die jungen Leute, mit musikalischem Fast food, das derartig kitschig und überwürzt ist, daß damit das Gefühl der Menschen für das Geistige in der Kunst vernichtet wird. In diesem Meer von berauschenden und verführerischen Klängen kann eine Insel mit klassischer Musik kaum überleben.

Obwohl ich das so sehe, bin ich doch gegen jede Art von künstlicher Demokratisierung ernster Musik. Ein Meisterwerk wirklich richtig einschätzen zu können, das ist eine schwierige Aufgabe. Und leider ist dies für viele Menschen ein unerreichbares Ziel. Immerhin muß man zugeben, daß klassische Musik in manchen europäischen Ländern auf natürliche Weise Wurzeln geschlagen hat. So sind etwa Verdis Opern in Italien zur Volksmusik geworden. Für Schuberts Symphonien und Wien könnte man ähnliches sagen.

Wo derartige natürliche Wurzeln fehlen, versucht man, den Massen klassische Musik durch eine Art Propaganda aufzuoktroyieren. Und dies passiert dann häufig auf derart rohe und geschmacklose Weise, daß Musik zu einer Ware wird, die um jeden Preis verkauft werden muß. Beide – die Musik und ihr

Publikum – werden dadurch abgewertet. Und am Ende werden auch die Künstler bestechlich.

Komponisten und Interpreten erinnern mich zunehmend an Händler im Basar oder an Clowns. Sie versuchen, die Leute anzulocken, um ihre Ware an den Mann zu bringen. Sie schneiden Gesichter und verrenken ihre Gliedmaßen. Erzählt mir jemand, dieser oder jener sei wohl kein großer Musiker, besitze jedoch »Persönlichkeit«, dann weiß ich sofort, daß ein neuer und erfolgversprechender Handlungsreisender in Sachen Musik auf den Plan getreten ist. Er wird jeden Trick anwenden, jede Masche probieren, um zahlende Kunden anzulocken. Und die Öffentlichkeit hegt nicht den geringsten Verdacht, daß derartige Possenreißer nur eine marginale Beziehung zu richtiger Kunst haben könnten.

Eigentlich gebe ich nicht so leicht auf, doch manchmal – mitten auf diesem Jahrmarkt der Eitelkeiten – ist mir danach zumute. Haben sich denn alle Maßstäbe unwiderruflich geändert? Gibt es niemand mehr, der jungen Künstlern ein Vorbild sein kann? Sind die Zyniker, die sagen, »nach uns die Sintflut«, wirklich im Recht?

In diesem Zusammenhang muß ich an meinen alten Freund George Balanchine denken.

Ich traf ihn 1926, kurz nachdem Vladimir Horowitz und ich aus Rußland nach Westeuropa gekommen waren. Das war in Monte Carlo. Wir wurden ganz rasch Freunde, denn wir hatten so viele Gemeinsamkeiten.

Balanchine war ebenfalls vor nicht allzulanger Zeit aus Rußland emigriert. Als er 1924 Petersburg verließ (das war kurze Zeit, bevor es in Leningrad umbenannt wurde), wußte er bereits (das glaube ich jedenfalls), daß er nicht zurückkehren würde. Horowitz und ich hingegen lebten immer noch im Glauben, daß wir nur für eine bestimmte Zeit in Europa sein würden, eben »zum Zwecke der künstlerischen Weiterbildung und der kulturellen Propaganda«, wie es in dem offiziellen Auftrag hieß, den wir vom Revolutionären Militärischen Rat der Sowjetunion bekommen hatten.

Für diese »Weiterbildung« war Monte Carlo ein wunderbarer Ort – für mich, für Horowitz und auch für Balanchine. Er gehörte damals zu Diaghilews Balletttruppe. Unter der Schirmherrschaft der Fürstin von Monaco hatte Diaghilew in Monte Carlo Zuflucht gefunden. Seiner Kompanie stand ein kleines, aber sehr schönes Opernhaus zur Verfügung. Auf dieser Bühne zeigte er Ballettaufführungen, in denen seine damaligen Günstlinge die Stars waren: zunächst Léonide Massine, dann Serge Lifar.

Ursprünglich hatte Diaghilew Balanchine dafür eingesetzt, die erforderlichen Ballettszenen für die Opernaufführungen der laufenden Saison zu choreographieren: für Delibes' *Lakmé*, für Offenbachs *Hoffmanns Erzählungen* und für *Boris Godunow*. Georges (so nannten wir ihn und benutzten dabei die weiche französische Aussprache) tanzte auch zuweilen selbst.

Man hatte mich für einige Konzerte nach Monte Carlo engagiert – ebenso Horowitz. Wir blieben zwei bis drei Wochen dort und wohnten im »Palace Hôtel«. Das war eigentlich ein preiswertes Etablissement, doch uns kam es – besonders im Vergleich zu Rußland – unglaublich luxuriös vor. Der Komfort und das Essen waren unvergleichlich. Wir wunderten und amüsierten uns über alles – über das Spielzeugkönigreich von Monaco, über die Garde des Fürsten (seine Miniarmee, die in bunten Uniformen bedeutungsvoll herummarschierte), über die berühmten Roulettetische.

Damals war der Musikdirektor des Theaters ein Mann namens Puttman. Er war ein gestrenger Herr, und alle hatten Respekt vor ihm. In dieser Zeit dachte noch niemand im Traum an Gewerkschaften in der Oper, und Puttman kommandierte alle herum. Horowitz und mir gab er die Anweisung: »Sie werden nicht im Kasino spielen! Wenn Sie anderen beim Spiel zuschauen wollen, sagen Sie es mir. Ich besorge Ihnen dann Einlaßkarten. Aber gespielt wird nicht!« Damit waren wir nur allzugern einverstanden, hatten wir dafür doch sowieso kein Geld. Also spazierte ich einfach so in Monte Carlo herum. Es war Januar, und ich weiß noch, daß ich einen Mantel trug. Monte Carlo ist nicht Nizza.

Es war ziemlich einfach, im »Palace« Leute kennenzulernen.

Man mußte nur mit lauter Stimme auf russisch von Petersburgs berühmten Piroggen schwärmen: »Wie herrlich waren doch diese Piroggen von Filippow!«

»Ich habe sie auch sehr geliebt«, pflegte dann eine Stimme zu erwidern, und schon hatte man einen neuen Freund gewonnen.

Hübsche Ballerinen huschten durch die Hotelhalle. Man konnte auch auf Diaghilew selbst stoßen. Er wirkte schon etwas schwerfällig, hatte aber noch immer eine elegante Haltung. Oder auch auf Strawinsky, der eher wie ein Geschäftsmann aussah (der Komponist lebte in der Nähe, in Nizza). Der hochnäsige Lifar tauchte häufig auf, und alle verneigten sich vor Lubov Tchernicheva, dem Star Diaghilews. Was für ein Ort, voll von Leben und Glamour! Und nicht, weil das »Palace« eine Luxusherberge war wie etwa das »Hôtel de Paris«, sondern wegen seiner Gäste – die waren jung, begabt, wunderschön, draufgängerisch. (Vor nicht allzulanger Zeit besuchte ich Monte Carlo und ging am »Palace« vorbei. Es stand leer, die Fenster waren mit Brettern vernagelt.) In unserer Freizeit (und davon hatten wir in Monte Carlo mehr als genug) saßen Balanchine und ich gewöhnlich in einem Café. Wir beobachteten die Leute, die vorübergingen, und schwätzten über alles, was uns in den Sinn kam, vor allem über Musik. Balanchine machte viele feinsinnige und originelle Bemerkungen. Es zeigte sich, daß wir auch in musikalischen Dingen viele Gemeinsamkeiten hatten – wir hatten allerdings ja auch am selben Konservatorium in Petersburg studiert. Die Leute wissen das heute nicht mehr – Balanchine studierte am Konservatorium Klavier. Und ich kann bezeugen, daß er gar nicht schlecht spielte.

Georges war natürlich auf dem Klavier kein Virtuose – Soloabende hätte er nicht geben können. Ich bezweifle sogar, daß aus ihm ein professioneller Klavierbegleiter hätte werden können. Setzte er sich ans Klavier, spielte er weniger, als daß er die Stücke »herunternudelte« und dabei über die heiklen Passagen hinweghuschte. Doch das war eigentlich auch nicht der springende Punkt. Balanchine spielte alles vom Blatt. Und man merkte sofort, daß er ein sensibler und aufgeschlossener Musiker war. Diese besondere Qualität spürte ich schon in seinen ersten Balletten.

Allerdings war Balanchine auch alles andere als ein Purist in Sachen Musik. Zum Beispiel schätzte er Leonid Utjossow, einen beliebten Chansonsänger aus Odessa, den ich ebenfalls mochte (es stellte sich heraus, daß wir beide in Rußland in seinen Konzerten gewesen waren). Balanchine bewahrte sich diesen universellen Zugang zur Musik. Er schrieb nicht nur selbst kleine Lieder, sondern verwendete für seine Choreographien auch populäre Musik – so etwa Bearbeitungen von Songs unseres gemeinsamen Freundes George Gershwin in dem Ballett *Who Cares?*.

War Balanchine angeregt und geistreich, wenn sich das Gespräch um Musik drehte, so wurde er weitaus zurückhaltender, wenn es um Frauen ging. Er war gutaussehend und ein eleganter Typ, damit eindeutig ein Mann für die Frauen. Trotzdem vermied er es taktvoll, mit seinen Eroberungen anzugeben. Als wir uns trafen, war Alexandra (Choura) Danilova, eine Solistin in Diaghilews Truppe, seine Lebensgefährtin. Sie war eine vergnügte Frau und so selbstbewußt wie ein Zwerghahn. Niemand hat je herausgefunden, ob Georges und Choura verheiratet waren. Wir trafen uns häufig zu viert: Balanchine, Danilova, Horowitz und ich. Horowitz versuchte, der Danilova den Hof zu machen, und sie flirtete ganz bezaubernd mit ihm.

Um uns herum verliebten sich alle Leute, taten sich zusammen und gingen wieder auseinander. Es mußte irgend etwas Besonderes in Monte Carlos Luft liegen. Ich ließ mich – ich weiß nicht, warum – von dieser erotischen Atmosphäre nicht anstecken. Ich machte nicht einmal den Versuch, dem Beispiel der meisten anderen Männer zu folgen und den Tänzerinnen den Hof zu machen. Ich spielte die Rolle des Beobachters. Monte Carlo ist eine kleine Stadt, und die Welt des »Palace« war noch überschaubarer. Sämtliche Liebesdramen ereigneten sich quasi vor meinen Augen. Die wunderschöne Tamara Schewerschejewa lief mit verweinten Augen herum. Sie hatte Georges in Rußland geheiratet, hier in Monte Carlo jedoch bevorzugte dieser ganz offensichtlich die Danilowa. (Ich glaube, daß er außerdem eine Affäre mit der bezaubernden Tchernicheva hatte, doch das war für ihn eher ein Seitensprung.)

Diaghilew – immer ganz der professionelle Impresario – hatte etwas gegen lange russische Namen, die das zahlende europäische Publikum nur schwer aussprechen oder sich merken konnte. Er änderte Georges' georgischen Nachnamen Balantschiwadse in Balanchine. Den Namen von Tamara Schewerschejewa kürzte er noch rigoroser: Aus ihr wurde Geva. Nach einer einsamen Zeit in Monte Carlo merkte Tamara, daß die Stadt ihr nichts mehr zu bieten habe, und ging mit Nikita Balieffs Truppe »Chauve Souris« nach New York. Ich glaube, sie trat später in Musicals und Varietés auf.

Damals hatte Balanchine seine berühmt gewordene Zusammenarbeit mit Igor Strawinsky begonnen. Er benutzte Musik von Strawinsky zu einem Ballett, das damals *Apollon musagète* genannt wurde, heute abgekürzt einfach nur noch *Apollo* heißt. Auf Anweisung von Diaghilew wurde der griechische Gott von Serge Lifar getanzt. Um ehrlich zu sein: Ich mochte ihn nicht. Lifar stammte aus Kiew, und ich pflegte ihn den »falschen Ukrainer« zu nennen, denn alles an Lifar war irgendwie falsch und affektiert. Später kam er immer mal zu meinen Konzerten, und dies war jedesmal ein großer Auftritt. Lifar stolzierte in meine Garderobe – mit weit ausgebreiteten Armen und übertriebener Freundlichkeit, die sich darin äußerte, daß er in höchsten Tönen »Nathan« rief.

Lifar mußte immer im Mittelpunkt stehen, immer im Rampenlicht. Dies verführte ihn leider auch dazu, während des Zweiten Weltkriegs mit den Nazis zu kollaborieren. Eigentlich möchte man ungern den Stab über jemand brechen. Die ganze Geschichte um Hitlers Ankunft im besetzten Paris und um Lifar, der ihn durch die Grand Opéra führte, war schließlich Lifars persönliche Sache. Doch er hätte später dann auch nicht beleidigt reagieren dürfen, als einige Leute ihm nicht mehr die Hand geben wollten.

Über viele Jahre hinweg erlebte ich zahlreiche Ballette, die

Balanchine zu Strawinskys Musik choreographiert hatte: *Jeu de cartes*, *Le Baiser de la fée*, *Orpheus* (das ich besonders liebte), *Firebird* und *Agon*. Allerdings finde ich es interessant, daß Strawinsky zwei Ballette geschrieben hat, die wirklich Werke eines Genies sind – *Pétrouchka* und *Le Sacre du printemps* –, und ebendiese hat Balanchine niemals choreographiert. Irgendwie ist diese Geschichte mysteriös...

Eine Sache liegt für mich klar auf der Hand. Ich glaube nicht, daß irgend jemand – ausgenommen ein kleiner Kreis von Spezialisten – Strawinskys Spätwerke jemals kennengelernt hätte, wäre da nicht Balanchine gewesen. Georges glaubte mit aller Leidenschaft an diese Musik und trat mit der Unbeirrbarkeit und Überzeugungskraft für sie ein, die für ihn typisch waren. Es sieht so aus, als habe Balanchine beinahe alle Musik von Strawinsky gemocht. Er richtete auch viele Werke für die Bühne ein, die ursprünglich nicht für Ballett komponiert waren – zum Beispiel die *Psalmensymphonie* und das Violinkonzert. Außerdem kümmerte sich Balanchine keinesfalls nur um Strawinskys Hauptwerke, er choreographierte etwa auch dessen *Polka für einen Zirkuselefanten* – ein meisterhaftes und sehr geistreiches Stück Musik, mit tanzenden Elefanten.

Meiner Meinung nach kann man Ballett nicht so einfach mit Musik vergleichen. Mit Musik läßt sich eigentlich überhaupt nichts vergleichen, keine der anderen Künste. Zunächst übt und studiert man 15 Jahre lang, um dann leider festzustellen, daß man ein schlechter Musiker ist. Musik ist zu 75 Prozent Studium, und man muß sich plagen. Doch wollen Sie ein schlechter Maler werden – nur zu. Sie können das sofort werden, ohne besondere Ausbildung. Ich habe eine Unmenge von Freunden, die schlechte Maler sind.

Nun kann man natürlich argumentieren, daß jemand, der Ballettänzer werden möchte, ebenfalls sehr viel Zeit und Mühe für das Training aufwenden muß. Das stimmt. Doch Ballett ist sehr viel mehr als Musik von rein körperlichen Fähigkeiten abhängig. Da sagen die Leute: Wie graziös ist diese Tänzerin! Ich bitte um Nachsicht. Eine schöne junge Frau, die im alltäglichen Leben graziös ist, wird auch auf der Bühne graziös sein.

314

Es ist nicht unbedingt eine künstlerische Qualität, graziös zu sein. Deshalb behaupte ich, daß die Physiologie für den Tanz wichtiger ist als für die Musik.

Das ist auch der Grund dafür, warum ich glaube, daß ein begabter Choreograph beim Ballett das allerwichtigste ist. Entscheidend ist auch, daß er seine Vorstellungen sehr präzise realisiert. Deshalb hat Balanchine von seinen Tänzern immer Präzision gefordert. Er war davon wie besessen. Und damit hatte er recht: Nachlässigkeit in der Darstellung macht jede Kunst zunichte, das Ballett jedoch in ganz besonderem Maße. Darüber hat Balanchine oft gesprochen.

Man sagt, das Ballett sei für Balanchine wie eine Frau gewesen. Nach meinem Eindruck war Ballett für ihn wie Musik. Deshalb bin ich überzeugt davon, daß seine Bedeutung weit über das Ballett an sich hinausreicht. Er war der einzige, der wirklich Choreograph und Musiker zugleich war.

Als ich Balanchine in Monte Carlo traf, hatte ich kein ausgeprägtes Interesse an Ballett. Ich mochte nur einfach einige Tänzer lieber als andere. So erinnere ich mich daran, daß ich von Pierre Vladimiroff, dem ersten Solisten der Diaghilew-Truppe, ganz begeistert war. Wenn er sprang, wirkte er derartig wuchtig, daß ich erstarrte: Ich fürchtete, er werde das Bühnenbild zertrümmern und eine Katastrophe auslösen. (Viele Jahre später holte Balanchine Vladimiroff als Dozenten an seine New Yorker Ballettschule.)

Balanchine war unter den Ballettleuten eine Ausnahmeerscheinung. Ich war ausgesprochen gern mit ihm zusammen. Seine Ausstrahlung, seine Geschichten und seine Meinungen beeindruckten mich mindestens ebenso wie seine Ballettschöpfungen. Er erzählte mir, sein Vater sei ein georgischer Komponist gewesen. Und auch das gefiel mir. Wir waren in allen Dingen einer Meinung; manchmal hatte ich fast den Eindruck, wir dächten wie ein und dieselbe Person. Das ist es wohl, was man wirkliche Freundschaft nennt. Es ging sogar soweit, daß die Leute begannen, uns zu verwechseln. Rita, meine erste Frau, erzählte mir, daß sie manchmal »Nathan!« gerufen habe, obwohl es Georges war. Und Balanchine erinnerte sich mit Vergnügen daran, daß einige Leute seine Aufmerksamkeit dadurch zu erlangen suchten, daß sie ihn Milstein nannten.

Wie Horowitz und ich, so stand Balanchine 1926 in Monte Carlo erst am Anfang seiner Karriere. Wir waren froh, Rußland hinter uns gelassen zu haben, und machten erste Gehversuche, was unser neues, »europäisches« Leben anging. Wir alle, auch Balanchine, verdienten wenig. (Damals verdienten Tänzer kaum etwas.) Lifar ging es besser als den übrigen, doch das lag daran, daß er Diaghilews Liebhaber war. (Viele Leute machten sich Gedanken darüber, ob nicht auch Balanchine einer von Diaghilews Günstlingen geworden sei. Darüber konnten wir nur lachen, war doch Georges' Interesse an Frauen allzu offensichtlich.) Heutzutage werden Tänzer wesentlich besser bezahlt. Das ist nur angemessen und ist natürlich weitgehend Rudolf Nurejew zu verdanken. Seine »Flucht« im Jahre 1961 zog ein weltweites Medienspektakel und großes Publikumsinteresse nach sich. Plötzlich wurde Ballett zu einem kommerziellen Unternehmen, mit dem man Geld verdienen konnte.

Diaghilews letzter Günstling war übrigens der eher heterosexuelle junge Igor Markevitch, der später ein berühmter Dirigent wurde. Er heiratete Nijinskis Tochter Kyra. Markevitch war ein begabter Mann, doch ich schätzte ihn nicht sehr. Er hatte irgend etwas Geheimnisvolles an sich, das einen argwöhnisch werden ließ.

Balanchine hatte das Glück, daß er sofort für Diaghilew arbeiten konnte, nachdem er Rußland verlassen hatte. Mit ihm durchlief Georges sozusagen eine richtige »europäische« Schule. Wir hatten alle in Rußland schon viel gelernt, doch es fehlte uns quasi noch der europäische Feinschliff. Diaghilew war der Prototyp des »russischen Europäers«. Seine weltläufige Kultiviertheit war für Balanchine ein unschätzbares Vorbild.

Diaghilews eher hochgestochener Geschmack war allerdings nicht überall gleichermaßen ausgeprägt. Deshalb begrenzte sein Einfluß auf Balanchine dessen Horizont in einigen Bereichen. Das galt etwa für Rachmaninows Musik, die Diaghilew verachtete. Sie war ihm zu gefühlvoll.

Als er noch in Rußland lebte, hatte Georges – ähnlich wie Horowitz und ich – Rachmaninows Musik geliebt. Kaum war er in Europa, machte er sich auf den Weg, um Rachmaninow zu sehen. Dieser hatte Rußland ja schon einige Jahre früher verlassen. Balanchine bat um die Erlaubnis, ein Ballett zur *Vocalise*, einem der schönsten Werke Rachmaninows, gestalten zu dürfen. Dieses Stück scheint wie geschaffen für den Tanz – in ihm ist so viel an fließender Bewegung. (Niemals werde ich vergessen, wie ich es mit meinem Freund Piatigorsky für den Komponisten gespielt habe.) Es war typisch für Rachmaninow, daß er Balanchine abwimmelte. Er mußte sich wohl gedacht haben, dieser junge, noch unbekannte Choreograph werde irgendeine schreckliche Burleske zusammenbasteln – und das mit seiner *Vocalise*.

Natürlich hatte Rachmaninow damit unrecht. Balanchine hätte ein großartiges Ballett daraus gemacht. Damals wurde die Möglichkeit einer Zusammenarbeit zwischen Rachmaninow und Balanchine zunichte gemacht. Und später färbte Diaghilews Abneigung gegen Rachmaninow auf Balanchine ab. Deshalb hat Georges kein einziges Ballett zur Musik dieses großen Komponisten gestaltet. Das ist zu schade.

Als Diaghilew 1929 ganz überraschend starb, war dies ein schrecklicher Schlag für das Ballett insgesamt und für Balanchine. Für ihn und viele andere bedeutete Diaghilews Tod zunächst eine Katastrophe. Ich meine allerdings, daß sich Balanchine, kaum war er auf sich selbst gestellt, zu einem wirklich interessanten Choreographen entwickelt hat. In Diaghilews Schatten wäre es für ihn sehr viel schwerer gewesen, einen individuellen Stil zu schaffen.

Nach Diaghilews Tod und auch später, in den frühen Dreißigern, trafen Balanchine und ich uns oft in Paris. Wir setzten unsere anregenden Gespräche über Musik fort. Mit Nicolas Nabokov, Balanchine und Pavel Tchelitchew in Paris herumzulaufen – das gefiel mir. Wir waren unzertrennlich. Inzwischen hatten wir auch etwas Geld und konnten es uns daher leisten, das beste und mit Abstand teuerste russische Restaurant in Paris – »Chez Korniloff« – regelmäßig zu besuchen.

Einer der Stammgäste des Restaurants war Fjodor Schaljapin. An den Wänden hingen eindrucksvolle Photos, die ihn in allen möglichen Opernrollen zeigten. Auch der berühmte Pawel Miljukow – vormals Außenminister in der provisorischen Regierung, jetzt politischer Führer der russischen Emigranten und zugleich Verleger der Emigrantenzeitung *Poslednije nowosti* – kam häufig hierher. Fürst Felix Jussupow und seine Frau, eine gutaussehende Blondine, hatten ihren festen Tisch. Reiche Touristen aus Amerika kamen extra dorthin, um einen flüchtigen Blick auf Jussupow werfen zu können. Sie fragten dann:»Wo sitzt dieser Prinz, der Rasputin umgebracht hat?«

Der Eigentümer selbst war eine Berühmtheit – er war Küchenchef des Zaren gewesen. Eine imposante Gestalt, grauhaarig, mit schneeweißer Schürze – so kam Kornilow zu seinen Gästen, schüttelte ihnen die Hand und erzählte einen Witz oder irgendeine politische Neuigkeit. Es war sehr wichtig, daß Kornilow zu einem an den Tisch kam. Sonst war man einfach ein Niemand.

Im»Chez Korniloff« konnte man eisgekühlten Wodka und ausgezeichneten schwarzen Kaviar bekommen. Außerdem machten sie das beste»Kiew-Huhn« auf der ganzen Welt. Wie heute jeder weiß, ist dies mit heißer Butter gefüllte Hühnerbrust. Für»Neulinge« waren diese Schnitzel damals jedoch nicht ganz ungefährlich; unerfahrene amerikanische Touristen pflegten mit ihrer Gabel in das Fleisch zu stechen, und dann spritzte heiße Butter heraus und auf ihre feine Abendkleidung. Für die Amerikaner tätigte deshalb der Maître den ersten Schnitt in das Fleisch. Stammgäste von»Chez Korniloff« ließ man ihr Schnitzel selbst anschneiden: Das war ein Vertrauensbeweis von seiten Kornilows.

Viele Jahre lang war »Chez Korniloff« ein Riesenerfolg. Doch dann verschwand das Restaurant buchstäblich über Nacht. Die russische Prominenz blieb aus – die Leute starben entweder, oder sie gingen nach Amerika. Und mit diesen russischen Gästen blieben auch die Touristen aus, die ja nun niemand mehr vorfanden, den sie hätten anstarren können.

Balanchine war immer ein Freund guten Essens gewesen, in Paris jedoch wurde er ein richtiger Gourmet. Ähnliches galt für die Musik. Noch in Rußland hatte er gelernt, sich intensiv mit Musik auseinanderzusetzen. Paris jedoch verfeinerte seinen Geschmack und machte aus Georges, was Musik angeht, einen wirklichen Kenner. Nach Diaghilew war sein nächster »europäischer« Lehrer Igor Strawinsky, dessen Autorität Balanchine sich beugte. Seine Intuition in Sachen Kunst war allerdings so ausgeprägt, daß er sogar mit Strawinsky über musikalische Fragen disputieren und sich dabei durchsetzen konnte. Ein derart vorzüglicher Musiker war inzwischen aus Balanchine geworden.

Georges hatte Tschaikowski immer sehr geliebt. Strawinsky bestätigte ihn nur allzugern in dieser Liebe. In Strawinskys Augen war Tschaikowski ein russischer Komponist, der seine Werke in europäischer Manier geschrieben hat. Für Balanchine war dieser der herausragende Schöpfer großer Ballettmusik. Marius Petipa, der berühmte Choreograph aus Sankt Petersburg, hatte Tschaikowskis Ballette auf der Bühne durchgesetzt. Und Balanchine bewunderte Petipa, er hatte sich, wie ich vermute, zum Ziel gesetzt, quasi als ein neuer Petipa, einen ganzen Kosmos von Strawinsky-Balletten zu schaffen.

Besah man die Sache von einem professionellen Standpunkt, so hatten Strawinsky und Balanchine viele Gemeinsamkeiten: große Begabung, Meisterschaft und die Fähigkeit, schnell zu arbeiten. Man kann sich jedoch schwerlich zwei unterschiedlichere Leute vorstellen. Balanchine war ein loyaler Freund, der einem bis zum letzten Tag die Treue hielt, besonders dann, wenn die Freundschaft schon in der Jugend begonnen hatte. Strawinsky hingegen kannte, so glaube ich, keine wirkliche Freundschaft.

Auch ihre Einstellung zu finanziellen Dingen war sehr unterschiedlich. Geld an sich bedeutete Georges nichts; er konnte mit dem notwendigen Minimum auskommen, solange er etwas zu essen und ein Dach über dem Kopf hatte. Nicht ein einziges Mal in seinem Leben hat er des Geldes wegen eine Freundschaft oder Grundsätze geopfert.

In den späten Dreißigern lud der berühmte Filmtycoon Samuel Goldwyn Balanchine nach Hollywood ein; er sollte dort die Tanzszenen für zwei Filme choreographieren. Der selbstherrliche Goldwyn scheute keine Kosten und zahlte Balanchine bis zu 1500 Dollar pro Woche. Das war damals ein gewaltiges Honorar. Zu dieser Zeit gab ich in Los Angeles Konzerte. Und Balanchine flog deshalb schon einige Tage früher nach Kalifornien, um Zeit für mich zu haben.

Überall tauchten wir gemeinsam auf, wir gingen sogar zusammen Anzüge kaufen. Balanchine paßte jeder Anzug perfekt, einer wirkte noch eleganter als der andere. Am Ende kaufte er einen wunderbaren grauen Konfektionsanzug für zwölf Dollar. Mir dagegen paßte kein einziger. Ich kann einfach nichts von der Stange kaufen...

Ich machte Balanchine mit meinem Vetter Lewis Milestone bekannt. Lewis und ich waren nicht nur Vettern, wir waren richtige Freunde. Als ich gegen Ende 1929 zum erstenmal nach Amerika kam, besuchte ich Hollywood. Milestones Sekretär kam zu mir und fragte:»Woher stammen Sie?«

»Aus Odessa.«

»Und woher stammt Ihr Vater?«

»Aus Kischinew.«

»Wie heißt er?«

»Miron.«

Und dann erzählte der Mann mir, es gebe in Hollywood einen Filmregisseur namens Milestone. Dieser stamme aus Kischinew und wisse noch, daß man ihm, als er Rußland verließ, von einem kleinen Vetter erzählt habe, der Geige spiele.

Lewis lud mich dann ein, den Set zu besichtigen, in dem sie gerade eine Szene aus seinem Film *Im Westen nichts Neues* drehten. Der Film sollte zu einem Klassiker werden. In der erwähnten Szene mußten die deutschen Soldaten eine Brücke überqueren, während auf sie geschossen wurde. Man hatte dafür extra eine Gruppe von Feuerwehrleuten engagiert, die eifrig dabei waren, die Erde mit Wasser zu bespritzen. Auf diese Weise versuchten sie, den Schlamm herzustellen, durch den die Soldaten dann waten mußten. Die heiße Sonne Kaliforniens jedoch trocknete das Erdreich immer wieder aus; die Filmcrew hatte erhebliche Probleme.

Milestone pflegte riesige Feste zu veranstalten. Ich weiß noch, daß auf einem dieser Feste einmal gleich drei Kapellen spielten, weshalb man aus den verschiedenen Teilen des Hauses Walzer, Tango und Jazz hören konnte. Die Leute genossen das Leben, sie tanzten und flirteten wie die Wilden, sie spielten Baccarat und Black Jack mit hohen Einsätzen.

Lewis gehörte zu einem recht lustigen Kreis aus Prominenten, zu dem etwa auch Charlie Chaplin und Mary Pickford zählten. Das war ein vergnügter Haufen, doch man sympathisierte politisch mit der Sowjetunion, was Balanchine sicher überhaupt nicht gefallen hätte.

In Hollywood hatte Balanchine sehr viel freie Zeit, weil sich der Drehbeginn des Films immer wieder verzögerte. Unabhängig davon zahlte Goldwyn ihm sein Honorar. Das war ganz wunderbar, wir hatten eine herrliche Zeit, bis für mich der Zeitpunkt gekommen war, Abschied zu nehmen. Balanchine wurde ganz traurig, und er ging zu Goldwyn, um ihn zu fragen, wie lange es noch bis zum Drehbeginn dauern würde. Man sagte ihm, mindestens vier oder fünf Wochen. Balanchine kam zu mir: »Ich halte das nicht länger aus. In New York sitzen alte Freunde von mir, Kopeikin wartet auf mich, ich vermisse die Piroggen. New York ist viel spannender als Hollywood. Es paßt mir überhaupt nicht, daß ich hier herumsitzen muß, ohne etwas tun zu können.« Er packte seine Koffer und reiste ab, ohne auch nur einen Gedanken an das Geld zu verschwenden, das ihm durch die Lappen gehen würde. Freundschaft, alte Kumpel, Gespräche über Musik – das war ihm wichtiger.

Hier sollte ich doch ein paar Worte über Nikolai Kopeikin sagen, einen Freund von Georges und mir seit den Zeiten Diaghilews. Er war ein russischer Emigrant und arbeitete als Korrepetitor bei Diaghilew und später, in New York, in Balanchines Theater. Strawinsky schätzte ihn. Etwas rundlich, sehr nett, nicht besonders interessiert am anderen Geschlecht, ein guter Begleiter – ein bißchen so wie Georges, also eher ein

Musikant als ein solider Profi. Kopeikin und ich spielten einige Konzerte miteinander, vor allem jedoch trafen wir uns bei Georges.

Viele Leute nutzten Balanchines Großzügigkeit aus. Man konnte ihn sehr leicht um Geld angehen; betrügerische Impresarios verdienten immer wieder Geld auf seine Kosten. Ich weiß noch, daß Balanchine in der Zeit nach Diaghilew für einen solchen Betrüger arbeitete. Dieser nannte sich sehr großspurig Colonel de Basil. Natürlich war der Schuft überhaupt kein Colonel und erst recht kein de Basil! In Paris hatte er einen drittrangigen Posten in der Emigranten-Operntruppe des Fürsten Alexis Zereteli bekleidet. Und ganz plötzlich tauchte er aus der Versenkung auf, behauptete, er sei ein russischer Aristokrat, und ein wohlhabender noch dazu.

Damals war es keine große Affäre, sich ein »de« und einen erfundenen militärischen Rang zuzulegen. Doch woher bekam dieser Kerl sein Geld? Ich glaube, daß ich sein kleines Geheimnis lüften konnte: Das Geld stammte weder von de Basil noch gar von Sereteli, seinem Helfershelfer. Der Starsopran in Zeretelis Operntruppe war Galina Kusnezowa. Das ganze Geld stammte von ihr – oder, noch wahrscheinlicher, von ihrem unglaublich reichen Beschützer.

De Basil beutete Balanchine zuerst aus und setzte ihm dann den Stuhl vor die Tür. Zu seinem Glück traf Georges einen jungen Schwärmer, den wohlhabenden Amerikaner Lincoln Kirstein. Dieser holte Balanchine nach Amerika und half ihm dabei, dort eine Ballettschule und ein Theater aufzubauen. War Balanchine schon in seinen Pariser Zeiten ein berühmter Choreograph gewesen, so wurde er in New York zur Legende. Nun wurde George (statt Georges) aus ihm; und das sollte die letzte Änderung seines Namens bleiben.

Auch in New York war Balanchine Geld gegenüber genauso gleichgültig wie schon seinerzeit in Monte Carlo. Er hatte einfach keine Lust, darüber zu reden. Sobald ein Gespräch auf finanzielle Fragen kam, stand er auf und ging. Vergeblich versuchte Kirstein, ihn dazu zu bringen, sich über die finanziellen Details künftiger Produktionen Gedanken zu machen

– schließlich hatten sie andauernd Geldprobleme. Kirstein pflegte Balanchine zu mahnen: »Sie müssen etwas unternehmen!« Doch dieser wimmelte ihn mit einem Achselzucken ab. Und Kirstein blieb nicht anderes übrig, als die Sache selbst in die Hand zu nehmen.

Der Wendepunkt kam 1963, als die Ford Foundation Balanchines Schule und seinem Theater eine Summe zukommen ließ, die für damalige Verhältnisse riesig war – mehrere Millionen Dollar. Vorher hatte Balanchine nicht mal ein Gehalt bekommen, weder als Leiter der Schule noch als Leiter des Theaters. Er mußte von den Tantiemen leben, die seine Ballette einbrachten. Die Leute von der Stiftung machten jetzt allerdings zur Bedingung, daß Balanchine ein festes Gehalt bekam. Schließlich konnten sie ja nicht gut eine Institution fördern, deren Direktor umsonst arbeitete. Deshalb verdiente Balanchine zum erstenmal richtig regelmäßig Geld.

Bei der Beschaffung dieser Spende spielte Kirstein eine wichtige Rolle – auch diese Sache lief, wie alles andere, über ihn. Kirstein war ein ganz außergewöhnlicher, origineller Mensch, ein Mann von eindrucksvoller Gestalt, der einen an den gestrengen Direktor eines alten Petersburger Gymnasiums denken ließ. Soweit ich weiß, hat es zwischen Balanchine und Kirstein in den 50 Jahren ihrer Zusammenarbeit nie auch nur einen Moment gegeben, in dem sie sich nicht vertrugen.

1939, bei Kriegsbeginn, verließ ich Europa Richtung Amerika und ließ mich in New York nieder. George und ich nahmen die Tradition unserer abendlichen Spaziergänge wieder auf. Ganz selten schauten wir in elegante Restaurants hinein. Viel lieber suchten wir nach einem gemütlichen Plätzchen, das dem entsprach, was wir gewohnt waren. Mehr und mehr wurde der »Russian Tea Room« zu unserem Lieblingstreffpunkt. Dieses Restaurant – es liegt neben der Carnegie Hall – wurde später ziemlich berühmt. Damals jedoch war es noch eine rein russische Einrichtung, mit russischen Eigentümern und weitgehend russischen Gästen, darunter Michail Fokin und Rachmaninow. George und ich trafen uns dort, um letzte Neuigkeiten aus der Politik auszutauschen, um ein Schwätzchen zu halten oder über Kunst zu sprechen. Und nicht zuletzt auch, um das wunderbare russische Essen zu genießen!

Wir waren recht anspruchsvolle Gäste, denn wir verstanden etwas von Gastronomie. Balanchine pflegte höchstpersönlich in die Küche zu gehen, um dort bei der richtigen Zubereitung des »Kiew-Huhns« zu helfen. Und er durfte das! Von seiten Tolyas, des Küchenchefs des »Russian Tee Room«, war dies ein Zeichen allergrößter Hochachtung.

Jedesmal, wenn George und ich auftauchten, kam Tolya an unseren Tisch, um uns zu begrüßen. Es gab eine Art »Stammtisch«, der bis spät in den Abend hinein für uns freigehalten wurde – bis zu dem Zeitpunkt eben, an dem wir uns entschieden hatten, ob wir ins Ballett oder in den »Russian Tea Room« gehen würden. Zu unserer Gruppe gehörten meine erste Frau Rita, Kopeikin und Valentin Pavlovsky – ein kräftiger Sibirier und ganz ordentlicher Pianist, mit dem ich in diesen Jahren häufig auftrat. Pavlovsky war ein offener und liebenswürdiger Mann, den selbst der sonst sehr zurückhaltende Rachmaninow schätzte.

Wir verbrachten Stunden um Stunden über unserem russischen Borschtsch, den Piroggen und dem »Kiew-Huhn« und diskutierten über die politischen Entwicklungen. Ich weiß noch, in welch gedrückter Stimmung Balanchine nach dem Zusammenbruch Frankreichs war. Er konnte überhaupt nicht verstehen, warum so viele Franzosen die Nazis begeistert empfangen hatten. Und wir erinnerten uns daran, daß der französische Außenminister auf dümmlichste Weise Hitler zum Anschluß Österreichs gratuliert hatte.

Das Restaurant wurde mit der Zeit leerer und leerer. Am Ende saßen nur noch Balanchine, ich und der geduldige Tolya am Tisch. Tolya beteiligte sich auch an unseren politischen Diskussionen. Wir konnten bis zum frühen Morgen im »Russian Tea Room« bleiben – niemand warf uns hinaus, denn wir waren dort ja sehr gute »Kunden«.

Das alles gehört heute ins Reich der Erinnerung, selbst das legendäre »Kiew-Huhn«. Jetzt ist es dort schrecklich – ungefähr so, wie wenn man im »Howard Johnson's« ißt. (Man stelle sich vor, welche Art »Kiew-Huhn« man im »Howard Johnson's« bekäme.) Eine Zeitlang gab es gutes russisches Essen in Manhattan nur noch im »Russian Bear« – richtigen kräftigen Borschtsch, Piroggen und Hering –, doch den gibt es, glaube ich, auch nicht mehr...

Ich besuchte Balanchine oft in seiner Ballettschule an der Madison Avenue. Überall huschten Mädchen herum; Balanchine beobachtete sie wie ein Falke und schniefte dabei dauernd (eine Angewohnheit aus der Zeit, als ihm als jungem Mann ein Lungenflügel entfernt worden war, nachdem er sich Tuberkulose zugezogen hatte). Balanchines Kritik an seinen Schülern war immer präzise und sachlich. Als Pädagoge arbeitete er vorbildlich, denn er wußte – das hatte ich schon betont – genau, was er wollte. (Auch ich weiß genau, was ich will, ganz gleich, ob ich spiele oder unterrichte. Ein weiterer Punkt, an dem wir uns glichen.)

Ein eleganter Stil entsteht, wenn man genaue Vorstellungen darüber hat, was man erreichen will. Deshalb wirken die Bewegungen, die Balanchine entwickelt hat, so unvorstellbar elegant.

Balanchine war auch ein Freund von schönen Dingen und von eleganter Kleidung. Aber das war selbstverständlich für ihn kein zentrales Thema, war er doch vor allem und zuerst ein vielbeschäftigter Mann: Er war verantwortlich für zwei wichtige Institutionen – die Schule und das Theater. Und: er war alles andere als ein Narziß. Doch da Eleganz sozusagen Teil seiner Natur war, sah er immer wie ein Dandy aus. Ich habe schon erzählt, daß ihm alles blendend stand, selbst dann, wenn er sich einen Hauch von Extravaganz leistete und etwa nach Art der Texaner eine Schnürsenkelkrawatte trug.

George verströmte Feinsinnigkeit. (Und das ist keineswegs ein Privileg der höheren Schichten: Einfache Leute können oft feinsinnig sein – man denke nur an den geistvollen Typ des russischen Bauern in der Schriften Lew Tolstois.) Außerdem war er überaus charmant. Man konnte George überhaupt nicht böse sein, obwohl er ein sehr direkter Mensch war, der mit seiner Meinung niemals hinterm Berg hielt. Er konnte sehr scharf sein, doch selbst dann, wenn er die Kunst eines anderen kritisierte, vermied er es immer, die Person selbst niederzumachen.

Obwohl Balanchine Musik sehr liebte, ging er nur selten in Konzerte. Er kam gern zu mir nach Hause, und dann legte ich eine Platte auf, die er sich in Ruhe und mit Genuß anhörte. Gefiel sie ihm nicht, so sagte er: »Nathan, das ist jetzt genug.« Das war's dann. Herabwürdigende Tiraden blieben aus.

Eine ganz andere Sache waren seine Meinungen über Ballett. Da konnte George unbarmherzig sein: »Das ist nur Bluff, das ist völliger Mist!« Der moderne Tanz interessierte Balanchine überhaupt nicht. Hingegen war Fred Astaire für ihn der größte Tänzer und Choreograph. Und die Filme mit Fred Astaire und Ginger Rogers liebte er sehr; immer wieder schaute er sie sich an und war vor allem bezaubert von der Schönheit der Tänzerin. Nein, das Tanzen war für Balanchine keine hochgestochene Kunst. Der virtuose Tänzer Astaire drehte sich schnell, sprang mit großer Behendigkeit und sah dabei sehr elegant aus. Dies reichte völlig, um bei Balanchine die höchsten Noten zu bekommen. George suchte in Fred Astaires Kunst nicht nach Tiefgang. Seine Einstellung dazu war nüchtern und in jeder Hinsicht undoktrinär.

Mit dieser Haltung tat George auch kritische Artikel ab, die seine Ballette quasi von einem metaphysischen Standpunkt aus analysierten. Er schenkte den Kritikern keine Beachtung, sondern äußerte: »Zuerst haben sie mich auf blöde Weise kritisiert, und jetzt loben sie mich auf ebenso blöde Weise.« Man hat vergessen, daß die New Yorker Ballettkritiker zuerst mit Bajonetten auf Balanchine losgegangen waren; erst als er als Meister seines Fachs Anerkennung gefunden hatte, begrüßten sie jedes seiner Werke mit wahren Begeisterungsstürmen.

In den USA debütierte Balanchine mit einer choreographischen Interpretation von Tschaikowskis *Serenade*. Und die amerikanischen Kritiker – dies passierte später auch mit einigen anderen seiner Ballette – lehnten diese Arbeit zunächst rundweg ab, um sie dann Jahre später über den grünen Klee zu loben. Was mich betrifft, so liebe ich alle Ballette, die Balanchine zu Musik von Tschaikowski gestaltet hat. Seine *Serenade* mochte ich von Anfang an, sie erinnert mich an eine der Liebesgeschichten von Iwan Turgenjew. *Serenade* beschreibt natürlich eine romantische Liebe – jedoch mit großer Diskretion und Klugheit, ganz typisch für George. Er war ein gefühlvoller Mann, doch immer beherrscht, ja sogar zurückhaltend. Ich war über viele Jahre hinweg sein Freund, doch irgendwie spürte ich immer, daß ein Geheimnis um ihn war... ein Geheimnis, das er in seinen Balletten zu verbergen verstand.

Sein *Ballet Imperial* zu Tschaikowskis zweitem Klavierkonzert ist einfach phantastisch; ein wahrhaft imperiales Werk – majestätisch, erhaben und sehr russisch. Ich mag auch sein *Allegro brillante* zur Musik des dritten Klavierkonzerts sehr. George hatte ein wunderbares Gespür für Tschaikowski, ganz gleich, ob er die heiteren oder die tragischen Werke interpretierte.

Wir diskutierten oft miteinander über Tschaikowskis Musik und sein Schicksal. Ich erinnere mich daran, daß Balanchine meine Geschichte sehr gefiel, wie wir die *Serenade* in Stoljarskis Klasse im vorrevolutionären Odessa gespielt hatten. Zu unserer Gruppe gehörten David Oistrach und der kleine Virtuose Mischa Fainget, der »Miniatur-Kreisler«. Balanchine erzählte mir, wie sehr Strawinsky Tschaikowski verehrt habe. Und wirklich: Strawinsky sagte nie ein böses Wort über Tschaikowski. Seine Hommage an Tschaikowski – das Ballett *Le Baiser de la fée*, in der wunderbaren Choreographie von Balanchine – ist ein Pasticcio aus Werken Tschaikowskis, bearbeitet von Strawinsky mit seiner brillanten, doch eher kühlen Meisterschaft.

Balanchine und ich waren uns darin einig, daß Tschaikowski ein liebenswerter Mensch gewesen sein muß. Wie er Glinka und Mozart geliebt hatte! In einem Brief an seine Gönnerin Madame von Meck beschrieb Tschaikowski, wie er einmal Mozarts g-Moll-Quintett im Konzert gehört habe. Tränen seien ihm über die Wangen gerollt, und er habe seinen Platz verlassen müssen, damit die Leute dies nicht merkten. Den Rest des Konzerts habe er hinter einer Säule verborgen gestanden.

Ich habe gelesen, was Tschaikowski über Musik geschrieben hat. Kein Komponist hat jemals so klar, intelligent und elegant geschrieben.

War Tschaikowski homosexuell? Wie Strawinsky neigte auch Balanchine dazu, das anzunehmen. Von heute aus ist es schwer, dies mit Bestimmtheit zu sagen, denn im alten Rußland kam derartiges kaum je an die Öffentlichkeit. Wahrscheinlich fühlten sich die jungen Musiker, die in Tschaikowskis Gefolge waren, zu ihm hingezogen. Vermutlich aber zu ihm als Meister und Lehrer. Er war ein freundlicher, sympathischer Mensch, der vielen Leuten half.

Ganz ohne Frage war Tschaikowski ein leidender Mensch; das ist auch der Grund dafür, daß seine Musik so häufig eine Art Kampf mit dem Schicksal ausdrückt. Alle kennen wir doch das Finale der sechsten Symphonie (der *Pathétique*). (Übrigens ist es ganz typisch für Balanchine, daß er niemals eine von Tschaikowskis Symphonien als Ganzes für ein Ballett verwendet hat. Dazu sagte er einmal: »Wozu soll man eine Musik noch ausschmücken, die für sich selbst spricht?«)

Wie Balanchine war Tschaikowski ein introvertierter Mensch. Vielleicht erklärt das, warum Balanchine so viel von Tschaikowskis Charakter intuitiv verstehen konnte. Er glaubte nicht daran, daß Tschaikowski an Cholera gestorben sei, vielmehr, daß er Selbstmord begangen habe. In jüngerer Zeit ist eine ganze Reihe derartiger Theorien in die Diskussion gebracht worden. Einige enthalten die Behauptung, Tschaikowski habe sich vergiftet. Die Wahrheit werden wir vermutlich nie erfahren.

Wir können über Tschaikowski nicht den Stab brechen. Er war in der Tiefe seines Herzens ein Russe. Und dennoch sähen wir es irgendwie gern, wenn er sich wie Immanuel Kant benommen hätte. Dieser war ein so gewissenhafter und pünktlicher Mensch, daß die Leute in Königsberg ihre Uhren nach ihm stellen konnten.

Man hat mir erzählt, daß Balanchine in seinen späteren Jahren manchmal auf der Probe erschien und sagte: »Gestern abend habe ich mit Tschaikowski telephoniert; er hat mir gesagt, ich solle dies und jenes tun.« Einige seiner Tänzer nahmen solches tatsächlich für bare Münze (vermutlich wußten viele von ihnen nicht, daß Tschaikowski nicht mehr lebte); andere dachten, dies sei die Verschrobenheit eines altgewordenen Choreographen. Ich glaube, es war einfach eine gute Idee, sich auf Tschaikowskis »Autoriät« zu berufen. Balanchine hatte damals nicht mehr die Kraft zu größeren Auseinandersetzungen, und es muß deshalb sehr schwierig für ihn gewesen sein, skeptische junge Leute zu überzeugen. Hier jedoch brauchte er das nicht. »Tschaikowski hat gesagt...«, und damit basta.

Balanchines populärstes Ballett ist *Der Nußknacker*. Er gehört in New York genauso zu Weihnachten wie der Weihnachtsbaum und Santa Claus. Heute nehmen die Leute, die den *Nußknacker* als Kinder in Balanchines Theater gesehen haben, ihre Enkel mit, um sich an diesem Weihnachtsmärchen zu erfreuen. Immer von neuem gefallen mir Balanchines Choreographie und Tschaikowskis Musik. Balanchine und ich haben sehr viel über den *Nußknacker* gesprochen. Das ist ja auch allerbester Tschaikowski, voll von herrlichen kompositorischen Einfällen. Und die Musik ist wirklich modern, sie klingt so frisch und neu, als wäre sie eben geschrieben worden. Bei der Orchestrierung des *Nußknackers* war Tschaikowski seiner Zeit um 100 Jahre voraus. (Richard Strauss, der Tschaikowski bewunderte, erzählte mir, er kenne keine besseren Orchestrierungen als die Tschaikowskis; und davon verstand Strauss wirklich etwas.)

Die Musik des *Nußknackers* ist von unvorstellbarer Sehnsucht erfüllt – wie einige der besten russischen Gedichte. Und die Walzer sind so poetisch! Tschaikowski erfaßte den Charakter des Walzers besser als jeder andere, man kann seine Walzer schon in den ersten Noten erkennen. Neben Tschaikowski nahm sich Ravel geradezu wie ein Handwerker aus, der den Wiener Walzer beinahe mechanisch übernahm. (Ravel gehörte zu den ganz seltenen Fällen, bei denen Balanchine und ich uns in Sachen Musik nicht einig waren. George bewunderte Ravel und schuf einige Ballette zu dessen Kompositionen. Diese Begeisterung kann ich nicht nachvollziehen, es sei denn, ich erkläre sie mir mit Sentimentalität. Balanchine war der erste, der

Ravels Oper *L'Enfant et les sortilèges* choreographierte. Damals lebte der Komponist noch. Ein kleiner, tschechowscher Typ... so habe ich Ravel im Gedächtnis.)

Noch heute freue ich mich darüber, daß eines der Ballette zu Musik von Tschaikowski auf meinen Vorschlag hin entstanden ist. Damit hat es folgende Bewandtnis: Ich hatte Tschaikowskis *Valse-Scherzo* mit einem Orchester auf Platte aufgenommen – ich weiß noch, daß Robert Irving, der langjährige Chefdirigent an Balanchines Theater, der Dirigent war –, und die Platte war sehr erfolgreich. Ich spielte sie Balanchine vor, sie gefiel ihm. Nun begann ich auf ihn einzureden, daß dies ein wunderbares Ballett werden könne. Balanchine nickte. Die Überraschung jedoch sollte erst noch kommen.

Einige Zeit später sprach Balanchine mich an: »Komm ins Theater! Dort wirst du etwas Interessantes erleben.« Es war das Ballett *Valse-Scherzo*. Tschaikowskis Werk ist ein brillantes Konzertstück, Balanchines Ballett entsprach ihm – ein erhabenes Meisterwerk. Ich war ganz begeistert, hatte ich selbst doch George diese Komposition vorgeschlagen. In der Pause kam Balanchine zu mir und sagte: »Na, hat es dir gefallen?« Und er schniefte, was er immer tat, wenn er sehr aufgeregt war.

Ich erinnere mich, daß an diesem Abend außerdem Balanchines Ballett *The Four Temperaments* auf dem Programm stand. Das war eine Choreographie zur Musik Paul Hindemiths. Auch mit dieser Komposition hatte ich zu tun gehabt.

Vor dem Krieg hatte Balanchine eine Wohnung an der Ecke 52. Straße/Fifth Avenue gemietet, neben Cartier. Dort veranstaltete er regelmäßig musikalische Soireen, an denen ich mitwirkte. Wenn ich mich richtig erinnere, so hatte eine wohlhabende Französin Balanchine dabei geholfen, für einen dieser Abende bei Hindemith ein Klaviersextett in Auftrag geben zu können. Die Musiker versammelten sich in Balanchines Wohnung – außer mir Kopeikin, der Geiger Samuel Dushkin, die glänzende russische Cellistin Raya Garbousova und der ausgezeichnete Bratscher Leon Barzin, ein Belgier. (Barzin heiratete später eine Kellogg-Erbin, hängte die Bratsche an den Nagel und begann zu dirigieren. Barzin war ein wirklicher

Musiker – er dirigierte an Balanchines Theater, obwohl er ganz offensichtlich kein Geld brauchte. Wir spielten zusammen Max Bruchs erstes Violinkonzert und das Mendelssohn-Konzert auf Platte ein.)

Alle zusammen gingen wir Hindemiths Stück einmal durch. Ich spielte die erste Geige, und es gefiel mir nicht besonders. Ich fand die Musik ziemlich trocken und uninteressant. Deshalb gab ich mir auch nicht sonderliche Mühe. (Ich hätte hier besser die zweite Geige spielen sollen.)

Es heißt, daß Hindemith für dieses Stück 500 Dollar bekommen habe. Obwohl *The Four Temperaments* keine große Musik ist, war die Sache für Balanchine und seine Sponsorin dennoch ein vorteilhaftes Geschäft: Hindemith war damals schon sehr bekannt. (Zum Vergleich: Soweit ich weiß, bezahlte Louis Krasner je 1500 Dollar für die Violinkonzerte, die er zu einem sehr viel früheren Zeitpunkt von Berg und Schönberg erworben hatte.)

Ich schätze Hindemith nicht besonders. *The Four Temperaments* allerdings wurde für Balanchine zu einem großen Erfolg. Es ist eines seiner kühnsten Werke, sogar radikal. Ich glaube, in ihm steckt der Geist des russischen Avantgardetheaters unserer Jugend.

Auch mit einigen anderen Balletten Balanchines hatte ich zu tun. So machte ich etwa den Vorschlag, er solle es doch einmal mit Johann Sebastian Bachs d-Moll-Konzert für zwei Violinen versuchen. Das berühmte Ballett *Concerto Barocco* ist zum Teil ein Ergebnis dieses Vorschlags. Für mich ist es eine der größten Schöpfungen Georges: inspiriert, mit wie in Stein gehauenen terrassenförmigen Bewegungen, die den Terrassen in Bachs Musik ähneln.

Balanchine hatte ein feines Gespür für Bachs Musik – das ist für Russen nicht gerade typisch, da Bach in Rußland nicht sehr populär war. Balanchine und ich hörten jedoch viele Platten mit Bachscher Musik. Ich erinnere mich, daß er äußerte, zwei Dinge bei Bach beeindruckten ihn vor allem: die mathematische Grundlage seiner Musik und – zugleich – deren rein gefühlsmäßiges und aufrichtiges Hin zu Gott.

Bachs Glaube an Gott war absolut und allumfassend. Heute kann kaum noch jemand, und sei er noch so fromm, mit derart bedingungsloser Absolutheit glauben. Das ist auch der Grund, warum Strawinskys religiöse Musik für mich so theatralisch klingt und mir suspekt ist.

Meiner Meinung nach mußte sich Balanchine diesem Problem ebenfalls stellen. Typisch für seinen Ansatz ist seine Choreographie von Bachs *Matthäuspassion* während des Krieges in New York. Dies war der Versuch, auf der Bühne der Metropolitan Opera ein Mysterienspiel neu erstehen zu lassen. Leopold Stokowski war der Dirigent. Balanchine arrangierte seine Schüler – sie stellten Pilatus, Petrus, Judas und andere dar – in wunderbaren Formationen. Bachs Musik ließ einen die ganze Zeit erwarten, daß Christus auftreten werde. Doch in Balanchines Produktion gab es auf der Bühne keinen Christus. Da war nur ein Leuchten...

Ich meine, daß Balanchine den richtigen und subtilen Weg aus einem Dilemma gefunden hat. Zu Bachs Zeiten waren die Mysterienspiele ein integraler Bestandteil des Lebens der Menschen. Auf diese Art von Naivität zurückzugreifen – das war für Balanchine ganz undenkbar. Moderne Menschen können es nicht hinnehmen, daß Christus von einem Ballettschüler dargestellt wird.

Für ein weiteres berühmtes Ballett Balanchines war ich sozusagen die Hebamme. George kam häufig in unsere Wohnung an der Park Avenue. Wir hatten immer viele Gäste, und George saß dann meist am Klavier und spielte vor sich hin. Einmal war der Juwelier Claude Arpels bei uns zu Gast. Balanchine und Arpels kamen miteinander ins Gespräch, sie verstanden sich gut und wurden Freunde. Arpels zeigte Balanchine seine Edelsteinsammlung, und Balanchine war hellauf begeistert. Nicht, weil er welche besitzen wollte, vielmehr aus rein ästhetischen Gründen. Schließlich kam er ja aus dem Kaukasus, und jeder, der von dort kommt, liebt Schmuck. Immer wieder rief Balanchine: »Was für wunderbare Steine!«

Deshalb begannen Thérèse und ich, ihn damit aufzuziehen. »Warum choreographierst du nicht ein Ballett zum Thema

Edelsteine? So etwas hast du noch nie gemacht.« Natürlich rechnete ich überhaupt nicht damit, daß er das aufgreifen würde. Die Sache schien vom Thema her zu gegenständlich. Balanchine bevorzugte eigentlich eher abstrakte Sujets.

Und plötzlich gestaltete Balanchine doch ein Ballett über Edelsteine. Das Ganze wurde ein Riesenerfolg. Das Ballett hatte drei Teile: »Smaragde«, »Rubine« und »Diamanten«, dazu Musik von Gabriel Fauré, Strawinsky und Tschaikowski – eine Art von Hommage an drei Länder: Frankreich, die USA und das kaiserliche Rußland. Der russische Teil war ganz in Weiß gehalten, zu Musik aus Tschaikowskis dritter Symphonie, und ließ einen an Sankt Petersburg und das Mariinski-Theater denken. Das waren die »Diamanten«. Die »Smaragde«, in Grüntönen zu Musik von Fauré, sind eine Verbeugung vor Frankreich. Die roten »Rubine« – das ist Strawinsky in Jazzrhythmen. Für *Jewels* Karten zu bekommen war ganz unmöglich. Und wie stolz Arpels war und wie dankbar dafür, daß wir ihn mit Balanchine bekannt gemacht hatten!

Georges Ruhm wuchs und wuchs. An seiner Persönlichkeit oder an seinem Verhalten änderte dies kaum etwas; er war immer noch der George aus unserer Jugendzeit – aufrichtig, bescheiden und einfach in seinen Vorlieben. Er zog nach Central Park South um, in die Nähe des Hotels »Hampshire House«. Seine Wohnung lag nur einen Steinwurf von seiner Ballettschule entfernt. Er ging jeden Morgen dorthin – das war sein täglicher Spaziergang. (Ich kann mich nicht erinnern, Balanchine jemals in einem Auto gesehen zu haben, obwohl er natürlich ein Auto hatte und, wie ich weiß, alle Arten von technischem Spielzeug liebte. Er konnte sich darüber freuen wie ein Kind.)

Im Verhalten des »neuen« Balanchine änderte sich eine Sache allerdings doch. Während der Arbeit war er natürlich weiterhin von Tänzerinnen umgeben, doch im Privatleben kam es immer seltener vor, daß man ihn mit Frauen sah. Mit seiner Frau (wer immer es gerade war) natürlich schon. Freundinnen allerdings pflegten zu verschwinden, sobald Besuch kam. Das war keinesfalls immer so gewesen, denn er hatte auf Etikette nie besonders viel gegeben. Natürlich war er damals auch noch nicht so berühmt gewesen, weshalb er sich auch nicht comme il faut benehmen mußte.

Soweit ich weiß, hat Balanchine Choura Danilova nie geheiratet. Seine zweite Frau nach Tamara Geva war Vera Zorina. Ihr richtiger Name war Brigitta Hartwig – ihre Mutter war Norwegerin, ihr Vater Deutscher. Der springende Punkt war, daß Zorina eine Karriere als Tänzerin vor sich hatte, und damals galt das Ballett so sehr als Sache der Russen, daß zukünftige Stars sich russisch klingende Künstlernamen zulegten. Das erklärt auch, warum britische Tänzerinnen als Sokolova und Markova am Balletthimmel auftauchten.

Nur nebenbei: keinesfalls allein im Ballett, sondern auch in der Musikszene machte es etwas her, wenn man sich mit einer russischen – oder wenigstens einer slawischen – Aura umgab. Über den Dirigenten Leopold Stokowski habe ich schon gesprochen – mein amerikanisches Debüt fand 1929 mit dem Philadelphia Orchestra unter seiner Leitung statt. »Stoki«, wie die Leute ihn zu nennen pflegten, war eine extrem exzentrische Persönlichkeit. Zu seinen Spinnereien zählte, daß er aus sich einen Superslawen machte. Als wir uns trafen, beharrte er darauf, Französisch mit einem schweren russischen Akzent zu sprechen. (Einmal reiste ich gemeinsam mit dem Schauspieler Ray Milland auf einem Schiff. Er war ein Nachbar von Stokowski und wohnte im selben Haus. Als ich den befremdlichen pseudorussischen Akzent des Dirigenten erwähnte, mußte Milland lachen. Er sagte: »Sein richtiger Name ist Stokes. Er ist ein waschechter Waliser!«)

Einmal trat ich während des Krieges gemeinsam mit Stokowski auf. Es handelte sich um ein Wohltätigkeitskonzert, und wir wurden nach der Probe aus Gründen der Publicity photographiert. Mit einiger Verwunderung erlebte ich, wie Stokowski den Photographen in gebrochenem Englisch-Russisch herumkommandierte. Warum bloß?

Im Gegensatz zu solcher Überspanntheit beeindruckte Balanchine durch seine absolute Natürlichkeit. Sicher sprach auch er englisch mit Akzent, doch sein Akzent irritierte einen nicht, war doch seine Muttersprache Russisch. Und in Amerika waren die meisten seiner Freunde Russen. Das ist vermutlich der Grund dafür, daß Balanchines Englisch gerade ausreichend war, mehr jedoch nicht.

Ich weiß aus eigener Erfahrung, wie wichtig ihre Muttersprache für Einwanderer ist. Man will sie nicht verlernen, um die Verbindung zur eigenen Kultur nicht zu verlieren, und deshalb überläßt man sich nicht völlig der neuen und fremden Sprache. Ein anderes Beispiel für diese ambivalente Einstellung gegenüber fremden Sprachen war Strawinsky. Er beherrschte Englisch erst wirklich gut, nachdem seine russischen Freunde entweder gestorben waren oder er sich von ihnen gelöst hatte und nachdem er die enge Beziehung zu Robert Craft, der in sein Haus gezogen war, aufgenommen hatte. Mit seiner Frau Vera allerdings sprach er auch dann weiter Russisch.

Zu bestimmten Zeiten, im 18. und 19. Jahrhundert, sprach die Oberschicht in Rußland mindestens zwei Sprachen: Französisch und Russisch. Man denke nur an die Briefe, die Puschkin in französischer Sprache geschrieben hat. Oder an die Erzählungen Tolstois mit seitenlangen Dialogen in Französisch. Das hatte durchaus einen realistischen Hintergrund: Der russische Hof zog es vor, Französisch zu sprechen; man hob sich dadurch von den einfachen Leute ab. Doch mit der Zeit verschwand diese Zweisprachigkeit. Heutzutage bewegt man sich in der Regel im Milieu *einer* Sprache, alle anderen Sprachen bleiben einem mehr oder weniger fremd.

Ich glaube, Balanchine sah ganz instinktiv, daß ein russischer Choreograph, der perfekt englisch sprach, sehr unnatürlich wirken und klingen würde. Seine Fehler im Englischen verstärkten nur noch seinen Charme.

Mit Vera Zorina sprach Balanchine englisch, obwohl sie ein bißchen Russisch konnte. Ich kannte die Zorina ziemlich gut – wir alle nannten sie übrigens Brigitta. Meiner Meinung nach war sie die intellektuellste unter Balanchines Frauen.

Ich begegnete ihr zum erstenmal in Chicago, als ich dort ein Konzert gab. Balanchine arbeitete in Chicago an irgendeiner

Produktion. Wir trafen uns, und er stellte sie mir als »meine Frau Brigitta« vor. Das passierte, wenn ich mich richtig erinnere, 1943 im Restaurant »The Pump Room«, während eines Empfangs, bei dem auch die berühmte Dolores Del Rio anwesend war. An diesen Abend erinnere ich mich auch deshalb noch, weil der Besitzer des Restaurants George und mir Hamburger versprach, an die wir noch lange Zeit denken würden. »Aus besten Steaks!« Leider erlebten George und ich dann eine herbe Enttäuschung. Offensichtlich sind beste Steaks noch keine Garantie für beste Hamburger.

Inzwischen kursieren alle möglichen Gerüchte darüber, wie unsterblich verliebt Balanchine in die Zorina gewesen sei. Angeblich stand er unter ihrem Fenster, weinte und benahm sich überhaupt wie ein Narr. Ich bin ganz sicher, daß alle diese Geschichten blanker Unsinn sind. Einen weinenden Balanchine kann ich mir überhaupt nicht vorstellen.

Meiner Meinung nach war ihre Heirat mehr oder weniger ein Zufall. Zweifellos war Brigitta von allen Frauen Balanchines diejenige, die am besten aussah. Eine unglaubliche Schönheit! Doch da war irgend etwas Germanisches in ihrem Äußeren; auch als Tänzerin wirkte sie sehr deutsch, fast etwas männlich. Es war eigenartig: Sie entsprach so gar nicht Balanchines Idealvorstellung von einer Tänzerin. Aber: Brigitta war auch mehr als zehn Jahre jünger als George...

Zorina hat eine Menge von George gelernt. Er war mit dafür verantwortlich, daß aus ihr auf der Bühne und im Film ein Star wurde. Ihre bekannteste Rolle spielte sie in dem Broadway-Musical I Married an Angel. Zu einer wirklich bedeutenden Tänzerin oder Schauspielerin hat sie sich jedoch nie entwickelt. (An dieser Stelle muß ich ihre Aufrichtigkeit erwähnen. Ich glaube, daß die Zorina nie den Ehrgeiz hatte, eine große Schauspielerin oder Tänzerin zu sein. Sie wollte ganz einfach ein Star werden.)

Brigitta und George zogen in sein Haus auf Long Island. Tatsächlich war dies ein wenig ansehnliches russisches Landhaus, über das man sich am besten nicht weiter ausläßt. Brigittas norwegische Mutter, die Deutsch sprach, wohnte bei ihnen.

Sie langweilte sich in dem Landhaus, da es für sie dort nichts zu tun gab. Deshalb baute sie Kartoffeln an. Wenn die Zeit der Ernte kam und sie dafür zusätzliche Hilfe brauchten, so holten sie mich. Hier ganz Russe, sagte ich natürlich zu; sonst wären die Kartoffeln ja verrottet. Und so verbrachte ich einige Wochenenden in der Datscha »Balanchine/Zorina«.

Wie George war auch Brigitta introvertiert. Balanchine allerdings besaß Spontaneität, die der Zorina völlig abging. Beide waren sie Dickköpfe. Es war recht komisch, ihren Unterhaltungen zuzuhören – sie verliefen in lakonischem Ton, alles andere als intellektuell. Doch die Worte waren dabei nicht so wichtig, es lag einfach Spannung in der Luft...

Ich spürte deutlich, daß ihre Ehe dabei war, in die Brüche zu gehen. Balanchine verbrachte immer weniger Zeit auf Long Island und blieb statt dessen in seiner Wohnung in Manhattan. Nach dem Krieg ließen sie sich scheiden. Sie bekam das Landhaus. Ich machte die Zorina mit Goddard Lieberson bekannt, meinem Produzenten bei der Plattenfirma Columbia. Lieberson war ein gutaussehender und liebenswürdiger Mann, die Zorina wunderschön und klug; sogleich entwickelte sich eine Romanze, die rasch in eine Heirat mündete.

Ich glaube, daß Lieberson und die Zorina sich auf ganz wunderbare Weise ergänzten. Er verstand einiges von Musik und mochte es, wenn man ihn für einen Intellektuellen in Sachen Musik hielt. Kratzte man jedoch an der Oberfläche, so kam der Geschäftsmann zum Vorschein. Seine Fähigkeit, die Balance zwischen Musik und Geschäft zu halten, führte Lieberson schließlich an die Spitze von Columbia Records. Er produzierte dort viele Platten mit Werken von Strawinsky, was allein ihm schon zur Ehre gereicht.

Um sich nach der Scheidung Ablenkung zu verschaffen, ging Balanchine nach Paris. Man hatte ihn dorthin eingeladen, nachdem Serge Lifar wegen seiner Kollaboration mit den Nazis als Choreograph der Grand Opéra gefeuert worden war. Balanchine verwendete eine frühe Symphonie von Bizet, um für die Franzosen eines seiner besten Ballette zu schaffen: *Palais de cristal*. Inzwischen wird es *Symphony in C* genannt.

Das Pariser Publikum raste vor Begeisterung. Thérèse und ich waren damals auch in Paris. Selbstverständlich gingen wir zusammen mit Nika Nabokov und Pavlik Tchelitchew in die Grand Opéra, um Balanchine zu feiern. Wir waren ganz hingerissen von *Palais de cristal*. Es ist ein Meisterwerk. Tchelitchew war ganz besonders begeistert.

Pavel Tchelitchew zählte zu Balanchines engsten Freunden. Er war unglaublich charmant und feinsinnig. Fortwährend entwickelte er neue Theorien über Kunst. Einmal erzählte er mir, daß er vorhabe, das menschliche Gesicht in seiner Totalität zu malen, von allen Seiten gleichzeitig – auch von innen. Ich fragte:»Wollen Sie auch das Gehirn malen, Pavlik?« Mit einer Begeisterung, die ansteckte, antwortete ein strahlender Pavlik: »Aber selbstverständlich!« Ich bin mir nicht sicher, ob Tchelitchew diese Idee jemals realisiert hat – wie so viele seiner Eingebungen, die Theorie blieben. (Im allgemeinen kann ich mit Malern, die einem Theorien anstelle von Bildern vorführen, nicht viel anfangen. Hat Picasso jemals Theorien aufgestellt? Und doch würde ich mich glücklich schätzen, eine seiner einäugigen oder vieräugigen Frauen bei mir aufzuhängen – und ich würde mich daran erfreuen. Picassos gesammelte Aussagen über Kunst findet man in seinen Bildern. Auf das Theoretisieren konnte man da gern verzichten.)

Pawlik Tschelitschew nahm Thérèse und mich mit zu einem Treffen mit der berühmt-berüchtigten Leonor Fini, der Ausstatterin von *Palais de cristal*. Die Fini war eine großgewachsene und gutaussehende Frau. Mit Ausnahme eines Morgenmantels und einer Menge Katzen, die buchstäblich an ihr herabhingen, war sie nackt. Zehn oder zwölf Katzen saßen auf ihr. Jede hatte ein andersfarbiges Fell. Sie miauten und sprangen an ihr rauf und runter. Außerdem stanken sie schrecklich. Thérèse wurde schlecht. Ich kann ihr nicht einmal einen Vorwurf machen, denn die ganze Situation war ziemlich unheimlich: all diese Katzen, die einem wie böse Geister in die Augen starrten. Pawlik jedoch bewunderte die Fini, obwohl er an sich mit Frauen nichts im Sinn hatte. Ich glaube, er sah in ihr einen gleichgesinnt exzentrischen Geist.

Auch Balanchine liebte Katzen. Glücklicherweise hatte er jedoch nur eine einzige in seiner Wohnung. Sie hieß Murka. Er brachte ihr alle möglichen verrückten Tricks bei. 1979 schenkte mir Balanchine ein Photo von sich und der Katze mit einer Widmung in Russisch: »Dem lieben und teuren Freund Nathan – von Murka der Katze und George«.

Mein Freund Vladimir Horowitz war ebenfalls ein großer Katzenliebhaber. Eine Zeitlang hatte er fünf Katzen zu Hause. Fünf! Es muß doch ein Full-time-Job sein, sich um derart viele Katzen zu kümmern. Und dann muß man wohl auch noch dauernd vor dem Fernseher sitzen und die Werbung anschauen: Welches Futter kauft man für die Katzen, wann füttert man sie, welche Medizin gibt man ihnen und so weiter. Es gibt Leute, die sehr an ihren Katzen hängen. Ich erinnere mich, daß Horowitz weinte, wenn eine seiner Katzen starb.

Balanchine äußerte gern, er könne sogar aus einer Katze eine Primaballerina formen, ganz zu schweigen von einem gesunden jungen Mädchen, das noch in der Entwicklung ist. Und dann fügte er hinzu: »Natürlich gibt es Unterschiede im Material. Die eine Tänzerin sieht besser aus als die andere. Eine kann graziöser sein, eine andere behender. Doch eine schöne Frau auf der Bühne – das ist noch nicht Kunst, sondern eben nur Material. Ballett entsteht erst dann, wenn der Choreograph erscheint. Die Tänzer wissen selbst nicht, was sie erreichen können, wozu sie in der Lage sind. Das weiß nur der Choreograph.«

Als Balanchine in die reiferen Jahre kam, glichen seine Beziehungen zu Frauen mehr denen eines Pygmalion, dem eine ganze Prozession von Galateen folgte. Interessanterweise war Balanchines Einfluß als Pygmalion ganz auf den Tanz beschränkt. Seine Frauen sprachen oder dachten nicht wie er; sie hatten ihren eigenen Geschmack, was Essen und Kleidung anging. Auch ihre Art, sich zu unterhalten oder zu amüsieren, war eine andere. Beim Ballett jedoch waren sie ganz und gar seine Geschöpfe.

Ziemlich gleich nach seiner Scheidung von Zorina heiratete Balanchine Maria Tallchief, ein eindrucksvoll aussehendes indianisches Halbblut (vom Stamm der Osage). Ich glaube nicht, daß George in die Tallchief wahnsinnig verliebt war. Doch zu dieser Zeit steckte er in einem emotionalen Vakuum, und sie füllte dies aus. Balanchine gefiel es, daß seine neue Frau eine Indianerin war. Er fand das exotisch, und gleichzeitig gab es ihm das Gefühl, ein *echter* Amerikaner zu sein. Damals begann Balanchine, sich wie ein Cowboy anzuziehen, mit diesen all-gegenwärtigen texanischen Schnürsenkelkrawatten (er hatte allerdings schon vorher damit angefangen, sich Western anzu-sehen).

Außerhalb des Theaters und des Ballettunterrichts ver-brachte Balanchine nur wenig Zeit mit seinen Frauen. Im all-gemeinen müssen Tänzerinen täglich viele Stunden arbeiten – sogar mehr als Musiker –, weshalb es immer auf das gleiche hinauslief: Anstatt mit uns einen Teller Borschtsch und eine Pirogge zu essen, mußten Balanchines Freundinnen zum Trai-ning gehen. Der immer wiederkehrende Satz lautete: »Ich muß gehen und meine Beine trainieren.« Balanchine und wir da-gegen ließen uns gemütlich nieder und aßen mit Genuß (wobei wir dabei vielleicht unserer Gesundheit schadeten).

All dies Gerede über Balanchines Lust am Essen läßt einen glauben, er sei eine Art Gargantua gewesen. Ganz im Gegen-teil! Balanchine war ein Gourmet, er aß selten über seine Verhältnisse. Vielmehr aß er mäßig (das zeigte schon seine schlanke Figur), doch das Essen war immer erstklassig. Und wie beim Ballett war er auch hier ein Perfektionist. Er kochte ausgesprochen gern. Und auch in der Küche – wie beim Ballett – wußte er genau, was er wollte.

Thérèse und ich gaben einmal in unserer New Yorker Wohnung eine Party. Dazu luden wir ziemlich viele Leute ein, etwa 40. Balanchine verkündete: »Ich mache die Kulebjaka. Aber niemand darf mich dabei stören. Ich werde allein in der Küche sein, auch Thérèse darf nicht hereinkommen.«

Kulebjaka ist ein wunderbares russisches Gericht – eine Art großer Pastete, mit Fisch oder Fleisch, in Teig gebacken. Nor-malerweise wird sie mit allen möglichen Dingen gefüllt – mit Pilzen, Reis, Eiern – und mit einer Sauce serviert. Ihre Zubereitung bedarf großer Geschicklichkeit. Thérèse besorgte alle Zutaten, und dann wurde die Küche Balanchine überlassen, der sich daranmachte, eine unvergeßliche Kulebjaka zuzubereiten.

An diesem Abend stieg ich zu einer Art kulinarischem Boxkampf mit George in den Ring, wobei ich mich sozusagen für eine niedrigere Gewichtsklasse entschied – Borschok. Das ist der gute alte russische Borschtsch, jedoch mit einem Phantasienamen und polnischen Variationen. Das Rezept war meine eigene Erfindung, und ich war stolz auf sie: eine einfache, ja primitive Grundlage – fertiger Borschtsch von Manischewitz. Dann komponierte ich Variationen über ein altes Thema, indem ich Gewürze hinzugab. (In solchen Dingen braucht man ein bißchen künstlerische Phantasie.) Für meinen polnischen Borschok nahm ich Tomatenmark, Zucker, Essig und Zitrone. Ich gab von diesem ein bißchen hinzu und von jenem, probierte und gab noch etwas dazu. Das heikelste, das größte Geheimnis dabei ist, die Zitrone im richtigen Maß zu verwenden; sie ist sehr intensiv und kann sogar den Essig überdecken.

Das Dinner begann mit russischen Sakuski als Vorspeise; als erstes Hauptgericht gab es Balanchines phantastische Kulebjaka, dann folgte mein Borschok. Zum Schluß hatten wir einen großen Kissel, den traditionellen russischen Früchtepudding. Die Gäste waren außer sich vor Begeisterung. Für mich war das größte Lob an diesem Abend jedoch, daß Balanchine zugab, mein Borschok sei besser als seiner.

Weil Balanchine so viele Frauen hatte, reden die Leute manchmal von ihm als einem Don Juan. Natürlich war Balanchine eine Art Casanova – ich habe ja schon gesagt, daß er ein sehr sinnlicher Mensch war –, doch eigentlich suchte er bei Frauen immer feste Bindungen, nicht kurzlebige Verhältnisse. George war jedesmal zum Heiraten bereit – wo bleibt da der Don Juan?

Und überhaupt: Don Juan wurde von seinen Frauen verflucht, nachdem er ihnen den Laufpaß gegeben hatte; sie verfolgten ihn und schworen Rache. Nichts dergleichen passierte bei George. Selbst nachdem er die Beziehung abgebrochen hatte, schwärmten seine Frauen oder Freundinnen weiter für ihn. Er blieb für sie der Lehrer und Meister. Der Altersunterschied könnte dafür eine Erklärung sein. Als Maria Tallchief George heiratete, war sie halb so alt wie er. Und bei seiner nächsten Frau, Tanaquil Le Clercq, war der Altersunterschied noch größer.

Tanaquil Le Clercq war eine große, schlanke Frau, zart wie eine Figurine und eher zerbrechlich. Ihre lange Beine schienen einfach zu lang zu sein – wie bei einer Gazelle. Le Clercq hatte französische Vorfahren, doch sie glich eher einer vornehmen Engländerin. Im Jahr 1956 – Balanchine war 52 und Le Clercq 27 – traf sie ein Schicksalsschlag. Während das Ballett in Kopenhagen gastierte, wurde Tanaquil von einer Lähmung befallen. Es war spinale Kinderlähmung.

Balanchine war völlig verzweifelt. Das besonders Schreckliche an dieser Geschichte war, daß George zehn Jahre vorher für die Studenten seiner Ballettschule ein kleines Ballett choreographiert hatte, in dem er selbst eine Figur ganz in Schwarz getanzt hatte, die die Kinderlähmung symbolisieren sollte. Im Verlauf der Handlung berührte er die noch sehr junge Tanaquil und ließ sie gelähmt zurück. Im Ballett gab es ein Happy-End, die Heldin wurde wieder gesund, im richtigen Leben leider nicht. Tanaquil ist bis heute von der Hüfte abwärts gelähmt.

Was immer in seiner Macht stand, tat George für Tanaquil – und mehr noch. Er war Ehemann, Vater, Arzt und Krankenschwester zugleich. Er kochte für sie und entwickelte spezielle gymnastische Übungen. Ich besuchte die beiden häufig in ihrer Wohnung in Central Park South, und es rührte mich sehr, zu beobachten, wie George Tanaquil umsorgte.

Ihre Ehe hielt ziemlich lang, länger als die übrigen. Hätte sich George nicht unsterblich in Suzanne Farrell verliebt, wäre Tanaquil vermutlich seine Frau geblieben. Immerhin war Balanchine inzwischen eine Figur des öffentlichen Lebens, wo es heißt, »noblesse oblige«. Nur wegen einer Affäre hätte er sich bestimmt nicht erneut scheiden lassen. Deshalb lebten er und Tanaquil zwar in getrennten Wohnungen, sie galten jedoch weiterhin als Mann und Frau. Dann allerdings blieb die Farrell für George nicht mehr nur ein Schwarm, sie wurde zur Leidenschaft.

In dieser neuen Liebesbeziehung ging George völlig auf. Die Farrell war noch sehr jung, mehr als 40 Jahre jünger als Balanchine, sie hätte seine Enkeltochter sein können. Sie war von unvorstellbarer Schönheit und unglaublich begabt. Als Tänzerin war sie für George wunderbares Material, ein Ideal.

Obwohl die Farrell sich George als Choreographen sozusagen unterwarf, richtete sie sich in anderen Bereichen nicht nach seinen Vorstellungen. Sie lebte ihr eigenes Leben. Das paßte Balanchine überhaupt nicht. Er hatte sich von Le Clercq scheiden lassen, um Farrell heiraten zu können. Doch dann heiratete sie nicht ihn. Statt dessen wurde Paul Mejia, ein Tänzer aus Balanchines Kompanie, ihr Mann. Balanchine und Farrell konnten ihre Beziehung also nicht durch die Ehe krönen, sie blieb für alle Zeiten platonisch, was George sehr irritierte.

Ich erinnere mich, daß er mit Farrell und Paul Mejia nach den Vorstellungen zu mir zu kommen pflegte. Er war dann in trauriger Stimmung. Um sich abzulenken, begann er zu kochen. Meist half das ein bißchen.

(Besonders gern machte Balanchine Kissel. Normalerweise aß er den ganzen Pudding allein auf, ohne jemand auch nur einen Löffel davon abzugeben. So ähnlich benahm sich auch mein Freund Wolodja Horowitz. Wolodja hatte keine Ahnung vom Kochen, er konnte nur ein Gericht – Pflaumensoufflé mit Sahne. Das Soufflé machte er wunderbar. Doch nur ganz selten bekam jemand davon etwas ab. Horowitz bereitete es zu, Horowitz aß es allein auf... Doch darüber beklage ich mich nicht; ich mag Desserts ohnehin nicht.)

Wenn Farrell und Mejia gegangen waren, versuchte ich den deprimierten Balanchine aufzuheitern. Gewöhnlich begann ich ein Gespräch über seine Zukunftspläne. »Ich verlasse das Theater«, pflegte George zu sagen. Ich fiel ein: »Und ich werde nie wieder auf Konzertreise gehen.« Dann mußte Balanchine lachen. »Laß uns doch ein kleines Restaurant in New York aufmachen. Ich inszeniere dort immer mal ein kleines Ballett, und du gehst zwischen den Tischen durch und spielst Zigeunermusik... oder etwas von Tschaikowski... Nur Bach darfst du auf keinen Fall spielen, den werden die Gäste nicht mögen.«

Können Sie sich ein solches Restaurant vorstellen? Die Hamburger würden 50 oder 100 Dollar kosten, sicher nicht weniger! Ein derartiges Lokal könnte in New York ein Erfolg werden – die Leute dort mögen extravagante Dinge.

Im Theater wurde die Situation mit Farrell immer schwieriger. Kümmerte sich Balanchine um eine Tänzerin mit besonderer Intensität, so entsprang das nicht einfach einer Laune. Er malte sich aus, welche Rollen sie in seinen zukünftigen Balletten spielen solle, er fing an, sich bestimmte Bewegungen für sie auszudenken. Balanchine heiratete immer potentielle Stars, nicht Mädchen aus dem Corps de ballet, sondern geniale Begabungen. Und eben deshalb wurde es für ihn sehr schwierig, mit Farrell zu arbeiten, nachdem sie ihn zurückgewiesen hatte. Und dies, obwohl er ihr Talent sehr hoch einschätzte. Schließlich gingen Farrell und ihr Mann nach Europa, um bei Maurice Béjart zu tanzen.

Für Balanchine war das eine sehr schwere Zeit. Seine Freunde halfen ihm in allem und besonders selbstlos seine Assistentin, die liebenswerte Barbara Horgan, die wir alle sehr mochten. Doch Balanchine redete, wenigstens in den Gesprächen mit mir, immer wieder von Farrell. Er war voller Kummer. Schließlich blieb Farrell nicht bei Béjart. Sie beschloß, zu Balanchine zurückzukehren. Als sie ihm diesen Vorschlag machte, wurde sie großzügig wieder aufgenommen. Nach meinem Eindruck bewies Balanchine in dieser ungewöhnlichen Situation große Charakterstärke. Seine unerwiderte Liebe zu Farrell war für ihn zum großen Drama geworden, doch er zerbrach nicht daran. Nachdem sie in seine Kompanie zurückgekehrt war, war ihre Beziehung nicht einmal mehr platonisch, sondern einfach professionell.

Gegen Ende seines Lebens behauptete Balanchine, daß Frauen für ihn inzwischen wichtiger seien als Kunst. Er begründete dies damit, daß er von der Kunst ein bißchen was verstehe, während die Frauen ihm ein Buch mit sieben Siegeln geblieben seien. Dies für bare Münze zu nehmen wäre sehr naiv. Ich glaube, daß Balanchine uns dabei zuzwinkerte. Er konnte sich solche Sachen leisten, wußte er doch, daß intelligente Leute ihn nicht ernst nehmen würden. Balanchine kannte seine Bedeutung sehr genau, obwohl er davon nicht viel Aufhebens machte.

In der Schule oder bei den Proben im Theater benahm er sich wie der Besitzer, der Boß. Viele beklagten sich darüber, daß er sich wie ein Diktator aufführe. So ein Unsinn! Diktatur in der Kunst kann man nicht mit Diktatur in der Politik vergleichen. Das Eigentliche in der Kunst, ihre tiefere Bedeutung, entsteht durch die Diktatur von Genies. Und schließlich sperrte Balanchine seine Tänzer ja nicht in ein Gefängnis, er zwang niemandem etwas auf.

Die Amerikaner übertragen unsinnigerweise gern ihre demokratischen politischen Prinzipien auf die Kunst. Ihnen wäre am liebsten, wenn ein Genie seine künstlerischen Entscheidungen erst dann treffen würde, wenn sich die Mehrheit dafür ausgesprochen hat. Balanchine hatte es nicht nötig, seine Ballette mit den Leuten zu diskutieren. Er wußte ja ganz genau, was ihm gefiel, was er erreichen wollte und wie er seine Ideen in die Tat umsetzen konnte. Deshalb sprach er auch immer leise und arbeitete nie mit erhobenem Zeigefinger. Viele beklagten sich darüber, daß er versuchte, seine Tänzerinnen vom Heiraten abzubringen. Ich glaube, er hatte recht damit. Für einen Musikstudenten, ob männlich oder weiblich, bedeuten Heirat und Familie oft das Ende intensiven Trainings, das Ende einer künstlerischen Entwicklung. Das passiert immer wieder...

Balanchine und ich redeten sehr gern über Politik. Er war ein sehr konservativ denkender Mensch, hatte jedoch einen weiten Horizont und war überhaupt nicht dogmatisch. Nach seiner Überzeugung sollte der Staat die Armen unterstützen und die Kultur fördern. Balanchine war überdies ausgesprochen proamerikanisch eingestellt und stolz darauf, amerikanischer Staatsbürger zu sein. Und er war prorussisch (wie ich) und antisowjetisch (wie ich).

Manchen Leuten will nicht in den Kopf, daß der Sowjetkommunismus für Rußland eine Erniedrigung bedeutet.

Balanchine und ich waren absolut davon überzeugt, daß Rußland ohne die Sowjetherrschaft sowohl in den Künsten als auch in den Wissenschaften weitaus größere Triumphe hätte feiern können. Es ist ein derart begabtes und potentiell wohlhabendes Land. Die ganze Welt kennt die Namen der großen russischen Wissenschaftler aus der vorrevolutionären Zeit – Mendelejew, Metschnikow, Timirjasew, Pawlow. Und was haben die Sowjets ihrem Akademiemitglied Sacharow angetan?

Balanchine redete andauernd über Rußland, die Nachrichten von dort waren ihm vertraut. Er vermißte Rußland sehr, vermutlich mehr als ich. Allerdings hatte er seine Wahl vor langer Zeit und für immer getroffen. 1962 und 1972 ging Balanchine mit seinem Theater in die Sowjetunion. Ich weiß jedoch, daß er eigentlich nicht dorthin fahren wollte. Sein Theater brauchte allerdings immer Subventionsgelder, und so konnte ihn das State Department unter Druck setzen, diese Reise in die Sowjetunion zu machen – man sah darin einen wichtigen und symbolträchtigen Akt der Entspannung. Deshalb mußte Balanchine sich fügen.

Balanchines erste Reise in die Sowjetunion fiel beinahe zusammen mit der von Strawinsky. Da konnte man nun Gegensätze studieren. Für Strawinsky ging es bei dieser Reise zuerst und vor allem um Publicity und – als Folge davon – um mehr Geld. Man könnte fragen, warum der weltberühmte und wohlhabende Strawinsky daran überhaupt einen Gedanken verschwendete. Doch Strawinsky war eben so – er konnte nie genug Publicity bekommen. Und dementsprechend benahm er sich dann auch in der Sowjetunion, er vermied es, die Kulturbürokraten zu kritisieren geschweige denn anzugreifen. Vielleicht war das auch der Grund dafür, daß Ministerpräsident Chruschtschow ihm eine Privataudienz gewährte.

Mit George sprach Chruschtschow nicht. Aber die Tournee von Balanchines Kompanie erschütterte immerhin die sowjetischen Vorstellungen davon, was Ballett sei. Während der stalinistischen Jahre hatte man sich in Rußland daran gewöhnt, nur einen Typ von Ballettaufführungen zu erleben: endlos, grandios und mit traditionellen oder patriotischen Sujets. Balanchine jedoch präsentierte Werke ohne eigentlichen Inhalt, in denen die Schönheit des Tanzes die Hauptsache war. Kaum ein Bühnenbild, bescheidenste Kostüme. Die Sowjets nannten das »Formalismus«.

Übrigens hatte man Balanchine in New York wegen seiner Bühnenbilder und noch mehr wegen seiner Kostüme kritisiert. Seine bevorzugte Bühnenbildnerin war die Karinska. Auf sie vor allem ergoß sich der Zorn der New Yorker Kritiker. George jedoch hielt an der Karinska fest und ließ sich von der Presse nicht beeinflussen. Auch hier war Freundschaft ihm wichtiger als die öffentliche Meinung.

Zudem hatte er besondere Vorstellungen davon, wie Bühnenbilder und Kostüme im Ballett auszusehen hätten. Diaghilew hatte die Ausstattung revolutioniert – Helligkeit, ein Fest der Farben, eine exotische Farbpalette – und hatte damit das übersättigte europäische Publikum von den Sitzen gerissen. Balanchine war eher ein Konterrevolutionär. Er war der Überzeugung, daß nichts, aber auch gar nichts die Leute von dem ablenken sollte, was auf der Ballettbühne das wichtigste war – vom Tanz. Deshalb glaubte er auch, er könne in einigen seiner Ballette – vor allem in denen, die Kammermusik verwendeten – seine Tänzer in Trainingskleidung auftreten lassen.

(Es ist ganz aufschlußreich, daß Diaghilew sich nur für die Kostüme seiner männlichen Tänzer interessierte. Die Kostüme der Ballerinen lagen vollkommen im Belieben seiner Beraterinnen, etwa der allgewaltigen Coco Chanel. Bei Balanchine war es genau umgekehrt: Für ihn war am wichtigsten, wie die Frauen auftraten.)

Balanchines spartanische Vorstellung von Bühnenbildern war sehr wirkungsvoll, vor allem in den Balletten zu Musik von Strawinsky; sie erschienen dadurch modern. Und jedesmal, wenn ich im Zuschauerraum saß, mußte ich an ähnlich ausgestattete revolutionäre Stücke denken, wie ich sie in den Zwanzigern in Moskau erlebt hatte.

Als Balanchine 1962 nach Moskau kam, waren derartige avantgardistische Ideen dort längst in Vergessenheit geraten. Das sowjetische Ballett erwies sich als stark in der Technik, war ansonsten aber antiquiert und provinziell. Die Ankunft von Balanchines Kompanie hatte die Wirkung eines reinigenden Gewitters. George erzählte mir, daß junge sowjetische Tänzer ihn ständig umringt hätten – sie kamen zu ihm, weil sie von irgend etwas Neuem träumten; sie wollten unbedingt experimentieren, so wie Balanchine das tat.

Während er sich in der Sowjetunion aufhielt, nahm George – anders als Strawinsky – kein Blatt vor den Mund. Er sah ganz deutlich, wie sein Leben verlaufen wäre, wäre er in Rußland geblieben; auch dann, wenn es ihm gelungen wäre, Verhaftung und Straflager während der Stalin-Zeit zu vermeiden. Man hätte ihn dort unterdrückt, seine Talente erstickt, wie dies mit Prokofjew, Schostakowitsch und vielen anderen begabten Leuten geschah. Nach seinen Reisen in die Sowjetunion verstärkte sich Balanchines antisowjetische Einstellung eher noch.

Manchmal fragt man mich, ob Balanchine Monarchist gewesen sei. Ja und nein. Zuallererst war er Demokrat, doch das eine schließt das andere nicht aus. Balanchines monarchistische Einstellung war eher nostalgisch. Ich hatte nur einen Freund, der wirklich ein Monarchist war – den Pianisten Alexander Brailowsky. Der war ein glänzender Virtuose und ein liebenswerter Mensch. Erblickte er ein Bild von Nikolaus II., dem letzten russischen Zaren, fiel er beinahe in Ohnmacht. Wurde auch nur der Name des letzten Herrschers erwähnt, so sprang er auf, als erlebte er gerade, wie man im alten Petersburg die kaiserliche Hymne *Gott segne den Zaren* spielt.

Ich werde auch gefragt, ob Balanchine Antisemit war. Hier lautet die klare Antwort: nein. Er mochte weder jüdische Witze noch das, was man »jüdisches Genre« nennt (ich mag das übrigens auch nicht). Eigentlich habe ich in meinen Beziehungen zu russischen Freunden beinahe nie Antisemitismus erlebt. Vielleicht war Strawinsky eine Art Krypto-Antisemit. So richtig deutlich wurde dies jedoch nicht, jedenfalls nicht in seiner Beziehung zu mir. Das gilt auch für Rachmaninow.

Ich erinnere mich an ein Gespräch mit Balanchine. Es ging um Tschaikowskis Violinkonzert, und wir waren uns darin einig, daß dessen Interpreten (viele von ihnen waren Juden aus

Rußland) diese Musik auf eine jüdische Art interpretieren. Spielen sie den zweiten Satz, die Canzonetta, dann vergießen sie dabei – im übertragenen Sinn – Tränen. Doch die Canzonetta ist von ihrem Charakter her überhaupt keine jüdische, sondern eher italienische Musik; eine Art Barkarole, wie sie ein Troubadour singt.

George gefiel meine Idee, daß das Konzert im Charakter eher europäisch als russisch sei. Man muß es mit großer Vornehmheit und Zurückhaltung spielen – in einem Stil, der zu Sankt Petersburg paßt. Weil er selbst ein richtiger Petersburger war, wußte Balanchine diese Argumentation zu schätzen. Und das erklärt vielleicht auch, warum er Tschaikowski so liebte. Dessen volkstümliche Themen sind weniger russisch als petersburgisch. (Man kann das mit Schubert vergleichen, bei dem man eher wienerische Melodien hört als österreichische.)

Tschaikowski selbst mit seinem silbergrauen Bart und seinem freundlichen Blick war so etwas wie die Verkörperung des Petersburger Gentleman. Man vergleiche ihn nur mit dem ungekämmten und halbverrückten Mussorgski des berühmten Porträts von Repin – das sind zwei völlig verschiedene Welten. Kein Wunder, daß Balanchine Mussorgski nicht mochte. (An diesem Punkt war er uneins mit Strawinsky und überraschenderweise einig mit Rachmaninow. Dieser gehörte – wie er mir selbst erzählte – nicht zu Mussorgskis Anhängern, und er mochte vor allem dessen *Boris Godunow* nicht. Rachmaninow fand dieses Werk zu exotisch und zu orientalisch.)

Nach dem Tod Diaghilews begann das Ballett insgesamt seine Orientierung zu verlieren, es zerfiel in winzige Partikel. Balanchine gelang es, diese Stückchen wieder »zusammenzukleben«. Er machte aus dem Ballett wieder eine Einheit und gab ihm zugleich einen universellen, kosmopolitischen Charakter, nicht einfach nur einen russischen wie zuvor. Balanchine hat das Ballett als Kunstform für das 20. Jahrhundert gerettet. Und dies erreichte er vor allem dadurch, daß er ihm eine kräftige Dosis Musik verordnete, auch zeitgenössische Musik. Dies erforderte eine besondere und selten gewordene Affinität zur Musik.

Über den Pianisten Balanchine habe ich schon gesprochen. Nur wenige Leute wissen allerdings, daß Balanchine auch dirigiert hat. Ich habe einen dieser Ausflüge Balanchines ins Dirigierfach erlebt. Thérèse und ich waren an diesem Abend ins City Center gegangen, wo Balanchines Kompanie damals auftrat. Wir saßen in einer Loge, und es blieben noch etwa zehn Minuten bis zum Beginn der Vorstellung. Plötzlich stürzte der Pianist Kolja Kopeikin herein. »Wißt ihr, daß George heute abend dirigieren wird?« Und Kopeikin erklärte uns, daß Balanchine nicht mit der Art einverstanden sei, wie sein derzeitiger Dirigent Tschaikowski interpretiere. Er fand, es sei arg grob.

Kopeikins Ankündigung war für uns eine wirkliche Überraschung. Ich traute meinen Augen nicht, als George in den Orchestergraben kam, im Frack. Und wie wunderbar er dirigierte! Allerdings reckte er andauernd seinen Hals. Vermutlich störte ihn der Kragen. An den Frack muß man sich eben erst gewöhnen.

Als wir einmal in einem Wiener Café zusammensaßen, gab mir Arnold Schönberg folgenden Rat: »›Dirigieren Sie nicht jedes Detail!‹ Dies müssen Sie den Dirigenten immer wieder sagen.« Er meinte damit, ein Dirigent solle dem Orchester nicht jeden einzelnen Schlag vorgeben. Immer mal wieder kann er die Sache locker angehen. Die Orchestermusiker werden das zu schätzen wissen, und dem Stück kann das nur guttun.

Balanchine hatte keine Ahnung von dieser Schönbergschen Regel, doch instinktiv dirigierte er genauso. Das Orchester folgte ihm und spielte sehr inspiriert. Und das ist ein weiterer Beleg dafür, daß man keine besondere Ausbildung braucht, um dirigieren zu können.

Balanchine schuf Werke für ein kurzlebiges Medium, darüber machte er sich keine Illusionen. Seine abstrakten Ballette waren dennoch keine abstrakten Schöpfungen. Er schuf sie für bestimmte Tänzer. Jedesmal ließ er sich durch einen Körper, ein Temperament oder einen Typ inspirieren, die er vorgefunden hatte. Die wunderbaren Bewegungen, die er entwickelte, hätten rein theoretisch auch von anderen Tänzern ausgeführt werden können. In diesen Fällen nahm George jedoch Veränderungen vor, häufig sehr einschneidende, die sich an bestimmten Darstellern orientierten.

Balanchine wußte nur zu gut, daß solche Anpassungen ohne ihn nicht möglich gewesen wären. Und ihm war auch klar, daß seine Ballette im Lauf der Zeit unausweichlich immer mehr an Bedeutung verlieren würden und sogar ganz von der Bildfläche verschwinden könnten. Dies jedoch beunruhigte ihn nicht im geringsten. Er glaubte an eine höhere Gerechtigkeit, und er blieb, obwohl er ausgesprochen fatalistisch war, in jeder Lebenslage Optimist, und dies selbst noch im Unglück, von dem es in seinem Leben reichlich gab.

Dieser Optimismus war ein weiterer Punkt, in dem sich Balanchine von Strawinsky unterschied, der alles um sich herum in bitteren Sarkasmus tauchte. Mir gefiel das nicht, doch es war für Strawinsky der natürliche Weg, sich mit der Welt auseinanderzusetzen. Dafür tadele ich ihn in keiner Weise.

Es kann durchaus sein, daß Balanchines Ballette irgendwann einmal in der Versenkung verschwinden werden. Das wird ein großer Verlust sein. Doch George hat ein Erbe hinterlassen, das aus mehr besteht als aus seinen Schöpfungen. Da ist sein moralisches Vorbild – ein bedeutendes Vermächtnis: die Stärke und Vollkommenheit seines Charakters; seine Direktheit, sein Festhalten an Prinzipien und das völlige Fehlen von Machtgier; seine Bescheidenheit und sein Vertrauen in seine Fähigkeiten; seine Hingabe an seine Kunst; seine absolute Unabhängigkeit von Moden, vom Ruhm und von den Fallstricken des Erfolgs. All das ist Balanchine. Seine Gleichgültigkeit gegenüber ignoranter Kritik, seine Verachtung für habgierige Manager – auch das ist Balanchine.

Und über die Schönheit seiner Ballette hinaus können wir alle von Balanchines Kunst etwas lernen. Es ist eine Kunst mit tiefgehenden nationalen Wurzeln, sie ist jedoch an diese Wurzeln nicht gebunden, sondern steht der ganzen Welt offen. Balanchine war ein überragender Meister seines Fachs, ein profunder Kenner der klassischen Tradition, der trotzdem fortwährend darauf aus war, seinen Horizont zu erweitern und

Neues zu entdecken. Er war ein Revolutionär, der Neues schuf, statt zu zerstören. Oder, wenn Ihnen das besser gefällt: Er war ein Konservativer mit der Begabung zum behutsamen Wandel.

Ich habe schon einmal gesagt, daß der Kulturbetrieb einen heutzutage an einen Marktplatz denken läßt, an ein Einkaufszentrum, in dem man alles kaufen und verkaufen kann. Die Künstler verlieren ihre Selbstachtung, wenn sie versuchen, den Kunden ihre Ware, die meist auch noch zweitklassig und verdorben ist, aufzuoktroyieren. Balanchine war niemals eine Art »billiger Jakob«, obwohl er auch nicht so tat, als sei er ein Heiliger. Er schwebte nicht über den Wolken. George liebte schöne und begabte Frauen, er genoß gutes Essen und kannte sich mit Wein aus (mehr als ich, obwohl meine Kenntnisse auf diesem Gebiet so bescheiden sind, daß nicht viel dazu gehört, mich zu schlagen).

Balanchine versuchte nicht, seiner Kunst eine prophetische Bedeutung zu geben. Snobismus war ihm verhaßt. Ich erinnere mich, daß er, wenn er über Ballett sprach, gern kulinarische Ausdrücke verwendete. »Ich bin Chefkoch«, äußerte Balanchine häufig, »und bereite Gerichte zu, die nach dem Geschmack des Publikums sind. Ich sorge nur dafür, daß das Menü vielfältig ist.« Doch es war echte, gesunde Kost – für den Verstand und für das Herz.

Immer wenn ich an Balanchine denke, sehe ich ihn wieder vor mir. Da ist er – eine wahre russische Persönlichkeit. Sein Gesicht ist scharf gezeichnet, sein Körper schlank, durchtrainiert und beweglich. Sein Gang ist aufrecht, voll Zuversicht, rasch, doch ohne Eile. Und von seinem Hals baumelt diese unsägliche texanische Schnürsenkelkrawatte (irgendwo hat er sicher normale Krawatten, doch mit denen ist es so mühsam). Er verströmt Eleganz, Energie, ja Freude.

So bleibt er in meiner Erinnerung.

Personenregister

Zusammengestellt von Uwe Steffen

Abbado, Claudio (*1933) 267f.
Abelson (Familie) 27, 29, 33, 46
Accardo, Salvatore (*1941) 122
Adelgeim, Rafail Lwowitsch (1861–1938) 71
Adelgeim, Robert Lwowitsch (1860–1934) 71
Ahenobarbus, Lucius Domitius →Nero
Albert I. Leopold Clemens Marie Meinrad (1875–1934), König der Belgier (seit 1909) 136f.
Aldrich, Gertrud Alexandra Dagmar →Lawrence, Gertrude
Alexander I. Karadordevic (1888–1934), König von Jugoslawien (seit 1921) 300
Alexander III. (Alexandr III Alexandrowitsch; 1845–1894), Zar und Kaiser von Rußland (seit 1881) 256
Alexandra Fjodorowna (geb. Alix von Hessen; 1872–1918; verh. seit 1894 mit Nikolaus II., Kaiser von Rußland) 45f.
Alexei Nikolajewitsch (1904–1918), Großfürst von Rußland 46
Alexejew, Konstantin Sergejewitsch →Stanislawski, Konstantin
Alighieri, Francesco 81
Alix von Hessen →Alexandra
Amati (Familie) 206
Anatra 21
Andrejew, Leonid Nikolajewitsch (1871–1919) 36
Ansermet, Ernest (1883–1969) 16, 183–185, 197, 255
Antik, Lydia (verh. Piatigorsky, Fournier; †1978) 238
Aragon, Louis (1897–1982) 266
Archipowa, Irina (eigtl. I. Konstantinowna Weloschkina; verh. Pjawko; *1925) 286
Aristophanes (vor 445–um 385) 93f.
Arnold, Matthew (1822–1888) 268

Aron, Raymond Claude Ferdinand (1905–1983) 266
Arpels, Claude 332f.
Arrau Leon, Claudio (1903–1991) 260
Ashkenazy, Vladimir (eigtl. Wladimir Dawidowitsch Aschkenasi; *1937) 295
Assafjew, Boris Wladimirowitsch (Pseud. Igor Glebow; 1884–1949) 78, 81
Astaire, Fred (eigtl. Frederick Austerlitz; 1899–1987) 326
Asúnsolo, Dolores →Del Rio, Dolores
Auden, Wystan Hugh (1907–1973) 172f.
Auer, Leopold von (eigtl. L. Semjonowitsch A.; 1845–1930) 24f., 27, 29f., 32, 37–40, 42–44, 47f., 52, 57, 62, 67, 72, 112, 117, 180, 277f., Abb.
Auslender 18
Austerlitz, Frederick →Astaire, Fred
Awraamow, Arseni Michailowitsch (1886–1944) 64–66
Axjonow, Wsewolod Nikolajewitsch (1898–1960) 88
Axjonowa, Jelena Nikolajewna →Gogolewa, Jelena
Ayres, Virginia Katherine →Rogers, Ginger

Bach, Johann Sebastian (1685–1750) 25, 34, 40–42, 64–66, 69, 78, 87, 90, 105, 109, 123f., 129f., 132, 135, 144, 146, 205, 218, 242, 270, 274, 278f., 288, 331f., 344
Backhaus, Wilhelm (1884–1969) 105f., 189, 245
Bahamonde, Francisco Franco →Franco, Francisco
Bakaleinikoff, Constantin (eigtl. Konstantin Romanowitsch Bakaleinikow; 1898–1966) 72, 94

Bakaleinikow, Wladimir Romano-
witsch (1885–1953) 72, 93
Baklanowa, Olga Wladimirowna
(*1893) 94
Balanchine, Alexandra →Danilova,
Alexandra
Balanchine, Eva Brigitta →Zorina, Vera
Balanchine, George (auch Georges B.;
eigtl. Georgi Melitonowitsch Balan-
tschiwadse; 1904–1983) 28, 82, 101,
156, 170, 172f., 181, 195, 306, 309-
317, 319-352, Abb.
Balanchine, Maria →Tallchief, Maria
Balanchine, Tamara →Geva, Tamara
Balanchine, Tanaquil →Le Clercq, Ta-
naquil
Balantschiwadse, Georgi Melitono-
witsch →Balanchine, George
Balantschiwadse, Meliton Antono-
witsch (1862–1937) 315
Balieff, Nikita (eigtl. N. Fjodoro-
witsch Baljew; 1877–1936) 313
Balsam, Artur (*1906) 76, 159, 185,
216, 264
Barabeitschik, Ischok Israelewitsch
→Dobrowen, Issai
Barbirolli, Sir John (eigtl. Giovanni
Battista B.; 1899–1970) 177
Barere, Simon (eigtl. S. Barer; 1896–
1951) 57f.
Barschanski 137
Barthou, Louis Jean Firmin (1862–
1934) 300
Bartók, Béla Viktor János (1881–1945)
125, 179
Barzin, Leon Eugene (eigtl. Léon
Eugène B.; *1900) 330
Basil, Colonel de (eigtl. Wassili Gri-
gorjewitsch Woskressenski; 1888–
1951) 322
Bassermann, Albert Eugen (1867–
1952) 91
Battistini, Mattia (1856–1928) 19
Bayern →Elisabeth
Bechert, Paul Friedrich (1886–1952)
106f., 198
Beecham, Sir Thomas (1879–1961)
286
Beethoven, Ludwig van (1770–1827)
25, 39, 43, 54, 62, 68, 75, 78, 99, 106,
122-125, 131f., 141, 146, 156, 158-161,
171f., 184, 193f., 199, 202, 206f., 212,
218, 221f., 227, 230, 233, 236f., 243,
251, 255, 260, 264, 298
Béjart, Maurice (eigtl. M. Jean Berger;
*1927) 344
Belgien →Albert I.; →Elisabeth
Bellini, Vincenzo (1801–1835) 194

Ben Gurion, David (eigtl. D. Gruen;
1886–1973) 301
Benois, Alexandre (eigtl. Alexandr Ni-
kolajewitsch Benua; 1870–1960)
Abb.
Berg, Alban (eigtl. Albano Maria Jo-
annes B.; 1885–1935) 107, 125-127,
168, 331, Abb.
Bergaust, Rut →Brandt, Rut
Berger, Johan Henning (1872–1924)
89, 92
Berger, Maurice Jean →Béjart, Maurice
Bergerac, Virginia Katherine →Rogers,
Ginger
Bergman, Ingrid (verh. Lindstrom,
Rossellini, Schmidt; 1915–1982) 91
Bergmann, Franz August Richard Gu-
stav von (1878–1955) 254
Berlioz, Louis Hector (1803–1869) 80,
204, 217
Berman, Lasar Naumowitsch (*1930)
288
Bernstein, Leonard (eigtl. Louis B.;
1918–1990) 287
Bizet, Georges (eigtl. Alexandre César
Léopold B.; 1838–1875) 19, 93f.,
192, 337
Blau-Ormándy, Jenö →Ormandy,
Eugene
Blinder, Naum Samoilowitsch
(*1889) 55f.
Blum, Léon (1872–1950) 296, 299
Blumenfeld, Felix Michailowitsch
(1863–1931) 59, 62, 249
Boccherini, Luigi (1743–1805) 240
Bogart, Humphrey (eigtl. H. de Forest
B.; 1899–1957) 89
Bolet, Jorge (1914–1990) 223
Bonaparte, Napoléon →Napoleon I.
Bonnet, Georges (1889–1973) 324
Borodin, Alexandr Porfirjewitsch
(1833–1887) 20, 83, 158, 164, 274f.
Bosset, Wera Arturowna de →Stra-
winsky, Vera
Boulez, Pierre Louis Joseph (*1925)
108
Brahms, Johannes (1833–1897) 39, 62,
76, 122-125, 132, 139, 177, 199, 204,
208f., 213, 216, 226f., 230, 234, 236-
239, 255, 265, 276, 282, 293
Brailowsky, Alexander (eigtl. Alex-
andr Brailowski; 1896–1976) 348
Brandt, Rut (geb. Hansen; auch verh.
Bergaust; *1920) 294
Brandt, Willy (eigtl. Herbert Ernst
Karl Frahm; 1913–1992) 292, 294
Brandukow, Anatoli Andrejewitsch
(1856–1930) 164

Braque, Georges (1882–1963) 115, 257
Breschnew, Leonid Iljitsch (1906–
1982) 271f.
Briggs, Virginia Katherine →Rogers,
Ginger
Brigitta →Zorina, Vera
Britten, Edward Benjamin (1913–
1976) 179, 214
Brodski, Adolf Dawidowitsch →Brod-
sky, Adolph
Brodski, Iossif Alexandrowitsch
→Brodsky, Joseph
Brodski, Walentina →Chagall, Vava
Brodsky, Adolph (eigtl. Adolf Dawi-
dowitsch Brodski; 1851–1929) 55,
277
Brodsky, Joseph (eigtl. Iossif Alexan-
drowitsch Brodski; *1940) 272
Bronschtein, Leib →Trotzki, Leo
Brook, Peter (*1925) 93
Bruch, Max Karl August (1838–1920)
124, 192, 331
Bruckner, Josef Anton (1824–1896)
142
Brynner, Yul (eigtl. Taidje Khan;
1915/20–1985) 91
Bülow, Hans Guido Freiherr von
(1830–1894) 214, 216, 277
Buonaparte, Napoleone →Napoleon I.
Buonarroti Simoni, Michelagniolo di
Ludovico di Lionardo di →Michel-
angelo
Burgin, Richard (1892–1981) 180f.,
183
Busch, Adolf Georg Wilhelm (1891–
1952) 212
Busoni, Ferruccio Dante Michelangio-
lo Benvenuto (1866–1924) 66, 80,
290f.

Canaris, Wilhelm Franz (1887–1945)
300
Carter, Jimmy (eigtl. James Earl C.;
*1924) 301
Caruso, Enrico (1873–1921) 18f.
Casals, Pablo (eigtl. Pau Carlos Salva-
dor C.; 1876–1973) 195f., 218, 242,
301
Cassini, Austine →Hearst, Austine
Castelbarco, Wally →Toscanini, Wally
Catoir, Georges →Katuar, Georgi
Cézanne, Hortense (geb. Fiquet; 1850–
nach 1906) 257
Cézanne, Paul (1839–1906) 257
Chabrier, Alexis Emmanuel (1841–
1894) 193
Chagall, Marc (eigtl. Mark Sacharo-
witsch Schagal; 1887–1985) 261, 263

Chagall, Vava (geb. Walentina Brod-
ski) 117, 261, 263
Chanel, Coco (eigtl. Gabrielle Chas-
nel; 1883–1971) 115, 347
Chaplin, Charlie (eigtl. Charles Spen-
cer C.; 1889–1977) 321
Charlotte Louise Juliette (geb. Louvet;
verh. Fürstin Grimaldi; 1898–1977),
Erbprinzessin von Monaco (1922–
44), Duchesse de Valentinois 310
Chasnel, Gabrielle →Chanel, Coco
Chatschaturjan, Aram Iljitsch (1903–
1978) 113
Chausson, Amédée Ernest (1855–
1899) 128
Cheifez, Iossif Robertowitsch →Hei-
fetz, Jascha
Cheifez, Robert 42
Chekhov, Michael →Tschechow, Mi-
chail
Chmara, Grigori 85
Chopin, Frédéric François (auch Fry-
deryk Franciszek C.; 1810–1849)
60, 99, 122, 160-162, 164, 189, 250,
256, 260
Chruschtschow, Nikita Sergejewitsch
(1894–1971) 59, 271f., 282, 298, 346
Chruschtschowa, Nina Petrowna
(1900–1984) 272, 282f.
Churchill, Sir Winston Leonard Spen-
cer (1874–1965) 228, 302
Cimarosa, Domenico (1749–1801) 194
Cliburn, Van (eigtl. Harvey Lavan C.;
*1934) 259
Cocteau, Clément Eugène Jean Mau-
rice (1889–1963) 115
Como, Perry (eigtl. Pierino C.; *1913)
305f.
Conus, Boris 144f., 154
Conus, Julius (eigtl. Juli Eduardo-
witsch Konjus; Pseud. Nevil; 1869–
1942) 145
Conus, Tatjana →Rachmaninowa, Tat-
jana
Cooper 62
Cooper, Emil (auch E. Albertowitsch
Kuper; 1877–1960) 77
Cooper, Gary (eigtl. Frank James C.;
1901–1961) 91, 150, 239
Corelli, Arcangelo (1653–1713) 78
Corot, Jean Baptiste Camille (1796–
1875) 116, 240
Corsi, Gian Franco →Zeffirelli, Franco
Cottle, Gitta →Gradowa, Gitta
Cottle, Maurice 159
Couperin, François (1668–1733) 226
Courbet, Jean Désiré Gustave (1819–
1877) 256

Fiquet, Hortense →Cézanne, Hortense
Fischberg, Michail →Mischakoff, Mischa
Fokin, Michail Michailowitsch (auch Michel Fokine; 1880–1942) 73, 323
Foley, Charles (*1908) 223
Forest Bogart, Humphrey de →Bogart, Humphrey
Fournier, Lydia →Antik, Lydia
Fournier, Pierre Léon Marie (1906–1986) 238
Frahm, Herbert Ernst Karl →Brandt, Willy
Francescatti, Zino (eigtl. René F.; 1902–1991) 273
Franck, César Auguste Jean Guillaume Hubert (1822–1890) 62, 75f., 78, 128, 264
Franco Bahamonde, **Francisco** (1892–1975) 195, 242
Frankreich →Marie Antoinette; →Napoleon I.
Freudmann, Ignaz →Friedman, Ignacy
Fried, Oskar (1871–1941) 68
Friedberg, Annie (1878–1952) 246
Friedberg, Carl (1872–1955) 246
Friedman, Ignacy (auch Ignaz Freudmann; 1882–1948) 187-189
Frolowskaja, Nadeschda Filaretowna →Meck, Nadeschda von
Frunse, Michail Wassiljewitsch (1885–1925) 96
Frusinski, Jean 244
Furtwängler, Gustav Heinrich Ernst Martin **Wilhelm** (1886–1954) 99, 108, 172, 196-204, 215, 220, 232, 243, 293, Abb.

Galway, James (*1939) 135
Garbo, Greta (eigtl. G. Lovisa Gustafsson; 1905–1990) 287f.
Garbousova, Raya (eigtl. Raja Borissowna Garbusowa; *1905/06) 243, 330
Gas, Hilaire Germain Edgar →Degas, Edgar
Gasset José Ortega y →Ortega y Gasset, José
Gaulle, Charles André Joseph Marie **de** (1890–1970) 299
Gelzer, Jekaterina Wassiljewna (verh. Tichomirowa; 1876–1962) 73
Gershwin, Arthur (geb. A. Gershvin; eigtl. Artur Gerschowiz; 1900–1981) 112f.
Gershwin, George (geb. Jacob Gershvin; eigtl. Jakob Gerschowiz; 1898–1937) 35, 112-114, 312

Geschelin-Tschernetkaja (verh. Auslender) 23
Geva, Tamara (eigtl. T. Schewerschejewa; verh. Balanchine; *1908) 312f., 334
Gide, André Paul Guillaume (1869–1951) 181
Gieseking, Walter Wilhelm (1895–1956) 147, 200
Gilels, Emil Grigorjewitsch (1916–1985) 249, 258, 278
Gimpel, Bronislaw (1911–1979) 105f.
Gimpel, Jakob (1906–1989) 106
Giulini, Carlo Maria (*1914) 74
Glasunow, Alexandr Konstantinowitsch (1865–1936) 23f., 30-33, 69f., 78-84, 107f., 125, 135, 145f., 177f., 215, 293, Abb.
Glebow, Igor →Assafjew, Boris
Glinka, Michail Iwanowitsch (1804–1857) 327
Godowsky, Dagmar (verh. Mayo; 1897–1975) 155, 191
Godowsky, Leopold (eigtl. L. Godowski; 1870–1938) 146, 160, 224, 233
Goethe, Johann Wolfgang von (1749–1832) 239
Gogh, Vincent Willem **van** (1853–1890) 247, 265
Gogol, Nikolai Wassiljewitsch (1809–1852) 20, 35, 90, 275
Gogolewa, Jelena Nikolajewna (verh. Axjonowa; *1900) 86-89, Abb.
Goldfish, Samuel →Goldwyn, Samuel
Goldmark, Karl (auch Károly G.; 1830–1915) 127, 192
Goldstein, Michael (eigtl. Michail Goldschtein; Pseud. Mychajlo Mychajlovsky; 1917–1989) 299
Goldwyn, Samuel (eigtl. S. Goldfish; 1882–1974) 320f.
Golenischtschew-Kutusow Fürst von Smolensk, Michail Illarionowitsch →Kutusow, Michail
Golschmann, Vladimir (1893–1972) 74, 257
Gorbatschow, Michail Sergejewitsch (*1931) 8, 60, 70, 269, 271f., 298, 303f.
Gordon-Howley, Gertrud Alexandra Dagmar →Lawrence, Gertrude
Göring, Hermann Wilhelm (1893–1946) 196
Gorki, Maxim (eigtl. Alexei Maximowitsch Peschkow; 1868–1936) 20, 100

357

Kraus-Ingrisch, Lotte →Ingrisch, Lotte
Kreisler, Fritz (eigtl. Friedrich K.;
1875–1962) 40, 42, 75, 122, 132, 161,
218-223, 225-231, 243, Abb.
Kreisler, Harriet (geb. Lies; 1869–
1963) 222-225, 228-231, 243
Kremer, Gidon Markewitsch (*1947)
122, 295
Kremnev, Lydia →Sokolova, Lydia
Kreutzer, Rodolphe (1766–1831) 18
Krylow, Iwan Andrejewitsch
(1768/69–1844) 35
Kschessinskaja-Netschui, **Matilda**
Marija Felixowna (auch Mathilde
Kschessinska; verh. Prinzessin Ro-
manowska-Krassinska; 1872–1971)
48
Kubazki, Wiktor Lwowitsch (1891–
1970) 71f., 117, 279
Kubelík, Jan (1880–1940) 19f.
Kulenkampff, Georg (1898–1948)
172
Kuper, Emil Albertowitsch →Cooper,
Emil
Kusnezow, Stepan Leonidowitsch
(1879–1932) 20
Kusnezowa, Galina 322
Kussewizkaja, Natalija (geb. Uschko-
wa; 1881–1942) 149, 178, 216
Kussewizki, Sergei Alexandrowitsch
(auch Sergey Koussevitzky; 1874–
1951) 67, 101, 114, 149f., 178-180,
182, 185, 215f.
Kustodjew, Boris Michailowitsch
(1878–1928) 191
Kutepow, Alexandr Pawlowitsch
(1882–1930) 112
Golenischtschew-**Kutusow** Fürst von
Smolensk, **Michail** Illarionowitsch
(1745–1813) 300

Labinsky, Alexander 126
Labinsky, Olga →Préobrajenska, Olga
Lalo, Édouard Victor Antoine (1823–
1892) 124, 182, 215, 237
Lamson, Carl 222
Landowska, Wanda (verh. Lew; 1877–
1959) 104f., 113
Lanner, Joseph Franz Karl (1801–
1843) 230
Lautrec-Monfa, Toulouse- →Toulouse-
Lautrec
Lawrence, Gertrude (eigtl. Gertrud
Alexandra Dagmar Klasen; verh.
Gordon-Howley, Aldrich; 1898–
1952) 206
Lawrow, Nikolai Stepanowitsch (1861–
1928) 38

Lawrowskaja, Ljudmila Iwanowna
→Semenjaka, Ljudmila
Le Clercq, Tanaquil (verh. Balanchine;
*1929) 342f.
Lecocq, Alexandre **Charles** (1832–
1918) 92
Leenhoff, Suzanne →Manet, Suzanne
Lehmann, Lotte (verh. Krause; 1888–
1976) 35
Lenin, Wladimir Iljitsch (eigtl.
W. I. Uljanow; 1879–1924) 47f., 70,
100, 172, 204, 233f., 266, 298, 304
Leon, Claudio Arrau →Arrau, Claudio
Leoncavallo, Ruggero (1857–1919) 18
Leonidow, Leonid Mironowitsch
(1873–1941) 86
Lermontow, Michail Jurjewitsch
(1814–1841) 275
Leskow, Nikolai Semjonowitsch
(Pseud. M. Stebnizki; 1831–1895) 90
Levi, Hermann (1839–1900) 211
Lew, Wanda →Landowska, Wanda
Lewitan, Issaak Iljitsch (1860–1900)
256
Liberman, Jewsei Grigorjewitsch
(1897–1983) 59
Liberman, Regina Samoilowna →Goro-
wiz, Regina
Lieberson, Eva Brigitta →Zorina, Vera
Lieberson, Goddard (1911–1977) 337
Lies, Harriet →Kreisler, Harriet
Lifar, Serge (eigtl. Sergei Michailo-
witsch Lifarenko; 1905–1986) 310f.,
313, 316, 337
Lindbergh, Charles August (1902–
1974) 299
Lindstrom, Ingrid →Bergman, Ingrid
Lippmann, Walter (1889–1974) 266,
271
Liszt, Franz von (1811–1886) 80, 90,
100, 154f., 223, 245, 251, 257, 265, 287
Ljuboschiz, Anna Saulowna (1887–
1975) 215
Ljuboschiz, Lea Saulowna →Lubo-
shutz, Léa
Ljuboschiz, Pjotr Saulowitsch →Lubo-
shutz, Pierre
Locatelli, Pietro Antonio (1695–1764)
240
Longo, Alessandro (1864–1945) 160f.
Loren, Sophia (eigtl. Sofia Scicolone;
verh. Ponti; *1934) 15
Lourié, Arthur Vincent (1892–1966)
101
Louvet, Charlotte Louise Juliette
→Charlotte
Luboshutz, Léa (eigtl. Lea Saulowna
Ljuboschiz; 1885–1965) 215f.

Milstein, Miron (eigtl. M. Milsch-
tein) 11-15, 17, 27, 48, 50f., 268, 320
Milstein, Miron (eigtl. M. Mirono-
witsch Milschtein; *1907) 12f., 23
Milstein, Nahum (eigtl. N. Mirono-
witsch Milschtein; *1905) 13
Milstein, Rita 188, 206, 315, 324
Milstein, Sara (eigtl. S. Mironowna
Milschteina; *1897) 11, 13, 16, 56
Milstein, Thérèse (geb. Weldon) 37,
52, 119, 156, 211, 223, 229f., 251,
287f., 293, 303, 306, 332, 338, 340f.,
350, Abb.
Mischakoff, Mischa (eigtl. Michail
Fischberg; 1895–1981) 208
Mitchell, Viola (*1911) 133
Mitropoulos, Dimitri (1896–1960) 41,
239
Mjaskowski, Nikolai Jakowlewitsch
(1881–1950) 74
Mjassin, Leonid Fjodorowitsch →Mas-
sine, Léonide
Moiseiwitsch, Benno (eigtl. Benjuma
Moissewitsch; 1890–1963) 163
Moissejew, Igor Alexandrowitsch
(*1906) 296
Moissewitsch, Benjuma →Moisei-
witsch, Benno
Molinari, Bernardino (1880–1952)
Abb.
Monaco →Charlotte
Monet, Oscar Claude (1840–1926)
263
Monteux, Doris (geb. Hodgkins; 1894–
1984) 183
Monteux, Pierre (1875–1964) 149, 182-
185
Monteverdi, Claudio Zuan (Giovanni)
Antonio (1567–1643) 147
Moore, Gladys Mary →Pickford, Mary
Moore, Susan →Weld, Tuesday
Mosjoukine, Ivan →Mosschuchin,
Iwan
Moskwin, Iwan Michailowitsch (1874–
1946) 86
Mosschuchin, Iwan Iljitsch (auch Ivan
Mosjoukine; 1888–1939) 60f.
Mozart, Wolfgang Amadeus (eigtl. Jo-
hannes Chrysostomus W. Gottlieb
M.; 1756–1791) 34, 74, 104, 106, 113,
124, 135, 199, 204, 213f., 237, 253,
288, 306, 327
Muchamedow, Irek 306
Muck, Carl (1859–1940) 108f., 114,
211, 215
Münch, Charles (auch C. Munch;
1891–1968) 41, 239
Munnings, Hilda →Sokolova, Lydia

Mussolini, Benito Amilcare Andrea
(1883–1945) 194, 204-206, 245
Mussolini, Rachele (geb. Guidi; 1890–
1979) 205
Mussorgski, Modest Petrowitsch
(1839–1881) 30-32, 54, 121, 136, 143,
156-158, 286, 310, 349
Mychajlovsky, Mychajlo →Goldstein,
Michael

Nabokov, Nicolas (eigtl. Nikolai Dmi-
trijewitsch Nabokow; 1903–1978)
172f., 292-294, 317, 338
Nabokov, Vladimir (eigtl. Wladimir
Wladimirowitsch Nabokow; 1899–
1977) 172
Nachod, Pauline →Schönberg, Pauline
Napoleon (Napoléon Bonaparte; eigtl.
Napoleone Buonaparte; 1769–1821),
Kaiser der Franzosen (1804–14/15)
245, 300
Navascués, Pablo Martín Melitón de
Sarasate y →Sarasate, Pablo de
Neigaus, Genrich Gustawowitsch
→Neuhaus, Heinrich
Nelson, Ruth Elizabeth →Davis, Bette
Nemirowitsch-Dantschenko, Wassili
Iwanowitsch (1849–1936) 85, 93f.
Nero Claudius Drusus Germanicus
Caesar (eigtl. Lucius Domitius Ahe-
nobarbus; 37–68), römischer Kaiser
(seit 54) 205
Neschdanowa, Antonina Wassiljewna
(verh. Masetta; 1873–1950) 73
Netschui, Matilda Marija Felixowna
Kschessinskaja- →Kschessinskaja,
Matilda
Neuhaus, Heinrich (eigtl. Genrich Gu-
stawowitsch Neigaus; 1888–1964)
59, 69, 249
Neuhaus, Sinaida (auch verh. Paster-
nak) 69
Neveu, Ginette (1919–1949) 289
Nevil →Conus, Julius
Nijinski, Waslaw (eigtl. Wazlaw Fo-
mitsch Nischinski; 1889–1950) 316
Nijinsky, Kyra (verh. Markevitch;
*1914) 316
Nikisch, Arthur (1855–1922) 80, 211,
277, 290
Nikisch, Mitja (1899–1936) 290f.
Nikitin 21
Nikolais, Alwin Theodore (*1912)
305f.
Nikolajew, Leonid Wladimirowitsch
(1878–1942) 25
Nikolaus II. (Nikolai II Alexandro-
witsch; 1868–1918), Kaiser von Ruß-

Rostropowitsch, Galina Pawlowna →Wischnewskaja, Galina
Rostropowitsch, Leopold (1892–1942) 293
Rostropowitsch, Mstislaw Leopoldowitsch (*1927) 242, 293f.
Rothschild (Familie) 240f., 288
Rothschild, Édouard de 240f.
Rothschild, Germaine de 240f.
Rothschild, Jacqueline de →Piatigorsky, Jacqueline
Rouault, Georges (1871–1958) 257
Rubinstein, Anton (eigtl. A. Grigorjewitsch Rubinschtein; 1829–1894) 38f., 80, 250, 265, 290f.
Rubinstein, Arthur (auch Artur R.; 1887–1982) 59, 75, 161, 238-240, 250, 255, 259f., 287f.
Ruffo, Titta (eigtl. R. Cafiero T.; 1877–1953) 19
Ruiz y Picasso, Pablo Diego José Francisco de Paula Nepomucéno Cipriano de Trinidad →Picasso, Pablo
Ruperti, Marie →Dobrowen, Manja
Rußland →Alexander III.; →Alexandra; →Alexei; →Dmitri; →Nikolaus II.
Ryerson, Edward Larned (1886–1971) 197

Sabanejew, Leonid Leonidowitsch (1881–1968) 101f.
Sacconi, Simone **Fernando** (1895–1973) 120, 282
Sacharow, Andrei Dmitrijewitsch (1921–1989) 346
Sadowski, Prow Michailowitsch (1874–1947) 86
Saint-Saëns, Charles **Camille** (1835–1921) 62, 125, 138, 243, 263f.
Salazar, Adolfo (1890–1958) 104
Samazeuilh, Gustave Marie Victor Fernand (1877–1967) 114
Santi (Sanzio), Raffaello →Raffael
Sarasate y Navascués, **Pablo** Martín Melitón de (1844–1908) 66, 76
Sartre, Jean-Paul (1905–1980) 266
Satin, Natalija Alexandrowna →Rachmaninowa, Natalija
Sawadski, Juri Alexandrowitsch (1894–1977) 92f.
Scarlatti, Giuseppe **Domenico** (1685–1757) 278
Schagal, Mark Sacharowitsch →Chagall, Marc
Schaljapin, Boris 156
Schaljapin, Fjodor Iwanowitsch (1873–

1938) 30-32, 80, 101f., 129, 143, 150, 155-157, 201, 302, 318, Abb.
Schalk, Franz (1863–1931) 215
Schepschelewitsch 87f.
Scherman 51
Schewerschejewa, Tamara →Balanchine, Tamara
Schkolnikowa, Nelli 291
Schleicher, Kurt Ferdinand Friedrich Hermann **von** (1882–1934) 95, 254
Schlesinger, Bruno Walter →Walter, Bruno
Schloezer, Boris de (eigtl. B. Fjodorowitsch Schlezer; 1881–1969) 101
Schmidt, Ingrid →Bergman, Ingrid
Schmudski, Warwara →Karinska, Barbara
Schnabel, Artur (1882–1951) 147, 161, 245
Schönberg, Arnold Franz Walter (1874–1951) 35, 107, 109f., 126, 168, 331, 350, Abb.
Schönberg, Pauline (geb. Nachod; 1848–1921) 110
Schostakowitsch, Dmitri Dmitrijewitsch (1906–1975) 25, 81, 126, 168, 348
Schott, Paul →Korngold, Julius
Schradieck, Henry (1846–1918) 18
Schteinberg, Lew Petrowitsch (1870–1945) 55
Schubert, Franz Peter (1797–1828) 34, 69, 76, 141, 161, 237, 276, 308, 349
Schuchmina, Wera 86
Schukow 297
Schukow, Georgi Konstantinowitsch (1896–1974) 96
Schumann, Robert Alexander (1810–1856) 131, 161, 198, 226f., 243
Schweitzer, Albert (1875–1965) 123, 239
Schwerubowitsch, Wassili Iwanowitsch →Katschalow, Wassili
Scicolone, Sofia →Loren, Sophia
Scribe, Augustin **Eugène** (1791–1861) 92
Seidel, Toscha (1899–1962) 29, 42, 112
Semenjaka, Ljudmila Iwanowna (verh. Lawrowskaja; *1952) 306
Serkin, Rudolf (1903–1991) 81, 126, 212, 260, 264
Serow, Walentin Alexandrowitsch (1865–1911) 256
Ševčík, Otakar (1852–1934) 18
Shakespeare, William (1564–1616) 64, 90-92, 123
Shaw, Harold 107
Sheen, Fulton John (1895–1979) 223

litschew; 1898–1957) 115, 173, 317, 338
Tchernicheva, Lubov (eigtl. Ljubow Pawlowna Tschernyschowa; verh. Grigoriev; 1890–1976) 311, 313
Temianka, Henri (*1906) 119
Thibaud, Jacques (1880–1953) 132, 134, 221, 286, 290f.
Thomas, Brandon (1849 oder 1856–1914) 20
Thompson, Estelle Merle O'Brien →Oberon, Merle
Thomson, Virgil Garnett (1896–1989) 250-253
Tichomirowa, Jekaterina Wassiljewna →Gelzer, Jekaterina
Timirjasew, Klementii Arkadjewitsch (1843–1920) 346
Titta, Ruffo Cafiero →Ruffo, Titta
Tizian (Tiziano Vecellio; um 1477–1576) 256
Tolstoi, Lew Nikolajewitsch Graf (1828–1910) 14, 36, 244, 275, 292, 325, 335
Tolstoi, Sergei 292
Toscanini, Arturo Alessandro (1867–1957) 113f., 177, 201-204, 206-213, 215-217, 251, 253, 277, Abb.
Toscanini, Carla (geb. De Martini; 1877–1951) 203
Toscanini, Wally (verh. Castelbarco; *1900) 203
Toscanini, Wanda →Horowitz, Wanda
Toulouse-Lautrec-Monfa, Henri Marie Raymond de (1864–1901) 135
Trotzki, Leo (auch Lew Dawidowitsch T; eigtl. Leib Bronschtein; 1879–1940) 96, Abb.
Truscott-Jones, Reginald →Milland, Ray
Tschaikowski, Pjotr Iljitsch (auch Peter Tschaikowsky; 1840–1893) 17, 41, 43, 55, 73, 83f., 107f., 124, 135, 141, 148f., 172, 196, 199, 208-210, 216, 227, 236f., 253, 264, 277f., 286f., 296, 319, 326-330, 333, 344, 348-350
Tschechow, Anton Pawlowitsch (1860–1904) 35f., 85f., 89, 93, 113, 264, 275
Tschechow, Michail Alexandrowitsch (auch Michael Chekhov; 1891–1955) 89-92, Abb.
Tschechowa, Olga Leonardowna (geb. Knipper; 1870–1959) 86
Tschelitschew, Pawel →Tchelitchew, Pavel
Tschernyschowa, Ljubow Pawlowna →Tchernicheva, Lubov
Tschingis Khan →Dschingis-Khan

Tuchatschewski, Michail Nikolaje-witsch (1893–1937) 95f., 268
Turgenjew, Iwan (eigtl. I. Sergeje-witsch Turgenew; 1818–1883) 327
Tüvari, Tessa →Ingrisch, Lotte

Uborewitsch, Jeronim Petrowitsch (1896–1936) 96f., 268
Uljanow, Wladimir Iljitsch →Lenin, Wladimir
Uschkow 178
Uschkowa, Natalija →Kussewizkaja, Natalija
Utjossow, Leonid Ossipowitsch (*1895) 312
Utotschkin, Sergei Issajewitsch (1876–1916) 22, 133

Valentinois, Charlotte Duchesse de →Charlotte
Vecellio, Tiziano →Tizian
Velázquez, Diego Rodríguez de Silva y (1599–1660) 256
Verdi, Giuseppe Fortunino Francesco (1813–1901) 19, 194, 202, 204, 207f., 210, 260, 308
Viotti, Giovanni Battista (1755–1824) 218
Vivaldi, Antonio Lucio (1678–1741) 147, 226
Vladimiroff, Pierre (eigtl. Pjotr Niko-lajewitsch Wladimirow; 1893–1970) 315
Vlaminck, Maurice de (1876–1958) 115
Vuillaume, Jean-Baptiste (1798–1858) 118f.

Wachtangow, Jewgeni Bagrationo-witsch (1883–1922) 85, 92
Wagner, Wilhelm Richard (1813–1883) 60, 73, 77, 80, 108f., 200, 203, 207, 211, 237, 243
Wallenstein, Alfred (1898–1983) 212
Walter, Bruno (eigtl. B. W. Schlesinger; 1876–1962) 41, 202, 223, 243
Warfield, Mary Violet Leontyne →Price, Leontyne
Webern, Anton Friedrich Wilhelm von (1883–1945) 168, 282f.
Webster, Beveridge (*1908) 175
Weill, Kurt Julian (1900–1950) 206
Weißmann, Adolf (1873–1929) 100
Weld, Tuesday (eigtl. Susan Ker W.; verh. Harz, Moore, Zukerman; *1943) 306
Weldon, Thérèse →Milstein, Thérèse

Weloschkina, Irina Konstantinowna
→Archipowa, Irina
Wieniawski, Henri (eigtl. Henryk W.;
1835–1880) 39
Wilde, Oscar Fingal O'Flahertie Wills
(1854–1900) 36
Wilenski 58
Wills Wilde, Oscar Fingal O'Flahertie
→Wilde, Oscar
Wimpelmann, Billi →Hartwig, Billi
Wischnewskaja, Galina Pawlowna
(verh. Rostropowitsch; *1926) 286
Wladimirow, Pjotr Nikolajewitsch
→Vladimiroff, Pierre
Wolf 109f.
Wolf, Hugo Filipp Jakob (1860–1903)
237
Wolf-Ferrari, Ermanno (1876–1948) 19
Wolkonskaja, Irina Fürstin →Rachma-
ninowa, Irina
Wolkonski, Sergei Michailowitsch
Fürst (1860–1937) 32f.
Wollerschtein, Zezilija Lwowna
→Mansurowa, Zezilija
Woltschikis 133
Woronzow-Daschkow, Fürst (Fami-
lie) 53f.

Woskressenski, Wassili Grigorjewitsch
→Basil, Colonel de
Wright, Orville (1871–1948) 299
Wright, Wilbur (1867–1912) 299
Wurlitzer, Rembert (1904–1963) 280f.
Wurdgaft 27

Youssoupoff, Féliks →Jussupow, Felix
Fürst
Ysaye, Eugène Auguste (1858–1931)
19f., 128-136, 138, 140, Abb.
Ysaye, Jeanette (geb. Dincin) 128f.

Zeffirelli, Franco (eigtl. Gian F. Corsi;
*1923) 93
Zeitlin, Lew Moissejewitsch (1881–
1952) 67, 233
Zereteli, Alexis Fürst 102, 322
Zessewitsch, Platon Iwanowitsch
(1879–1958) 57, 121
Zimbalist, Efrem (eigtl. Jefrem Alexan-
drowitsch Z.; 1889–1985) 42
Zorina, Vera (eigtl. Eva Brigitta Hart-
wig; verh. Balanchine, Lieberson;
Pseud. Brigitta; *1917) 334-337, 339
Zukerman, Pinchas (*1948) 306
Zukerman, Susan →Weld, Tuesday